Alberto Angela

Pompeji

GOLDMANN

Buch

Am 23. Oktober 79 n. Chr. lädt eine elegante Adelige aus Herculaneum zu einem opulenten Bankett in ihre Villa ein. Ein ehrgeiziger Politiker, eine berühmte Schauspielerin, ein skrupelloser Geschäftsmann ... die illustre Gesellschaft Pompejis trifft sich zur heiteren Zerstreuung. Doch die größte Naturkatastrophe der Antike wird das bunte Treiben jäh beenden. Der bebende Vesuv begräbt die Stadt und Tausende Menschen in einem höllischen Inferno unter vulkanischem Steinhagel, Asche und Lavaschlamm.

Auf Basis neuester wissenschaftlicher Erkenntnisse erzählt Alberto Angela einmalig anschaulich vom tragischen Ende der legendären Hafenstadt und ihrer Bewohner. Wir tauchen ein in die Atmosphäre auf Straßen und Plätzen, nehmen Farben, Geräusche und Gerüche wahr, entdecken Arbeitsräume, blicken in kleine Läden, betreten prächtige Salons und betrachten frivole Fresken an den Häuserwänden. Unterhaltsam, sinnlich und zugleich fundiert recherchiert entführt uns dieses Buch in die faszinierende Welt der Antike.

Autor

Alberto Angela, 1962 in Paris geboren, studierte in Rom Naturwissenschaften. Als Paläontologe nahm er an zahlreichen Ausgrabungsprojekten in Afrika und Asien teil. Für die Archäologie begeistert der Bestsellerautor mit seinen Büchern (»Ein Tag im alten Rom« u.a.) sowie in populärwissenschaftlichen TV-Sendungen in Italien. Angela ist Mitglied des Istituto Italiano di Paleontologia in Rom sowie am Centro Studi e Ricerche Ligabue in Venedig.

Von Alberto Angela ist im Goldmann Verlag außerdem erschienen:

Ein Tag im Alten Rom (auch als E-Book erhältlich)
Der Faszinierende Alltag im Römischen Reich (unter dem Titel *Vom Gladiator zur Hure* auch als E-Book erhältlich)
Liebe und Sex im Alten Rom (auch als E-Book erhältlich)

Alberto Angela

POMPEJI

Die größte Tragödie der Antike

Aus dem Italienischen
von Elisabeth Liebl

GOLDMANN

Die italienische Originalausgabe erschien 2014 unter dem Titel
»I tre giorni di Pompei« bei Rizzoli, Mailand.

Penguin Random House Verlagsgruppe FSC® N001967

5. Auflage
Taschenbuchausgabe August 2018
Wilhelm Goldmann Verlag, München,
in der Penguin Random House Verlagsgruppe GmbH,
Neumarkter Straße 28, 81673 München
produktsicherheit@penguinrandomhouse.de
(Vorstehende Angaben sind zugleich Pflichtinformationen nach GPSR.)

Umschlaggestaltung: UNO Werbeagentur, München
Umschlagmotiv: Getty Images / DEA/ G.DAGLI ORTI/ (Lava, Explosion)
und Getty Images/ Louis Jean Desprez
Autorenfoto: Barbara Ledda
Redaktion: Ralf Lay
Satz: Uhl + Massopust, Aalen
KF · Herstellung: kw
Druck und Einband: GGP Media GmbH, Pößneck
Printed in Germany
ISBN: 978-3-442-15956-7

www.goldmann-verlag.de

NUNC EST IRA RECENS NUNC EST DISC(EDERE TEMPUS)
SI DOLOR AFUERIT CREDE REDIBIT (AMOR)

Jetzt ist der Zorn noch frisch, jetzt ist es Zeit zu gehen.
Ist der Schmerz erst überwunden, glaub mir, wird die Liebe zurückkehren.

Properz[1]
Graffito auf einer Mauer in Pompeji

Inhalt

Bevor Sie zu lesen beginnen: Auf ein Wort!

In den Berichten über den Vulkanausbruch, der 79 n. Chr. Pompeji, Herculaneum, Oplontis, Boscoreale, Terzigno und Stabiae zerstörte, ist stets nur von den Opfern die Rede und davon, wie sie wohl den Tod gefunden haben. Dieses Buch tut genau das Gegenteil: Es erzählt von der Tragödie, indem es sich den Überlebenden nähert. Denn tatsächlich gab es einige Menschen, die unbeschadet an Leib und Leben davonkamen. Die in langwieriger Forschungsarbeit gewonnenen Erkenntnisse lassen jedenfalls mindestens sieben der Überlebenden von damals ins Rampenlicht treten.

Was haben diese Menschen erlebt? Was könnten sie uns erzählen, wenn sie heute unter uns weilten?

Leider hat nur einer von ihnen, Plinius der Jüngere, das Drama beschrieben, dessen Augenzeuge er war. Sein Brief an Tacitus ist berühmt geworden. Unter unseren sieben ist es ausgerechnet Plinius, der am weitesten vom Ort des Unglücks entfernt war, nämlich circa dreißig Kilometer. Doch selbst noch in dieser Entfernung hatte er Angst, im Ascheregen zu sterben, den die Eruption ausgelöst hatte. Und die anderen? Sie befanden sich weit näher am Vulkan, haben uns aber keine Zeugnisse hinterlassen. Wir kennen ihre Namen, wissen, wie alt sie waren, zum Teil sogar, wo sie wohnten. In wenigen Fällen können wir die Panik nachfühlen, die sie empfanden, und wissen, wie sie diese schrecklichen Stunden verbrachten.

Dass wir nach zweitausend Jahren immerhin sieben Überlebende kennen, ist schon viel, dennoch ist dieses Material nicht ausreichend. Doch daneben gibt es noch andere Quellen, die uns Aufschluss darüber geben können, wie man in Pompeji lebte, ehe sich eine der größten Tragödien der Geschichte ereignete. Diese Quellen gestatten uns, bei denen, die an der Seite jener sieben waren, die fehlenden Informationen zu ergänzen.

Daher begegnen Ihnen in diesem Buch neben den Überlebenden weitere Protagonisten, deren Existenz historisch belegt ist. Von einigen kennen wir Name, Alter und Beruf. Manchmal wissen wir sogar, wie sie ausgesehen haben und welche Familiengeschichte sich hinter der Gestalt verbirgt! Aber wir wissen nicht, ob sie dem Vulkan zum Opfer fielen oder vielleicht auch mit dem Leben davonkamen.

Neben ihnen gibt es die große Zahl derer, über die wir so gut wie gar nichts wissen – bis auf die Tatsache, dass sie der Tod bei dem Inferno ereilte. Sie starben, weil es ihnen nicht gelang, sich in Sicherheit zu bringen. Ihre sterblichen Überreste wurden von Archäologen entdeckt und umsichtig geborgen. Manche sind sogar für Besucher zugänglich hinter Glas ausgestellt.

Bei unserer Beschäftigung mit dieser Katastrophe werden wir also die Überlebenden hören, die »möglicherweise Überlebenden« und die Toten. Unsere Geschichte entfaltet sich um *reale* Menschen, nicht um fiktionale Charaktere, wie sie uns im Film oder Roman begegnen (als da wären der Held, die Heldin, der Schurke, der gute Sklave, den man an die Muränen verfüttert, die beiden rivalisierenden Gladiatoren, die schließlich Freunde werden, und dergleichen mehr). Denn man braucht sich keinen Film anzusehen oder einen Roman zu lesen, die der Anschaulichkeit halber von der Fantasie Gebrauch machen, wenn es doch Menschen gibt, die alles real miterlebt haben. Ist ihre Geschichte nicht viel authentischer und damit interessanter?

In diesem Buch folgen wir auch den Spuren »gewöhnlicher Leute«. Wir begleiten sie an ihren Arbeitsplatz und schauen ihnen bei ihren sonstigen Verrichtungen in den zwei, drei Tagen vor dem Vulkanausbruch über die Schulter, um herauszufinden, wie sie die wenigen schrecklichen Stunden vor der Tragödie verbracht haben.

Natürlich werden auch wir das nie ganz genau erfahren, das wäre nicht möglich. Was Sie hier lesen werden, sind faktenorientierte Rekonstruktionen dessen, was diese Menschen *sehr wahrscheinlich* getan, gesehen und am eigenen Leib erlebt haben. Wir werden ihnen an ganz bestimmte Orte folgen, werden mit ihnen durch die Straßen gehen, ihren Villen und Häusern einen Besuch abstatten, mit ihnen zu den Gutshöfen an den Hängen des Vulkans hinaufsteigen.

Die Fresken, die wir dabei entdecken, sind dieselben, die Sie heute noch in Pompeji sehen können. Und so werden wir auf unseren Rundgängen Pompeji (antike Schreibweise: Pompei) erkunden, Herculaneum und Oplontis sowie die nähere Umgebung dieser Orte. Und wir werden dabei das wahre Leben jener Zeit kennenlernen, das doch recht verschieden ist von dem, was man in den einschlägigen Romanen so präsentiert bekommt. In jede einzelne Zeile dieses Buches sind die Erkenntnisse und Schlussfolgerungen eingegangen, welche die Archäologen aus ihren Ausgrabungen gezogen haben, damit Sie eintauchen können in das Leben jener Zeit in Pompeji und der Küstenregion, die vom Vulkanausbruch betroffen war. Forschungsergebnisse von Vulkanologen, Historikern, Botanikern, Anthropologen und Forensikern vervollständigen das Bild.

Bevor Sie sich aber in die Lektüre vertiefen, möchte ich Ihnen noch zwei »Gebrauchsanweisungen« mit auf den Weg geben.

Was die Datierung des Vulkanausbruchs angeht, den man normalerweise auf den 24. August 79 n. Chr. legt, habe ich mich für die »Herbst-Hypothese« entschieden. Forschungsarbeiten zufolge fand nämlich der Ausbruch wohl eher am 24. Oktober desselben Jahres statt. (Mehr dazu finden Sie im Anhang.)

Die verschiedenen Phasen des Ausbruchs habe ich mithilfe von Vulkanologen und Berichten von Zeitzeugen rekonstruiert. Leider sind die schriftlichen Zeugnisse aus dem 1. Jahrhundert n. Chr. nicht sehr ausführlich, daher habe ich bei der Beschreibung einiger der hier geschilderten Phänomene wissenschaftliche Beobachtungen herangezogen, die bei den jüngsten Vulkanausbrüchen gemacht wurden.

Und nun wünsche ich Ihnen eine ebenso unterhaltsame wie informative Zeitreise!

Dramatis personae

Auf den folgenden Seiten finden Sie nach der Reihenfolge ihres Auftretens geordnet eine Liste der wichtigsten Akteure, deren Weg wir nachzeichnen werden, ob er nun ins Leben führt oder in den Tod.

Rectina: zur römischen Elite gehörige Aristokratin. Wenige Stunden vor dem Vesuviusausbruch organisiert sie ein Bankett für die »High Society« von Pompeji. Sie überlebt.

Gaius Plinius Secundus (Plinius der Ältere): Admiral, Naturforscher und Schriftsteller. Wir werden ihm am Hafen von Misenum begegnen, da er die kaiserliche Flotte befehligt.

Gaius Plinius Caecilius Secundus (Plinius der Jüngere): Ihm begegnen wir erstmals im Haus seines Onkels Plinius des Älteren. Er überlebt.

Eutychus: Rectinas Sklave und Vertrauter, der ihr fast überallhin folgt.

Felix: Fischer aus Herculaneum, der dank des Vulkans prall gefüllte Netze nach Hause bringt.

Gaius Cuspius Pansa: junger Politiker mit verschlagenem Blick. Wir begegnen ihm bei einem Bankett mit einflussreichen Persönlichkeiten Pompejis.

Gaius Iulius Polybius: Er hat die Geschäfte Pompejis in der Hand. Er läuft uns in einem Etablissement im Rotlichtviertel der Stadt über den Weg.

Lucius Caecilius Iucundus: Bankier im fortgeschrittenen Alter, der den sprichwörtlichen »Riecher« fürs Geschäft hat. Er empfängt in seinem Büro auf dem Forum eine reiche und attraktive Frau. Möglicherweise hat er überlebt.

Pomponianus: vermögender Besitzer einer Villa in Stabiae. Er sucht ein kleines »Casino« in Pompeji auf, um sich beim Würfelspiel zu entspannen. Er überlebt.

Flavius Chrestus: Der Freigelassene *(libertus)* griechischer Herkunft hat sich mit dem Seehandel einen Namen gemacht.

Lucius Crassius Tertius: Besitzer einer sogenannten *villa rustica*, eines Landgutes. Im Augenblick der Eruption eilt er, um seinen »Tresor« zu retten.

Novella Primigenia: berühmte Schauspielerin *(mima)*. Wir folgen ihr, während sie sich an der Seite eines mächtigen Mannes in einer Sänfte durch Pompeji tragen lässt.

Marcus Holconius Priscus: wurde dank der Unterstützung des Bankiers Lucius Caecilius Iucundus zum Duumvir ernannt. Verschwindet beim Vulkanausbruch spurlos.

Aulus Furius Saturninus: junger Mann aus einer der angesehensten Familien Pompejis. Er macht Geschäfte mit Rectina. Und überlebt.

Caesius Bassus: sensibler Dichter und Freund Rectinas. Lebt in Pompeji in einem »Fünf Sterne«-Hotel, das A. Cossius Libanus gehört.

Titus Suedius Clemens: unbeugsamer Präfekt, der von Kaiser Vespasian nach Pompeji gesandt wurde. Wir sind an seiner Seite, als er in Pompeji wichtige Nachforschungen anstellt. Er überlebt.

N. Popidius Priscus: durch den Handel mit Wein und die Herstellung von Dachziegeln reich geworden. Er besitzt außerdem einen Backofen. Ob er wohl überlebt hat?

Aulus Vettius Conviva und Aulus Vettius Restitutus: Sklaven und Brüder, die beide freigelassen wurden und im Anschluss daran reich wurden. Sie leben in einer der schönsten *domus* von Pompeji.

A. Cossius Libanus: Freigelassener hebräischen Ursprungs. Beherbergt Caesius Bassus in seinem eleganten Hotel in Pompeji.

Apollinaris: Leibarzt von Kaiser Titus. Ist in Pompeji auf der Durchreise.

Marcus Epidius Sabinus: der »Quintilian Pompejis«. Er stellt sich zur Wahl als Duumvir. Ihm gehört eines der prunkvollsten Häuser in Pompeji, in dem Titus Suedius Clemens logiert.

Stallianus: der Installateur von Pompeji. Man ruft ihn, um die Wasserleitungen zu reparieren, die bei dem Erdbeben kurz zuvor beschädigt wurden.

Clodius: verkauft in seinem Laden am Eingang zur Therme Togen und Umhänge. Wagt mit seiner Familie einen verzweifelten Fluchtversuch.

Marcus Calidius Nasta: fliegender Händler für Götterstatuen. Schlägt seinen Stand gern unter dem Quadriportikus auf, der dem Andenken des Geschlechts der Holconier gewidmet ist.

Lucius Vetutius Placidus: Besitzer eines der schönsten Speiselokale in der Via dell'Abbondanza: Wo versteckt er sein Geld?

Ascula: Gemahlin von Lucius Vetutius Placidus, die sehr eifersüchtig ist.

Zosimus: verkauft in seinem chaotischen Laden Amphoren, Öllampen und Tongefäße.

Aulus Furius Saturninus: Ritter und Priester des Jupiterkults. Er gehört zu den Wohltätern von Herculaneum.

Iulia Felix: Unternehmerin mit modernen Vorstellungen. Wir lernen sie kennen, als sie sich in der Villa der Papyri mit Rectina unterhält.

Gemahlin von Lucius Caecilius Iucundus: Ihr Entschluss, den Abend auf dem Landgut außerhalb von Pompeji zu verbringen, wird ihr Tod sein.

Lucius Caecilius Aphrodisius: Ihm schenkt der Bankier und Schatzmeister sein Vertrauen. Er versucht, sich in eine Zisterne zu retten.

Tiberius Claudius Amphius: ist mit der Verwaltung des Landgutes des Bankiers betraut. Versucht, mit seinem Leib seine Herrin zu schützen.

Lucius Brittius Eros: Freigelassener der Villa della Pisanella. Versucht bis zum Schluss, sich zu retten.

Faustilla: Wucherin. Versucht noch im allgemeinen Durcheinander der Flucht, Geld einzutreiben.

»Erzähle, Rectina!«

Einige Jahre nach dem Ausbruch

SI MEMINI
Wenn ich mich erinnere.[2]

Dunkle Augen blitzen im Schatten auf. Wer ihrem Blick begegnet, ist sofort angetan von der Wärme, die darin liegt: die mediterrane Wärme einer Frau aus der Region rund ums Mittelmeer. Ihr tiefschwarzes Haar umrahmt das vollendete Oval ihres Gesichts. Locken schwarz wie die Nacht legen sich um das hellere Antlitz wie Wellen, die am Ufer auslaufen. Wie an der Küste Kampaniens, von der sie stammt.

Das breite Goldgeschmeide mit Perlen und Smaragden, das sich über der Brust hebt und senkt wie ein Boot auf dem Meer, ist eigentlich nur Beiwerk, ebenso wie die beiden Schlangen aus massivem Gold mit smaragdenen Augen, die sich um ihre Unterarme schlingen. Selbst die kostbaren Gewänder aus goldbestickter Seide, die geschickt ihre Kurven betonen, während sie auf dem Triklinium liegt – einem jener dreigliedrigen »Speisesofas«, nach denen auch das Speisezimmer benannt wurde –, tragen nur wenig zu dem Zauber bei, mit dem sie das ganze Bankett erhellt.

Ihr linker Arm stützt sich elegant auf dem ockerfarbenen Speisesofa ab, das sie sich mit einem Mann teilt, dem sie aufmerksam lauscht. Sein breitschultriger Körper neigt sich zu ihr, während ihr Blick über seine dunkle Haut gleitet. Wenn er lacht, durchziehen Fältchen das sonnengebräunte Gesicht unter dem graumelierten Haar.

Die beiden sind nicht allein auf diesem Bankett. Viele geladene Gäste gruppieren sich um sie auf den anderen Speisesofas unter strenger Einhaltung der römische Etikette. Sind mehr Gäste geladen, als es Triklinien gibt, lagern die Feiernden sich sozusagen im Fischgratmuster nebeneinander.

Alle plaudern angeregt und lassen sich verzaubern von der fröhlichen Atmosphäre in diesem Raum mit seinen bunt bemalten Wänden, die mit scheinarchitektonischen Elementen, imaginären Landschaften und anderen Motiven geschmückt sind.

Die Welt der Römer ist, von der Kleidung angefangen bis hin zu den Häusern, eine Welt der Farben. Zumindest sehr viel farbenfroher als unsere, kennen wir doch meist nur weiß getünchte Wände und in dunklen Tönen gehaltene Kleidung (siehe Bildteil I, Seite 3). Selbst der Fußboden ist bedeckt mit farbigen Mosaiken, die geometrische Muster bilden, und kleinen Paneelen aus winzigen Steinen, die sich zu Bildwerken gruppieren.

Der Bankettsaal öffnet sich auf einen weitläufigen Innengarten, um den ein Säulengang verläuft. Dort wachsen duftende Pflanzen, die geschickte Gärtner in mannigfaltige Formen geschnitten haben. Dazwischen promenieren Pfauen, welche sich gelegentlich an einem der kleinen bronzenen Brunnen laben, deren zarter Wasserstrahl sich im Herabfallen in kleinen Marmorschalen verliert.

Bedienstete reichen riesige Silbertabletts mit allen möglichen Köstlichkeiten umher: Straußenhäppchen, Muränenwürfelchen in würziger Soße, Zicklein in Honig gebacken, Früchte der Saison, Feigen, Nüsse, Datteln aus Nordafrika. Vor den Liegesofas stehen kleine Tische, die Teller und hauchdünn geblasene Glaskelche aufnehmen. Von den kleinen Bronzestatuen ganz zu schweigen: nackte Greise mit übergroßem erigierten Glied. Sie nehmen die kleinen Silbertabletts auf, mit denen die Süßigkeiten gereicht werden. Diese Statuen stehen für Fruchtbarkeit und Glück. Da und dort hängen silberne Skelette von etwa zehn Zentimeter Länge. Man nennt sie die *»larvae conviviales«:* Sie sollten die Feiernden daran erinnern, dass das Leben kurz ist, ein Geschenk, das es zu nutzen gilt. Also lacht und seid fröhlich! So schafft man die rechte Atmosphäre, die es für ein Bankett braucht.

Eine Hand pflückt getrocknete Feigen von einem der Silbertabletts. Es ist Herbst. Auch in dem Gedicht, das vom Poeten persönlich hingebungsvoll rezitiert wird, obwohl ihm kein Mensch zuhört.

Doch die Melodie kriecht wie Gift ins Ohr der faszinierenden Dame: Sie kennt diese Musik. Sie ist ihr nicht fremd. Irgendeine uralte Erinnerung versucht, sich in ihr Bewusstsein zu schieben. Da ist diese Hand, die nach den Feigen greift… Irgendwo hat sie diese Szene schon mal gesehen, aber wo? Plötzlich wird das allgemeine Stimmengewirr des Banketts zerrissen von einer gewaltigen Lachsalve. Einer der Gäste, weißhaarig und korpulent, der nicht weit von ihr auf einem der Sofas liegt, redet mit einem anderen Mann. Er reißt den vollen Mund weit auf und redet auf den anderen ein. Auch dieses Lachen hat die Frau schon mal gehört, in einer ähnlichen Situation. Bei einem anderen Bankett… Ja, jetzt fällt es ihr wieder ein.

Das letzte Bankett in ihrem Haus vor der großen Tragödie. Die Geräusche, die Stimmen, die Musik – alles tritt zurück und verebbt. Sie sieht sich um, auch die Gesichter verblassen. Mit einem Mal zerren ihre Erinnerungen sie zurück in eine andere Zeit, ohne dass sie sich dagegen wehren könnte. Andere Gesichter schieben sich über die der Anwesenden – die Gesichter der Menschen, die an jenem Abend vor dem Vulkanausbruch bei ihr zu Gast waren. Sie wirken heiter, gelassen. Die Menschen lachen und plaudern entspannt. Warum plötzlich befallen sie diese Erinnerungen? Was wohl aus ihren Gästen von damals geworden ist? Ihr Blick sucht etwas, an dem er sich festhalten kann, doch er bleibt an einem der silbernen Skelette hängen mit den leeren Augenhöhlen und den Rippen, die sich wie ein Käfig wölben, aus dem das Leben entflohen ist. Und an einer der Greisenstatuetten mit den eingefallenen Wangen und dem weit aufgerissenen Mund, als wollte er etwas hinausschreien, doch der Schrei bliebe ihm im Halse stecken. Und mit einem Mal sieht Rectina keine Statue mehr. Sie kennt diesen Ausdruck, hat ihn bereits gesehen: Gesichter voll unsagbaren Schmerzes, voll tiefer Verzweiflung. Denn sie hat dem Tod schon ins Auge geblickt.

Lange Zeit hat sie versucht, alles zu vergessen, hinter sich zu lassen, zu verdrängen … Nie hat sie mit irgendjemandem darüber gesprochen. Sie wollte niemandem erzählen, was sie gesehen und erlebt hat während dieser schrecklichen Stunden, in denen der Vulkan zum Leben erwachte. Sie verbarrikadierte sich förmlich hinter einer Mauer des Schweigens. Zu gewaltig war der Schmerz, zu groß die Tragödie. Doch Traumata lassen sich nicht auslöschen oder zur Seite schieben. Sie müssen ans Licht des Tages geholt und verarbeitet werden. Der Schmerz muss in Worte gefasst und hörbar gemacht werden. Und zwar bald und bevor er von innen heraus den Körper zerfrisst wie ein Parasit.

Ihr geht es da nicht anders: Die Erinnerungen, die sie tief begraben glaubte, drängen plötzlich aus dem hintersten, dunkelsten Winkel ihres Geistes ans Licht. Wie ein Hai, der sich langsam aus den Tiefen des Meeres in die Höhe schiebt. Ihre dunklen Augen weiten sich. Alle Wärme und Sinnlichkeit ist mit einem Mal wie weggewischt. Sie hebt den Blick wie eine Ertrinkende, die zwischen den sich auftürmenden Wellen nach irgendetwas sucht, woran sie sich klammern kann. Ihre Augen wandern von einem zum andern, ein Gesicht, ein Wort, irgendetwas – vergeblich. Ihr schwirrt der Kopf, kalter Schweiß bedeckt ihre Stirn, Übelkeit überfällt sie. Sie kann sich nicht mehr bewegen, ihre Arme scheinen schwer wie Blei. Und dann dieses Gefühl, als müsste ihr Herz zerspringen, als müsste sie untergehen in der Welle des Schmerzes, die erbarmungslos auf sie zurollt.

Einige der Gäste merken, dass mit ihr etwas nicht stimmt. Erstaunt blicken sie auf, als ihre steif gewordene Hand den Silberkelch fallen lässt und dieser hart auf dem Marmorboden aufschlägt. Der Mann, der neben ihr auf dem Triklinium lag, steht auf und legt ihr schützend die Hand auf die Schulter. Doch in ihren Augen malt sich bereits der Schrecken. Ihr Blick weilt in einer anderen Welt. Sie ist zurück in diesen schrecklichen Stunden. Es war ihr bestimmt, irgendwann einmal in dieses Inferno zurückzukehren, es noch einmal zu erleben. Erst dann würde sie es hinter sich lassen können. Der Mann versteht das. »Erzähle, Rectina. Jetzt ist der Moment gekommen.«

Alle Anwesenden verstummen und lagern sich um das Sofa der Frau. Sie wissen, dass sie zu den wenigen Menschen gehört, die der Hölle des Vulkanausbruchs entkommen sind.

Nun wird ihr von allen Seiten die Aufforderung zu reden entgegengehalten – gleich dem Schlüssel zu einer Tür, die allzu lang verschlossen war. Und nun weit aufschwingt. Sie entlässt uns in einen Morgen des Jahres 79 n. Chr. Wir befinden uns an Bord eines Segelschiffs, das von den Meereswellen sanft umschmeichelt wird. Über uns schreien die Möwen. Vor uns breitet sich die berauschende Küste Kampaniens aus …

Die Aristokratin und der General

Tyrrhenisches Meer vor Misenum
22. Oktober 79 n. Chr., 8.00 Uhr
Noch 53 Stunden bis zum Ausbruch

AVE PU(EL)LA
Sei gegrüßt, schönes Mädchen.

Die sehnigen Hände des Steuermanns umfassen die arg strapazierten Leinen, mit deren Hilfe die beiden Ruder des Schiffes gesteuert werden: Sie durchschneiden das Wasser wie Pflugscharen. In antiker Zeit hatten Schiffe kein Mittel-, sondern zwei Ruder, die seitlich am Heck angebracht waren wie große vertikale Paddel. Sie werden von einem Mann in einer kleinen Kabine bedient, einer echten »Kommandobrücke«.

Während des Manövers, welches das Schiff um das Kap von Misenum herumführt, vibrieren die gestrafften Seile in den Händen des Steuermannes wie die Zügel eines Pferdegespanns, wenn der Wagenlenker im Circus Maximus eine Kurve nimmt. Das Schiff bäumt sich einen Augenblick auf, als weigerte es sich zu drehen, doch dann gehorcht es und ändert seinen Kurs. Rectina und die übrigen Passagiere spüren den Kurswechsel, auch weil der Wind jetzt aus einer anderen Richtung weht. Die Sonne, die ihnen vorher auf der Haut brannte, hat sich nun hinter dem Segel versteckt. Der Wind treibt das leichte Schiff mit Macht übers Meer. Linker Hand, nur wenige Meter entfernt, türmt sich das Kap von Misenum auf, ein gewaltiger steinerner Riese. Die Wellen brechen sich an seinen Felsen, die allen schrecklich nah erscheinen.

Weißer Schaum überzieht das Deck mit einem feinen Sprühnebel. Der Wind peitscht das Meer auf, der Salzgeruch beißt in der Nase. Der Schaum ist so weiß wie der imposante Leuchtturm, der sich auf dem Felsvorsprung mehrere Stockwerke hoch über ihre Köpfe erhebt. Er sieht aus wie ein Turm aus übereinandergeschichteten Bausteinen. Die strahlend weiße Farbe und die ungewöhnliche Form erinnern ein wenig an Arabien. Zwischen den quadratischen Häusern der arabischen Mittelmeerküste würde er jedenfalls nicht weiter auffallen. Tatsächlich haben die Orte um Pompeji, aber auch Straßen und Plätze der Stadt selbst eine Anmutung, die wir heute als »arabisch« oder »nordafrikanisch« beschreiben würden. Und das ist schon die erste Überraschung, die uns auf unserer Reise begegnet.

Der Steuermann mit dem gekräuselten schwarzen Bart lenkt das Schiff von seiner Kabine aus mit unglaublicher Geschicklichkeit. Er ist einer der Besten auf dieser Route. Sein Blick fixiert die Neptunstatue, die sich an der Einfahrt zum Hafen von Misenum auf der Mole erhebt. Die vergoldete Bronze gleißt im Sonnenlicht, sodass sie die Näherkommenden schier blendet. Doch allen Seeleuten dient sie als Orientierungspunkt, der sie in den Hafen geleitet.

Denn der Hafen von Misenum ist nicht irgendein Hafen. Dort liegt die kaiserliche Flotte vor Anker, die Classis Misenensis, eine der beiden Prätorianerflotten. Die andere ist in Ravenna stationiert.

Dass wir uns dem mächtigsten Marinehafen des römischen Kaiserreichs nähern, merken wir auch an dem gewaltigen Schiff, das auf uns zuhält. Die fast vierzig Meter lange Quadrireme schiebt sich bedrohlich vorwärts, angetrieben von einem Wald von Rudern, die sich gemeinsam aus dem Wasser heben und wieder senken. Über dem Geräusch der Wellen erhebt sich die Stimme des Antreibers, der den Ruderern den Rhythmus vorgibt. Wie eine dunkle Wolke gleitet sie übers Wasser, während die beiden Augen auf dem Bug unheilschwanger zu funkeln scheinen. (Dieses Symbol dient dem Schutz des Schiffes und ist auch heute noch häufig anzutreffen, zum Beispiel in der Türkei.) Der Rammsporn aus Bronze taucht zwischen den Wellen auf, drei tödliche horizontale Klingen, die die Wand jedes feindlichen Schiffes aufreißen können.

Weniger bekannt ist es, dass der Rammsporn eines Schiffes so konstruiert war, dass er in dem feindlichen Schiff stecken blieb wie der Stachel einer Biene und mit ihm zusammen versank. Die spezielle Art der Konstruktion sowie der niemals rechtwinklig, sondern immer diagonal ausgeführte Rammstoß sorgten dafür, dass der Rammsporn nicht allzu tief eindrang und das angreifende Schiff nicht Gefahr lief, selbst unterzugehen. Außerdem riss der spitzwinklige Rammstoß eine viel größere Wunde in den Bauch des gegnerischen Schiffes und machte so viele Ruder unbrauchbar. Auf diese Weise wurde das Schiff manövrierunfähig.

Die Quadrireme kehrt von einer Erkundungsfahrt an der Küste zurück, die sie im Verband mit einigen Triremen unternommen hat. Beim »Endspurt« werden die Ruderer angetrieben, alles aus sich herauszuholen, um sie auf die Probe zu stellen.

Die kaiserliche Flotte in Misenum hat mittlerweile keine Feinde mehr im Mittelmeer. Die Zeit der großen Seeschlachten wie der bei Actium von Octavian gegen Marcus Antonius und Cleopatra oder der Schlacht bei den Aegates (Ägadischen Inseln) gegen die Flotte Karthagos ist vorüber. Und Piraten gibt es nicht mehr. Die kaiserliche Flotte ist stets bereit, übernimmt aber hauptsächlich friedliche Missionen wie den Transport von Waren, Nachschub oder Personen.

Auch Rectina befindet sich an Bord einer Liburne, die in Friedenszeiten für den Transport von Angehörigen der römischen Regierung von und nach Misenum benutzt wird. Aus Gründen, die Historiker entdeckt haben und von denen wir später noch lesen werden, gilt Rectina zu jener Zeit sozusagen als »VIP«.

Natürlich musste die Liburne der Quadrireme bei der Einfahrt in den Hafen den Vorrang überlassen. Jetzt aber darf auch das Schiff Rectinas einlaufen.

Der Bootsmann steuert das Schiff zwischen dem felsigen Inselstreifen der heutigen Isola Pennata und der langen Mole hindurch, welche die Bucht verschließen wie die Scheren einer Zange. Dann entzündet er ein Licht auf dem kleinen Bordaltar und bringt Opfergaben dar, wobei er halblaut heilige Formeln rezitiert. Formeln, welche die Seeleute an Bord und einige der Passagiere nachsprechen. Denn Seeleute in der Antike sind wie in späteren Zeiten extrem abergläubisch. Sie danken den Göttern, dass sie wohlbehalten und gesund angekommen sind. Ein Ritus, der uns heute ein wenig überkommen erscheint, der jedoch, wenn man genauer darüber nachdenkt, auch in unserer hochtechnisierten Zeit noch existiert. (Sicher haben Sie es schon einmal erlebt, dass nach der Landung eines Charterflugzeugs geklatscht wird und der eine oder andere Passagier sich bekreuzigt. Und außerhalb Europas werden immer noch gern Gebete oder Segenssprüche rezitiert.)

Der Admiral und Naturforscher

Der Hafen von Misenum scheint von der Natur selbst für die kaiserliche Flotte geschaffen worden zu sein. Er besteht aus zwei aneinandergrenzenden Buchten, die eine liegende Acht bilden. Unser Schiff legt in der ersten Bucht an. Es hält direkt auf einen kleinen Felsvorsprung zu, den man heute als Punta Scarparella kennt. Der Flottenverband jedoch steuert die zweite natürliche Bucht an, die von der ersten durch ein enges Nadelöhr getrennt ist. Darüber spannt sich eine Holzbrücke. Vermutlich handelt es sich um eine bewegliche Brücke. (Diese Brücken sind an den Flüssen des Römischen Reichs recht häufig. Zu ihnen gehört auch die berühmte Brücke von Londinium [London], die es schon in römischer Zeit gab.)

Man braucht nicht viel Fantasie, um sich vorzustellen, was dann an der beweglichen Brücke am Hafen von Misenum geschah: Sämtlicher Verkehr vor der Brücke hält an. Auf ein Signal hin hebt sich die Brücke, damit das gewaltige Kriegsschiff mit seinen zahllosen, jetzt eingezogenen Rudern unter ihr hinweggleiten kann. In der zweiten

Bucht liegen viele Schiffe vor Anker. Rammsporn an Rammsporn schiebt sich zwischen den zahllosen gemalten Augen hervor. Dort liegt Roms Macht zur See vor Anker, jederzeit bereit, im Mittelmeer eingesetzt zu werden.

Das Schiff, auf dem Rectina gereist ist, liegt nun sicher an der Hafenmauer vertäut. Diese säumt ein langer Säulengang, der weiße Häuser mit ziegelgedeckten Dächern beschattet. Hier sind Büros und Ladeschuppen untergebracht. Dahinter klettern die Häuser des Orts die Anhöhe hinauf bis zur Festung.

In einem dieser Häuser lebt der Admiral und Oberbefehlshaber der Flotte. Man begegnet dem allseits geschätzten Mann des Öfteren auf den Straßen. Er ist sofort erkennbar an seiner massigen Statur und seinem gravitätischen Gang, aber auch an seiner Höflichkeit und den geschliffenen Manieren, die zeigen, dass er ein gebildeter Mensch ist. Und nicht zuletzt an seiner gelassenen Haltung, seinem strahlenden und selbstsicheren Lächeln. Sein Name ist in die Geschichte eingegangen. Es handelt sich um Gaius Plinius Secundus, den die Historiker »Plinius den Älteren« nennen, um ihn von seinem Neffen Plinius dem Jüngeren zu unterscheiden. Beide sind, wie Sie bald sehen werden, zentrale Figuren in unserer Erzählung. Einer wird auf dramatische Weise das Leben verlieren, während der andere, noch jung, gerettet wird und das Geschehen der Nachwelt überliefern kann.

Tatsächlich ist es Admiral Plinius der Ältere (den auch wir so nennen werden), der Rectina am Hafen abholt. Was wissen wir von ihm? Er ist zu jener Zeit sechsundfünfzig Jahre alt und in Novum Comum, dem heutigen Como, zur Welt gekommen. (Andere Historiker geben das antike Verona als Geburtsort an.) Als junger Mann diente er zwölf Jahre lang in den am Rhein stationierten Legionen, wo er eine Kavallerieschwadron befehligte. Dann stagnierte seine Karriere eine ganze Zeit lang, weil er der Herrschaft Neros ablehnend gegenüberstand. Doch als Nero das Zeitliche segnete, nahm das Schiff Plinius' des

Älteren unter Kaiser Vespasian wieder Fahrt auf, denn wie der Zufall es so wollte, hatte Plinius in Germanien zusammen mit Titus gedient, dem Sohn des Kaisers. Die drei einte eine ausgesprochen pragmatische Einstellung zum Leben, vielleicht, weil sie alle in den vordersten Kampfreihen gedient und dort gelernt hatten, was es heißt, Risiken und Gefahren ausgesetzt zu sein und Verantwortung zu tragen. Und so wurde Plinius sogar persönlicher Ratgeber Vespasians. Kurz vor dem Vesuviusausbruch ist Vespasian gestorben. Titus selbst ist nun Kaiser, und Plinius gehört zu seinen engsten Vertrauten.

Plinius hat also verstanden, sich zu gedulden. Dank seiner persönlichen Qualitäten ist er ohne jeden Zweifel ein mächtiger und einflussreicher Mann geworden. Aber er ist auch unglaublich gebildet. Seine Gesellschaft wird allgemein hoch geschätzt. Der Mann, der da am Hafen auf Rectina wartet, hat nur zwei Jahre zuvor ein großartiges Werk veröffentlicht, das selbst heute noch konsultiert und zitiert wird: die *Naturalis Historia*, eine Enzyklopädie des menschlichen Wissens jener Zeit über so unterschiedliche Sachgebiete wie Anthropologie, Geografie, Zoologie, Botanik, Astronomie, Medizin und Mineralogie. Auch aus diesem Grund gilt Plinius der Ältere als der erste Naturforscher im modernen Sinne. Leider sind alle anderen seiner Werke verlorengegangen.

Plinius war Anwalt und mit Verwaltungsaufgaben in den Provinzen Gallia Narbonensis, Africa und Hispania Tarraconensis betraut, wo es bedeutende Goldvorkommen gab. Es waren dies höchste Ämter, die viel Fingerspitzengefühl erforderten, doch Vespasian und später Titus setzten ihr ganzes Vertrauen in Plinius, der ein zutiefst redlicher Mensch war, sowohl in praktischer als auch in intellektueller Hinsicht.

Eine Frage aber bleibt offen: Wieso steht an der Spitze der wichtigsten kaiserlichen Flotte ausgerechnet ein Naturforscher? Vielleicht hat Vespasian Plinius diese Aufgabe ebendeshalb anvertraut, weil es sich dabei zu jener Zeit sozusagen um einen »ruhigen Posten« handelte, der ihm somit mehr Zeit für seine Studien ließ …

Rectina beugt sich über die Reling. Ihr dunkles Haar bedeckt ein feiner Schal aus Seide, die *palla.* Sie lässt ihren Blick an der Hafenmauer entlanggleiten, die im Moment vor Menschen nur so wimmelt. Es werden alle möglichen Waren ausgeladen, meterhohe Amphoren, große Säcke in dichtgeknüpften Netzen werden aus den Laderäumen gehievt. Doch wo der Admiral voranschreitet, macht ihm die Leibwache den Weg frei. Daher fließt der Strom von Menschen um Plinius herum.

Da, Rectina hat ihn entdeckt und verhüllt ihr Gesicht mit dem Schleier, was üblich ist für eine Matrone, eine weibliche Angehörige der Oberschicht. Eine Sklavin hilft ihr, von Bord zu gehen. Heute würde ihr jeder »Offizier und Gentleman« natürlich entgegeneilen, um ihr die Hand zu reichen, sobald sie die schmale Planke herunterbalanciert. Vor zweitausend Jahren aber war es verboten, einer römischen Aristokratin den Arm zu reichen, ja sie auch nur zu berühren. Außer in Notfällen wäre dies tatsächlich ein »Fauxpas« gewesen. Die Frauen der Oberschicht, die zur römischen *nobilitas* – zur Aristokratie – gehörten, waren in der Öffentlichkeit unantastbar.

Die Begegnung mit dem Admiral verläuft warmherzig. Denn die beiden kennen sich vermutlich schon seit einiger Zeit. Mancher Historiker meint gar, es sei mehr zwischen ihnen gewesen als nur Freundschaft. Doch das lässt sich nicht mit Sicherheit sagen. Rectina war noch jung, schön, und sie war Witwe. Sicher aber wissen wir nur eines: Als der Vulkan ausbricht, wird Rectina eine Botschaft an Plinius den Älteren schicken und ihn anflehen, sie zu retten. Woher wir das wissen?

Nun, hier müssen wir uns kurz die Quellenlage vergegenwärtigen, denn vieles von dem, was Sie auf den folgenden Seiten zu lesen bekommen, geht auf zwei Briefe zurück, die Plinius der Jüngere, Neffe des Admirals, viele Jahre nach der Tragödie an Tacitus geschrieben hat. Darin beschreibt er alle Phasen des Ausbruchs und wie sein Onkel reagierte. Es handelt sich um außergewöhnliche Dokumente, die uns allerdings nur in Kopien erhalten sind, die die fleißigen Mönche des Mittelalters in zahlreichen Abschriften erstellt haben.

In diesen Briefen wird Rectina erwähnt, allerdings nur dem Namen nach, ohne weitere Hinweise auf ihre Person. Dies sagt uns, dass man sie in den Kreisen der römischen Oberschicht vermutlich kannte. Unter anderem, weil »Rectina« zu jener Zeit ein höchst seltener Name war. Wenn man also von einer Aristokratin mit diesem Namen spricht, die in einer großen Villa zwischen Pompeji und Herculaneum lebte, kann es sich nur um ebenjene Rectina handeln. Natürlich sind das alles Annahmen, wie ich, um der Wahrheit die Ehre zu geben, anfügen muss. Doch Sie werden sehen, dass es viele Elemente (und auch archäologische Funde) gibt, die sich um diese Figur und um das ranken, was sie in den Stunden getan hat, die hier beschrieben werden. Und daraus lässt sich eine durchaus plausible Rekonstruktion der Ereignisse gewinnen.

Vieles von dem, was zwischen zwei belegten historischen Ereignissen geschah, ist nur durch Hypothesen zu erschließen, wie die folgende Begegnung kurz vor der Eruption.

Plinius der Ältere bringt Rectina in seine Unterkunft, die vermutlich in der Festung liegt, dem Hauptquartier seiner Flotte am Hafen. Er will sich entschuldigen, dass er nicht am Bankett teilnehmen kann, das Rectina in ihrer prächtigen Villa über dem Meer zwischen Herculaneum und Pompeji geben wird: Leider lassen es Studien und Pflichten nicht zu, Misenum zu verlassen.

Die beiden liegen sich auf Sofas gegenüber und nehmen eine leichte Mahlzeit zu sich, begleitet von köstlichem Falernerwein, der in dieser Region angebaut wird. Rectina fallen die vielen *volumina* auf, die »Bücher«, die damals aus langen Schriftrollen bestehen und über den ganzen Raum verteilt sind – zwischen geografischen Karten, Kaiserbüsten, Schädeln und Fellen exotischer Tiere.

Plinius ist ein wissbegieriger Mensch. Heute wäre er sicher Naturwissenschaftler und Forscher, ist er doch in der Lage, jedwedes

Thema rational zu analysieren, ob es sich nun um Natur, Wissenschaft, Geschichte oder Literatur handelt. Außerdem ist er ein großartiger Redner: »Primetime-geeignet« sozusagen.

Doch unsere Spekulationen werden unterbrochen vom Erscheinen des Neffen. Plinius der Jüngere, damals gerade mal siebzehn Jahre alt, begrüßt Rectina höflich. Er kommt in Begleitung seiner Mutter, Plinius' Schwester, die natürlich Plinia heißt. Der junge Mann wurde vom Onkel adoptiert, und dieser sucht in jeder erdenklichen Weise, ihn zum Lernen anzuhalten.

»Gehst du heute in die Therme von Baiae?«, will der Mann mit der sonoren Stimme wissen.

»Ja, aber nur kurz für ein entspannendes Bad. Vielleicht ein schöner Spaziergang ...«, antwortet der Junge.

»Du könntest dich doch auch in der Sänfte hintragen lassen ...«, meint lachend der Admiral.

Ein alter Witz zwischen den beiden. Aus den überlieferten Briefen wissen wir, dass der Onkel den Neffen häufig aufzog wegen dessen tiefverwurzelter Gewohnheit, alle Wege zu Fuß zurückzulegen. »Dann würdest du nicht so viel Zeit verlieren«, sagt er, der jeden Augenblick, der nicht der Lektüre und dem Studium gewidmet ist, als verloren betrachtet ...

Plinius der Ältere arbeitet so viel, dass er grundsätzlich eine Sänfte benutzt, weil er dort seine Arbeit fortsetzen kann. Vor allem in Rom, wo schon damals der »Verkehr« jeden Ausflug endlos in die Länge zog.

Rectina lächelt. Sie weiß sehr gut, dass Plinius der Ältere nicht unbedingt der Norm entspricht.

Tatsächlich hat man über ihn einiges herausgefunden, das ihn aus der Masse hervorhebt. Er war ein echter »Workaholic«, süchtig nach Arbeit. Sein gesamter Tagesablauf war der Ansammlung von Wissen gewidmet. Er ließ sich Bücher vorlesen, zu denen er dann Notizen machte – schon morgens, wenn er gleich nach dem Erwachen ein

Sonnenbad nahm. Oder während er sich nach dem Bad in den Thermen massieren ließ. Oder beim Abendessen. Jede Sekunde war kostbar und jedes Buch ebenso. Einer seiner Lieblingssprüche lautete: »Kein Buch ist so wenig wert, dass es nicht irgendwo einen Nutzen hätte.«

Dabei half ihm eine große Gabe: Er brauchte wenig Schlaf und konnte auch die ganze Nacht lang wach bleiben. Am Morgen dann marschierte er schnurstracks zu Kaiser Vespasian (wie sein Neffe berichtet), der ebenfalls eine Nachteule gewesen sein muss. Dann arbeiteten die beiden zusammen. Sobald er wieder zu Hause war, nahm er erneut seine Studien auf, unterbrochen lediglich von kurzen Schlafpausen (wie Napoleon dies auch tat). Seine Fähigkeit, jederzeit und überall in Schlaf sinken zu können, war sprichwörtlich. Doch möglicherweise war es gerade dies, was ihm während des Vulkanausbruchs zum Verhängnis werden sollte.

Rectina verabschiedet sich von der Familie. Sie muss wieder los. Wenige Minuten später sieht sie Plinius' Antlitz in der Ferne immer kleiner werden, während ihre Liburne von der Mole ablegt und auf die See hinaussteuert. Der Admiral hat dafür gesorgt, dass sie schnell in ihre Villa zurückgebracht wird. Sie wirft einen Blick zurück und sieht ihn in eine Sänfte steigen. Er gibt den Trägern ein Zeichen. Sein Sekretär folgt ihm auf dem Fuße und liest ihm etwas vor. Die kleine Gruppe entfernt sich rasch vom Hafen. Nur der lesende Sekretär stolpert von Zeit zu Zeit.

Eine Karte aus Neapel – ohne den Vesuv!

Die Liburne ist ein Schiff mit zwei Reihen von Ruderern und daher ziemlich schnell. Ursprünglich wurde dieser Schiffstyp von den Piraten der östlichen Adria benutzt, die damit schnelle Raubzüge durchführten. Die Römer befreiten die Adria von Piraten und übernahmen später den Schiffstyp. Er wurde nur leicht verändert und an militärische Erfordernisse angepasst. Da die Liburne gut zu manövrieren war, erreichte sie die Anlegestelle bei Rectinas Villa sehr viel schneller, als dies ein klassisches Segelschiff vermocht hätte. Die Bireme hatte nämlich nicht nur Ruderer, sondern auch Segel zur Verfügung. Übrigens: Wie die spätere Untersuchung der Ablagerung aus Asche und Lapilli (erbsen- bis nussgroßem Vulkangestein) ergab, wehte zu der Zeit, als Rectina nach Hause zurückkehrte, eine steife Brise aus Südost, die sie relativ schnell zu ihrer Villa getragen haben dürfte.

Rectina spürt, wie das Schiff die Wellen durchpflügt. Die Küste Kampaniens fliegt förmlich an ihr vorbei. Schon liegt Misenum in weiter Ferne. Auch den Golf von Puteoli, heute Pozzuoli, mit seinen Villen und Palästen, in denen Roms »High Society« ihre berühmt-berüchtigten zügellosen Bankette feiert, hat das Schiff schon hinter sich gelassen.

An diesem Küstenabschnitt liegen zahlreiche Orte, die sich einer gewissen Berühmtheit erfreuen. Die Liburne schießt an der kleinen Insel Nisida vorbei und taucht ein in den Golf von Neapel. Rectinas Blick wandert zerstreut über den Hügel, der linker Hand ansteigt, von Villen bedeckt. Die berühmteste ist sicher die des Publius Vedius Pollio, die er Kaiser Augustus vererbte. Dort erhebt sich heute Posillipo, der schönste Stadtteil Neapels. Selbst wenn Sie noch nie dort waren, kennen Sie das Panorama, denn dort werden sämtliche Postkartenbilder von Neapel und dem Golf von Pozzuoli aufgenommen, in der Ferne der Vesuv und seitlich die unvermeidliche Pinie ... Der Ort hatte schon in der Antike etwas Bezauberndes, denn Pollio nannte seine Villa »Pausilypon«, aus dem dann das italienische »Posillipo« entstand. »Pausilypon« aber bedeutet »Atempause vom Leiden«.

Nur bietet sich Rectina ein ganz anderes Bild. Lassen Sie uns näher treten und schauen, was sich in ihren Pupillen spiegelt. Stimmt, da ist etwas merkwürdig: Die Pinien, der Golf, alles ist da – doch etwas fehlt … tatsächlich, der Vesuv! Wir drehen uns um und lassen unseren Blick über die Küstenlinie wandern. Weit und breit kein Vulkan in Sicht! Wie kann das sein?

Warum es noch keinen Vesuv gab: Die »echte« Ansichtskarte von Neapel vor zweitausend Jahren

Das ist die erste Überraschung, die uns erwartet, wenn wir uns mit der Geografie jener Zeit beschäftigen: Zur Zeit Pompejis war der Vesuv tatsächlich nicht sichtbar. Um zu verstehen, was ein Römer im Jahr 79 n. Chr. dort sah, müssen Sie sich das klassische Panorama ohne den Kegel des Vulkans vorstellen. So sah die Küste von Kampanien damals aus.

Die zweite Überraschung (die sich logisch aus der ersten ergibt) ist, dass der Vulkan, der sich heute so bedrohlich über der Stadt auftürmt, nicht derselbe ist, der Pompeji unter sich begraben hat. Zu jener Zeit gab es diesen Kegel noch gar nicht! Nicht gerade das, was man aus Reiseführern, Filmen und Romanen kennt. Aber was hat dann Pompeji, Terzigno, Herculaneum, Boscoreale, Oplontis und Stabiae zerstört?

Es war ein anderer Vulkan an derselben Stelle, der jedoch sehr viel älter war als der heutige: der Somma. Und Sie kennen ihn, zumindest, wenn Sie schon mal Ansichtskarten von Neapel gesehen haben. Darauf ist schön zu erkennen, dass der Vesuv links eine »Einkerbung« hat. Wenn Sie ihn im Hubschrauber überfliegen, sehen Sie, dass diese Delle in Wirklichkeit eine halbkreisförmige Anhöhe ist, die den aktuellen Vesuv teilweise umschließt, als würde sie ihn umarmen. Dieser Halbkreis ist das, was vom Krater des alten Vulkans übrig geblieben ist. Dieser war seit Jahrhunderten verschlossen, bevor er sich unvorhergesehen öffnete und in Pompeji und Umgebung Tausenden Menschen den Tod brachte.

Und wie kam es nun zur Entstehung des neuen Vesuvs, wie wir

ihn heute kennen? Der bildete sich nach dem Ausbruch des alten Vulkans, und zwar genau in der Caldera, dem Einsturzkrater, des Somma. Die Eruption von 79 n.Chr. war seine Geburtsstunde. In diesem Sinne ist der heutige Vesuv das Kind der Tragödie von Pompeji. Aber es dauerte Jahrhunderte, bis er seine aktuelle Größe erreichte. Auf einigen mittelalterlichen Fresken, die den heiligen Gennaro neben dem Vesuv zeigen, ist der jüngere Vulkan noch niedriger als der Somma.

Und noch eine Kuriosität: Die Römer nannten den alten Vulkan nicht »Somma«, wie wir das heute tun. Für sie war er der »Vesuvius« oder »Vesbius«. Dieser alte Name wurde dann auf den neuen Vulkan übertragen. Das muss man im Hinterkopf behalten, wenn man antike Texte liest, anderenfalls kann es zu Verwirrung führen. Korrekterweise müssten wir also den antiken Vulkan »Vesuvius« nennen und dürften nur den neuen als »Vesuv« bezeichnen.

Nun wissen wir also, dass der Vesuv, den wir heute vor Augen haben, nicht derselbe ist, den die Menschen von Pompeji kannten. Wenn es aber doch schon einen Vulkan in der Antike gab, wieso haben die Römer dann nicht bemerkt, wie gefährlich er war? Schließlich bleibt sich die Form eines Vulkans immer ziemlich gleich, und sie löst gewöhnlich doch gewisse Ängste aus, vor allem, wenn man an seinen Abhängen lebt.

Hier habe ich noch eine Überraschung für Sie und einen weiteren Mythos, den es zu widerlegen gilt. In den berühmten Filmen und den Büchern über Pompeji zufolge erhebt sich immer ein gewaltiger Vulkankegel über der Stadt (meist noch größer als der aktuelle Vesuv). In Wirklichkeit aber hatte der Vulkan diese Dimensionen nur in der Vorgeschichte, als der Mensch vor der letzten Eiszeit noch in Höhlen lebte und diese bemalte: Damals hatte ein ständiger Lavaausstoß den Kegel auf eine enorme Größe anwachsen lassen. In der Folge aber kam es immer wieder zu Ausbrüchen von gewaltiger Stärke, die diesen Riesen schließlich sukzessive schrumpfen ließen. Übrig blieb nur die Basis des Kraters.

Was also sahen die Römer zu jener Zeit? Einen breiten, eher niedrigen Berg, der von einer Hochebene gekrönt war und nur an den Rändern ein paar Zacken aufwies. Auch die »Decke« verschleierte seine wahre Identität, denn Wälder, Weingärten und Felder überzogen den gesamten Berg. Auf den ersten Blick sah er genauso aus wie die Erhebungen der Umgebung. Er hatte sich gleichsam camoufliert wie ein militärisches Erkundungskommando, das sich hinter Blättertarnnetzen verbirgt. Nach heutigem Erkenntnisstand waren die einzigen vegetationslosen Bereiche tatsächlich der Gipfel (der aktuelle Monte Somma mit seinen zerklüfteten felsigen Abhängen im Inneren) und ein »Mittelstück«, auf dem gar nichts wuchs. Dies war offensichtlich der »Pfropfen«, der den Vulkan verschloss und bei dessen Eruption explodierte. Doch dieses Mittelstück war nicht besonders groß, denn gewöhnlich werden erloschene Vulkane schnell von Vegetation überzogen.

Daher waren sich die Römer nicht darüber im Klaren, dass sie an den Abhängen eines gewaltigen Höllenschlunds lebten. Sie bauten Wein an, gingen spazieren, küssten und liebten sich auf der Oberfläche eines mächtigen verborgenen Killers.

Einige Gelehrte römischer Zeit wussten allerdings um die wahre Natur dieses Berges: Der berühmte griechische Geograf Strabo zum Beispiel, der fünfzig Jahre vor Ausbruch des Vesuvius starb, hatte erkannt, was sich dahinter verbarg. Ihm war aufgefallen, dass sich an den Abhängen zwar fruchtbare Felder befanden, der Gipfel aber kahl war und nach Asche aussah. Außerdem sei der Berg bedeckt von Höhlen und Spalten, ja, das Gestein schien geschmolzen zu sein … Daraus schloss der hellsichtige Strabo, dass dieser Berg wohl einmal ein Vulkan gewesen sei, mittlerweile jedoch erloschen. Auch der Historiker Diodorus Siculus war zum selben Schluss gelangt: Ein Jahrhundert vor dem Ausbruch, der Pompeji zerstören sollte, schrieb er, dass dieser Berg einst Feuer gespuckt habe wie der Ätna und dass er immer noch Zeichen einstiger Aktivität zeige.

Wie bei so vielen historischen Tragödien gibt es immer Leute, die vorher begreifen, was geschehen wird. Beide Gelehrte hatten den richtigen Riecher, auf keinen von beiden hat man gehört. Und so konnten Tausende von Menschen nicht gerettet werden. Nicht einmal Plinius der Ältere, Naturforscher und einer der klügsten Köpfe seiner Zeit, sah die Gefahr, obwohl er an den Hängen des Vulkans lebte.

Und dennoch auf römischen Fresken zu sehen: Der Vesuvius

Aus heutiger Sicht ist es kaum fassbar, dass man in Pompeji und Herculaneum den Killer auf Fresken darstellte, ohne zu bemerken, dass es sich dabei um einen Vulkan handelte! Für uns sind diese bildlichen Darstellungen allerdings schon aus dem Grund wertvoll, weil wir daraus die Gestalt des Vesuvius vor dem Ausbruch rekonstruieren können.

Wie gesagt sah man von dem vollkommen zerstörten prähistorischen Vulkan nur noch die Basis des breiten Kraters als gezackte Linie. Man muss sich das vorstellen wie einen Aschenbecher mit unregelmäßigem Rand und einer deutlich niedrigeren Seite. Ein bisschen wie heute das Kolosseum.

Außerdem sah der Vulkan je nach Perspektive anders aus. Wer in Herculaneum lebte, befand sich auf dieser niedrigeren Seite und sah daher den »Sporn« des Monte Somma gut: eine vertraute Form, die sich gegen den Morgenhimmel abzeichnete. Den Blick, den die Bewohner von Herculaneum hatten, machte ein Fresko unsterblich, das 1879 entdeckt wurde. Es schmückte einen Hausaltar (ein Lararium) in der Villa eines Pompejaners namens Rustius Verus. Bacchus tritt uns darauf entgegen, geschmückt mit Trauben. Hinter ihm zeichnet sich ein stilisierter steiler Berg ab, der von Weingärten bedeckt ist. In Reiseführern wird dieser Berg meist als Vesuv bezeichnet. In Wirklichkeit ist es der aktuelle Monte Somma, also der Kraterrand des prähistorischen Vulkans, von der Seite gesehen, wie der Querschnitt einer Welle. Man erkennt sehr schön darauf, wie der Berg von Herculaneum aus ausgesehen haben musste – wie eine spitze Nadel. Er ist ganz von Weingärten bedeckt und wurde sicher als Geschenk der Natur wahrgenommen, nicht als mörderisches Monstrum. Wir sehen hier sozusagen einen der Fangzähne des gewaltigen Raubtiers, das bald ganze Städte verschlingen würde.

Wer in Pompeji oder Stabiae wohnte, also im Südosten, hatte die platte, offene Seite des Vulkans vor Augen, die wir mit der »niedrigen« Seite des Kolosseums verglichen hatten. Dort gab es keine natürliche Barriere, nichts, was die schrecklichen Ströme aus Glut, Asche und Gas aufgehalten hätte, die so viele Menschen das Leben kosteten. Wer den Vulkan vom Osten aus betrachtete, vom heutigen Nocera Inferiore aus, sah einen niedrigen Bergrücken (der durch Erosion und frühere Ausbrüche abgetragen worden war), eine wenig bemerkenswerte Erhebung am Horizont.

Hätte der Vesuvius seinen Krater behalten, zumindest seine runde Form, hätten die Römer vermutlich erkannt, dass es sich bei diesem Berg um einen Vulkan handelte. Doch sein jahrhundertelanges Schweigen täuschte am Ende alle. Noch eine Kuriosität am Rande: An den zerklüfteten Hängen des Aschenbechers versteckte sich einst eine berühmte Persönlichkeit. Im Jahr 73 v. Chr. zog sich der thrakische Gladiator Spartacus, der den berühmten Sklavenaufstand anführte, mit seinen Gefolgsleuten auf den Monte Somma zurück und verbarg sich mit ihnen am höchsten Punkt des Kraters. An diesen wilden, unwegsamen Ort folgte ihnen niemand. Der römische Prätor Appius Claudius Pulcher verbarrikadierte den einzigen Zugangsweg und hoffte, die Aufständischen so aushungern zu können. Doch Spartacus suchte sich auf der steilen Seite seinen Weg nach unten. Seine Leute knüpften Seile aus den Weinreben und seilten sich von den Abhängen ab. Dort überraschte er seine Gegner und setzte sie außer Gefecht.

Der »Ground Zero« der Eruption

Ein Faktum, das in Filmen, Bestsellerromanen, Fernsehserien und -dokumentationen unweigerlich falsch dargestellt wird, ist der genaue Ort der Eruption. Wir wissen, dass alles begann, als der »Pfropfen« aus dem Vesuvius geschleudert wurde. Im Film zeigt man dann gewöhnlich eine Explosion am Gipfel des Vulkans. Das sieht natürlich beeindruckend aus – aber so war es nicht. Wie wir wissen, hatte unser Vulkan ja keine Spitze. Er sah vielmehr aus wie eine geschmolzene Eistüte.

»Ground Zero« befand sich also nicht oben, an einem »Gipfel«, sondern unten, im flachen Becken, das von den Überresten des einstigen Kraters umschlossen war, den man aufgrund seiner kesselförmigen Struktur »Caldera« nennt (spanisch für »Kessel«).

Wir wissen nicht, ob auf dem »Pfropfen« jemand lebte. Heute geht man im Allgemeinen davon aus, dass dieser Bereich trocken wie eine Mondlandschaft und deshalb verlassen war. Aber welche Ausdehnung hatte diese Zone? In einigen antiken Quellen wird sie zwar erwähnt, allerdings finden sich keine Angaben zur Größe. Nahm sie den gesamten Innenraum des Kraters ein oder wirklich nur sein Zentrum?

Möglicherweise gibt es darauf eine Antwort. Vielleicht steht sie uns ja schon seit Jahrzehnten vor Augen, wurde bislang aber einfach nicht gesehen. Denn in dem bereits erwähnten Bacchus-Fresko gibt es rechts einen dunklen ovalen Bereich im oberen Teil des Berges.

Einige Wissenschaftler wie der Archäologe Virgilio Catalano gehen davon aus, dass der zerstörte prähistorische Vulkan einen weiteren kleineren Kegel in seinem kesselförmigen Krater hatte. Dieser kleinere Kegel war wohl selbst teilweise erodiert. Vielleicht war er bei einer jüngeren Eruption entstanden, die sich etwa zwölfhundert Jahre vor dem Ende Pompejis ereignet hatte.

Möglicherweise können wir mit dieser Information den Ausbruch im Inneren des Vesuvius rekonstruieren. Es ist möglich, dass die von

Strabo beschriebene trockene Ascheregion nur auf diesen kleineren Kegel begrenzt war. Und rundherum? Da der Vesuvius so ausgesprochen fruchtbar und seit Jahrhunderten inaktiv war, hatte sich ringsumher vermutlich ein Waldgürtel gebildet, der vom Regenwasser gespeist wurde, das sich in ebenjenem Becken sammelte, das von der alten Caldera übrig geblieben war.

Wir wissen, dass es an den Abhängen des Vesuvius von Ziegen und Wildschweinen nur so wimmelte. Man hat in Pompeji auch Hirschgeweihe gefunden. Möglicherweise hat sich also in einigen Zonen rund um den Berg eine wilde Flora und Fauna angesiedelt.

Wenn das so ist, wohnte dem Ort sicher ein tiefer Zauber inne: eine Art natürliches Amphitheater voller windgeschützter Wälder, das sich an seiner niedrigsten Stelle aufs Tyrrhenische Meer hin öffnete und den Blick auf einen berauschenden Sonnenuntergang freigab. Wir wissen, dass sich auf der zum Meer hin abfallenden Seite zahlreiche Villen und Landgüter befanden. Das beschreibt auch Plinius der Ältere so. Und im Inneren? Wäre es nicht möglich, dass es dort auch Felder gab, kleine Bauernhöfe, Lehmpfade? Natürlich, aber wir wissen nicht genau, ob das wirklich so war.

Also halten wir inne und legen unserer Fantasie die Zügel an. Wir haben keinen Beweis dafür, und es gibt keine Hinweise auf Wohnsiedlungen in dieser Gegend. Das ist nur eine Hypothese. Sollte es diese tatsächlich gegeben haben, so wären sie innerhalb von Sekundenbruchteilen vom Antlitz der Erde weggewischt worden …

Ein prähistorischer Serienkiller

Der antike Vesuvius hat schon früher getötet. Mindestens drei seiner Ausbrüche müssen apokalyptische Ausmaße angenommen haben, die dem des Jahres 79 n. Chr. gleichkamen.

Von einem dieser Ausbrüche ist uns ein beredtes Zeugnis überliefert: die Reste eines Dorfes aus der Bronzezeit, das sich in Croce del Papa bei Nola befindet. Vor etwa viertausend Jahren überzog der Vesuvius das Land mit Asche (man kennt diesen Ausbruch als »Avellino-Eruption«) und einem Regen von Lapilli-Steinen. Das fragliche Dorf wurde von einem sogenannten »Lahar« verschüttet, einer Schlammlawine, die vom Vulkan herunterrollt. Diese Schlammlawine hat das Dorf vor dem Verfall bewahrt.

Mittlerweile sind zwar mehr als viertausend Jahre vergangen, doch die Archäologen konnten zahllose Gebrauchsgegenstände, ja sogar fein gearbeitete Vasen sicherstellen. Selbst die Umfriedung des Dorfes, die aus Stroh und Binsen geflochten war, ist erhalten geblieben: sozusagen ein Pompeji der Bronzezeit. In den Hütten fanden sich noch viele Gegenstände an ihrem Ort. Es gab Zäune rund um die Bereiche, in denen Schweine oder Schafe gehalten wurden. Sogar Pferde nutzte man schon für die Landwirtschaft.

Dass keine menschlichen Körper gefunden wurden, nimmt man als Beleg dafür, dass die Bewohner dieses Dorfes fliehen konnten. Einige allerdings schafften es nicht. Auch der gewaltige Vulkanausbruch vor viertausend Jahren forderte seine Opfer. Zwei davon fand man in San Paolo Bel Sito. Es handelt sich um die Skelette eines Mannes zwischen vierzig und fünfzig Jahren von etwa einem Meter siebzig Körpergröße. Der Mann war ausgesprochen muskulös. Neben ihm lag eine anderthalb Meter große Frau von etwa zwanzig Jahren, die schon mehrere Kinder geboren hatte. Die beiden flohen durch einen wahren Platzregen von Steinen. Obwohl sie mehr als sechzehn Kilometer vom Vulkan entfernt waren, konnten sie sich nicht retten. Als die Archäologen sie fanden, hatten sie noch die Hände vorm Gesicht, wodurch sie sich vor den Steinen hatten schützen wollen.

Ihre Haltung im Augenblick des Todes ähnelt der anderer Vulkanopfer in Pompeji. Vielleicht waren auch sie von einer Gas-und-Asche-Wolke überrascht worden. Oder es waren die Steine, die aus einer Höhe von mehreren Dutzend Kilometern mit einer geschätzten Geschwindigkeit von hundertfünfundzwanzig bis hundertsiebzig Stundenkilometern auf die Erde niederprasselten! Ihre Körper waren mehr als einen Meter hoch von Steinen bedeckt. Der Vesuvius hatte damit auch ihnen ein Grab geschaffen.

Die lange Tradition von Tod und Zerstörung, die mit dem alten Vulkan begonnen hatte, wurde fortgesetzt vom heutigen Vesuv, der quasi am Tag der Pompeji-Eruption entstand. Zu jenem Datum fand die Wachablösung statt. Der neue Vulkan war geboren und stieß seinen ersten Schrei aus.

Er brauchte Jahrhunderte, um heranzuwachsen, sichtbar zu werden und seine heutige Größe zu erreichen. Er wuchs in Schüben, legte Pausen ein, brach wieder in sich zusammen. Kleine, aber immer wieder stattfindende Eruptionen hatten zur Folge, dass Lava sich ansammelte und den heutigen Kegel bildete. Viermal wuchs er mit großer Wucht: Er erhob sich zwischen dem 1. und 3. Jahrhundert n. Chr., danach wurde es ruhig. Erst zwischen dem 5. und 7. Jahrhundert kam es erneut zu erhöhter vulkanischer Aktivität und 472 zur Pollena-Eruption, bei der Asche bis nach Konstantinopel geschleudert wurde. Dabei wurde die gesamte Gegend um das alte Pompeji von Asche bedeckt, sodass sich die Höhenlage des Areals veränderte. Zwischen dem 10. und dem 12. Jahrhundert kam es erneut zu Ausbrüchen. Die letzte Zeit intensiver vulkanischer Tätigkeit gipfelte im Ausbruch von 1631. Seit dem letzten Vesuvausbruch von 1944 »schweigt« der Vulkan bis heute.

Doch jetzt wollen wir nach all diesen vulkanologischen Erläuterungen zum Vesuv wieder zu unserer Erzählung zurückkehren.

Traumvillen

22. Oktober 79 n. Chr., 13.00 Uhr
Noch 48 Stunden bis zum Ausbruch

O FELICEM ME
O ich Glücklicher!

Das Schiff setzt seine Fahrt fort, der Tag ist wunderschön. Die Liburne hat beide Segel gesetzt, um den guten Wind zu nutzen. Keiner der Menschen an Bord weiß zu diesem Zeitpunkt, dass ebenjener Wind während des Ausbruchs zum ruchlosen Helfershelfer des Vulkans werden soll. Er wird den Bimssteinregen in die Stadt tragen, dem Tausende von Pompejanern zum Opfer fallen.

Es ist schon erstaunlich, wie wenig diese eleganten Schiffe den unseren ähneln, obwohl sie unter demselben Wind dieselben Meere befahren. Heutige Segelschiffe haben eine Bugspitze, die mehr oder weniger hoch aus dem Wasser ragt. Die Bugspitze römischer Segler hingegen erhebt sich kaum über die Wasseroberfläche. Sie sieht aus wie eine Nase, die die Wellen zerteilt. Darüber prangen rechts und links am Bug zwei gemalte Augen. Der Bug des Schiffes sieht aus wie die Schnauze eines Tieres. Darüber rollt sich dann eine Art Locke (fast wie bei Elvis Presley) aus bemaltem Holz.

Auch das Heck ist anders, als wir es kennen: Es ragt weit aus dem Wasser heraus, und über die Brücke wölbt sich etwas, was aussieht wie der aufgestellte Schwanz eines Skorpions. Bizarr, nicht wahr? Manchmal wird dieses Element ausgeführt wie ein Schwanenhals, sodass das Schiff einem Vogel ähnelt, der seinen Hals S-förmig wölbt. Bei anderen Liburnen wiederum ist der Skorpionschwanz aufgefächert wie ein Grasbüschel, oder er endet in einer großen Kugel. Auf den ersten Blick hält man das Ding für reinen Zierrat, dann aber fängt man an zu überlegen: so viel Material, so viel Aufwand, so viel Gewicht? Natürlich, man könnte es auch benutzen, um das Zelt zu halten, das auf der Brücke aufgespannt ist und vor Sonne und Regen schützt. In Wirklichkeit ist es aber eher eine Art festes Ruder, das half, die Liburne am Wind auszurichten.

Um seine Funktion zu verstehen, müssen wir uns die Wetterfahnen auf alten Kirchtürmen oder Palästen vergegenwärtigen, die häufig die Form eines Wappens oder Hahns hatten und die Windrichtung anzeigten. Bei einem Schiff hilft diese Heckverlängerung, einen günstigen Wind zu finden, der das Schiff vom Heck her antreibt.

Römische Schiffe haben ein Rahsegel, daher sind sie schnell, wenn sie vor dem Wind segeln. Auch aus diesem Grund konnten die Römer ihre Handelswege bis nach Indien ausdehnen. Der Wind vom Heck her sorgte dafür, dass sie dort sicher ankamen, und die Monsunwinde halfen ihnen, den Weg zurück zu finden.

Der Steuermann richtet das Schiff aus (natürlich auch dem Seegang entsprechend), das feste Ruder am Heck aber leistet einen wichtigen »passiven« Beitrag. Weht der Wind nicht direkt in Fahrtrichtung, können die Seeleute die Segel entsprechend ausrichten, aber nur bis zu einem gewissen Grad. Kommt der Wind von vorn oder von der Seite, dann ist mit Windkraft nicht mehr voranzukommen, und die Ruderer übernehmen. Oder man läuft einen Hafen an und wartet auf günstigere Winde.

Die berühmten dreieckigen Segel, die den Seitenwind als Antrieb nutzen können, verbreiten sich erst im Mittelalter. Ihnen verdanken wir das Regattafeeling und das Windsurfen. Ein römischer Seemann wäre verblüfft gewesen ob der Manövrierfähigkeit heutiger Segelboote, die bei jedem Wind vorwärtskommen.

Auch diese Dinge sind wichtig zu wissen, um die Tragödie von Pompeji zu verstehen, denn die Rahsegel bringen es mit sich, dass römische Schiffe nur Fahrt aufnehmen können, wenn sie günstige Winde haben. Das hat zur Folge, dass viele Menschen während der Eruption in Pompeji und Stabiae festsitzen. Stellen wir uns all die fliehenden Menschen vor, die es bis zum Hafen schaffen. Sie sehen die Schiffe vor sich, die sie retten könnten, doch sie können nicht auslaufen. Die Seeleute sind machtlos. Sie können nicht »im Wind« oder »am Wind« segeln, wie man das heute nennt, also gegen den Wind oder mit Seitenwind. Aber natürlich war es nicht nur der Wind, der die Schiffe am Auslaufen hinderte, sondern auch das Meer, das er zu hohen Wellen aufpeitschte.

Noch eine Anmerkung zu den Schiffen aus römischer Zeit: Sie haben keine Kabinen für Reisegäste, tatsächlich gibt es noch keine Passagierschiffe. Die großen Schiffe, die in der Antike das Mittelmeer befahren, sind Transport- oder Kriegsschiffe. Reisende machen es sich auf der Brücke mehr oder weniger bequem und schlafen dort auch. Was sie zum Essen brauchen, müssen sie sich selbst mitbringen. Und dann gibt es da noch die Fischerboote und … die Privatjachten. Diese höchst eleganten Schiffe werden von reichen Römern für Kreuzfahrten oder Feste auf See benutzt, wie wir später noch sehen werden.

Obwohl Rectina auf einem Kriegsschiff reist, genießt sie eine Vorzugsbehandlung. Man hat ihr unter einem Sonnensegel aus rot leuchtendem Tuch einen Liegestuhl aufgestellt, ihr ein Bett aus weichen Kissen bereitet und auf einem Tischchen Erfrischungen für sie bereitgestellt.

Mit ihr an Bord ist eine kleine Gruppe von Soldaten, die die Leuchttürme bemannen sollen. Sie werden zusammen mit Rectina an Land gehen. Das ist ein wichtiges Detail, das ein bezeichnendes Licht auf die kommenden Ereignisse wirft.

Die Liburne nähert sich allmählich der Küste, offensichtlich sind wir fast am Ziel. Unser Blick schweift über die Landschaft, und wir stellen erstaunt fest, dass sie sehr viel grüner ist als heute. Hinter dem unmittelbaren Küstenstreifen steigt ein dichter Wald hügelan, ein grüner Teppich, der bis zum Vesuvius alles bedeckt. Von hier unten sieht er aus wie der Rücken eines Wals mit einem steinernen Grat (dem Monte Somma) an der Seite, der Richtung Neapolis abfällt. Da und dort erkennen wir Bauernhöfe, weit verstreute weiße Punkte gleich Sandkörnern auf einem Billardtisch. Weitab von der chaotischen Häuserflut, die sich vom heutigen Neapel her über die Halbinsel auf den Golf von Surrentum (Sorrent) zuwälzt.

Wäre es uns heute möglich zu sehen, wie sich diese Gegend in der römischen Kaiserzeit den Blicken darbot, fiele es uns wie Schuppen von den Augen: Überbevölkerung, Schwarzbauten, Beton und schlechter Geschmack haben diese einstige Perle des Mittelmeers verwüstet. Heute leben hier mehr als eine halbe Million Menschen. Zur Zeit Pompejis waren es gerade mal ein paar zehntausend, die heute nicht einmal ein großes Fußballstadion füllen würden.

Im Binnenland am Golf von Surrentum gibt es keine Städte, ja es ist überhaupt dünn besiedelt. Anders die Küste: An den Orten mit dem schönsten Panorama haben schon die Römer ihre »Betonburgen« errichtet – die natürlich noch nicht aus Beton sind und von höchst raffiniertem Geschmack zeugen. Die Plätze mit dem schönsten Blick auf den Golf sind gefragte Baugrundstücke (eines der Hauptkriterien: ein möglichst spektakulärer Sonnenuntergang). In dieser Hinsicht sind die Römer sehr »modern«. Auch sie wollen ihre »Resorts« haben, in denen sie sich erholen können. Was man sich heute von den Tropen erwartet, sucht man in der Antike am Golf. Überall lugen Villen aus dem Grün oder bauen sich vor dem Blau des Meeres auf. Weiße Wände, rote Dächer, weitläufige Terrassen und Säulengänge, mitunter sogar über mehrere Stockwerke. Gebaut wie Pharaonenpaläste mit zehn- oder zwanzigtausend Quadratmetern Fläche. Von Weitem aber strahlen sie trotz ihrer gewaltigen Ausmaße eine gewisse Leichtigkeit aus. Manchmal machen sie sich lang und sind von Bogengängen gesäumt (wie die berühmte Villa der Papyri in Herculaneum). Bei anderen Bauten verteilen sich die Bogengänge auf mehrere Stockwerke, was stets den Eindruck erweckt, als stünde man vor einem Stein gewordenen Wasserfall ... so gut wie immer aus kostbarem Marmor errichtet, der aus den besten Steinbrüchen Italiens, Nordafrikas und der Ägäis kommt.

Das Herz dieser Villen aber verbirgt sich dahinter. Diese Säulengänge umschließen Gärten, Schwimmbecken, Höfe, farbig ausgemalte Räume, Marmorböden, Treppenfluchten und natürlich »Panoramafenster«, die den Blick auf den Golf freigeben. Von den Statuen, Mosaiken, Fresken und exotischen Tieren gar nicht erst zu reden... unter diesen Dächern machen die reichsten Römer der Gegend Geschäfte, lagern sich zum Bankett, promenieren unterm Blätterdach, plaudern, lachen, lieben. Wir werden nie erfahren, welche Wunder die Küsten am Vesuvius für die bereithielten, die sich ihnen vom Meer her näherten. Wir können nur versuchen, sie uns vorzustellen.

Kommunikation in »Lichtgeschwindigkeit«

Mittlerweile sind wir fast an unserem Bestimmungsort angelangt. Wir kommen an zwei Fischerbooten vorbei. Einer der Fischer steht im Boot und holt eine Leine ein, an der mehrere mit Haken bewehrte Schnüre befestigt sind. In regelmäßigen Abständen sind Schwimmer angebracht, die das Stück an Ort und Stelle gehalten haben. Die Leinen senkten sich ab und lauerten dort unten auf Beute. Offensichtlich hat der Mann einen guten Fang gemacht, denn die Leine blitzt nur so, als er sie aus dem Wasser holt.

Die Archäologen haben diese Angelschnur in einem der Bootshäuser am Strand von Herculaneum gefunden, wo die Boote vertäut wurden. Sie war sauber eingerollt und ließ auf die Hoffnungen schließen, die jener Fischer damit verband.

Sein Name ist Felix. Er hält inne, hebt den Blick und lächelt. Mit weit ausholender Geste winkt er der Liburne zu. Er hat einige der Seeleute erkannt. Kein Wunder, am Hafen sind alle eine verschworene Gemeinschaft. Man begegnet sich seit Jahren tagtäglich an Bord von Fischerbooten, Kriegsschiffen oder in den Tavernen von Herculaneum. Einige der Seeleute winken ihm zu, dann widmet sich Felix wieder seiner Angelschnur. Wir werden ihm noch des Öfteren begegnen, auch in den dramatischen Stunden am Strand von Herculaneum, gar nicht weit von seiner Angelschnur entfernt.

Andere Fischerboote kommen vom Meer herein. Ihre Segel schweben übers Wasser und lenken unseren Blick auf Herculaneum. Die Stadt liegt mitten im Golf; vom Meer aus betrachtet wirkt sie höchst elegant: Ihre Straßen laufen parallel in gerader Linie auf die See zu wie die Zähne eines gewaltigen Kammes. Diese perfekt geometrische Anlage wird bei der Eruption tragische Konsequenzen haben, denn sie lenkt die pyroklastischen Ströme direkt in Richtung des Wassers und trägt so den Tod bis an den Strand. Ebendorthin, wo es jetzt vor Menschen nur so wimmelt, weil die Fischer gerade vom Meer zurückgekehrt sind und ihren üppigen Fang feilbieten.

Ein Licht streift die Gesichter der Ruderer. Die Sonne spiegelt sich in den halbkreisförmigen Scheiben des *caldarium* wider, der Thermen vor den Stadtmauern, die über dem Strand thronen. Immer wieder blendet das Spiegelbild der Sonne in den Fenstern Rectina und die Seeleute, denn die Villen an der Küste haben durchweg Glasfenster – allerdings nur die Villen; denn Glas ist teuer, und nur wohlhabende Menschen oder die »öffentliche Hand« können sich so etwas in großem Umfang leisten. Jede spiegelnde Scheibe verrät, wo Leute wohnen, die mit diesem funkelnden Statussymbol ihren Wohlstand demonstrieren können.

Doch an diesem Küstenabschnitt sind noch andere Lichtsignale zu beobachten, die immer wieder in kurzen Abständen aufblitzen. Sie kommen meist von den Wachtürmen des Militärs: ein einfaches, aber sehr effektives Nachrichtensystem.

Als Tiberius sich in seine prunkvolle Villa auf Capreae (Capri) zurückzog, die Villa Iovis, weil er Roms und seines vergifteten Klimas überdrüssig war, wollte er weiterhin mit dem Senat kommunizieren, und zwar »auf direktem Wege«. Also ließ er eine Reihe von Türmen errichten, die nach dem Stafettenprinzip die verschlüsselten Botschaften des Kaisers per Lichtsignal weitergaben. Auf jedem Turm tat ein

Soldat Dienst, der die Botschaft aufnahm und sie an den nächstliegenden Turm weiterleitete. Eine Botschaft von Capri nach Rom zu schicken, eine Distanz von etwa dreihundert Kilometern, dauerte nur wenige Stunden. Ein Pferdekurier hingegen hätte für dieselbe Strecke einen ganzen Tag gebraucht.

Tatsächlich hatten die Römer mehrere Systeme entwickelt, mithilfe deren sie über größere Entfernungen kommunizieren konnten. Am Limes, der nördlichen Grenze des Reichs, wurden Fackeln verwendet, um Rauchsignale von einem Wachturm zum nächsten zu übermitteln. Auch hier wurde ein Code benutzt. Anderswo verwendete man eine Art Winkeralphabet: Zwei Flaggen, in einem bestimmten Winkel zueinander gehalten, gaben die codierte Nachricht weiter. Manche Botschaften wurden mit Brieftauben versandt. Doch die schnellste und effektivste Kommunikationsform waren zweifelsohne die Blinksignale, erzeugt mittels reflektierender Oberflächen (aus Glas oder Metall) und Sonnenlicht. Das Prinzip ist dasselbe wie bei den später verwendeten Spiegeln. Es ist so ungeheuer praktisch, dass es über viele Jahrhunderte hinweg vom Militär verwendet wurde. Diese »Helio-« oder »Spiegeltelegrafen«, wie man diese Apparaturen später nannte, wurden bis in die sechziger Jahre des letzten Jahrhunderts eingesetzt. Was weiter nicht verwundert: An einem wolkenlosen Tag ist ein Blinksignal über fünfzig Kilometer weit zu sehen.

Die Römer hatten natürlich keine modernen Spiegel, doch sie konnten Glasscheiben und Bronzespiegel herstellen, die man auch für kosmetische Zwecke benutzte – und im Bett. Tatsächlich waren Spiegel zu römischer Zeit ein beliebtes Sexspielzeug der Adligen. Sueton schreibt, dass der Dichter Horaz, wie viele andere Liebhaber dieser Praxis, in seinem Haus ein *speculatum cubiculum* einrichten ließ, ein Spiegelzimmer für erotische Spiele.

Die in Misenum stationierte Flotte freilich verwendete Spiegel ganz unerotisch zur Kommunikation mit ihren Außenposten an der Küstenlinie: Man übermittelte auf diesem Wege alle möglichen Botschaften wie Befehle vom Hauptquartier, Informationen über Schiffe vor der Küste oder Notfallmeldungen. Aus dem Grunde befinden sich auch einige Offiziere an Bord von Rectinas Liburne.

An dieser Stelle greifen wir dem Geschehen nun etwas vor und treten direkt ein in die Geschehnisse vom Oktober des Jahres 79 n. Chr. Wir versuchen wie Detektive, Indiz an Indiz zu reihen, Entdeckung an Entdeckung, um zu verstehen, wer Rectina eigentlich ist. Aus fast zweitausend Jahren Distanz ist es nicht leicht, eine Gestalt unter so vielen wieder zum Leben zu erwecken. Wir haben keine Fotos, Landkarten, Dokumente, nur die wenigen Worte, die Plinius an Tacitus geschrieben hat. Also müssen wir uns auch hier mit einer Hypothese begnügen, die wie alle Vermutungen mit der gebührenden Vorsicht zu nehmen ist. Doch Sie werden sehen, dass die Daten, die wir zutage fördern, außerordentlich gut zusammenpassen.

Wer ist Rectina nun wirklich?

Gelehrte wie Flavio Russo, Experte für Wehrtechnik, und Luciana Jacobelli – die sich seit Jahren darum bemüht, das Tun und Lassen Plinius' des Älteren beim Vulkanausbruch minuziös zu rekonstruieren – haben hier eine interessante These aufgestellt. Die Villa Rectinas lag vermutlich in der Nähe eines Signalturms oder hatte einen solchen auf dem eigenen Gelände stehen. Woher wir das wissen? Um dies erklären zu können, müssen wir uns direkt ins Zentrum der Tragödie wagen.

Eine Passage im Brief Plinius' des Jüngeren an Tacitus ist hochinteressant. Er berichtet, sein Onkel habe die Eruptionssäule von Misenum aus gesehen. Sie sei hoch in den Himmel aufgestiegen und habe dann die Form einer Pinie angenommen. (Das Bild von der Pinie stammt tatsächlich von Plinius.) Da sein Onkel ein von Natur aus neugieriger Wissenschaftler war, wollte er das Phänomen aus der

Nähe studieren. Er ordnete an, dass eine Liburne bereitgestellt würde. Doch als er eben aufbrechen wollte,

> … da bekommt er eine Botschaft von Rectina, der Frau des Cascus, die durch die drohende Gefahr erschreckt war – denn ihr Landhaus lag am Fuße des Berges, und sie konnte nur zu Schiff fliehen; er möge sie aus der bösen Lage befreien, lautete die Bitte. Er ändert seinen Plan, und was er als Gelehrter begonnen, dem geht er nun als Held entgegen. Er lässt Vierruderer ausfahren, steigt selbst an Bord, nicht allein um Rectina, sondern vielen anderen – die Küste war nämlich ihrer Lieblichkeit wegen stark besucht – Hilfe zu bringen.[3]

Führen wir uns diese Szene also noch einmal vor Augen. Plinius ist gerade dabei, an Bord zu gehen, als ein Soldat herbeistürzt, der ihm Depeschen überreicht (es heißt im Original: *»Accipit codicillos«*). Wie aber war diese Nachricht zu ihm gelangt? Auf welchem Weg? Über das Meer? Unmöglich, der Wind kommt aus der falschen Richtung. Auf dem Landweg? Ein Bote hätte viel zu lange gebraucht. Und hätte tatsächlich ein Reiter auf einem Pferd die Villa Rectinas verlassen und nach Misenum gelangen können, dann wäre die Dame selbst ja auch auf diesem Weg in die Stadt gelangt, so verzweifelt, wie sie nach einem Fluchtweg suchte.

Natürlich schicken die Römer auch Brieftauben los, doch dieses freundliche Geflügel wird während eines Vulkanausbruchs wohl kaum so viel Selbstdisziplin aufbringen, um seine Instinkte zu meistern. Tiere neigen dazu, sich in Sicherheit zu bringen, wenn Gefahr droht. Also gibt es nur zwei Möglichkeiten: entweder ein Flaggen- oder ein Blinksignal. Wenn man berücksichtigt, wie viel Zeit es braucht, die Eruption als solche zu erkennen und ihr Gefahrenpotenzial einzuschätzen, ist das Lichtsignal wohl die wahrscheinlichere Lösung: Es ist schnell und zuverlässig. Das setzt natürlich voraus, dass der Sender noch genügend Sonnenlicht zur Verfügung hat und die gewaltige Eruptionswolke des Vesuvius die Spiegel noch nicht hat erblinden lassen. Doch die Säule steigt ja erst einmal in den Himmel auf, dann erst senkt sie sich auf Pompeji herab. Herculaneum und die Villen der Umgebung werden zunächst nur von Asche bedeckt, nicht von Steinen. Wir wissen nicht, ob die Wolke zu jenem Zeitpunkt schon die Sonne verdeckte ...

Möglicherweise gab es damals auch Ersatzsignale für den Fall, dass der heliografische Signalweg einmal ausfiel. Vielleicht hat man dann Flaggensignale eingesetzt oder auch Fackeln und Spiegel (wie bei Leuchttürmen), um die militärische Nachrichtenübermittlung auch bei schlechtem Wetter so effektiv wie möglich zu gestalten. Wir können aber mit Sicherheit sagen, dass das SOS auf optischem Wege übermittelt wurde.

Stellen wir uns also Rectina vor, die die Besatzung des Signalturms auf ihrem Landgut aufsucht (oder in dessen Nähe) und sie bittet, sofort ihren Hilferuf an den Oberkommandierenden der Flotte zu übermitteln. Tatsächlich ist die Situation besorgniserregend: Ständige Erdstöße treiben tiefe Risse ins Mauerwerk. Wand- und Deckenfresken bröckeln ab. Der Boden bebt, Treppen brechen ein, Statuen stürzen um. Der Turm selbst erzittert in seinen Grundfesten, wie es noch nie vorgekommen ist.

Damals gab es niemanden, der über unsere heutigen wissenschaftlichen Kenntnisse verfügt hätte: Die Menschen können nur konstatieren, dass ein Berg in wenigen Kilometern Entfernung aufgerissen ist und das Feuer der Hölle auszuspucken scheint: eine Naturkatastrophe, das Wüten göttlichen Zorns, auf das niemand auch nur im Geringsten vorbereitet ist. Es ist nur natürlich, dass alle von Panik ergriffen werden. Eines aber ist sicher: Die Soldaten sind nicht geflohen. Sie sind auf ihren Posten geblieben und haben Botschaften codiert und übermittelt: ein klares Anzeichen für eine fast übermenschliche Disziplin und Selbstkontrolle im Angesicht der Gefahr! Diese Tatsache hat bislang nur selten Erwähnung gefunden, doch sie sagt uns so einiges über die Ausbildung der Legionäre und Marinesoldaten des Alten Roms. Dies war die eigentliche Geheimwaffe der Legionen, das Geheimnis ihrer unfassbaren Effizienz auch in der Schlacht.

Doch eine Frage stellt sich uns natürlich. Angesichts der Panik, angesichts der schrecklichen Ereignisse – über welche Macht verfügte diese junge Aristokratin, dass sie so einfach ein militärisches Signalsystem für ihre persönlichen Bedürfnisse nutzen und die Soldaten dazu bringen konnte, ihren Hilferuf zu übermitteln?

Vielleicht kann uns die Archäologie hierauf eine Antwort geben. Ende des 19. Jahrhunderts nämlich wurde an besagter Küste die Eisenbahnlinie von Neapel über Nocera nach Salerno ausgebaut. Dabei entdeckte man, nur wenige Meter vom Meeresufer entfernt, eine riesige Villa auf einer Klippe, die offensichtlich im 17. Jahrhundert noch sichtbar gewesen war und in der Nähe des aktuellen Torre del Greco lag, beim Ponte Rivieccio in Bassano. In unmittelbarer Umgebung dieser Villa fanden sich die Grundfesten eines römischen Wachturms, der später leider zerstört wurde.

Interessant ist vor allem der Name des Ortes, Bassano, der vermutlich auf römische Zeit zurückgeht. In Italien (und anderen Ländern, die zum Römischen Reich gehörten) signalisiert die Endung *-ano* (die auf das lateinische *-anum* zurückgeht) so gut wie immer, dass es sich hier um Güter von Römern der Antike handelte, die gewöhnlich den Namen des Grundeigentümers tragen. Daher gelten solche Namen als linguistisches Äquivalent archäologischer Funde.

Das Liegenschaftskataster der Kaiserzeit, wo mit minuziöser Genauigkeit Größe und Ausdehnung jeglichen Grundbesitzes erfasst wurden, ist vermutlich das machtvollste und leiseste Herrschaftsinstrument der Römerzeit. Die Beamten registrierten, ob es sich um eine Villa handelte, einen *fundus* (Grundstück) oder ein *praedium* (Landgut). Letzteres bekam einen auf *-anum* endenden, vom Namen des Besitzers abgeleiteten »Flurnamen«, der so viel wie »Villa oder Landgut des …« bedeutete. Daher kann man durchaus davon ausgehen, dass Bassano früher einmal *»Praedium Bassanum«* hieß, also

»Landgut, das (einem reichen Römer namens) Bassus gehört«. Über die Jahrhunderte wandelte sich dann das »Bassanum« zu »Bassano«.

Zumindest trifft dies auf viele andere Orte zu: Cassano (*Cassianum*, von Cassius), Cesano Maderno (*Caesianum*, von Caesius und *maternus*, da das Gut von der Mutter vererbt worden war), Corsano (*Cortianum*, von Cortius, wobei das »t« als »z« gelesen werden muss und vermutlich für einen »pensionierten« Legionär steht, dem der Senat ein Stück Land zugewiesen hat, was damals für Veteranen üblich war). In diese Reihe gehören auch Conversano, Triggiano und viele andere Orte mehr. Dies erklärt zudem, weshalb es in Italien so viele Orte gibt, die auf *-ano* enden.

Doch weiter mit unserer Schlussfolgerung. Wir wissen also, dass es dort eine Villa gab, die einem gewissen Bassus gehört hatte. Da es sich um ein unglaublich weitläufiges Gebäude handelte, muss dieser Mann sehr reich und mächtig gewesen sein. Sein Name müsste also in den Dokumenten dieser Zeit irgendwie auftauchen – und tatsächlich gibt es da jemanden.

Sextus Lucilius Bassus war Admiral und Oberkommandierender der Flotte von Misenum, bevor Plinius der Ältere dieses Amt von ihm übernahm. Ein Kollege von Plinius also. Vermutlich kannten sich die beiden. Es ist wahrscheinlich, dass diese Villa dem Bassus gehörte. Auch ist es höchst wahrscheinlich, dass sich auf dem Grund und Boden des Admirals ein Signalturm befand, vor allem wenn man davon ausgeht, dass er dort auch wohnte. (Mit Sicherheit hielt er sich da aber nicht ständig auf, sondern nur, wenn er Familienurlaub hatte.) Anders als Plinius, der ja in Misenum lebte.

Als Plinius nach Misenum kam, versetzte man Bassus nach Ravenna, wo er das Kommando über die zweite Flotte des Kaiserreiches antrat. Er starb 73 n. Chr., also sechs Jahre vor der Eruption, bei einer Mission im Vorderen Orient. Dorthin hatte man ihn entsandt, um die schwierigen Verhältnisse nach dem ersten jüdischen Aufstand zu einem glücklichen Ende zu bringen, was 74 n. Chr. mit dem Fall von Masada auch gelang.

Und Rectina? Viele Gelehrte gehen davon aus, dass sie die Gemahlin von Sextus Lucilius Bassus war. Dies würde so manches erklären: die Freundschaft zwischen ihr, der Witwe, und Plinius dem Älteren, der ja ein »Kollege« ihres Mannes gewesen war; die Tatsache, dass sie gerade ihn um Rettung anflehte und er ihr tatsächlich zu Hilfe eilte; ihre Anwesenheit in der Prunkvilla des Bassus, von wo das SOS-Signal kam; ihren Zugang zu der militärischen Einrichtung des Signalturms, schließlich war sie die Gattin des ehemaligen Admirals und mit dem derzeit aktuellen befreundet. Und sicher hatte sie damit auch die Autorität und den Einfluss, um die Soldaten dazu zu bringen, ihren Notruf zu übermitteln.

Natürlich sind auch dies nur Hypothesen, doch viele Gelehrte wie die Historikerinnen Eva Cantarella und Luciana Jacobelli sind von deren Richtigkeit überzeugt. Letztlich aber fehlt es uns an eindeutigen Fakten über Rectina, daher sind wir hier auf Hypothesen angewiesen.

Ein nicht zu vernachlässigendes Detail spricht allerdings gegen diese Theorie: Plinius der Jüngere nennt Rectina in seinem Brief »Frau des Cascus« (in anderen Abschriften des Briefes heißt es »Tascus«). Doch das kann natürlich auch ein schlichter Schreibfehler der fleißigen Kopistenmönche des Mittelalters sein. Leider ist das Original des Briefs verloren, und die Abschriften, die uns überliefert sind, weisen diverse »Errata« auf: Manchmal wurden nicht nur einzelne Buchstaben falsch abgeschrieben (was aus einem »Bassus« schon mal einen »Cascus« oder »Tascus« machen kann), sondern ganze Wörter (statt »November« steht dann dort einfach »September«). Auf diese Weise werden wichtige Informationen korrumpiert.

Eine andere Hypothese ist, dass Rectina eine Verwandte des Bassus war. Auch dies würde ihre Anwesenheit in der Villa erklären. Oder die schöne Witwe, die Villa und Landgut von ihrem verstorbenen Mann geerbt hatte, hat einige Jahre später einen Cascus (oder Tascus) geheiratet. Tatsächlich gab es damals einen Senator mit Namen Gnaeus Paedius Cascus; doch wir wissen nicht, was er in der Gegend um den Vesuv zu schaffen hatte oder ob er dort Grundbesitz sein

Eigen nannte. Und dann gibt es auch noch den Tascius Pomponianus, den Plinius während der Eruption aufsuchte. Dieser lebte allerdings in einer Villa bei Stabiae.

Oder wir gehen davon aus, dass es sich bei Rectina um eine römische Aristokratin handelte, die Plinius kannte und die mit ihrem Mann Cascus (oder Tasc[i]us) in einer weitläufigen Villa in der Nähe jenes Turmes lebte, von dem aus das Notsignal gesendet wurde.

So ließe sich weiter munter dahinspekulieren, die verschiedenen Hypothesen sollten hier jedoch durchaus Erwähnung finden. Welche aber der Wahrheit entspricht, können wir nur erfahren, wenn es in diesem Zusammenhang zu neuen Entdeckungen kommt. Eines allerdings ist sicher. Rectina lebte in einer großen Villa am Meer in der Nähe eines Signalturms. Und es gibt Indizien, die die Annahme stützen, dass sie gerettet wurde. Vor diesem Hintergrund also spielt sich unsere Geschichte ab.

Jetzt aber kehren wir zum 22. Oktober des Jahres 79 n.Chr. zurück. Um 13.00 Uhr befindet sich Rectina noch an Bord der Liburne.

Eine atemberaubende Ansammlung von Bauten

Auf dem letzten Stück der Überfahrt wird die Liburne von Delfinen begleitet, die an der Wasseroberfläche dahinschießen und die schöne Dame in den Hafen eskortieren. Bei jedem Sprung schweben die silbern glitzernden Körper der Tiere einen Augenblick lang in der Luft. Sie mustern neugierig die Passagiere, was ihnen ein Lächeln zu entlocken scheint, bevor sie erneut ins Blau des Meeres eintauchen. An Bord nimmt man dies allgemein für ein gutes Zeichen.

An jenem Küstenabschnitt reiht sich Villa an Villa, sodass man mitunter nicht zu unterscheiden vermag, wo die eine aufhört und die andere beginnt. Das Ganze sieht aus wie ein riesiges Dorf, in dem es nur Villen gibt.

Auch der Schiffsverkehr in dieser Region ist interessant. Eben haben wir einen Lastkahn passiert, eine sogenannte *oneraria*, auf deren Brücke sich schwere Marmorsäulen stapeln, die an eine der Villen geliefert werden. Sie kommen aus den Steinbrüchen von Ephesos, das in der heutigen Türkei liegt. Eine lange Überfahrt haben sie jedenfalls hinter sich. Und sicher eine der letzten in diesem Jahr, denn sobald die Herbststürme einsetzen, werden die Fernrouten im Mittelmeer bis zum Frühling nicht mehr befahren. Im Herbst und Winter wird der Schiffsverkehr eingestellt, weil er zu gefährlich wäre. Die praktisch veranlagten Römer denken da rein wirtschaftlich. Lieber wartet man auf die warme Jahreszeit, als Ware und Geld bei einem Schiffbruch zu verlieren, was mit einiger Sicherheit eintreten wird. Aufs Meer wagt man sich in diesen Monaten nur im absoluten Notfall, wenn es zum Beispiel zu Engpässen bei der Getreideversorgung kommt oder andere Probleme es nötig machen, ein Schiff zu besteigen.

Leichtere Schiffe bringen Datteln – eine herbstliche Köstlichkeit von der afrikanischen Küste –, hochwertige Seide und erlesene Weine für die Aristokraten, die am Golf leben. Direkt an der Seite jener zahllosen Menschen, die sich ihr Leben lang nicht ein Glas des teuren Rebensaftes leisten können. Auf einem dieser Schiffe sitzt ein Juwelier und presst ein Kästchen an sich. Offensichtlich enthält es kostbare Steine, die er einer der gelangweilten jungen Frauen der reichen römischen Oberschicht anbieten wird.

Denn die Herrinnen in diesen Anwesen begeben sich zum Shopping nicht etwa in die Stadt, ob sie nun Juwelen, Seide oder Kleider kaufen wollen. Einmal mehr kommt da der Berg zum Propheten. Juweliere, Schneider und Tuchhändler bringen ihre besten Stücke in die Villen. Zum besseren Verständnis, wer die Leute waren, die in diesen Prachtbauten lebten, können wir sie uns vorstellen wie die Scheichs oder andere neureiche Zeitgenossen von heute, die Villen und Jachten kaufen wie andere Leute ein paar Schuhe. Ihr Lebensstil lässt sich mit dem der normalen Bewohner von Pompeji sicher nicht vergleichen. In dieser Hinsicht leben sie tatsächlich auf einem anderen Planeten. Ihre Gebrauchsgegenstände gehören zum Teuersten und Kostbarsten, was man sich nur vorstellen kann.

Ein Schiff zieht unseren Blick auf sich, weil es deutlich heraussticht zwischen den größeren Barken mit ihren weiß leuchtenden Segeln. Eilig entfernt es sich von einer der Villen und nimmt Kurs auf den Hafen von Pompeji. Auf der Brücke sehen wir zerbrochene Ziegel, die meisten davon sind massiv. Nur einige haben Löcher wie jene, durch die in den Thermen die heiße Luft geleitet wird. Auf den ersten Blick wirkt das Boot wie das römische Gegenstück eines mit Bauschutt beladenen Lastwagens. Aber hier wurde nicht gebaut. Eine zerbrochene Marmorstatue erzählt eine andere Geschichte. Kopf und Arme sind sorgfältig in Tücher gehüllt. Offensichtlich soll sie restauriert werden. Vermutlich hat es vor nicht allzu langer Zeit einen Erdstoß gegeben, der für diese Schäden verantwortlich ist.

Rectina läuft ein kalter Schauer über den Rücken. Das passiert so oft in letzter Zeit! Doch je weiter sie sich der Küste nähert, desto schneller verfliegen die düsteren Gedanken. Die Häuser sind einfach zu schön anzusehen. Keine Villa gleicht der anderen. Um eine Vorstellung zu bekommen, müssen Sie sich nur Abbildungen der Fresken ansehen, die man in den *domus* von Pompeji gefunden hat. Sie sind quasi »Fotos« von den Luxusvillen an der Küste des Golfes. Manche Villen sind mit langen Säulengängen geschmückt, während ihre Gärten bis ans Meer heranreichen.

Sie können dort sitzen und in aller Muße angeln, während Ihre Füße über der Wasseroberfläche baumeln. Die Gärten sind mit Bronzestatuen geschmückt, die allerdings nicht, wie man annehmen würde, aufs Meer hinausblicken. Nein, die dargestellten Figuren wenden sich den Villen zu, um von Bewohnern und Gästen bewundert zu werden.

Die Fresken sagen uns auch, dass zahllose Boote mit Rudersklaven für Vergnügungsfahrten bereitstanden. Man muss sich das ein bisschen vorstellen wie die mit kostbaren Hölzern verkleideten Motorboote, die vor den Villen der VIPs vor Anker liegen. Tatsächlich verfügt jede Villa über eine Anlegestelle, eine private Mole, wo die schön geschmückten Boote vertäut liegen. Die bunten Segel sind mit Darstellungen von Tieren oder Göttern geschmückt. Diese Boote sind sozusagen die Rolls-Royces jener Zeit.

Neben den Anlegestellen sehen wir gemauerte oder in den Fels geschlagene Buchten, die nur einem Zweck dienen: im Meerwasser Fische oder Austern zu züchten.

Die Ankunft in der Villa

Rectinas Villa ist schon von Weitem zu erkennen. Sie liegt ganz oben auf einer Klippe. Eine Reihe eleganter Terrassen schiebt sich vom Meer immer weiter hinauf, jede etwa vierzig Quadratmeter groß. Sie sind durch bequeme Stufen verbunden und mit Statuen und hübschen kleinen Nischen geschmückt, aus denen Fontänen sprühen. (Das zumindest lässt der Fund eines Bleirohrs annehmen, das der Wasserversorgung diente.) Die Villa zieht sich weit ins Land hinter der Küste hinein, Säulengänge, Gärten mit Bronzestatuen und Marmorbrunnen reihen sich aneinander. Schon vom Meer aus ist ein strahlend weißer Turm zu sehen, der sich auf dem Grundstück erhebt und sicher den Neid aller Nachbarn erregt: Von dort aus hat man eine atemberaubende Sicht auf den Golf.

Heute ist davon nur noch wenig erhalten, doch stellen wir uns einfach vor, dass sich hier ein großer Saal für sommerliche Bankette verbarg, der zum Meer hin offen war, sodass die Gäste durch die Säulengänge hindurch den Sonnenuntergang bewundern konnten. Später wird sich Rectina dort mit ihren Gästen auf Speisesofas zum Bankett lagern.

An der Mole wird Rectina von Eutychus erwartet, ihrem Vertrauenssklaven. Sein griechischer Name bedeutet »Glück«. Er ist hochgewachsen und hat dunkle Haut, aber strahlend grüne Augen. Rectina fühlt sich in seiner Gegenwart stets sicher und beschützt.

Kaum hat ihr Fuß in den juwelengeschmückten Sandalen die Mole berührt, springt ein jüngerer Sklave aus der Liburne und hält eine Art Schirm mit goldenen Fransen über sie, um sie vor der Sonne zu schützen. Der Schirm ist kleiner und spitzer, als wir das heute kennen. Er erinnert eher an einen der asiatischen Kegelhüte.

Diese Szene verrät uns zweierlei: zum einen, dass römische Frauen Bräune nicht schätzten. Braune Haut ist, im Gegensatz zur heutigen Zeit, »out«, weil nur der braungebrannt ist, der im Freien arbeitet. Und das ist ein klassisches Erkennungsmerkmal der unteren Schichten. Eine Aristokratin hat helle Haut, da sie ihren Tag vor der Sonne geschützt im Haus verbringt.

Zum anderen erfahren wir, dass es in der Antike wohl Schirme gab, sie aber eine andere Funktion erfüllten. Sie waren aus Stoff und dienten nur dem Schutz vor der Sonne. Regenschirme waren unbekannt. Im Grunde genauso wie bei den Damen der Jahrhundertwende. Und tatsächlich leitet sich in vielen europäischen Sprachen das Wort für »Schirm« von dem lateinischen *umbra* für »Schatten« ab, zum Beispiel das englische *umbrella* und das italienische *ombrello*.

Noch ein Kuriosum am Rande: Auf einem Fresko des Museo Archeologico Nazionale von Neapel und einer Grabstele, die sich in der Archäologischen Sammlung in Istanbul befindet, ist eine Szene wie die eben beschriebene dargestellt. Dabei fällt uns auf, dass in beiden Fällen zwar das Schirmdach exakt über dem Kopf der Dame schwebt (wie sich das gehört), die Schirmstange jedoch, die von einem Sklaven gehalten wird, in einem recht flachen Winkel nach hinten beziehungsweise zur Seite zeigt. Wie aber ist das möglich? Natürlich könnte es sich um einen perspektivischen Fehler handeln, doch die Künstler jener Zeit legten eigentlich viel Wert auf die richtige Darstellung. Möglicherweise bietet sich eine andere Erklärung an. Könnte der Schirm nicht eine Art Gelenk gehabt haben? Eine Art Zapfen, auf dem die eigentliche »Haube« frei beweglich auflag? Dann hätte er der beschirmten Dame nämlich immer Schatten gespendet, egal ob der Sklave (wie es sich geziemte) nun ein paar Schritte hinter oder neben der Dame herging.

Während Rectina die Stufen zur Villa hinaufsteigt, saugt sie genüsslich den Duft der aromatischen Kräuter ein, die sie am Weg hat pflanzen lassen. Jetzt ist sie tatsächlich zu Hause.

Auf der obersten Terrasse angekommen reicht eine Sklavin ihr einen Becher mit süßem Traubensaft. Rectina hält ihn fest zwischen die Handflächen gepresst und richtet den Blick noch einmal aufs Meer. Eine leichte Brise spielt mit ihren nachtschwarzen Locken. Sie schließt die Augen. Alle Müdigkeit scheint von ihr abzufallen. Sie lächelt. Ein paar Meter entfernt sitzt ein Sklavenjunge, der ein Tuch in dickflüssiges Öl taucht, um damit eine der Bronzestatuen zu polieren: ein vollendet geformter Krieger mit Lanze und Schild, der schon vor gut hundert Jahren von Griechenland geliefert worden ist. Doch wozu der Ölauftrag? Ein alter Römer würde sich mit Grausen abwenden, sähe er die Bronzestatuen, die heute unsere Brunnen und öffentlichen Plätze schmücken. Wir lassen sie nämlich einfach oxidieren, sodass sie fast grün werden auf ihrem Marmorsockel. In der Antike war das verpönt: Die Statuen wurden regelmäßig gereinigt, poliert und mit einer schützenden Ölschicht versehen. Das war eine der wichtigsten Aufgaben der Haussklaven. Das Ergebnis dieser Behandlung können wir auf zahlreichen Fresken bewundern, die Villen und ihren Statuenschmuck zeigen: Die Bronzen leuchten so intensiv, dass man sie für Goldfiguren halten könnte.

Plötzlich erfasst Rectina ein leichter Schwindel. Fast ist ihr, als spürte sie das Rollen der Liburne noch immer unter ihren Füßen. Doch dann wird es stärker, wird zum Beben. Unruhig blickt sie zum Brunnen in der Mitte des Gartens. Über der Marmorschale erhebt sich eine Bronzetaube: Das Wasser aus ihrem Schnabel zieht sachte Kreise in der Schale und scheint von der Mitte nach außen zu laufen. Jetzt aber brodelt es regelrecht. Ein Ziegel fällt vom Dach und zerspringt auf einem der Mosaiken. Rectina beobachtet die Oscillen, hübsch verzierte und bemalte Marmorscheiben, auf denen Nymphen und Satyrn tanzen. Sie hängen zwischen den Säulen, die den Garten vom Haus trennen. Normalerweise wiegen sie sich sachte im Wind. Jetzt allerdings schwingen sie wie wild hin und her, von einer unsichtbaren Kraft getrieben. Die Erdstöße scheinen kein Ende nehmen zu wollen.

Dann aber ist der Spuk schlagartig vorüber. Rectina sieht nach dem Sklaven, der die Statue poliert. Er starrt sie mit vor Angst weit aufgerissenen Augen an. Dann verfliegt offensichtlich seine Furcht, und er fängt wieder an zu wienern, aber mechanisch jetzt, als säße ihm der Schreck noch in den Knochen.

Rectina inspiziert die Villa, um sich selbst von den Schäden zu überzeugen. Danach lässt sie sich auf einem Liegesofa nieder, das man schon für das Bankett am frühen Abend bereitgestellt hat. Glücklicherweise halten sich die Schäden in Grenzen. In der Küche ist der eine oder andere Krug zu Bruch gegangen, eine Amphore ist entzweigebrochen, und auf dem Fresko im Flur zu den privaten Gemächern zeigen sich ein paar feine Risse. Alles ist noch einmal glimpflich verlaufen. Aber wie lange noch?

Eutychus hat soeben die Auflistung der Gewinne aus dem Verkauf landwirtschaftlicher Produkte von Rectinas Gütern abgeschlossen. Die Aufstellung der Unterhaltskosten für die Villa liegt bereits fertig neben ihm. Einer der Posten ist der Preis der entflohenen Sklaven. Er zögert. Doch seine Herrin sieht ihm an, dass er etwas auf dem Herzen hat, und besteht darauf, dass er redet. Nun, es gebe da einige rätselhafte Dinge, die er sich nicht erklären könne.

In den Gärten rund um die Villa sind in letzter Zeit immer mehr Regenwürmer an die Oberfläche gekommen, gerade so, als wollten sie nicht mehr unter der Erde wirken, sondern lieber an der Sonne sterben. Und das sei auf allen Ländereien Rectinas so. (Tatsächlich haben Wissenschaftler beobachten können, dass Regenwürmer manchmal schon Tage vor starken Erdstößen ihren normalen Lebensraum unter der Bodenoberfläche verlassen.) Außerdem seien manche Gartenpflanzen aus unerfindlichen Gründen eingegangen. Sie seien einfach vertrocknet. Anfangs, so Eutychus, habe er noch gedacht, ein Sklave habe sie vernachlässigt. Doch dann habe er bemerkt, dass der Brunnen im Garten ausgetrocknet sei.

»Herrin, irgendetwas ist da unter uns in der Erde, das ganz und gar nicht stimmt. Es ist für all das verantwortlich, und es lässt auch die Erde beben. Schon zwei Sklaven sind deshalb weggelaufen. Ich habe Opfergaben an Tellus (die Erdgöttin) dargebracht. Ich habe sogar einen Haruspex (Orakelpriester) kommen lassen. Er hat das ganze Gelände untersucht, ob die Götter nicht irgendwo ein Zeichen hinterlassen haben. Aber nirgendwo hat ein Blitz eingeschlagen oder etwas Ähnliches. Dann hat er ein Schaf geopfert, aber aus seinen Eingeweiden hat er nur großes Glück für die unmittelbare Zukunft herausgelesen. Nichts also, weswegen man sich Sorgen machen müsste.«

Rectina sieht Eutychus an. Und zum ersten Mal erblickt sie in seinen Augen Unsicherheit, ja vielleicht sogar einen Funken Angst.

Das Bankett: Wer überlebt, wer stirbt?

Rectinas Villa
22. Oktober 79 n. Chr., 17.00 Uhr
Noch 44 Stunden bis zum Ausbruch

FACITIS VOBIS SUAVITER EGO CANTO
Amüsiert euch, ich singe.

Eine leichte Brise spielt in den Schleiern, die zwischen den Säulen des Trikliniums im obersten Stock des Turmes hängen. Von außen betrachtet wirkt es wie eine runde Terrasse, von einem eleganten Säulengang umschlossen, die den Gästen ungehinderten Blick auf den Golf von Neapolis bietet, von der Halbinsel von Surrentum (Sorrent) bis zum Kap Misenum (Capo Miseno). Capreae (Capri), Nesis (Nisida), Prochyta (Procida) und Aenaria (Ischia) scheinen zum Greifen nah. Die Schiffe mit leuchtend weißen Segeln sehen aus wie Federn, die es über das Meer treibt. Ein Meer, das jetzt beim nahenden Sonnenuntergang die Farbe dunklen Goldes annimmt.

Die Sonne steht nur wenig über dem Horizont und wirft noch einen langen, breiten Strahl, der das Meer besänftigt und Rectinas Triklinium in ein warmes Licht taucht, das alle Gesichter weicher erscheinen lässt.

So wie die Sonne die »Falten« des Meeres verschwinden lässt, haben die Thermen das Ihrige für Rectina geleistet. Alle Müdigkeit ist von ihr abgefallen, ihre Haut strahlt wie eh und je. Die letzten Sonnenstrahlen wärmen die Gäste ebenso wie die zahlreichen Kohlebecken, die auf der Terrasse stehen. Sie sollen die Kälte des hereinbrechenden Abends mildern.

Zwei Tänzerinnen aus Gadir (Cádiz) lassen ihre Hüften kreisen, während ihre Finger die Kastagnetten geschickt zum Klappern bringen. Dieser spanische Tanz ist im römischen Kaiserreich schon seit einiger Zeit in Mode. Tatsächlich wird er den Zerfall des Reiches überleben und in seiner östlichen Hälfte zum allseits bekannten Bauchtanz werden, während er in der westlichen den Flamenco inspiriert.

Die Musiker spielen eingängige Melodien, die Doppelflöte gibt den Rhythmus vor, die geladenen Gäste folgen dem sinnlichen Wiegen der Tänzerinnen.

Rectina hat sich auf ein Liegesofa gebettet wie all ihre Gäste. Ihr Blick folgt einem Sonnenstrahl, der auf einen Teller getrockneter Feigen fällt. Einer der Geladenen greift zu und geht weiter. Ein gellend schepperndes Lachen zerreißt das Stimmengewirr. Es kommt vom jüngsten Gast, Gaius Cuspius Pansa, einem Ädil von Pompeji, der ein bisschen wirkt wie ein sehr mächtiger Stadtrat heutiger Zeit. Mit ebenso selbstsicherem wie verschlagenem Blick überschaut er die Szenerie, obwohl die Aknepusteln auf seiner Stirn sein jugendliches Alter verraten. Tatsächlich war er einer der jüngsten Kandidaten für die Wahlen zu diesem Amt, die in Pompeji jedes Jahr abgehalten werden. Seine offensiv zur Schau getragene Selbstsicherheit aber verdankt sich dem Willen und den Absichten eines anderen Gastes, der die Wahl des jungen Mannes mit allen Mitteln unterstützt hat und ihn jetzt als Marionette benutzt.

Der »Strippenzieher« liegt nicht weit von Rectina auf einem Liegesofa, das er mit seiner Frau teilt. Er spricht leise und setzt jedes seiner Worte mit Bedacht. Sein Name ist Gaius Iulius Polybius, ein gefürchteter Mann. Er ist ein *homo novus*, wörtlich ein »neuer Mensch«: ein Parvenü, ein Neureicher. Zu Beginn seiner Karriere war er ein einfacher Bäcker, heute aber gehört er zu den mächtigsten Männern Pompejis, der mit lockerer Hand Politik, Geschäft und Prostitution vermengt. Seine Frau, die er mit Schmuck überreichlich behängt hat, stopft sich gerade achtlos mit Leckerbissen voll, die der *magirus*, der Koch, mit viel Mühe zubereitet hat. Rectina hat ihn extra aus Rom kommen lassen, weil er zu den Besten seiner Zunft gehört.

Iulius Polybius plaudert mit einem Bankier aus Pompeji, Lucius

Caecilius Iucundus. Er hört ihm aufmerksam zu, während er einen kostbaren Ring aus massivem Gold an seinem Finger hin und her dreht. Die beiden haben schon öfter miteinander Geschäfte gemacht. Vermutlich schlägt Polybius dem Bankier gerade ein neues Projekt vor.

Unter dem Säulengang spricht ein kleiner, dicker Mann von merkwürdiger Anmutung mit einem Dreiergrüppchen. Es ist Pomponianus, auch er einer der VIPs von Pompeji. Ihm gehört eine große Villa in Stabiae. Er gestikuliert wie wild, und mit seinen groben Zügen sieht er fast aus wie ein Komödiant.

Vor ihm steht Flavius Chrestus, ein Freigelassener, ebenfalls aus Stabiae. Ein bisschen weiter vorn sitzt ein Mann mit einem Bauerngesicht. Tatsächlich scheint er von sehr einfacher Herkunft zu sein, doch er ist geradezu unglaublich reich: Lucius Crassius Tertius, noch ein Freigelassener, der es zu Geld gebracht hat. Das zeigt schon die schöne Frau an seiner Seite: Novella Primigenia. Sie hat Tausenden von Männern den Kopf verdreht. Sie gehört zu den *mimi*, Schauspielern einer bestimmten Gattung, und ist vielleicht die berühmteste ihrer Zunft in jener Gegend. Sie wird häufig in Gesellschaft eines zahlungskräftigen Mannes gesehen, gewöhnlich des Meistbietenden aus einer Reihe von Bewerbern. Ihre Schönheit und ihre Erfahrung im Bett haben sie in die höchsten Kreise der Stadt geführt.

Neben Pomponianus steht ein weiterer Politiker, der allerdings sehr viel mächtiger ist als der junge Mann mit der schrillen Stimme. Es handelt sich um den Duumvir Marcus Holconius Priscus, der im Wahlkampf von dem Bankier mit dem Goldring unterstützt wurde.

Aus den Gesprächen hört man allenthalben die Sorge heraus. Die Serie der Erdstöße will nicht mehr abreißen. Fast jedes Haus beschäftigt mittlerweile mehrere Maurer, um die Schäden zu beseitigen. Rectinas Villa wurde vor siebzehn Jahren nach einem starken Erdbeben vollkommen restauriert. Und sie ist keineswegs die einzige. Jahr für Jahr müssen die Häuser repariert werden, Säulen wieder aufgerichtet, die Bleirohre der Wasserversorgung erneuert werden.

Doch in letzter Zeit werden diese Bemühungen ständig von neuen Erdstößen zunichtegemacht. Noch mehr Geld, das für Reparaturen ausgegeben werden muss. Pomponianus vergleicht das Leben am Golf von Neapolis mit der Strafe des Sisyphos, der auf Zeus' Befehl einen gewaltigen Stein auf den Gipfel eines Berges schaffen musste, nur um dann zuzusehen, wie er wieder hinunterrollte. So kannte seine Mühsal kein Ende.

Den jungen gutaussehenden Mann, der neben ihm steht, interessieren diese Geschichten nicht. Aulus Furius Saturninus stammt aus einer der einflussreichsten Familien von Herculaneum. Er wendet sich lieber dem Dichter zu, der kunstvoll seine Verse deklamiert und jedes einzelne Wort aus dem Satz herauszumeißeln scheint. Es ist Caesius Bassus, ein höchst sensibler junger Mann, der Rectina ein besonderes Geschenk mitgebracht hat: Rosen aus Ägypten. Eine höchst kostbare Gabe, denn die Importware im Herbst ist teuer. Doch Rectina war ihm stets eine aufrichtige Freundin und ist seine Patronin. (Jeder Dichter und Literat hat einen Patron, der ihn unterstützt, und als Zeichen seines Dankes widmet er seine Werke seinem Mäzen.)

Die Bankette römischer Zeit leben fort in den Salons späterer Jahrhunderte. Dort geht man hin, um zu sehen und gesehen zu werden. Man lernt Menschen kennen, knüpft neue Kontakte und vermehrt sein Ansehen, indem man wichtige Persönlichkeiten zu sich lädt.

Darin beweist Rectina ungewöhnliches Geschick. Neben ihr hat der im Moment wichtigste Mann der Stadt Platz genommen: Titus Suedius Clemens. Der mit Sondervollmacht ausgestattete römische Präfekt wurde von Vespasian nach Pompeji entsandt, um dort den Wiederaufbau der kaiserlichen, öffentlichen und privaten Besitztümer nach dem schweren Erdbeben 62 n. Chr. zu überwachen. Trotz seiner Machtfülle – schließlich steht er in direktem Kontakt mit dem Kaiser – ist Titus ein freundlicher, gebildeter und hilfsbereiter Mann, der sich allerdings nicht von seinen Pflichten abhalten lässt. Wo es um die Vertretung Roms geht, zeigt er sich unbeugsam. Einige überlieferte Inschriften zeigen, dass er selbst Familiengräber verlegen ließ, wenn bei ihrer Errichtung die Auflagen der Verwaltung nicht beachtet worden waren.

Das sind die zwölf Gäste, die auf Rectinas Terrasse ein Bankett feiern: Menschen, die tatsächlich gelebt haben, keine fiktiven Gestalten. Sie haben ihr Leben in Pompeji, Herculaneum, Stabiae und Nuceria (Nocera [Primigenia]) beziehungsweise Neapolis geführt und den Vesuviusausbruch aus nächster Nähe erlebt. Wer aber überlebte den rauchenden Zorn des Vesuvius? Und wer kam dabei um?

Um das herauszufinden, müssen wir unseren geladenen Gästen auf der Spur bleiben. Sobald das Bankett vorüber ist, begeben die Geladenen sich nach Hause und legen sich schlafen. Morgen werden wir ihnen durch den Tag folgen. Und wir werden erfahren, was sich in Pompeji, Herculaneum, Stabiae, Oplontis und in Baiae zugetragen hat, der Lasterhöhle des alten Roms.

Pompeji erwacht

Pompeji
23. Oktober 79 n. Chr., 6.00 Uhr
Noch 31 Stunden bis zum Ausbruch

PANE(M) FECI FELICITER
Hurra! Ich habe Brot gebacken!

Das Meer schläft noch. Sein langer Atem streicht über die Strände unter dem Vulkan mit derselben Zärtlichkeit, mit der eine Mutter ihr Kind streichelt. Der dunkle Wasserspiegel erstreckt sich bis an den Horizont, nur hie und da schimmert ein Segel, leuchtet eine Lampe an einem der Fischerboote. Die Nacht neigt sich dem Ende zu, die letzten Sterne verblassen am Himmel.

Über die Hügel des Festlands schiebt sich ein orangeroter Schimmer, der den Horizont in Brand zu stecken scheint. Morgen wird diese Farbe gleichbedeutend sein mit Feuer und Tod. Doch das ahnt zu dieser Stunde niemand. Heute liegt noch Stille über allem, gelegentlich nur zerrissen vom Bellen eines Hundes, dem Schreien eines Esels, der schon seinen Karren zieht. Hähne krähen, ihr Ruf setzt sich von Bauernhof zu Bauernhof fort. Es verspricht ein wunderbarer Tag zu werden in Pompeji. Die Luft scheint kristallklar – wie so häufig im Herbst.

Brot, noch warm

Im Augenblick steht die Welt noch still. Im blauen Licht des Morgens schimmern die Pflastersteine wie die Schuppen eines Reptils. Es ist, als gingen wir auf schlafenden Schlangen durch die Stadt. In der Ferne sehen wir Schatten hinter einer Kreuzung verschwinden. Die

Stadt erwacht allmählich. Der süßliche Duft der brennenden Holzscheite in den Backöfen lassen keinen Zweifel daran.

Wir folgen einem Mann im dunkelroten Umhang. Eilig überquert er die Straße auf den Blöcken, die mitten in der Straße aufragen. (Das ist in der Antike sozusagen der »Fußgängerüberweg« der Römer.) Dann biegt er in eine Seitengasse ein und geht auf einen bereits geöffneten Laden zu. Das helle Licht davor zieht offensichtlich noch andere Interessenten an. Wie Motten streben sie auf das Licht zu.

Die Sonne ruht noch. Wer aber arbeitet jetzt schon hier in Pompeji? Die Römer sind im Allgemeinen Frühaufsteher. Da die Antike ja keine Elektrizität kennt, ist man bestrebt, das Tageslicht so weit als möglich zu nutzen. Die Menschen beginnen ihr Tagewerk meist schon am jungen Morgen. Und der Mann, der da zu so früher Stunde zugange ist, erfüllt für Pompeji eine wichtige Funktion. Um sie zu erraten, genügt unsere Nase: Wir saugen den Duft frischgebackenen Brots ein.

Tatsächlich sind uns schon einige Leute entgegengekommen, die warmes Brot mit sich tragen. Wir reihen uns ein in die Schlange, die sich vor dem Laden bildet, und warten. Alle haben sich mit dem typischen Umhang vor der morgendlichen Kälte geschützt. Meist ist er aus rauem Stoff gefertigt und wird mit einer Bronzenadel am Hals geschlossen. Im Bedarfsfall gibt der Umhang auch eine wunderbare Decke ab, was vor allem Reisende und Legionäre schätzen.

Wir wissen nicht, ob der Bäcker eine Ladentheke wie die heutigen Bäckereien hat. Wir spähen hinein. Nein, das hier erinnert eher an einen »Backshop«, in dem die Croissants direkt aus dem Ofen kommen. Die Menschen in Pompeji jedenfalls scheinen den Bäcker zu schätzen. Er liegt an einer der wichtigsten Straßen der Stadt. Das Innere des Ladens geht über zwei Stockwerke, vermutlich lebt der Bäcker hier auch.

Jetzt sind wir an der Reihe. Wir treten in den Laden, die Wärme tut gut. Da und dort hängt eine mehlbestäubte Lampe, doch der Laden wird hauptsächlich vom roten Schein des linker Hand gelegenen Backofens erhellt. Der Bäcker holt das fertige Brot mit seiner langen

Holzschaufel heraus, während sein Lehrling ihm auf einer anderen Schaufel neue Teigstücke reicht.

Über dem Maul des Ofens zeichnet sich eine Terrakottaskulptur ab. Ein erigierter Penis! Was hat denn der auf dem Ofen zu suchen? Er steht für das Leben an sich, ist Symbol der Fruchtbarkeit und hält das Unglück und den Neid (der anderen Bäcker in derselben Straße) fern. Aber er hat auch noch eine weitere Funktion: Er soll das Aufgehen des Brotes fördern.

Der Ofen ist zweiteilig aufgebaut: Da ist zum einen der eckige Unterbau, der mit Holz befeuert wird. Und dann die Kammer, in der das Brot gebacken wird. Diese ist aus Ziegelsteinen gemauert und erinnert mit ihrer Kuppelform an einen Iglu. Ein Kamin garantiert den nötigen Zug. Er liefert dem Feuer Sauerstoff und sorgt für den Abzug des Rauchs.

So ungewohnt ist der Anblick für uns Heutige gar nicht. Wir kommen uns ein wenig vor wie in einer Pizzeria mit Holzofen. Einen bedeutenden Unterschied allerdings gibt es. Ganz hinten im Laden sehen wir zwei Maulesel, weiß vom Mehl, die die Mühle aus Lavagestein antreiben. Der Bäcker ist sein eigener Müller. Auf einem Fundament steht ein fester Steinkegel *(meta)*, auf dem ein zweiter wie ein Hut *(catillus)* sitzt und über zwei Stangen von den Tieren im Kreis bewegt wird. Aus einer Höhlung im *catillus* rieselt das Getreide in den hauchdünnen Spalt zwischen den beiden Steinblöcken, wo es zerkleinert wird. Am unteren Rand des *catillus* sammelt sich dann das Mehl.

Natürlich nutzen sich die Mahlkegel durch Gebrauch ab. Den unteren zu ersetzen ist weiter kein Problem, es handelt sich schließlich nur um einen einfachen Kegel. Beim oberen ist dies schon schwieriger: Er ist größer, von der Form her aufwendiger herzustellen und muss das Antriebsgestänge aufnehmen. Daher ist er sehr viel teurer. Doch die Bäcker wussten sich hier zu helfen. Schließlich besteht das Mahlwerk aus einem symmetrischen Doppelkegel. Wenn sich also die untere Hälfte abgenutzt hat, dreht man ihn einfach um.

Interessanterweise kommen die Lavasteine für die Mahlwerke

nicht vom Vesuvius, wie man erwarten würde. Sie werden aus Steinbrüchen in der Gegend des heutigen Orvieto (Urbs Vetus) importiert – ein erstes Anzeichen für den »globalisierten« Handel im Römischen Reich, dessen gesellschaftliche Organisation so viel Ähnlichkeit mit der unseren hat. Tatsächlich ist das Alte Rom die erste wirklich globalisierte Gesellschaft der Geschichte.

Doch nicht immer sind es Maultiere oder Esel, die den schweren Mahlstein antreiben, manchmal wird diese Knochenarbeit auch von Sklaven verrichtet. Hier sind es aber, wie wir gesehen haben, zwei Maulesel, die sich abplagen. Die Tiere trotten ständig im Kreis, treiben den Mahlkegel über das Gestänge an, woran sie angeschirrt sind. Pausen gibt es nur wenige. Traurig bemerken wir, dass die Tiere Lederkappen über den Augen tragen. Sie sind also »blind«, was sie willfähriger macht. So scheuen sie nicht in dem ewigen Einerlei der Backstube. Vermutlich merken sie noch nicht einmal, dass ihr Weg nirgendwohin führt.

Wir hören nur das Ächzen der Holzstangen am Mahlwerk und das Klirren der Ketten, mit denen die Tiere an die Mühle gebunden werden. Wer auch immer am Mühlstein geht, ob Mensch oder Tier, den wird es früher oder später das Leben kosten; und seine Arbeitskraft muss ersetzt werden. Auch dies ist für den Bäcker natürlich mit beträchtlichen Ausgaben verbunden. In Rom scheint es sogar eine Bäckerei gegeben zu haben, in der immer wieder Kunden verschwanden (das waren wohl keine Stammkunden), um sich an einen Mühlstein gekettet wiederzufinden. Nach einer gewissen Zeit hat man sie dann vermutlich liquidiert. Das Ganze kam ans Licht, als der Bäcker und seine Gehilfen einmal mehr einen Kunden, der sich in ihren Laden verirrt hatte, überwältigen wollten. Doch war der unauffällig wirkende Mann in Wirklichkeit ein Legionär, dem es gelang, seine Angreifer zu töten und so deren Verbrechen aufzudecken – was in der Hauptstadt einen Skandal auslöste.

Allerdings kam es in der römischen Welt recht häufig vor, dass gewöhnliche Bürger verschwanden. Für Reisende bedeutete dies kein geringes Risiko. Manche römischen Kaiser befahlen immer wieder groß angelegte Hausdurchsuchungen auf Landgütern, um römische Bürger zu befreien, die man auf der Straße entführt und zur Sklavenarbeit gepresst hatte.

In den Bäckereien Pompejis kam derlei Unwesen vermutlich nicht vor. Doch wenn Sie heute durch die Ruinen der Stadt bummeln und sich eine der Bäckereien dort ansehen, stechen Ihnen zwangsläufig die düsteren Aspekte dieses Gewerbes ins Auge. Zum Beispiel, dass die Mühlsteine stets einen festen geringen Abstand zueinander aufwiesen, der so berechnet war, dass man mehrere Mühlen betreiben konnte, ohne dass Tiere oder Sklaven aneinanderstießen. Der Raum sollte unter wirtschaftlichen Aspekten optimal genutzt werden, die Platzverhältnisse waren also recht beengt. Für den Bodenbelag wurde ein Estrich aus Tonscherben und Kalk verwendet, um zu verhindern, dass sich Laufrinnen bildeten. All das deutet darauf hin, dass das Bewegen der Mühlsteine einen extremen Kraftaufwand erforderte.

Das Mehl ist sozusagen das »weiße Gold« und das Lebenselixier der Stadt. Übrigens kommt das italienische Wort für Mehl, *farina*, vom lateinischen *far*, was »Dinkel« beziehungsweise »Spelt« bedeutet – damals das meistverzehrte Getreide. Es schiebt sich bei jeder Umdrehung des Mühlsteins unter dem Kegel hervor und wird von den Sklaven sorgfältig aufgefangen und durchgesiebt, um es von den äußeren Schalenbestandteilen des Getreidekorns zu trennen. Das »Worfeln« des Mahlguts überzieht die ganze Bäckerei mit feinem weißen Mehlstaub. Jeder, der dort arbeitet, sieht aus wie ein Pantomime unserer Tage.

Das ausgesiebte Mehl wird direkt vor unseren Augen weiterverarbeitet. In einem Raum neben dem Backofen wird es von Sklaven mit Wasser und Backtriebmittel in großen Steintrögen zu einem Teig vermengt. Nachdem sich unsere erste Verwunderung darüber gelegt hat, wie schnell sie hierbei zu Werke gehen, erkennen wir, dass sie sozusagen »Fließbandarbeit« verrichten.

Was sie da benutzen, ist vom Prinzip her eine veritable »Küchenmaschine«, betrieben mit Menschenkraft: ein gewaltiger steinerner Kessel, aus dem etwas herausragt, was an einen hölzernen Garderobenständer erinnert. Da er unten auf einem beweglichen Stück Holz aufsitzt, können die Sklaven den mit mehreren Armen versehenen Ständer zum Schlagen des Teigs nutzen. So spart man Zeit und Arbeitskraft, was letztlich bedeutet, dass mehr Teig verarbeitet und mehr Brot gebacken werden kann.

Schließlich ruht der Teig mehrere Stunden lang, mit Tüchern bedeckt. Dann wird er nochmals durchgeknetet und auf langen Holzschaufeln zu Laiben geformt. Manche Bäcker drücken diesen ihren Stempel auf, der Wappen oder Ährenmuster zeigt. Sobald der Laib bereit ist, wandert er durch eine seitliche Öffnung in den Ofen.

Die Sklaven, verlorene Seelen, müssen sich also auf engstem Raum abplagen. Nur durch eine schmale Luke können sie einen Blick aufs Tageslicht erhaschen, schauen, ob es regnet oder die Sonne scheint. Die Sonnenstrahlen wandern über den Boden der Bäckerei und zeigen die Stunde des Tages an. Auch wenn dies keinerlei Bedeutung hat, denn für die Menschen, die in diesem Raum gefangen sind, reihen sich Stunden und Tage ununterscheidbar und schier endlos aneinander.

An der Wand entdecken wir ein kleines Fresko: Venus betrachtet sich nackt in einem Spiegel. Doch macht es diesen Ort nicht unbedingt schöner. Die Bäckerei ist ein Kerker, »geschmückt« mit den üblichen Graffiti von unbekleideten Frauen.

Der junge Sklave, der vor uns steht, klopft uns rüde auf die Schulter und hält uns das Brot hin. Wir zahlen ein As, das entspricht etwa einem Euro fünfzig. Es ist schwierig, einen zuverlässigen Umrechnungskurs festzulegen, doch die Gelehrten gehen davon aus, dass zur Zeit des Untergangs von Pompeji ein Sesterz in heutiger Kaufkraft etwa sechs Euro entsprach. Aber auch dieser Wert unterlag Schwankungen: Unter Trajan, etwa vierzig Jahre später, war ein Sesterz circa zwei Euro weniger wert, weil es durch die Eroberung des goldreichen Dakien zur Abwertung kam.

Wir lassen das finstere Reich des Brotes hinter uns und mischen uns auf der Straße wieder unter die Menschen, deren Zahl mittlerweile angewachsen ist.

Unser Brot ist rund, wie ein kleiner Kuchen von fünfzehn Zentimeter Durchmesser. Sternförmige Einschnitte teilen ihn in acht Stücke. Das ist ganz praktisch, weil man den Laib nicht schneiden muss, sondern sich einfach ein Stück abbrechen kann. Dabei denkt man unweigerlich sofort an das »Kaiserbrötchen« heutiger Tage.

Manchmal zeigt ein Siegel den Namen des Sklaven, der es gebacken hat, und des Bäckers, dessen Eigentum er war. (In Herculaneum zum Beispiel hat man einen Brotlaib gefunden, der nach fast zweitausend Jahren noch vollkommen erhalten war. Darauf steht: »Gefertigt von Celer, Sklave von Quintus Granius Verus.«)

Wir widerstehen der Versuchung, uns sofort an dem Brot gütlich zu tun. Es ist warm, schön aufgegangen und duftet. Seine Kruste scheint knusprig zu sein. Eine Köstlichkeit am Morgen. Das Brot der Römer unterschied sich von unserem in einem wesentlichen Punkt. Es war meistens (wenn auch nicht immer) gewürzt. Aber die Römer legten ebenso viel Wert darauf wie wir, dass es eine knusprige Kruste hatte. Zu diesem Zweck wandten die Bäcker einen Trick an: Neben dem Ofen standen immer zwei Schüsseln mit Wasser – eine, um das Arbeitsgerät zu kühlen, und die zweite, um das Brot nach der Hälfte der Backzeit mit Wasser zu besprengen, damit die Oberfläche schön goldgelb und knackig wurde.

Ein weiteres – und aus unserer Sicht durchaus bedenkliches – Merkmal antiker (und auch späterer) Brote ist es, dass man darin winzige Splitter der Mühlsteine entdeckt hat. Diese schliffen tatsächlich langsam die Zähne ab. Für Brot aus Pompeji trifft dies aber nicht zu, da das poröse Lavagestein so hart war, dass es nicht splitterte. Die Pompejaner hatten also bessere Zähne als andere Bürger des Römischen Reichs.

Hat uns das Brot Pompejis womöglich noch andere Geheimnisse zu offenbaren?

Brot und Gebäck vor zweitausend Jahren

Die Menschenmenge auf der Straße schiebt uns weiter. Wir haben uns ein Stück von unserem goldgelben Brotlaib abgebrochen und richten den Blick gen Himmel. Dessen rosiger Schimmer erinnert an das Glutleuchten des Backofens.

Wir lassen uns die breite Straße zum Forum hinuntertreiben. Jenseits der nächsten Kreuzung erwartet uns zur Linken ein großes Gebäude: die Stabaner Thermen. Wir würden ja zu gern einen Blick hineinwerfen, doch das geht nicht. Sie sind geschlossen. (Bald erfahren Sie, aus welchem Grund.) Also setzen wir unseren Weg fort. Die Straße steigt ein klein wenig an. Wir aber interessieren uns für das Pompeji der schmalen Gassen, also nehmen wir die erste rechts und stehen plötzlich im Herzen der Stadt. Über uns kleine Balkone, von denen verschlafene Gesichter auf uns herabblicken.

Vor uns klatscht ein Wasserstrahl auf den Boden. Wir springen zur Seite. Tatsächlich: Jemand hat heimlich seinen Nachttopf auf die Straße geleert. (Obwohl das von Gesetzes wegen verboten ist.) Die Stadt erwacht. Da und dort quietscht ein Holztor, das aufgestoßen wird. Eine Mutter weckt ihren Kleinen in der Wiege mit zärtlichen Lauten. Ein Kind weint…

Ein Karren zieht unsere Aufmerksamkeit auf sich: Die Achse ächzt, der Beschlag der Räder klirrt metallisch auf dem Pflaster. Er muss noch vor Sonnenaufgang die Stadt verlassen haben, so will es das Gesetz, das Julius Cäsar vor mehr als einem Jahrhundert in Rom erlassen hat und das alle großen Städte des Reiches übernommen haben. Offensichtlich auch Pompeji. Der Grund liegt auf der Hand: Würden sämtliche Lieferungen tagsüber erfolgen, wäre kein Platz mehr für die Fußgänger, und in den Straßen herrschte das absolute Chaos. Mit Tagesanbruch also wird Pompeji zur gigantischen Fußgängerzone. Nachts hingegen kehren die Karren zurück ...

Wohl alle Touristen in Pompeji besuchen die Gasse, in die wir jetzt eintauchen. Sie führt zum Lupanar, vermutlich dem bekanntesten Bordell der Welt. Jede Fernsehsendung über Pompeji stellt es vor. Also wagen auch wir einen Besuch, wenn auch nicht sofort. Das Gebäude liegt an der Ecke zwischen zwei Straßen, daher sieht es aus wie ein Schiffsbug, der sich auf die Kreuzung schiebt. Aus einer der Türen taumelt ein Mann. Offensichtlich hat er die Nacht mit einer »Liebesdienerin« verbracht, die einen exotischen Namen trägt und ihn vermutlich auch finanziell ordentlich zur Ader gelassen hat. Tagsüber ist der Kundenandrang größer, da müssen sämtliche »geschäftlichen Vorgänge« schneller abgewickelt werden. Tatsächlich kommt schon wieder ein vierschrötiger Kerl an und tritt durch den Vorhang am Haupteingang ein. Hier kennt man keine Verschnaufpause, denn es herrscht noch mehr Betrieb als beim Bäcker!

Kaum haben wir das Bordell hinter uns gelassen, zieht uns eine neue Duftwolke an. Etwa schon wieder der Geruch von frischem Brot? Wie viele Bäcker gibt es denn in dieser Stadt? Es sind etwa um die dreißig. Nicht jeder hat seine eigene Mühle. Vermutlich gibt es auch noch Großmüller in der Gegend, die diese Bäckereien beliefern. Nachts wird das Mehl auf Karren angeliefert, tagsüber verbringen Maulesel oder Sklaven die Säcke.

Zuständig für den Transport sind die *saccarii*, Träger, die einer mächtigen Zunft angehören. Tatsächlich können sie die Wirtschaft der Stadt schnell in die Knie zwingen, wenn sie den Ausstand beschließen (etwa wie heute die Lokführergewerkschaft). Offensichtlich handelt es sich um ein ganzes Netzwerk, über das wir nur wenig wissen. Ein paar Auskünfte allerdings können uns die Graffiti geben, genauer gesagt die vielen Zahlen, die sich auf den Wänden der Stadt finden und mit deren Zuordnung man sich bislang schwertat.

Einige Gelehrte nehmen nun an, dass diese Zahlen mit Warenlieferungen in Zusammenhang stehen: gelieferte Ware, geleistete Arbeitsstunden. Einige davon sind heute noch lesbar, zum Beispiel die Zahlenreihen links vom Eingang zur Backstube, die wir gerade besucht haben. Oder am »Haus der keuschen Liebenden«.

Interessant ist, dass nur etwa die Hälfte der Backstuben in Pompeji (etwa fünfzehn) einen Verkaufsbereich besitzt und somit als klassische Bäckerei gelten kann. Bei der anderen Hälfte handelt es sich um Großbäckereien, die Kneipen *(popinae)* und Restaurants *(cauponae)* mit Brot beliefern. Und natürlich die Villen der wohlhabenden Bürger. Weitere Abnehmer sind die unzähligen fliegenden Händler, die um die Mittagszeit die Stadt durchziehen.

Der Bäcker, bei dem wir gerade Brot gekauft haben, hat sogar einen »Lieferservice« (mit eigenem »Lieferwagen«). Die beiden Maultiere, die wir dort an der Mühle gesehen haben, werden abends abgeschirrt. (Sie werden beim Ausbruch des Vulkans in den Raum flüchten, in dem der Teig geht.) In einem Stall daneben haben die Archäologen die Skelette von fünf Pferden, Maultieren oder Eseln gefunden. (Welcher Gattung diese Tiere einmal angehört haben, lässt sich nicht mehr mit Sicherheit bestimmen.) Sie wurden zur Auslieferung von Brot in Pompeji benutzt und trugen vermutlich Körbe auf dem Rücken.

Die Vielfalt der Brot- und Backwaren

Brot gehörte in Pompeji zu den Grundnahrungsmitteln, vor allem für die armen Leute. Man schätzt heute, dass die unteren Schichten sich zu achtzig Prozent von Brot ernährten. Kein Wunder also, dass im Wahlkampf Brot an die Bevölkerung verteilt wurde.

Das zeigt sehr schön ein Fresko aus Pompeji. Wir sehen darauf einen Mann in weißer Tunika, der auf einer Bank sitzt, um ihn herum sind zahllose Brotlaibe aufgestapelt. Einen davon reicht er zwei Männern in schwerer Kleidung und einem Kind, dem man seine Freude (und seinen Hunger) deutlich anmerkt. Der Mann in der weißen Tunika wird in Reiseführern meist als Bäcker bezeichnet, der sein Brot verkauft. Viel wahrscheinlicher ist allerdings, dass es einen Bewerber für eines der öffentlichen Ämter der Stadt darstellt oder einen der anderen Honoratioren, die Brot an die Bedürftigen (und potenziellen Wähler) verteilen. Denn die schwere Kleidung, die die Beschenkten tragen, lässt vermuten, dass es kalt war. Im Winter aber herrschte ein großer Bedarf an Brot bei den ärmeren Schichten.

Gut erkennbar ist auch, dass es unterschiedliche Brote gab. Tatsächlich kannten die Römer mindestens zehn verschiedene Sorten, ja sogar Hundekekse. Die Brote unterschieden sich nicht nur in Form und Größe, sondern auch durch das verwendete Getreide. Es gab das sogenannte »Weißbrot« für die Reichen (das aus dem feinsten Mehl gebacken wurde) und das »Schwarzbrot« für Sklaven und Arme, das aus dem Mehl gebacken wurde, das im Sieb zurückblieb. Dieses »Schwarzbrot« kennen wir heute als Vollkornbrot, und wir wissen auch, dass es gesünder ist als Weißbrot. Zuzeiten der Römer galt es allerdings als Lebensmittel niedriger Qualität, man nannte es »Brot aus dem letzten Mehl« und meinte damit den letzten Siebevorgang.

Und natürlich gab es Brot aus verschiedenen Getreidearten wie Gerste und Hirse. Die Bäcker verkauften daneben auch sogenanntes »Mostbrot«, das sehr würzig war, oder das Picenum-Brot, das in Milch getaucht worden war. Wer wusste, wo er danach suchen musste, fand sogar das *clibanicus* genannte Brot, so etwas wie die Brioche der Römerzeit.

Manche Bäcker bestrichen die Brotlaibe mit Eiklar und bestreuten sie mit Sesam- oder Aniskörnern. Das verlieh dem Brot ein intensives Aroma, das wir heute eher mit der orientalischen Küche verbinden.

Wir aber flanieren weiter durch die Straßen Pompejis. In der Nähe des Bordells mit der Bugspitze gibt es eine weitere Bäckerei, die sich unterscheidet von derjenigen, in der wir unser Brot gekauft haben. Hier bekommt man nämlich auch süße Backwaren. Wir befinden uns also vor einer Art Konditorei.

Wir bleiben stehen, werden dabei aber fast von einem Sklaven umgerannt, der einen ganzen Korb voller Kuchen und Weißbrot trägt. Und er ist nicht der Einzige. Immer wieder bietet sich unseren Augen dasselbe Bild: Es ist die Zeit der Frei-Haus-Lieferungen. Auch dieser Betrieb zählt zu den Großbäckereien und verkauft nicht an Einzelkunden.

Aber wir wissen noch mehr über diese Bäckerei: Sie gehört einer der ältesten Familien von Pompeji, den Popidii. Nach einer Zeit des Niedergangs ist diese Familie nun wieder auf dem Weg nach oben. Der Besitzer N. Popidius Priscus hat die Führung der Bäckerei einem seiner Freigelassenen übertragen und lebt in einem prächtigen Haus hinter der Bäckerei, das mit dieser verbunden ist. Er hat sein Vermögen mit Weinhandel und der Produktion von Ziegeln gemacht (mit einer eigenen Werkstatt für die Herstellung von Terrakottastatuetten). Sein Haus ist so prunkvoll ausgestattet, dass die Archäologen es das »Marmor-Haus« (auch »Haus des Popidius Priscus« genannt) getauft haben. Allerdings war der Marmor zum Zeitpunkt der Entdeckung nicht verbaut, sondern lagerte auf dem Boden. Ein klares Anzeichen dafür, dass das Haus renoviert werden sollte. Ähnliche Beobachtungen werden wir auf unserem Weg durch Pompeji noch öfter machen. Und es gibt weitere Indizien für diese Art von Alarmsignalen.

Im Marmor-Haus stoßen wir auf ein weiteres Kuriosum: ein Graffito am Eingang. Es lautet *domus pertusa*, das bedeutet wörtlich »durchlöchertes, offenes Haus«. Das Graffito ist mit griechischen Buchstaben geschrieben. Haben die Bewohner in den Wochen und Monaten nach der Eruption etwa Auftrag gegeben (mit Erlaubnis durch die Behörden), die Gesteinsschichten abzutragen, um eventuelle Wertgegenstände zu bergen? Wenn das so wäre, wer hat dann wohl den Auftrag dazu erteilt?

Bei einer Tragödie wie der von Pompeji, die Tausende und Abertausende von Menschenleben auslöscht, ja ganze Familien in den Tod reißt, kann es manchmal schwierig sein, die Erbfolge festzustellen. Die Archive der Stadt sind zerstört, der Besitz ist unter Tonnen von Vulkangestein begraben. Es wäre logisch, dass dieser Auftrag vom Oberhaupt der Familie kam, von N. Popidius Priscus. Das würde aber bedeuten, dass er die Eruption überlebt hat, vielleicht durch eine abenteuerliche Flucht. Oder weil er sich an einem anderen Ort aufhielt (vielleicht sogar irgendwo in der Nähe), wurde sein Haus doch gerade umgebaut. Dürfen wir ihn also zu den Überlebenden zählen? Das werden wir wohl nie mit letzter Sicherheit herausfinden.

Die Konditoren von Pompeji *(cupedinarii)* jedenfalls stellten süße Backwaren her und hatten damit offensichtlich viel Erfolg. Das Angebot reichte von mit Nüssen und Rosinen gefüllten Broten über die *adipata* genannten, mit Fett gefüllten Teilchen, die echte Cholesterinbomben waren, bis hin zu gewissen »unanständigen« Backwaren: kleinen Penissen aus einer Art Lebkuchenteig.

Auf Bestellung erfüllten die Bäcker auch Spezialwünsche, vor allem für Bankette. Da wurde dann gern eine Süßspeise aufgetragen, die in Pompeji wirklich sehr beliebt war: ein Teigstück, das mit einer Schicht Grieß und einer Schicht Käse gefüllt war.

Auch das Brot selbst konnte zur Süßspeise umfunktioniert werden. Tatsächlich liebten die römischen Köche Überraschungseffekte und ließen dabei gern ihre Fantasie spielen. Marcus Gavius Apicius, ein reicher Römer und leidenschaftlicher Koch, hat uns verblüffende Rezepte überliefert. Man solle zum Beispiel kleine afrikanische Mostbrote (Sauerteigbrote) nehmen, die Kruste abreiben und das Brot in Milch einweichen. Wenn es sich vollgesogen habe, solle man es bei sehr kleiner Flamme in den Ofen legen, sodass es nicht austrockne, dann herausnehmen und mit Honig bestreichen – dabei vorher anstechen, damit der Honig auch ins Innere eindringe – und am Ende mit Pfeffer bestreut servieren.

Warum sollte man das nicht mal ausprobieren? Die Versuchung jedenfalls ist stark …

Zurück auf die Straßen von Pompeji! Wer weiß, wie viele Backöfen im Augenblick ihre morgendlichen Köstlichkeiten ausbrüten? Es sind sicher viele, von den häuslichen Feuerstellen einmal ganz abgesehen, auf denen Milch oder Frühstücksgetreide kocht.

Doch besitzt die Stadt noch eine »Feuerstelle«, die uns interessiert, eine von gigantischen Dimensionen. Es gibt nichts, was sie nicht zum Kochen bringen könnte, doch keineswegs, um das Leben zu nähren, sondern um alsbald Tod und Verderben zu speien. Sie befindet sich mitten im Vesuvius. Was geschieht dort gerade?

Was sich im Innern des Vulkans abspielt

Unter den Füßen der arglosen Pompejaner hat sich eine thermische Bombe entwickelt, die schon vor Jahrhunderten gezündet worden ist. In nur fünf Kilometer Tiefe findet sich ein Höllensee von apokalyptischen Dimensionen. Er hat sich in einer unterirdischen Kammer gebildet und wartet lediglich darauf, endlich zu explodieren. Es ist nur noch der Stöpsel, welcher auf dem antiken Vulkan sitzt, der ihn am Ausbruch hindert. Um diese Situation richtig einschätzen zu können, muss man sich nur eins vorstellen: Welche Wirkung haben wohl zweieinhalb Kubikkilometer geschmolzener Felsmasse mit einer Temperatur von tausend Grad Celsius?

Niemandem war damals bewusst, dass die gesamte Golfregion auf einem Höllenschlund von solchen Ausmaßen lag, denn fünf Kilometer Erdkruste reichen einfach nicht aus, um einem derart explosiven Druck standzuhalten. Doch deuteten einige Indizien auf die drohende Katastrophe hin: Das unterirdische Magma hatte die Felsen rundherum erwärmt. In der Folge erwärmten sich Wasserläufe der Umgebung oder trockneten aus. Gleichzeitig bildeten sich ganz plötzlich neue, heiße Quellen mit dem charakteristischen Schwefelgeruch. Es war quasi ein natürliches geothermisches System entstanden, um einen Ausdruck der Vulkanologen zu gebrauchen. Heute werten wir dies als klares Anzeichen für vulkanische Aktivitäten, die genauestens überwacht werden müssen. Vor zweitausend Jahren hingegen betrachtete man die heißen Quellen nicht als Alarmsignal, sondern als Geschenk der Götter.

Niemand konnte damals wissen, dass dieser unterirdische Magmasee ständig größer wurde, als bereitete der Vulkan seine tödliche Attacke minuziös vor. Der See speiste sich aus mächtigen Zuläufen, die Magma aus dem Erdinneren nach oben transportierten. Ein Zufluss, der nicht aufzuhalten war: Tag für Tag floss mehr Magma mit Temperaturen von über zwölfhundert Grad in die Kammer.

Das Magma drückte gegen den Stein, der es einschloss, und verursachte so die kleinen Erdbeben, die seit Jahren in der Gegend um den Vesuv verzeichnet wurden. Tatsächlich sandte der Vulkan seine ersten Zeichen. Die Eruption stand unmittelbar bevor. Doch niemand wusste die Signale zu deuten.

Wir werden auf unserem Weg durch die Region am Golf von Neapel immer wieder solchen Anzeichen begegnen. Heutzutage werden diese Indizien von Vulkanologen gesammelt und interpretiert. Was damals in Pompeji geschah, würde heute unweigerlich Alarm auslösen. Doch in römischer Zeit war die wissenschaftliche Kenntnis von Vulkanen noch nicht so weit fortgeschritten. Man sah in den Erdbeben eine Eigentümlichkeit Kampaniens, einer Region, die ein Pompejaner einmal als »Ort, an dem die Erde bebt« beschrieb. Schließlich leben ja auch heute Menschen dort, die den Vulkan täglich vor Augen haben. Sie wissen um die Opfer, die er bereits gefordert hat, kennen die Geschichte seiner Ausbrüche. Und trotzdem nehmen sie dies einfach »als gegeben« hin. Die Pompejaner vor zweitausend Jahren waren sicher nicht anders.

Die letzten Botschaften, die der Vesuvius aussendet, sind beunruhigend. Am Tag vor der Eruption wächst der Druck in der Magmakammer exponentiell an. Der Vulkan scheint beschlossen zu haben: Es ist bald so weit.

Schönheitspflege in Pompeji

Rectinas Villa
23. Oktober 79 n. Chr., 6.30 Uhr
Noch 30 Stunden und 30 Minuten bis zum Ausbruch

VENUS ES VENUS
Eine Venus bist du, wahrhaft eine Venus!

Was aber macht Rectina gerade? Überlassen wir Pompeji einmal seinen morgendlichen Obliegenheiten und besuchen wir die schöne Römerin in ihrer Villa.

Wie alle Menschen, die an den Hängen des Vesuvius leben, hat auch sie keine Ahnung davon, welche Tragödie sich hier bald ereignen wird. Sie ist früh erwacht, noch vor Morgengrauen, hat ihr Frühstück eingenommen und widmet sich nun der Morgentoilette.

Zunächst einmal legt sie ihre Unterwäsche an. Ja, tatsächlich, »Slips« gab es auch im Alten Rom. Männer trugen unter der Tunika einen Schurz. Eine Tunika muss man sich in etwa so vorstellen wie ein T-Shirt in XXL, das bis zu den Knien reicht und in der Taille von einem Gürtel oder einem Seil gehalten wird. Frauen legen natürlich mehr Raffinement an den Tag, wenn es um Kleidung geht.

Rectina trägt wie viele Frauen in Pompeji einen schicken »Slip« aus weichem Leder: Dieser sitzt knapp und ist mit raffinierten Stickereien verziert. Da es im Alten Rom noch kein Gummi gibt, wird er mit zwei Bändern an den Seiten festgebunden. Das sah schon vor zweitausend Jahren ziemlich sexy aus.

Der Büstenhalter nennt sich *strophium*. Es handelt sich um eine Art weicher Bandage (normalerweise aus Stoff oder Leder), welche die Brüste hebt und stützt. Schließlich soll der Busen hoch sitzen, damit er fest und üppig wirkt. Im Grunde ist dies ein antiker Push-up-BH.

Eine Sklavin hilft Rectina, ihr Unterkleid anzulegen. Sie wählt eines mit langen Ärmeln, schließlich ist es im Herbst doch schon recht kühl. Die Tunika darunter wird *stola* genannt und reicht bis zu den Füßen. Unter dem gewöhnlich schön verzierten Saum wird das flache, fein gearbeitete Schuhwerk sichtbar. Hohe Absätze gibt es zu dieser Zeit ebenfalls noch nicht.

Dann nimmt Rectina auf einem geflochtenen Weidenstuhl Platz, auf dem sie auch die Arme abstützen kann, und vertraut sich ihren Dienerinnen an. Ein Kohlebecken neben dem Stuhl wärmt den Raum während der langen Minuten, die der Schönheitspflege gewidmet sind. Die Mägde umschwirren Rectina wie Bienen die Blüte. Jetzt wird die *domina*, die Herrin des Hauses, geschminkt und frisiert.

Diese Szene wiederholt sich jeden Morgen in sämtlichen Häusern der Aristokratie, nicht nur in Pompeji, sondern im ganzen Reich. Aber wie schminkte man sich zu jener Zeit eigentlich?

Zunächst einmal wird das Gesicht gereinigt, und dann wird der »Fond de Teint« aufgetragen: das Make-up, das die Haut heller wirken lässt. Denn wie wir schon gesagt haben, ist helle Haut das Statussymbol der Aristokratinnen. Die Dienerinnen rühren eine Creme aus Honig und Bleiweiß an, einem weißen Pulver, das sich durch ein spezielles Verfahren aus Blei gewinnen lässt. Auf den Wangen hingegen trägt man feinstes Hämatitpulver auf, das den auch heute noch begehrten »Glow« schenkt.

Die Augen werden mit einem Lidschatten aus Asche betont. Sogar einen Vorläufer des Eyeliners kannten die Römerinnen: Das Pigment für die schwarze Paste wurde aus Sepia, Mangan, verkohlten Dattelkernen oder verbrannten Ameisen gewonnen.

Dann wurden die Wimpern mit speziell geformten Instrumenten nach oben gebogen, um den Blick zu öffnen. Für das Nachziehen der Brauen hingegen verwendete man einfach ein Stück Kohle.

Auf einem dreibeinigen Tischchen neben Rectina stehen mehrere Elfenbeinkästchen (wie man sie heute auch im Museo Archeologico Nazionale von Neapel bewundern kann): Das ist sozusagen der »Beautycase« der Pompejanerinnen. Darin werden in eleganten Phiolen und Tiegeln Cremes, Hämatitpulver und Salben aufbewahrt. Wir finden Muscheln mit verschiedenen Lidschatten und einen langen Stift zum Auftragen des Lidstrichs.

Rectina überwacht jede einzelne Phase dieser Prozedur im Spiegel, den eine Sklavin vor sie hinhält.

Am Ende widmen die Mägde sich der Frisur. Mit feinen Elfenbeinkämmen wird das dunkle Haar zuerst entwirrt und dann zu langen Zöpfen geflochten, die man auf dem Hinterkopf aufrollt wie schlafende Schlangen. Sogar »Extensions« gibt es. Man schafft mit Haarteilen Volumen, wo es benötigt wird. Das ist für diese Zeit ganz typisch.

Dann greifen die Mägde zum Brenneisen *(calamistra)* und kräuseln die Haare an den Schläfen zu Locken. Am Ende wird noch eine Art Krone aufgesetzt, die hinter einer Kaskade echter Locken verschwindet. Diese sieht ein bisschen so aus wie das Häubchen eines Zimmermädchens.

Diese »Aufsätze« erreichen mitunter aberwitzige Dimensionen, sodass sie eher anmuten wie die Mitra des Papstes. Aber Rectina hat sich heute für eine leichtere Ausführung entschieden, sozusagen das »Reisemodell«.

Doch sie ist noch lange nicht fertig. Am Ende werden die Lippen geschminkt, die man sich im Alten Rom so üppig wie möglich wünscht, daher werden sie mit Lippenstift betont.

Und welche Farbe ziehen die Römerinnen vor? In diesem Punkt haben die Frauen sich nicht großartig verändert. Die beliebteste Lippenstiftfarbe war und ist immer noch Rot, zu Rectinas Zeiten gewonnen aus Ocker oder Hämatit. Sehr reiche Frauen allerdings können sich intensivere Farbtöne erlauben. Sie verwenden Zinnoberpigmente

(Quecksilbersulfid). Auch die Mennige ist beliebt. Sie wird *minium* genannt und ist damit Namensgeberin der »Miniatur«. Das hellrote Pigment wird von den Mönchen des Mittelalters nämlich verwendet, um Manuskripte mit winzigen Figuren zu schmücken.

Da der Lippenstift Quecksilber enthält und das Make-up Bleiweiß, ist die Römerin schon am Schminktisch den täglichen Gefahren des Lebens ausgesetzt, sind doch beide Stoffe toxisch. Wir haben aber keine konkreten Belege dafür, dass sie sich tatsächlich schädlich auf die Gesundheit der Frauen auswirkten.

Fehlt nur noch der Schönheitsfleck. Rectina trägt ihn heute über dem Mundwinkel, was ihrem Lächeln etwas Maliziöses verleiht. Und tatsächlich ist das Signal immer ein anderes, je nachdem, wo die Römerin ihren Schönheitsfleck trägt. Ein echter Geheimcode der Verführung also.

Zu guter Letzt hüllt Rectina sich in einen Schleier duftender Substanzen. Ihr Parfüm wird in einem Geschäft hier in Pompeji kreiert. Und wie es auch heute noch der Fall ist, hat sich der Parfümeur für das Fläschchen etwas einfallen lassen: winzige Glasflakons, die die Form einer schlafenden Taube haben. Um das Parfüm aufzutragen, muss Rectina erst den langen Schwanz des Flakons abbrechen. Kennen wir etwas Ähnliches nicht von verschiedenen Medikamenten?

Der letzte Schliff erfolgt mit dem Anlegen des Schmucks, der ihrem Stand angemessen sein muss: Sie trägt Ohrringe, die von der Form her ein wenig an eine moderne Fechtmaske erinnern. Auf dem Netz sitzen winzige Perlen und Smaragde. Auch um den Hals trägt sie ein Netz, in dessen enge Maschen die gleichen Steine eingearbeitet sind.

Ein paar schöne Armreife in Form von Schlangen und mehrere Ringe komplettieren das äußere Erscheinungsbild. Einen winzigen Ring trägt Rectina am vorletzten Fingerglied des Zeigefingers. Das ist sozusagen ein Spleen der schicken Römerinnen. Vielleicht gehören die kleinen Ringe, die man so zahlreich bei Ausgrabungen findet, also gar nicht kleinen Mädchen, wie man so lange angenommen hat …

Nun ist die komplizierte Prozedur abgeschlossen. Nach einem letzten Blick in den Spiegel hüllt Rectina sich in ihren Schal aus feinster Wolle (die *palla*) und verlässt ihr Haus gerade in dem Augenblick, in dem der erste Sonnenstrahl übers Meer lugt.

Vor der Villa wartet eine elegante Kutsche auf sie, die einer Kalesche ähnelt. Vom gestrigen Bankett ist heute schon nichts mehr zu sehen. Die Sklaven haben in der Nacht lautlos Ordnung geschaffen, überwacht von Rectinas Vertrauenssklaven, der sie jetzt an der Kutsche erwartet. Er winkt einer der Mägde, sich neben die Herrin zu setzen. Dann nimmt er selbst den Platz auf dem Kutschbock ein. Ein kurzer Pfiff, und die Pferde setzen sich in Bewegung.

Der harte Rhythmus der Pferdehufe begleitet Rectina zu ihrem Ziel. Wohin sie wohl unterwegs ist? Sie muss nach Pompeji, zum Arzt …

Licht über der Stadt

Vesuvius
23. Oktober 79 n. Chr., 7.00 Uhr
Noch 30 Stunden bis zum Ausbruch

OMNES HIC HABITAN(T)
Alle wohnen hier.

Der erste Sonnenstrahl zerteilt still die Luft und trifft den Vesuvius. Denn tatsächlich legt sich der erste Strahl immer auf den höchsten Punkt der Überreste des Somma-Kraters. Das Halbrund nackter Felsen sieht einen Augenblick lang aus wie ein aufgerissener Mund: Die felsigen Zähne gebleckt, wirkt er wie das Maul einer Bestie …

Das Licht fällt auf den Grund des alten Kraters, liebkost die kahle Ebene, dann die Wälder, um schließlich seinen Weg fortzusetzen. Wie eine Hand, die zärtlich den Schleier der Dunkelheit zurückzieht, der die Landschaft die Nacht über eingehüllt hat. Dann eilt es den Abhang hinab auf Pompeji zu. Es erreicht die erste kleine Ortschaft unterhalb des Vulkans, um weiter zu den Gehöften hinunterzusteigen. Die Weinstöcke tauchen auf, die gepflügten Felder, die Pferde, die auf den Weiden grasen. Schließlich erhellt das Licht das Zentrum von Pompeji, liebkost die Dächer und erfüllt die Stadt mit Leben. Da fast alle Ziegeldächer aus Terrakotta sind, umfängt die Stadt am Morgen ein rötlicher Schein. Pompeji schält sich aus der Umarmung der Nacht und begrüßt den Morgen.

Die Stadt wirkt auf den ersten Blick nicht besonders groß. Sie nimmt eine Fläche von etwa vierundsechzig Hektar ein. Die auf sechsundsechzig Hektar anwächst, wenn man all die offenen Plätze hinzurechnet, die die Pompejaner benutzen, wie zum Beispiel die Friedhöfe. Oder sehr große Landgüter in unmittelbarer Nähe wie die Villa dei Misteri.

Die Archäologen haben ja längst nicht alles freigelegt. Etwa zwanzig Hektar liegen immer noch unter den Lapilli begraben, dem vulkanischen Steinhagel, der die Stadt mit ihren Menschen, all ihren Fresken und ihren mehr oder weniger großen Reichtümern unter sich verschüttet hat. Eine immer noch verborgene Schatztruhe, in die man einen Blick werfen kann, wenn man zum Beispiel die Via dell'Abbondanza entlanggeht.

Natürlich fragt man sich als Tourist, ob dieser Teil der Stadt wohl je ausgegraben werden kann. Wer weiß, wie viele Objekte, Meisterwerke und Überraschungen er noch birgt? Die Antwort ist ganz simpel: Zunächst einmal muss das gerettet, erhalten und bewahrt werden, was bereits entdeckt wurde. Alles Weitere wird man sehen. Es ist durchaus möglich, dass die Ausgrabungen nicht fortgesetzt werden. Denn es handelt sich hier um Wohnviertel, in denen keine besonderen Bauten zu erwarten sind. Vermutlich ähneln sie denen, die man bereits freigelegt hat. Der Neuigkeitswert wäre also gering.

Möglicherweise müssen wir uns aber auch nur gedulden. Wir können ja noch nicht wissen, welche Instrumente kommende Generationen für die Erforschung solcher Areale ersinnen werden. Wir haben zum Beispiel den Bodenradar (oder *Ground Penetrating Radar* [GPR]), der uns erlaubt, vergrabene Objekte zu »sehen«, ohne sie ausbuddeln zu müssen. Das geht aber nur unter bestimmten Bedingungen, und die Technik ist so kompliziert, dass man mit dem Bildmaterial zunächst einmal nichts anfangen kann, wenn man kein Techniker ist. Es kann also durchaus sein, dass wir irgendwann einmal diese noch vergrabenen Stätten besuchen, indem wir uns mithilfe von Sensoren von der Erdoberfläche aus ein Bild machen. Dann würde das Sedimentgestein die Fundstücke, Mauern und Fresken weiterhin schützen, wie es das seit Jahrhunderten getan hat. Sie wären nicht der Luft ausgesetzt. Und der Besucher könnte sie tatsächlich so sehen, wie sie damals verlassen worden sind.

Dann würde das freigelegte Pompeji dem Besucher einen Eindruck vom Leben in römischer Zeit vermitteln, während das unter der Erde liegende zeigte, wie die Tragödie tatsächlich ablief.

Woher der Name »Pompeji« kommt

Wie aber entstand Pompeji? Seine Geschichte erstreckt sich wie die vieler anderer italienischer Städte bis weit in die Anfänge der Antike. Dafür prädestiniert sie schon ihre strategische Lage: Sie liegt auf einem Lavaschild im Golf von Neapel, von dem aus die Schifffahrt im Golf kontrolliert werden kann. Und sie liegt an der Mündung des Sarno, der eine wichtige Verkehrsader ins Landesinnere ist.

Der alte Vulkan hat das Land um Pompeji fruchtbar gemacht. Die Landwirtschaft findet dort außerordentlich gute Bedingungen. Kaum vorstellbar, dass ein Ort mit so vielen Vorzügen lange unbewohnt bleibt...

Tatsächlich stammen die ersten Siedlungen am Fluss aus der Bronzezeit. Doch die gewaltige Eruption des Vesuvius, die zwischen 1880 und 1680 v. Chr. stattgefunden hat, tötet alle Golfbewohner und fegt Häuser und Dörfer hinweg.

In der Eisenzeit (vom 10. bis zum 7. Jahrhundert v. Chr.) wird die Gegend am Sarno erneut besiedelt. Wir wissen, dass die Bewohner mit den griechischen Vorposten wie Pithekoussai (Pithecusa) auf der Insel Aenaria (Ischia) Handel trieben. Gegen Ende dieses Zeitraums, also zwischen dem Ende des 7. und dem Beginn des 6. Jahrhunderts v. Chr., kam es dann zu ersten dauerhaften Ansiedlungen in Pompeji. Aus dieser Zeit sind uns Mauerreste erhalten geblieben, ein Apollo- und zwei weitere Tempel, Herkules und Minerva geweiht. Die Siedlung organisiert sich, es bildet sich der spätere »antike Stadtkern« heraus. Hier setzt man die Anfänge Pompejis an. Zum Zeitpunkt der Eruption ist die Stadt also etwa siebenhundert Jahre alt. Das wäre für viele moderne Städte ein absoluter Rekord. In den USA zum Beispiel ist keine Stadt so alt.

Wer aber gründete Pompeji? Das ist nicht eindeutig geklärt. So merkwürdig es auch scheinen mag, wir wissen einfach nicht, wer als Erster auf die Idee kam, die nach Rom berühmteste Stadt des Reichs zu gründen.

Vielleicht waren es die Etrusker, die im Landesinneren herrschten. Möglicherweise haben sie die örtliche Bevölkerung, die Osker, angehalten, eine Stadt zu gründen. Denn eine ihrer militärischen Strategien war es, die Städte am Sarno als Stellungen gegen ihre griechischen Feinde zu befestigen.

Oder waren es die Griechen, die Pompeji gründeten? Kontrollierten sie doch das Meer und die Küsten. Es könnte aber auch ein anderes Volk gewesen sein, das zwischen den beiden Supermächten vermittelte und der Stadt daher Züge der zwei Kulturen verlieh. Ein Volk vielleicht, das von beiden Seiten respektiert wurde, da es den Großmächten indirekt den Handel ermöglichte.

Dann wäre Pompeji sozusagen etwas wie eine »Sonderverwaltungszone« wie heute Hongkong? Eine Art Freihafen? Nun, auch das ist nur eine These, die Wahrheit aber bleibt auch hier im Dunkeln.

Wir wissen jedoch, dass Pompeji nach der Niederlage der Etrusker gegen die Griechen in der Schlacht von Cumae 474 v. Chr. eine Phase des Niedergangs erlebte. (Was von vielen Gelehrten als Beweis für die enge Verbindung zu den Etruskern gewertet wird.)

In diese Zeit zwischen dem 5. und 4. Jahrhundert v. Chr. fällt der Angriff der kriegerischen Samniten, die von den Hügeln des Apennin herabstürmten und das Sarnotal mit all seinen Siedlungen eroberten. Pompeji wurde somit Teil der ersten politischen Einigung der italischen Völker in Kampanien. Pompeji wurde zur Samnitenstadt: In seinen Gassen sprach man die Sprache der Samniten. Ihre Gewohnheiten, Gesetze und Religion bestimmten die Stadt, auch wenn der

Großteil der Menschen dort Osker waren. Eine gewaltige Umstellung von der Kultur der Griechen und Etrusker.

Doch diese Periode dauerte nicht lange an. Rom war in dieser Zeit nämlich nicht untätig und hatte sich zur dominierenden Kraft auf der italischen Halbinsel entwickelt. Der Zusammenstoß mit den Samnitern war gewaltsam: Er führte unter anderem zur berühmten Schlacht an den Kaudinischen Pässen, bei der die Römer eine demütigende Niederlage hinnehmen mussten. Und sie mussten unter den Speeren des Gegners durchschreiten, ein Ritus, der ihre Schmach festschrieb, die noch lange im Gedächtnis der Völker bleiben sollte. Tatsächlich wird noch heute sprichwörtlich auf das »kaudinische Joch« verwiesen, wenn man eine besonders schimpfliche Niederlage erlitten hat.

Doch schließlich, nach insgesamt drei Kriegen, unterwarfen die Römer die Samniten und löschten ihre Kultur vollständig aus, sodass uns von ihnen nichts erhalten blieb. Pompeji aber wurde damit Teil der römischen Welt. Es gehörte zu den sogenannten *socii Italici*, den Städten, die Rom durch ein Abkommen verbunden waren. Doch die Stimmung in der Stadt hatte sich verändert. Die neuen römischen Siedler gaben bald den Ton an und organisierten die Stadt nach ihren Gewohnheiten. Und natürlich ließen sie die überlebenden Osker und Samniten ihre Überlegenheit spüren.

Man sieht beinah die kolonisierten Städte des 19. Jahrhunderts vor sich. Tatsächlich ließen die Römer auf die Türschwelle ihrer Häuser ein HAVE (Ave) gravieren, um damit klarzumachen, dass in diesem Haus römische Sitten herrschten (zum Beispiel in der Villa des Fauns).

Und mit der Zeit wurde Pompeji tatsächlich immer römischer. Schließlich lag Rom ja nur zweihundertvierzig Kilometer entfernt. Und die Stadt erlebte auch im römischen Einflussbereich schwierige Zeiten, zum Beispiel als Hannibal das Reich angriff. Dieser zerstörte Nuceria (das heutige Nocera), versuchte, Nola zu erobern, und schlug sein Hauptquartier im nahen Capua auf. Aus irgendeinem Grund aber verschonte der Feldherr aus Karthago Pompeji, vielleicht weil es sich sehr geschickt neutral zeigte. Die Stadt nahm die Flüchtlinge aus den zerstörten Siedlungen rundum auf, brachte sie unter und unterstrich so ihren Ruf als Schmelztiegel der italischen Völker.

Ein zweites Mal kam Pompeji in Konflikt mit Rom, als die Stadt sich zusammen mit anderen gegen Rom auflehnte, weil sie für ihre Einwohner römisches Bürgerrecht beanspruchte. Man nahm realistischerweise an, dass Rom angreifen würde, und so verstärkte man die Stadtmauern und die dreizehn Türme, die sie schützten. Das so veränderte Stadtbild ist jenes, das Sie heute noch sehen können.

Zwischen 89 und 80 v. Chr. musste die Stadt dann auch dem Ansturm von Sullas Truppen standhalten. An der Porta Ercolano sieht man noch heute die Einschläge der Steinkugeln, die Sullas Wurfmaschinen geschleudert haben.

Am Ende aber ergab sich Pompeji und öffnete dem Diktator die Tore. Dieser gab der Stadt, die nun römische Kolonie war, einen neuen Namen: Colonia Cornelia Veneria Pompeianorum – der sich glücklicherweise nicht durchsetzte.

Die Rebellion kam die Stadt teuer zu stehen: Sie musste zweitausend von Sullas Veteranen aufnehmen, was die Heterogenität der Bevölkerung abermals erhöhte. So war Pompeji mit seinen Oskern, Samniten und Römern ein echter »Melting Pot« der Antike ...

Um 80 v. Chr., als diese Veteranen innerhalb der Stadtmauern angesiedelt wurden, nahm Pompeji endgültig römischen Charakter an. Damals entstanden das Amphitheater für die Gladiatorenkämpfe, die Thermen am Forum, der Tempel der Venus und viele andere römisch anmutende Bauwerke.

Doch eine Frage haben wir noch nicht geklärt. Woher kommt der Name »Pompei« beziehungsweise »Pompeji«? Einmal mehr verhüllen uns die Nebel der Vorzeit die Sicht, und wieder müssen wir unser Glück bei einer Hypothese suchen. Zu Hilfe eilt uns in diesem Fall der Archäologe Antonio Varone, der lange Jahre für die Ausgrabungen in Pompeji verantwortlich war.

Der Name könnte zum Beispiel vom griechischen *pémpein* abgeleitet werden, was »abschicken« heißt. Denn tatsächlich war die Stadt ein Umschlagplatz, von dem aus zahllose Waren ins Binnenland respektive übers Meer gingen.

In der Antike hingegen nahm man an, dass Herkules die Stadt bei seiner triumphalen Rückkehr von seinen zwölf Aufgaben gegründet habe. Aus *a pompa Herculis* (»vom Triumph des Herkules«) soll mit der Zeit dann »Pompe(j)i« geworden sein. Doch diese Erklärung, die der Stadt zwar mythologisch betrachtet ein gewisses Ansehen verleiht, wird heute von Wissenschaftlern aus aller Welt verworfen.

Wahrscheinlicher ist, dass der Name sich aus einer lokalen Sprache ableitet. Auf Oskisch zum Beispiel bedeutet *pumpe* »fünf«. Es könnte also heißen: »Ort der fünf Dörfer«. Dummerweise hat man nie auch nur die geringste Spur von einer solchen Ansammlung von Siedlungen gefunden.

Eine weitere These besagt, der Name der Stadt leite sich von einem italischen Geschlecht ab, den Pompeia.

Sicher ist eine dieser Hypothesen die richtige. (Die Archäologen sprechen sich gewöhnlich für die Abstammung vom oskischen *pumpe* aus.) Welche jedoch, das ist bis heute nicht geklärt. Der Name der Stadt bleibt also geheimnisumwittert.

Die Anlage der Stadt: Zur besseren Orientierung

Aber nehmen wir doch unsere morgendliche Promenade wieder auf. Rectina ist in ihrer Kutsche auf dem Weg zum Arzt, und wir lassen die Gegend um das Bordell und den Bäcker hinter uns und eilen zur Via di Nola, dem *decumanus superior*, wie ein Römer seinerzeit diese Straße nennen würde. Uns fällt auf, dass die Straßen ganz gerade verlaufen. Auch die Geschäfte sind regelmäßig angelegt, das Ganze wirkt wie ein Schachbrett. Jedenfalls erinnert es so ganz und gar nicht an das Gewirr von Straßen und Gässchen, das wir am Beginn unseres Spaziergangs vorfanden. Man hat so den Eindruck, dass die verschiedenen »Viertel« in verschiedenen Epochen entstanden sind. Und das ist tatsächlich so.

Bereits in römischer Zeit besaß Pompeji einen »historischen Stadtkern« und jüngere Viertel, wie wir das auch heute kennen. Das lässt sich anhand der Stadtpläne unschwer nachvollziehen. Der Stadtkern besteht aus gewundenen, engen Gassen wie der, die zum Lupanar führt. Auch das Forum liegt dort, ist es doch aus dem vormaligen Marktplatz hervorgegangen. Das historische Zentrum ist in der ältesten Phase der Stadtgeschichte entstanden. Damals führten die Straßen um eventuell vorhandene Hindernisse herum und schmiegten sich an den Abhang.

Im Laufe seiner Geschichte wuchs Pompeji. Die Samniten legten neue Viertel mit regelmäßigem Grundriss an. Die Eroberung Nucerias durch Hannibal ließ abermals neue Viertel im östlichen Teil von Pompeji entstehen, wo die flüchtigen Einwohner der zerstörten Stadt unterkamen. Diese freundliche Aufnahme konnte allerdings die schwelende Rivalität zwischen den Pompejanern und den Nucerianern nicht beseitigen. Im Jahr 59 v. Chr. kam es während der Gladiatorenspiele zu einem Aufstand im Amphitheater, der zahllose Tote und Verletzte, vor allem Nucerianer, forderte.

Als dann 80 v. Chr. die Veteranen Sullas auftraten, war die Stadt in ihrem Grundriss schon ziemlich festgelegt. Trotzdem kam es zu brutalen Enteignungen. Manche Wohnblöcke wurden entkernt, viele Mauern abgerissen, um die Eigentumsverhältnisse neu zu gestalten. Doch das Antlitz der Stadt selbst änderte sich durch den römischen Einfluss nicht so sehr.

Der machte sich vor allem in der veränderten »Skyline« bemerkbar: Es wurden weit mehr große Bauten errichtet als früher. Man dachte und baute groß. So entstanden das Große Theater, das Amphitheater, die Große Palästra, aber auch das Odeion. Und natürlich wurde das Forum vergrößert und erweitert. Das Resultat lässt sich heute beim Spaziergang in Pompejis Straßen betrachten.

Ein kurzer Blick auf die Karte, die man Ihnen am Eingang in die Hand drückt, macht deutlich, dass Pompeji einen streng geometrischen Grundriss hat. Alle römischen Straßen waren symmetrisch angelegt. In nordsüdlicher Richtung verlief eine Hauptachse, der *cardo maximus*, in ostwestlicher Richtung die andere, der *decumanus*. Diese räumliche Orientierung wurde durch einen heiligen Ritus noch unterstrichen. Letztlich geht dieses Stadtbauschema auf die geometrische Anlage eines militärischen Zeltlagers zurück. Vielfach findet sie sich im Kern heutiger Städte wieder.

Auch in Pompeji: Die große Straße, die die Stadt in der Vertikalen durchzieht, der *cardo*, wird heute »Via Stabiana« genannt. In ostwestlicher Richtung aber ist das anders: Möglicherweise liegt das daran, dass Pompeji nun mal ein multiethnisches Gebilde ist. Und so gibt es in ostwestlicher Richtung zwei Straßen: Der *decumanus superior* ist die Via di Nola, der *decumanus inferior* die Via dell'Abbondanza.

Wenn Sie sich für Ihren Rundgang merken, dass die Stadt um drei Straßen herum angelegt ist, können Sie sich nicht so schnell verlaufen ... falls doch, so ist auch das keine Tragödie. In dem Gewirr von Straßen, Gässchen und Häusern kann das schon mal passieren.

Es gibt dort zehn Tempel, elf Walkereien, vierunddreißig Bäckereien, mehr als hundertfünfzig kleine Lokale. Es gibt *thermopolia* (Schnellimbisse), *cauponae* (Restaurants), *popinae* (Kneipen) und andere Geschäfte, zwei Theater, ein Amphitheater, eine große Sporthalle, ein Forum und einen Markt *(macellum)*. Von der Stadtmauer mit 3,22 Kilometer Länge mal ganz abgesehen.

Wie viele Einwohner zählte eigentlich das antike Pompeji? Das ist nicht ganz sicher, aber zur Zeit der Eruption sollen es zwischen acht- und achtzehntausend gewesen sein. Und was wissen wir über sie?

Ein Phantombild der Pompejaner

Während wir durch die Straßen flanieren, fallen uns zwei Pompejanerinnen auf, die, in ihre eleganten *pallae* gehüllt, vor uns hergehen. Eine ist recht vollbusig. Ihre Ohren sind mit Silbergehängen geschmückt, das schwarze, lockige Haar hat sie im Nacken zum Knoten gedreht. Bei jedem Schritt schlingt sich die Tunika eng um ihre üppigen Formen. Die Jüngere hingegen hat sich den Schal über den Kopf gezogen und hält einen Zipfel des Stoffs vor den Mund. Ihre Züge sind typisch mediterran. Vor allem die großen dunklen Augen fallen auf, deren heißen Augenaufschlag ein geschicktes Make-up hervorhebt.

Als wir die beiden Frauen überholen, wirft uns Letztere einen Blick zu, der uns durch Mark und Bein geht. Dann entschwinden die beiden aus unserem Gesichtskreis. Ihr Parfüm allerdings begleitet uns noch eine Weile ... Auch ihre Ausstrahlung ist durch und durch mediterran.

Pompejis komplexe Geschichte ist verantwortlich dafür, dass die Einwohner den unterschiedlichsten Völkerschaften entstammen, aber durchweg mittelitalischen und mediterranen Ursprungs sind. DNS-Analysen zeigen, dass ihr Erbgut typisch europäisch war, mit wenigen außereuropäischen Einflüssen, die auf den afrikanischen Raum deuten. Bei diesen Menschen handelte es sich mit ziemlicher Sicherheit um Sklaven oder Nachkommen von ehemaligen Sklaven, die freie Bürger Roms geworden waren.

Und wie sah der durchschnittliche Pompejaner damals aus? Seine Statur dürfte uns erstaunen, sind wir doch heute daran gewöhnt, dass schon Jugendliche zwischen vierzehn und sechzehn Jahren, also noch in der Wachstumsphase, eine Größe von eins achtzig erreichen. Sie leben in einer modernen Gesellschaft, in der ihnen normalerweise von Kindesbeinen an reichlich qualitativ hochwertige Nahrung zur Verfügung steht und ihr Wachstum nicht von Krankheiten oder Hungersnöten eingeschränkt wird. Vor zweitausend Jahren allerdings war das anders. Die Ernährung fiel damals nicht so üppig aus und war weniger vielseitig. Sie hing viel zu sehr vom Klima ab, das die Ernte stark beeinflusste. Obst und Gemüse waren nur saisonabhängig erhältlich.

Auf dem Land herrschte im Allgemeinen selten Nahrungsmittelknappheit, in den großen Städten aber kam es – ein bisschen wie im Zweiten Weltkrieg – des Öfteren zu Rationierungen oder Versorgungsengpässen, und sei es nur bei bestimmten Lebensmitteln. Außerdem gab es immer wieder Epidemien, die mitunter nur durch eine ganz banale Grippe ausgelöst wurden.

Da es keine wirksamen Medikamente gab, zogen Infektionen und andere Krankheiten sich lange hin und beeinträchtigten das kindliche Wachstum. Manchmal verliefen sie auch tödlich: Masern oder Bronchitis waren zu jener Zeit ebenso erbarmungslose Killer wie die Tuberkulose.

Das damals mächtigste Reich der Welt konnte seine Kinder nicht schützen. In der Hinsicht gleicht es eher einem heutigen Entwicklungsland, wo täglich Hunderte von Kindern sterben, die man mit den entsprechenden Medikamenten schnell heilen könnte. Die Kindersterblichkeit im Alten Rom war sehr hoch. Man schätzt sie auf etwa achtundzwanzig Prozent. Angesichts der grassierenden Mangelernährung und der vielen Krankheiten grenzte es nahezu an ein Wunder, wenn man gesund das Erwachsenenalter erreichte.

Das hatte zur Folge, dass die Pompejaner, denen wir auf unserem Spaziergang begegnen, alle relativ klein sind. Messungen an den Skeletten der Vulkanopfer belegen das. Die Männer sind im Durchschnitt ein Meter sechsundsechzig groß (die Werte bewegen sich zwischen eins dreiundsechzig und eins siebzig), die Frauen ein Meter dreiundfünfzig (mit Werten zwischen eins einundfünfzig und eins fünfundfünfzig). Auch die Skelette in Herculaneum sprechen eine ähnliche Sprache, obwohl es dort gewisse »Ausreißer« nach oben gibt (einen Mann von eins fünfundsiebzig), aber auch nach unten (eine Frau von nur eins vierzig). Mit den Mitteln der Anthropometrie hat man herausgefunden, dass Männer damals etwa fünfundsechzig Kilogramm wogen, Frauen um die neunundvierzig. Das ist natürlich nur eine Schätzung, doch sie vermittelt einen guten Eindruck von dem, was wir auch bei unseren Spaziergängen durch Pompeji und Herculaneum sehen: Die Menschen sind eher klein.

Interessant ist ein Faktum, das durch die Arbeiten des Anthropologen und Mediziners Luigi Capasso entdeckt wurde: Die mittlere Körpergröße in der Region Neapel glich in den sechziger Jahren des 20. Jahrhunderts der aus dem Jahr 79 n. Chr. Hieran lässt sich ablesen, wie die Umstände sich in den letzten beiden Generationen verändert haben.

Die Lebenserwartung aber lag damals deutlich niedriger. Allgemeine Daten über die Bevölkerung des Römischen Reichs zeigen, dass Männer im Durchschnitt mit einundvierzig Jahren starben, Frauen mit neunundzwanzig. Dies sind natürlich statistische Daten. Tatsächlich wurden einige sogar fünfzig Jahre alt, doch nur ganz wenige erreichten das sechzigste Lebensjahr. Umso erstaunlicher ist eine Grabstele aus der Nekropole Santa Rosa im Vatikan: Sie trägt den Namen eines gewissen Abascantus, der sage und schreibe neunzig Jahre alt wurde!

Die Todesursachen bei Männern hatten vermutlich damit zu tun, dass das Leben damals im Vergleich zu heute sehr viel aktiver und mehr im Freien geführt wurde. Dass Frauen durchschnittlich so viel früher starben, lag an den Risiken bei der Geburt. Die Sterberate bei der Entbindung war jedenfalls um das Tausendfache höher als heute.

War das Leben also auch in Pompeji und Herculaneum kurz? Da durch den Vulkanausbruch so viele Tote gefunden wurden, erlaubt uns dies tiefere Einblicke. Problematisch ist dabei allerdings, dass die Tragödie für eine gewisse »Vorauswahl« sorgt: Wir haben ja keinen Querschnitt durch die *gesamte* Bevölkerung vorliegen. Untersucht werden können nur die Opfer, und diese sind keines natürlichen Todes gestorben.

Eines fällt uns sofort auf, wenn wir uns mit den Opfern aus Herculaneum beschäftigen. Es gibt keine Sechzigjährigen, während die

Fünfzigjährigen etwa acht Prozent der Todesopfer stellen. Das kann natürlich auch an der speziellen Situation der Flucht liegen: Die älteren Bürger (die es in der Bevölkerung durchaus gab) hatten wohl Probleme, sich in Sicherheit zu bringen. Daher gab es unter den Bürgern Herculaneums, die am Strand oder unter den Arkaden Schutz suchten, so wenige Menschen dieses Alters.

Wenn wir uns die Opfer genauer ansehen, wird schnell deutlich, wie viel Glück wir Heutigen haben! In unseren Zeiten ist ein Mann von fünfzig Jahren normalerweise noch im Vollbesitz seiner körperlichen und geistigen Kräfte. Er arbeitet wie eh und je und befindet sich vielleicht sogar auf dem Zenit seiner Karriere. Er treibt Sport und hat, rein statistisch betrachtet, noch gut dreißig Jahre vor sich. Eine Frau kann sich heute den Luxus erlauben, erst spät Kinder zu bekommen oder auch gar keine. (Zumindest bekommt sie ihre Kinder nicht mit vierzehn Jahren wie ihre Geschlechtsgenossinnen im alten Rom.) Sie ist mit fünfzig immer noch sinnlich und attraktiv. Und ihre Lebenserwartung liegt höher als die eines Mannes.

Vor zweitausend Jahren hatte ein Mann mit dem fünfzigsten Lebensjahr in der Regel schon das Ende dessen erreicht, was er erwarten durfte. Vor ihm lagen höchstens noch eine Handvoll Jahre und schließlich der Tod. Seine Frau aber war schon weit früher gestorben, manchmal um fast zwanzig Jahre …

Interessant ist Herculaneum auch, was die Kinderzahl angeht: Unter den Opfern finden sich 30,1 Prozent Kinder zwischen null und vierzehn Jahren. Mit diesem Wert gliche die Altersstruktur von Herculaneum am ehesten der eines Entwicklungslandes. Nur die Dritte Welt hat einen noch höheren Kinderanteil: im Durchschnitt um die vierzig Prozent.

Eine Altersgruppe allerdings ist nur spärlich vertreten: junge Menschen zwischen fünfzehn und siebzehn Jahren. Als hätte die Bevölkerungspyramide an der Stelle eine Einkerbung. Für diese Anomalie gibt es mehrere Erklärungen. Zum einen handelt es sich dabei um eine Altersgruppe, die körperlich fit ist und meist noch keine Familie oder ein Haus hat, die sie bei einer Flucht vielleicht hätte zurücklassen müssen. Für diese jungen Menschen war es sicher am leichtesten, sich in Sicherheit zu bringen. Doch solche Einkerbungen der Bevölkerungspyramide zeigen sich auch häufig nach kriegerischen Auseinandersetzungen. Sie könnte darüber hinaus besagen, dass die Anzahl der Eltern (oder der Kinderwunsch) zu einem bestimmten Zeitpunkt geringer war als sonst. Eine Generationslücke wie diese signalisiert häufig eine Tragödie. Hatte sich eine solche in der Gegend um den Vesuv etwa sechzehn bis neunzehn Jahre vor dem Vulkanausbruch ereignet?

Nun, es gab damals keinen Krieg. Diese Gegend Italiens würde noch jahrhundertelang frei von Invasoren sein. Doch siebzehn Jahre vor dem Ausbruch hatte sich schon eine Naturkatastrophe ereignet. Ein starkes Erdbeben hatte Pompeji, Herculaneum und die Villen und Bauernhöfe jener Gegend zerstört. Aber davon später mehr.

Was also können wir – mit der gebotenen Vorsicht – aus dem, was wir über die Opfer wissen, für unseren morgendlichen Spaziergang schließen? Man kann davon ausgehen, dass etwa ein Drittel der Menschen, die uns begegnen, jünger als fünfzehn Jahre ist, vom Rest sind fast zwei Drittel zwischen fünfzehn und fünfzig Jahre alt. Weniger als zehn Prozent sind älter als fünfzig.

Und tatsächlich tauchen jetzt vor uns aus einem Hauseingang zwei Kinder auf, die Fangen spielen. Wie zwei Schmetterlinge im Frühling flattern sie über den Gehsteig und lachen hell auf. Voller Leben flitzen sie dahin und verschwinden um die nächste Ecke. Wir gehen ihnen nach.

»Entschuldigung, wo wohnen Sie, bitte?«

An der Kreuzung, an der wir die Kinder aus den Augen verloren haben, erhebt sich vor uns ein monumentaler gemauerter Bogen. Die Morgensonne verleiht den Marmor- und Travertinplatten, mit denen er verkleidet ist, einen lachsfarbenen Schimmer. Darüber erhebt sich ein Mann auf einem Pferd, der vielleicht Caligula darstellt. Der Bogen markiert eine unsichtbare Grenze, auf deren anderen Seite das Fahren mit Karren nicht erlaubt ist. Die Straße ist demnach auch nachts für den Verkehr gesperrt. Es ist also leise dort wie in einem sehr exklusiven Viertel. Wir gehen unter dem Bogen durch und tauchen ein in eine andere Welt.

Die Strahlen der Sonne reichen noch nicht bis aufs Straßenpflaster hinab. Der Bogen und die Dächer der Häuser lassen nur wenige Lichttupfen hindurch, die sich wie ein Taubenschwarm auf Fensterläden und -bretter setzen.

Das hier ist ein anderes Pompeji, in dem alles sauber und ordentlich ist. Vor den Häusern schwingen die Sklaven den Besen, um die Gehsteige zu säubern. Über die Mosaiken vor den Portalen rinnt Wasser.

Die wenigen Gasthäuser und »Kneipen« ballen sich am Anfang der Straße zusammen, danach folgt ein luxuriös geschmücktes Portal nach dem anderen. In diesem prächtigen und stillen Viertel (das heute »Regio VI« genannt wird) leben die Aristokraten der Stadt.

Da sind die beiden Kinder wieder. In der Mitte der Straße erhebt sich ein Brunnen aus Lavastein mit einem wasserspeienden Gott Merkur, einer beliebten Brunnenfigur in römischer Zeit. Deren geflügelter Helm erhebt sich hoch über den Wasserstrahl. Wegen dieses Brunnens hat man die Straße »Via di Mercurio« getauft, doch die Namen, die man den Straßen Pompejis heute gibt, sind eine Erfindung unserer Zeit. Das gilt auch für die anderen Straßen der Stadt. Nur von drei wissen wir, wie sie tatsächlich in antiker Zeit hießen: Via Mediana, Via Salina und Via Pompeiana.

Man hat den Straßen also moderne Namen gegeben – nach der Richtung, in die sie führten (Via Stabiana, Via di Nola und so weiter), nach einem besonderen Artefakt, das dort bei den Ausgrabungen freigelegt wurde (Via di Mercurio, Via dell'Abbondanza), nach öffentlichen Bauwerken (Via dei Teatri) oder Privathäusern einzelner Familien (Vicolo dei Vettii).

Nur zwei Stadttore sind uns mit ihren antiken Namen bekannt: die Porta Salis oder »Salzpforte« (die wir heute »Porta Ercolano« nennen und die zur Villa dei Misteri führt) sowie die Porta Urbulana (heute Porta di Sarno). Man vermutet, dass in Pompeji die Stadtviertel eine tragende Rolle spielten, ähnlich wie heute in Siena, wo jede Contrada eine eigene kleine »Stadt in der Stadt« ist, in der sich alle kennen und einander helfen.

Antonio Varone, der früher die Ausgrabungen leitete und Spezialist für die Epigrafik (Wandinschriften) Pompejis ist, weist darauf hin, dass uns die Namen dieser Viertel überliefert sind. Ihre Bewohner heißen beispielsweise: die Salinienses, die rund um die Porta Ercolano lebten, welche früher »Porta Salis« hieß, weil sie zu den Salzfeldern führte. Die Urbulanenses lebten im Viertel rund um die Porta Urbulana, die Campanienses in der Nähe der Porta di Capua, die Forenses ums Forum und die Porta Forense herum (heute Porta Marina).

Über die Gepflogenheiten der einzelnen Contraden wissen wir allerdings nichts: Gab es gemeinsame Feste? Wurden Prozessionen für die Schutzpatrone des Viertels abgehalten? Gab es Schimpfnamen, mit denen man die Bewohner anderer Viertel belegte? Das werden wir wohl nie erfahren, aber es ist wahrscheinlich.

Wir jedenfalls finden uns jetzt im Viertel an der aktuellen Porta Ercolano wieder, dessen Bewohner man die »Salinienses« nennt. Eines allerdings fällt uns sofort auf: Es gibt keine Hausnummern an den Straßen. Wie aber schafft es der »Postbote« *(tabellarius)* dann, Briefe zuzustellen? Wie findet man das Haus eines Freundes? Da würde ja nicht mal ein GPS funktionieren, wenn man keine Hausnummern angeben könnte.

Ein Indiz aber haben wir. Auf einer Mauer in Pompeji hat nämlich ein Mann die Adresse der schönen Schauspielerin hinterlassen, die wir bei Rectinas Bankett kennengelernt haben: Novella Primigenia. Dieses Graffito verrät uns zweierlei. Zum einen, dass der Star Pompejis in Nuceria lebte, zum anderen, wie Römer Adressen handhabten. »In Nuceria, in der Nähe der Porta Romana, im Viertel der Venus frag nach Novella Primigenia.« Das System sieht also folgendermaßen aus: erstens Name der Stadt, zweitens Gegend (Porta), drittens Viertel und viertens Einwohner.

Heute ist das nicht viel anders. Wenn Sie in einen Laden treten und nach einer bestimmten Adresse fragen, wird man Ihnen dort vielleicht auch etwas sagen wie: »Ein bisschen weiter oben, in der Nähe von ...«

Nun bleibt uns nur noch eines zu klären, bevor wir weitergehen: Wenn Sie heute Pompeji besuchen, finden Sie auf den Stadtplänen Bezeichnungen wie »Regio I, II, III« und so weiter. Damit werden die verschiedenen »Regionen« der Stadt benannt, insgesamt neun. Doch diese Einteilung war in der Antike unbekannt. Sie stammt vielmehr von Giuseppe Fiorelli, einem der historisch bedeutsamsten Leiter der dortigen Ausgrabungen. Er hat eine einheitliche Einteilung aller Häuser in Pompeji vorgenommen.

Jede Regio wird mit einer römischen Zahl bezeichnet. Diese Regio umfasst verschiedene Häuserblöcke (Insulae), die wiederum verschiedene Wohneinheiten enthalten. Die Insulae werden ebenfalls mit römischen Zahlen gekennzeichnet, die Wohneinheiten mit arabischen.

Doch nun setzen wir unseren Spaziergang fort. Die Kinder tänzeln vor uns her die Via di Mercurio entlang, an deren Ende sich einer der dreizehn Türme Pompejis erhebt (den man heute »Torre di Mercurio« nennt). Rechts und links erhebt sich die Stadtmauer. Die Kinder haben eine offene Tür gefunden und eilen nun die Turmtreppe hinauf. Wir folgen ihnen. Der Turm hat drei Ebenen (zwei Stockwerke). Etwa auf halber Höhe sind wir gleichauf mit dem Rundgang auf der Stadtmauer. Ganz oben angekommen öffnen wir die schwere Tür und scheuchen einen Schwarm Tauben auf. Wir beugen uns über die Zinnen. Der Ausblick ist einzigartig.

Pompeji bietet sich unseren Blicken dar mit einer Flucht roter Ziegeldächer und kleiner Terrassen. Manche davon sind mit goldenen Statuen geschmückt, auf anderen trocknen bunte Tücher im Wind. Weiße Säulen grüßen uns vom nahen Forum, etwas weiter dahinter leuchten die farbigen Friese des Theaters. Im Südosten wölbt sich das Rund des Amphitheaters, in dem die Gladiatorenspiele stattfinden. Allmählich wird die Stadt lauter, auch wenn über ihr noch der morgendliche Duft frischgebackenen Brotes schwebt. Pompeji ist schließlich nicht groß. Von dort oben hat man es in seiner Gänze im Blick. Die Stadt ist ein Traum.

Doch nun schwankt der Boden unter unseren Füßen. Die Vögel, die sich wieder auf den Zinnen niedergelassen haben, stieben davon. Der Erdstoß dauert ungewöhnlich lange. Vielleicht spüren wir ihn auch nur stärker, weil wir uns oben auf dem Turm befinden. Instinktiv drehen wir uns nach dem Berg um, als hätte er uns auf die Schulter geklopft. Aber dort ist alles ruhig. Auf trügerische Weise friedlich. Er sieht aus wie der Garten Eden.

Denn hinter den Stadtmauern von Pompeji steigen die Weingärten und Felder ja fast bis unter den Vesuvius an, da und dort unterbrochen von Gutshöfen oder Waldstücken. Eine idyllische Landschaft, zu der der Vulkan einfach dazuzugehören scheint.

Kaum vorstellbar, dass morgen all das schon verschwunden sein wird. Doch der Countdown, der vor Jahrhunderten begonnen hat, tickt unaufhaltsam seinem Ende entgegen.

Das »Beverly Hills« von Pompeji

Pompeji
23. Oktober 79 n. Chr., 7.15 Uhr
Noch 29 Stunden 45 Minuten bis zum Ausbruch

(H)IC SUMUS FELICES VALIAMUS RECTE
Hier sind wir glücklich … und machen so weiter!

Von der Höhe unseres Aussichtspunkts sehen wir wieder die beiden Kinder von vorhin, wie sie die Straße hinunterlaufen, auf den großen Travertinbogen zu. Wir verlassen unseren luftigen Ausblick und mischen uns ins Leben unten in der Straße. Wir sind einfach zu neugierig, wo die beiden uns hinführen könnten … Vielleicht lernen wir auch noch die Geheimnisse dieser »gehobenen Wohngegend« kennen?

Wir folgen ihnen den Weg unter dem Caligulabogen hindurch. Zur Rechten bellt ein Hund, ein Mann schimpft wütend auf ihn ein. Doch das Tier scheint außer Rand und Band. Wir gelangen ans Tor und sehen, dass der Hund den Mann sogar in die Hand beißt. Verzweifelt versucht er, sich loszureißen. Der Mann, einer der Sklaven der zugehörigen *domus*, schlägt uns kurzerhand die Tür vor der Nase zu. Das wütende Gebell geht in ein lang gedehntes Winseln über.

Niemand kann sich erklären, was in das Tier gefahren ist. Dabei will es seinen Herrn, der es abgerichtet hat, nur beschützen. Nicht vor einem Dieb oder einem Angreifer, sondern vor dem Mörder, der bereits im Verborgenen lauert: dem Vesuvius.

Die immer häufigeren Erdstöße sowie andere Vorboten der Eruption, die wir selbst nicht wahrnehmen (Gas, das in minimaler Konzentration aus dem Boden austritt; für das menschliche Ohr nicht hörbare Schallwellen), versetzen die Tiere einigen Wissenschaftlern zufolge in ständige Alarmbereitschaft.

Noch ein anderer Hund erregt unsere Aufmerksamkeit, doch der ist völlig reglos. Ihn ängstigt kein Erdstoß. Wie auch? Besteht sein Körper doch aus schwarzen und weißen Mosaiksteinen. Darunter, mit denselben Mosaiksteinen gelegt, der Schriftzug *cave canem* (»Vorsicht, [bissiger] Hund!«). Vermutlich haben Sie dieses Mosaik schon gesehen. Es wird häufig in Reiseführern abgebildet und ist ein beliebtes Motiv für Fußmatten, die wir uns vor unsere modernen Wohnungen legen. Das ist wohl der »berühmteste« Hund der Antike.

Diese »Warnung vor dem Hunde« schreckt uns nicht ab. Eigentlich wirkt sie sogar eher einladend. Und so betreten wir eins der schönsten Häuser von Pompeji, das Haus des Tragödiendichters (siehe Bildteil I, Seite 3).

Das Haus des Tragödiendichters ist ein Muss für einen jeden, der wissen will, wie ein wohlhabender Pompejaner lebte. Seinen Namen erhielt das Haus im Nachhinein. Es verdankt ihn, wie so viele Gebäude in Pompeji, einer Figur, die auf einem Mosaik im Arbeitszimmer des Besitzers Publius Aninius abgebildet ist. Es lässt uns einen Blick hinter die Kulissen des Theaters unmittelbar vor Beginn der Vorstellung tun. Masken liegen auf dem Boden herum. Die Schauspieler bereiten sich auf ihren Auftritt vor, einer legt gerade sein Kostüm an. Der weißbärtige Chorleiter gibt Anweisungen, ein Musiker probt auf der Doppelflöte.

Wer immer dieses Mosaik in Auftrag gab, war mit Sicherheit ein Theaterliebhaber. Die Familie, der das Haus gehörte, war in ganz Pompeji hochgeschätzt, weil sie maßgeblich am Wiederaufbau der Therme im Herzen der Stadt beteiligt war. Das allerdings war schon 80 v. Chr. gewesen. Als der Vesuvius ausbrach, stand das Haus bereits anderthalb Jahrhunderte. Es wurde 1824 von den Archäologen entdeckt. Mit anderen Worten, es ist mittlerweile schon zweihundert Jahre zugänglich. Dies nur als Andeutung am Rande, um eine Vorstellung davon zu bekommen, wie schwierig sich in Pompeji die Konservierung und Bewahrung all dieser Kulturschätze gestaltet!

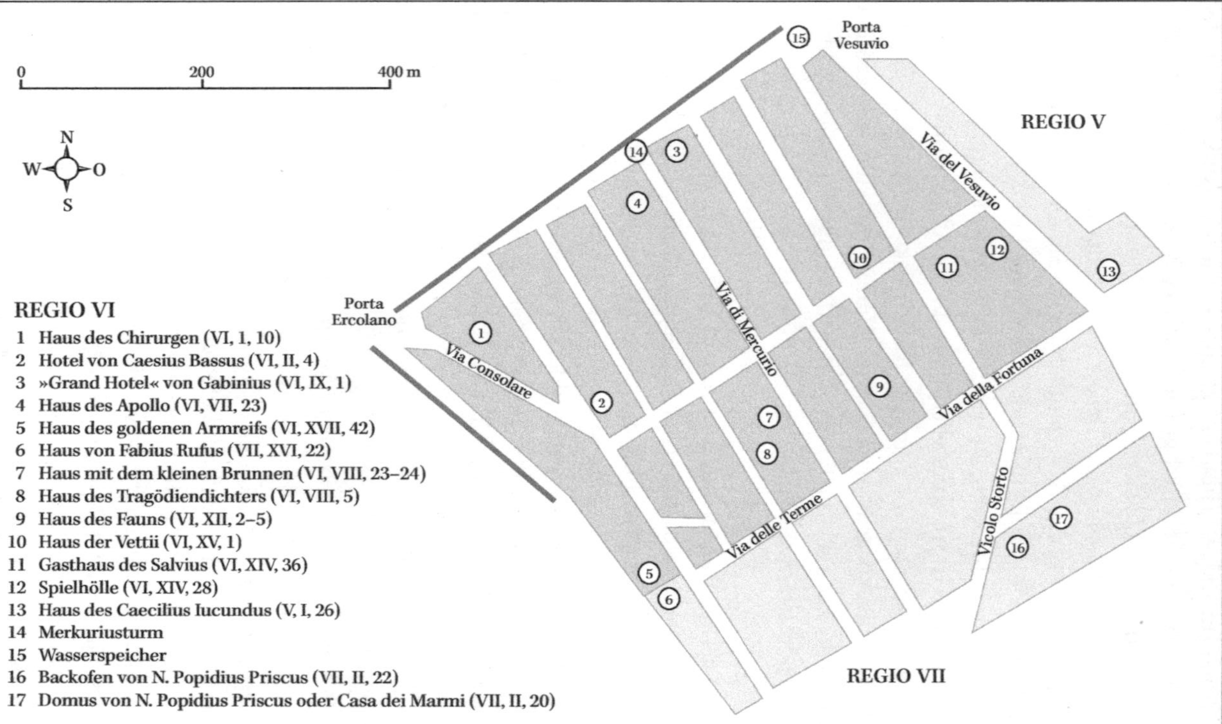

Angaben in Klammern beziehen sich jeweils auf Viertel (Regio), Häuserblock (insula) und Hausnummer (domus).

Vom Mosaik mit dem Hund führt uns ein kurzer, aber sehr farbenfroh gestalteter Gang (Vestibulum) weiter ins Haus. Ursprünglich war das Vestibulum mit der Eingangstür verbunden und stellte so etwas wie einen öffentlichen Warteraum dar, wo sich des Morgens all jene versammelten, die mit dem Hausherrn Geschäfte machen oder einen Gefallen von ihm erbitten wollten. Erst später wurde dieser Raum ins Haus integriert (zumindest in vielen pompejanischen Häusern) und die Eingangstür an die Straße versetzt.

In allen Häusern in Pompeji fällt der Korridor zum Eingang hin leicht ab: Das macht es leichter, den Gang sauber zu halten. Am Morgen ist es ja ein gewohnter Anblick, dass Wasser aus den Häusern auf den Gehsteig rinnt, während drinnen die Sklaven den Boden schrubben.

Im Korridor bemerken wir zwei Türen, die direkt in zwei angrenzende Läden führen. Offensichtlich gehörten diese Räume früher einmal zum Haus, ehe sie in Ladenlokale umfunktioniert wurden. Der Besitzer hat also unmittelbar vom Haus aus Zugang zu den Geschäften. Das eigene Haus um zur Straße hin offene Anbauten zu erweitern und diese Räumlichkeiten als Läden oder Kneipen zu verpachten ist in Pompeji gang und gäbe. Tatsächlich lautet eines der ungeschriebenen Gesetze im Alten Rom, dass Investitionen Rendite zu bringen haben.

Wir gehen weiter den farbenfrohen Korridor entlang, den die Römer als »Schlund« *(fauces)* des Eingangs bezeichnen. Dieser öffnet sich auf das Atrium, wo uns eine wahre Explosion von Licht und Farben erwartet, als stünde man plötzlich mitten in einem Regenbogen. Die Wände sind ockerfarben bemalt. Weiße Linien grenzen wie Rahmen einzelne Wandfelder mit Fresken von Szenen aus Homers *Ilias* ab. Darunter läuft ein blutroter Sockel um den gesamten Saal. Doch damit nicht genug der farbigen Herrlichkeit.

Unser Blick wandert dahin, wo gemalte Akanthusblätter einen weiteren Fries bilden, über dem gewaltige Schlachtenfresken prangen. Die Kassettendecke nimmt die Farbgebung wieder auf und zeigt sich in Rot, Blau und Grün.

Doch der Mittelteil der Decke fehlt. Eine breite rechteckige Öffnung (das *compluvium*) lässt Licht herein ... und Wasser. Der Regen sammelt sich im Becken darunter, dem *impluvium*. Heute aber spiegelt sich der blaue Himmel darin. Das Atrium des Hauses scheint eher wie ein offener Hof.

Stellen wir uns nur einmal vor, welches Bild sich an Regentagen bietet. Das Dach fällt nach innen ab, damit der Regen zur Öffnung im Dach hingeleitet wird. Am *compluvium* wiederum sitzen kleine Wasserspeier mit dem Kopf wilder Tiere, aus deren aufgerissenem Rachen das Regenwasser laut und beruhigend ins Becken plätschert.

Das *impluvium* ist gesäumt von Marmorsteinen und lenkt das Wasser in zwei Kanäle. Einer führt direkt auf die Straße, unter dem Gehsteig hindurch, damit Haus und Gehsteig bei starken Regenfällen nicht überschwemmt werden. Der andere Kanal führt direkt in eine unterirdische Zisterne: Dort wird das Wasser aufbewahrt und zum Trinken, Kochen und Waschen verwendet.

Wie der Zisterne das Wasser wieder entnommen wurde, zeigt eine weitere typische Eigenheit dieser Häuser. Meist geschah dies über einen Brunnenschacht. Im Haus des Tragödiendichters sehen wir einen Marmorring, der ganz oben allerlei Einkerbungen trägt. Hier haben wir sozusagen die »Black Box« der häuslichen Wasserinstallation vor uns, denn das Wasser wurde mit Eimern an Seilen nach oben gezogen. Da dies mehrmals am Tag geschah, hatten die Seile bald tiefe Furchen in den Marmor gegraben. Das Vorhandensein oder Fehlen solcher Brunnenschächte verrät uns also sofort, in welchem Haus das Wasser aus der Zisterne geholt wurde.

Und noch etwas fällt uns auf: Die Mauern sind fensterlos. Die römischen *domus* dieses Typs wirken wie kleine Festungen. Tatsächlich setzen sie archaische Vorbilder fort. Nur im oberen Teil der Wände gibt es winzige, schmale Fensteröffnungen, die aber eher an Lüftungsschlitze oder Gefängnisluken erinnern. Teilweise lässt sich sogar noch erkennen, wo die Gitter befestigt waren, welche die Diebe abhalten sollten.

Eigentumsdelikte waren schon damals ein großes Problem. Da es keine Banken gab, wurde das ganze bewegliche Vermögen zu Hause aufbewahrt. Daher war auch der Schaden aus einem gut geplanten Diebstahl sehr viel größer als heute, wie nicht zuletzt die Verwünschungsformeln aus jener Zeit belegen.

Wenn einer den anderen verflucht, wünscht er ihm an den Hals, was er selbst am meisten fürchtet. In römischer Zeit waren die häufigsten Schimpfwörter »Dieb« und »Sklave«. Was deutlich macht, dass der Verlust seines Status als freier Bürger (mit all seinen Vorteilen) und der des Hab und Guts offensichtlich zum Schlimmsten gehörte, was einem widerfahren konnte. Denn die Rechte und Privilegien, die einem der Status des *civis Romanus* verlieh, und die nicht zu verachtenden Annehmlichkeiten, die ein gut gefüllter Sack Sesterze bietet, waren die Grundfesten, auf denen das Leben jedes Einzelnen in der römischen Gesellschaft ruhte.

Aber wenn es keine Fenster gibt, woher kommt das Licht? Durch das *compluvium* kommt ja nicht nur Wasser herein, sondern auch Licht, das sich im ganzen Haus verbreitet. Kein Zufall, dass der Bodenbelag aus weißen Mosaiksteinen besteht und kaum dunkle Steine verwendet wurden: Im indirekten Licht glänzt der Boden fast wie Schnee.

Außerdem war das *impluvium* stets mit Wasser gefüllt, sodass das einfallende Licht tänzelnde Reflexe an die Wand zauberte. Dieser Lichtertanz ließ die Fresken an den Wänden zum Leben erwachen. In manchen Häusern stehen kleine Statuen im *impluvium*, einige speien sogar Wasser und schaffen mit ihren Wasserspielen ein zauberhaftes Ambiente, das beruhigend auf das Gemüt wirkt.

Im Haus des Tragödiendichters sind die Besitzer leider nicht zugegen. Möglicherweise sind sie zu einer Familienfeier unterwegs. Doch die Sklaven sind vollzählig da und hüten das Haus. Sie sind ja, wie man so sagt, die *familia* des Hauses. Sie gehören nicht zur *gens*, zum Geschlecht, womit man die eigentlichen Verwandten meint, aber auch sie unterstehen der Autorität des *pater familias*.

Ein Knarzen kündet uns Schritte auf der Treppe an. Tatsächlich, da hinten führt eine Treppe in den Oberstock. Dort leben die Diener, allerdings recht beengt. Wir Heutigen würden dennoch hier Quartier beziehen, weil es oben heller ist und man einen schöneren Blick hat. Doch für die Römer war die »Beletage« das Erdgeschoss.

Das Atrium dient ganz repräsentativen Zwecken. Eben kommt der Sklave Successus herunter. Er holt Wasser aus dem Brunnen und gießt es achtsam in einen reich verzierten Bronzepokal, den er auf eins der weißen Marmortischchen im Atrium stellt, ein *cartibulum*.

Diese Tische, deren Füße Löwenpfoten nachempfunden sind, erfreuen sich in aristokratischen Häusern extremer Beliebtheit. Sie lassen ein wenig die Erinnerung an die Mahlzeiten wach werden, die man in archaischer Zeit eben im Atrium einnahm. In Pompeji stehen sie 79 n. Chr. quasi immer neben dem Impluvium. Dort präsentiert man, was man an kostbaren Pokalen, Silber und Glaskelchen hat. Damit – und natürlich mit den Fresken – führt man aller Welt vor Augen, welchen Lebensstandard die Familie in diesem Haus genießt.

Wieder ein Knarzen. Andere Sklaven kommen aus dem Oberstock. Die Familie ist zwar nicht im Haus, trotzdem muss alles wie gewohnt funktionieren. Successus, der Vertrauenssklave seiner Herren, überwacht aufmerksam das Geschehen. Er ist groß und stark behaart. Der dunkle Ton seiner Haut wird nur noch von der Schwärze seines Bartes übertroffen. Schon erteilt er seinen elf »Kollegen« erste Befehle: Jede *domus* dieser Größe hat einen solchen Sklaven in leitender Stellung, der sozusagen als Oberaufseher fungierte.

Ein Mädchen beginnt, mit einem Reisigbesen das Atrium zu fegen. Ein anderer Sklave staubt die Fresken ab, die im Übrigen ständig ausgebessert werden, um ihre Leuchtkraft über die Jahre hinweg zu erhalten. Ein dritter Diener zieht einen kleinen Vorhang beiseite und tritt in ein Kämmerchen ein, wo die Öllampen aufbewahrt werden: Jetzt fällt uns auf, dass vom Atrium mindestens fünf Räume abgehen, einige mit Türen verschlossen, andere nur durch einen Vorhang abgetrennt. Das sind die Zimmer für die Gäste oder auch für einzelne Familienmitglieder. Wir werfen einen Blick in eines dieser *cubicula*, dessen Wände wie die im Atrium wunderschön dekoriert sind. Ein Fries zeigt einen Kampf zwischen griechischen Kriegern und Amazonen. In der Ecke steht eine Kleidertruhe, neben einem Bett ein kleines Tischchen.

Wenn Sie heute einen der vielen Räume in den Häusern Pompejis betreten, gibt es einen kleinen Trick, wie Sie feststellen können, ob sich darin früher ein Bett befand. Normalerweise stand es an der Wand gegenüber der Tür, häufig in einer gemauerten Nische. Gibt es keine Nische, werfen Sie einen Blick auf den Boden: Die Mosaiken sparen meist die Stelle aus, an der das Bett stand, und zeigen daher eine Art rechteckiger »Insel«: sozusagen den »Schatten« des Bettes auf dem Fußboden, der uns bis heute sagt, wo der Bewohner dieses Raumes schlief.

Da stellt sich natürlich die Frage, wie die Römer überhaupt schliefen. Tatsächlich war das Bett keine simple Schlafstelle. Auf einem rechteckigen Bettgestell saß ein Rahmen, der auf drei Seiten erhöht war. (Stellen Sie sich eine Schuhschachtel ohne Deckel vor, deren eine Längswand entfernt wurde.) Die Liegefläche war mit verflochtenen Lederriemen bespannt, auf denen eine Matratze lag. In den Häusern wohlhabender Pompejaner war sie aus Wolle. Die weniger begüterte Bevölkerung schlief auf Heu oder Stroh.

Es ist schwer zu sagen, ob diese Betten bequem waren, auch wenn das nur eine Frage der Gewohnheit ist. Mit unseren Hightech-Matratzen jedenfalls ist der römische Liegekomfort sicher nicht zu vergleichen. Eher mit dem Bett unserer Großmütter.

Typisch für römische Betten waren die zahlreichen Wolldecken, die immer gestreift waren oder schöne Bordüren hatten (in Rot, Grün und/oder Blau). Das ist auf zahllosen Fresken unschwer zu erkennen.

Betrachten wir das Bett in dem kleinen Raum doch einmal genauer. Der Rahmen ist üppig mit Bronzeornamenten – Pferdeköpfen und Putti – geschmückt. Ein weiteres Indiz dafür, dass sein Besitzer vermögend war. Über dem Kopfkissen aber fällt uns ein merkwürdiges Holzteil auf: Es handelt sich tatsächlich um ein Nachtlicht.

Wie bei uns heute ein Lämpchen auf dem Nachttisch steht, haben die Römer ein Licht aus Werg oder Wachs am Bett befestigt: Dieses sogenannte *lucubrum* spendet Licht für die abendliche Lektüre. Das Licht gab dieser Bettform auch ihren Namen: *lectus lucubratorius.* Und es findet sich auch in einem modernen italienischen Wort wieder: Der Begriff *elucubrare* bedeutet »austüfteln«.

Die Beine des Bettes sind allerdings recht merkwürdig: Sie sind gedrechselt und sehen aus, als wechselten sich Teller und Pokale ab. Doch egal, wie breit sie ausfallen, sie enden unweigerlich in einer Spitze. Wir haben es hier sozusagen mit einem »Bett auf High Heels« zu tun. Auch viele Hocker und Sessel haben solche Beine. Offensichtlich war das in der Antike ein beliebtes Gestaltungsmittel für Möbel.

Jetzt aber verlassen wir das Kämmerchen und folgen der Sklavin Euhodia, die einen weitläufigen Raum betritt, der sich ganz aufs Atrium hin öffnet, das Tablinum. Dies ist der Raum, in dem der *pater familias* seine Klienten und Geschäftspartner empfängt. Auf dem massiven Holztisch im Hintergrund, der mit edlen Elfenbeinintarsien verziert ist, sehen wir Papyrusrollen, Siegel und Holztafeln, auf denen Verträge festgehalten werden: Sie sind mit einer Wachsschicht überzogen. Mit einem Bronzestift drückt man die Buchstaben ein. Im Hintergrund steht ein Schrank, in dem zahllose Dokumente verwahrt werden.

Für einen Besucher das Hauses wirkt dieser Raum wie das Allerheiligste eines Tempels. Dort wartet der Patron, um mit ihm zu sprechen. Das Atrium war aber auch in archaischer Zeit das Zentrum des Hauses: Der Name kommt von *ater*, was für »schwarz« oder »dunkel« steht. Dies bezieht sich auf die Farbe des Raumes, der in alter

Zeit vom Herdfeuer geschwärzt war. Und das Herdfeuer war der Mittelpunkt des Familienlebens. In der Kaiserzeit wird im Tablinum vielfach das Familienarchiv aufbewahrt.

Und noch eine Eigenheit gibt es: Am Hochzeitstag wurde im Tablinum das Hochzeitsbett aufgestellt, das sogenannte *lectus genialis*.

Die Sklavin Euhodia hat mit ihrem Federwisch vorsichtig Tisch und Regale mit den darauf verstauten Dokumenten abgestaubt. Jetzt geht sie zurück ins Atrium und weiter in einen angrenzenden Raum, den man *ala* nennt. Auch dieser wirkt eher wie ein Kämmerchen, doch die fein gearbeiteten geometrischen Mosaiken auf dem Fußboden sagen dem Archäologen, dass sich dort etwas wirklich Wichtiges befunden haben muss. Doch was?

Wir beobachten Euhodia, die einen Vorhang zur Seite zieht. Die Bronzeringe klirren auf dem Bronzestab, der das Tuch hält. Dahinter blicken uns die wichtigsten Mitglieder dieser Familie an. Es sind die Totenmasken der bedeutsamsten Vorfahren *(imagines maiorum)*, die dem Namen der Familie Glanz verliehen haben. Sie sind so etwas wie Visitenkarten, mit denen die Familie ihre Stellung in der römischen Gesellschaft Pompejis unterstreicht. Berühmte Verwandte zu haben, deren »Reliquien« man den Gästen zeigt (in besonderen Schränken oder Nischen des Hauses, mitunter auch auf Piedestalen in Seitenräumen), verleiht der Familie tatsächlich Ansehen. Hierin unterscheiden sich die alteingesessenen Familien von den Freigelassenen, die vielleicht Geld und prunkvolle Paläste besitzen, aber nicht auf eine edle Abkunft verweisen können.

Auch hier wischt Euhodia mit äußerster Sorgfalt Staub, denn Successus schaut ihr ständig über die Schulter. Die Wachsmasken sagen uns aber noch etwas anderes: Sollten Sie sich je gefragt haben, weshalb römische Plastiken so viel realistischer wirken als ihre griechischen oder ägyptischen Gegenstücke, dann finden Sie hier die Antwort. Wurden in Rom Skulpturen von wichtigen Persönlichkeiten angefertigt (die keineswegs nur Kaiser oder Senatoren waren), dann bediente der Künstler sich dieser Masken. Das hieß aber auch, dass das Gesicht mit all seinen Makeln dargestellt und nicht geschönt wurde: Falten, Muttermale, Kahlheit, Doppelkinn fanden zum ersten Mal Eingang in die Welt der Kunst – ohne die idealisierenden Eingriffe von Künstlern.

Wir werden nie erfahren, ob ein Pharao Segelohren hatte oder einen schwindenden Haaransatz. Die Römer aber traten der Welt entgegen, wie sie waren. Daher haben die Gesichter römischer Statuen meist etwas Überzeugendes: Sie scheinen stark und wahr wie ein Schwarzweißfoto.

Zurück im Tablinum, entdecken wir, dass es sich auf den Garten hin öffnet. Die Flucht dieser drei »Räume« des Hauses bietet einen beeindruckenden Anblick, denn der Garten ist eine grüne Insel: Schmückende Pflanzen wie Buchsbäume, die vom Gärtner *(topiarius)* in die verschiedensten Formen getrimmt worden sind, wechseln sich mit duftendem Immergrün wie der Myrte ab. Unter den Büschen lugen kleine Statuen hervor, was dem Garten eine geschmackvolle Anmutung verleiht. Er wird auf drei Seiten vom Peristyl begrenzt, einem eleganten Säulengang, in dem Besucher flanieren und plaudern können. Die Rückseite, auf die man vom Tablinum aus blickt, ist aber wieder mit Fresken geschmückt: Hinter einem gemalten Zaun erstreckt sich ein verträumter Garten und verlängert den Blick ins Grüne bis ins Unendliche – ein klassisches »Trompe-l'Œil« also, für das die Pompejaner einen ausdrucksvollen Namen gefunden haben: *parádeisos*, was im Griechischen wörtlich »umzäunter Garten« bedeutet.

Ist das Atrium der »öffentliche« Teil des Hauses, in dem man repräsentiert, so ist der Garten das Herzstück des Privaten. Von dem Säulengang, der ihn umschließt, gehen die Räume ab, in denen die Familienmitglieder schlafen, die Küche (mit der Latrine) und das Triklinium, in dem man bequem auf Liegesofas speist.

Eine seitlich eingelassene Tür entlässt uns auf die Straße. Wir wenden uns nach rechts und kreuzen den Weg eines Sklaven, der unter Anstrengung einen schweren Korb mit sorgfältig gefalteten Tüchern trägt. Offensichtlich kommen sie von einer Färberei, und er muss sie ausliefern. Neugierig folgen wir ihm …

Wie der Pompejaner sein Haus einrichtet

Verwundert betrachten wir die Beine des Sklaven: Knie und Knöchel sind deutlich angeschwollen. Er hinkt, obwohl er noch sehr jung zu sein scheint. Außerdem scheinen seine Beine in Blau gefärbt zu sein. Die einfache Erklärung dafür ist, dass er in einer Färberei *(fullonica)* in den mit alkalischer Flüssigkeit gefüllten Fässern ständig Tücher stampfen muss. Diese Arbeit ist eine echte Knochenarbeit, die selbst junge, kräftige Sklaven in kürzester Zeit auslaugt. Da er wohl nicht mehr in der *fullonica* arbeiten kann, schickt man ihn zum Ausliefern der Ware.

Er biegt noch einmal um die Ecke und steht vor dem Haus, das offensichtlich sein Ziel ist. Es handelt sich um das Haus mit dem kleinen Brunnen. Wir wissen aus einigen Inschriften, dass es einem gewissen Elvius Vestale gehört. Vermutlich kann dieses Haus kein »Wachsfigurenkabinett« stolz sein Eigen nennen. Dieser ist nämlich, wie der Archäologe Salvatore Ciro Nappo herausgefunden hat, Boss der Obstverkäuferzunft, der *pomarii*.

Wenn dies stimmt, dann hat er sicher keine aristokratischen Vorfahren wie der Besitzer des anderen Hauses. Geld aber besitzt er, und zwar nicht zu knapp, wenn er jetzt im »Beverly Hills« von Pompeji lebt. Und wie wir noch sehen werden, ist er keineswegs der einzige Neureiche in dieser Gegend.

Seine Wohnstatt ist sozusagen ein »Zweifamilienhaus«. Er hat aus zwei *domus* eine gemacht und dann in zwei Bereiche aufgeteilt: Einer ist sozusagen das Dienstbotenquartier, im anderen lebt er mit seiner Familie.

Der Grundriss dieses Hauses ähnelt dem, das wir soeben besucht haben: Vestibulum, Atrium, Tablinum, Peristyl. Daher müssen wir uns das nicht noch einmal ansehen. Hier interessieren wir uns vielmehr für die Einrichtung. Wir folgen dem Sklaven, der durch den Dienstboteneingang ins Haus kommt. Einer der Haussklaven kontrolliert die gefärbten Tücher. Nur wenn die Arbeit fehlerfrei ausgeführt worden ist, wird bezahlt. Wir aber gehen weiter.

Was an der Einrichtung jedes römischen Hauses sofort ins Auge fällt, ist die Tatsache, dass die Römer nur wenige Möbelstücke hatten. Funktion zählte mehr als Ästhetik. Wenn Sie heute eine Wohnung betreten, sind die Wände meist nackt und weiß, doch es gibt alle möglichen Arten von Möbeln: Tische, Sessel, Sofas, Stühle, Schränke, Kommoden und so fort. Ein Römer würde sich bei uns zu Hause wie in einem Lagerhaus fühlen und vermutlich bei jedem Schritt irgendwo anstoßen.

In einem römischen Haus liegen die Dinge genau vice versa. Die Wände sind reich bemalt und erwecken häufig den Eindruck, als erstreckte sich hinter der Wand ein weiterer Raum. Doch das Mobiliar ist spärlich. Die wenigen Gegenstände, die dort stehen, sind meist mit Kissen und Decken beladen. Wieder werfen wir einen Blick in ein *cubiculum* (Schlafgemach). Einer der Bewohner ist dort gerade aufgestanden. Das Bett ist noch ungemacht.

An Einrichtungsgegenständen hat das Zimmer zu bieten: neben dem Bett eine Truhe (nur selten einen Schrank), des Weiteren einen Nachttopf *(matella)*, einen Wasserkrug und eine Waschschüssel *(labrum)*. Und schon ist unsere Inventarliste fertig.

Schränke sind wirklich selten. Man zieht zum Aufbewahren der Kleidung und Decken Truhen vor *(arcae vestiariae)*. Etrusker und Griechen benutzten keine Schränke, dies ist ein typisches, wenn auch seltenes Möbelstück römischer Zeit. Denn die Römer hatten etwas viel Besseres: Sie verstauten Objekte unterschiedlichster Natur in *repositoriae*, kleinen Kämmerchen, die mit Regalen ausgestattet waren, oder in Wandnischen. Für Juwelen und andere Kostbarkeiten hingegen nutzte man ein *scrinium* (eine Kassette).

Häufig waren auch die *arcae*, richtige Schatztruhen, in denen man Goldmünzen, wichtige Dokumente und das Silber aufbewahrte. Sie hatten Metallbeschläge, die sie diebstahlsicherer machen sollten, und sogar geheime Öffnungsmechanismen, zum Beispiel ziselierte Köpfe, die man für Verzierungen hätte halten können, die in Wirklichkeit aber das Schloss verbargen. Diese *arcae* standen fast immer im Atrium an einer der Seitenwände und wurden während der Bankette von einem Wachsklaven observiert, dem *atriensis*.

Die Römer kannten mehrere Typen von Tischen: Diese konnten rund oder rechteckig sein, sogar Klapptische gab es. Sie hatten drei oder vier Beine. Die beliebteste Tischform hat drei Beine, die entweder in Löwenpfoten oder Ziegen- beziehungsweise Pferdehufen enden. Man sieht sie häufig auf Fresken, auf denen Bankette dargestellt sind. Und tatsächlich entdecken wir solch einen Tisch in einem der Zimmer. Dreibeinige Tische wackeln nicht. Wie oft haben Sie schon in einem Restaurant gegessen und mussten unter eines der vier Tischbeine eine Serviette oder einen Bierdeckel schieben? Mit einem dreibeinigen Tisch passiert Ihnen das nicht.

In den Häusern der Römer gab es viele Sitz- oder Liegegelegenheiten, die alle sehr fein gearbeitet waren. Als da wären Bänke aus Bronze oder Holz, die sich zusammenklappen ließen *(scamnum)*, Hocker mit Armlehne *(sella)* und dann die *cathedra*, ein Sessel mit gebogener Rückenlehne, meist aus geflochtenen Weidenruten. Er erinnert ein wenig an den Stuhl, auf dem Rectina geschminkt wurde. Diese Stühle waren oft so hoch, dass die sitzende Person einen Schemel für die Füße brauchte.

Übrigens hätten die Römer wohl recht erstaunt geguckt, hätten sie unsere Sofas und Sessel gesehen. Damals gab es dergleichen nämlich nicht: Die Technik des Polsterns war noch unbekannt. Man benutzte höchstens einige Betten mit hoher Rückenlehne als Sofa und bedeckte sie zu diesem Zweck mit zahllosen Kissen. Die so umfunktionierten Betten standen in den *cubicula diurna*, eigenen kleinen Kammern im öffentlichen Bereich des Hauses, wohin man sich tagsüber gelegentlich zum Ausruhen zurückzog oder für ein vertrautes Gespräch unter Frauen.

Ein anderes Möbel wiederum wäre uns wohl sehr modern erschienen: eine Art Hocker mit geflochtener, leicht durchhängender Sitzfläche, der an die typischen Regiesessel erinnert. Auf solchen Hockern legten die Römer beim Sitzen die Beine ab. Und natürlich gab es nicht nur das sprichwörtliche Ruhebett, sondern auch Betten für Bankette: das berühmte *lectus triclinaris.* Diese Betten waren manchmal gemauert, dann wieder aus Holz gefertigt.

Doch wir entdecken noch weitere Kuriositäten, zum Beispiel den Vorläufer der Stehlampe: Über einem Dreifuß erhebt sich ein langer Stiel, auf dem oben eine runde Platte sitzt: Darauf stellt der Römer seine Öllampe ab. In Herculaneum hat man ein schönes Exemplar gefunden, dessen Stiel sich abschrauben ließ. Man konnte die Lampe tatsächlich in wenigen Sekunden ab- und wieder aufbauen. Vielleicht wurden diese Lampen benutzt, wenn Gäste im Haus waren und man eine hellere Beleuchtung wünschte. Wie unsere Stehlampen befanden sich diese »Öllampen am Stiel« meistens in einer Ecke oder an der Wand. Die Öllampe selbst konnte ungewöhnlich gestaltet sein. Mitunter wurde als Halter auch eine Statue verwendet. Das grenzte dann schon ein bisschen an Kitsch.

Manche Lampen wurden auch mit langen Ketten an der Decke befestigt: Sie hatten meist mehrere »Schnauzen«, also Öffnungen, in denen der Docht steckte. Erstaunlicherweise sind fast alle in Pompeji gefundenen Lampen aus Terrakotta, höchstens zwanzig Bronzelampen wurden entdeckt. Möglicherweise hatte die Dunkelheit nach der Eruption dazu geführt, dass die Menschen die stabileren Bronzelampen auf die Flucht mitnahmen. Vielleicht fand man deshalb so wenige in den Häusern? Tatsächlich hat man eine bronzene Öllampe in den Händen zweier Fliehender gefunden, die das Unglück auf der Straße ereilte. Das sind wieder einmal nur Hypothesen. Aber Metalllampen waren im Haus des Römers ohnehin selten. Noch seltener sind Funde von Laternen mit einem schützenden Schirm aus Glas.

Was fehlt uns jetzt noch in der Liste der Einrichtungsgegenstände? Etwas, was nur selten archäologische Spuren hinterließ. Unter den *supellectiles*, wie die Römer ihre Einrichtungsgegenstände nannten, waren in den Häusern der Reichen sicher auch Teppiche zu finden (eine Mode, die aus dem Orient gekommen war), Wandteppiche und Gobelins (von denen in Pompeji und Herculaneum kein einziges Exemplar gefunden wurde, weil die Materialien die Zeit nicht überdauert haben), Vorhänge, *velaria* (Tücher, mit denen man auf Terrassen und im Garten Schatten schuf) und Wandbilder. Oder das »gute« Silberbesteck. Von den antiken Vasen mal ganz abgesehen!

Denn tatsächlich kannten schon die alten Römer »Antiquitäten«, nur stammten die eben von den Etruskern. Oder von den Ägyptern. In vielen Häusern Pompejis wurden zum Beispiel auch wahre Meisterwerke griechischer Keramik ausgestellt.

Unser Besuch im Haus mit dem kleinen Brunnen endet an ebenjenem Punkt, der dem Haus seinen Namen gab, in dem kleinen Innenhof des Gebäudes, der auf zwei Seiten vom üblichen Säulengang eingerahmt wird. Dieses Peristyl ist ein perfekter Rahmen für das kleine Meisterwerk, das sich dahinter befindet. Dort steht an einer reich mit Fresken geschmückten Wand ein Häuschen, das mit leuchtenden Mosaiksteinen aus Glasfluss (Emaille) besetzt ist. An der Rückwand des Häuschens hängt oben eine Maske, unten ein Putto mit einer Gans im Arm.

Wir treten näher und lassen uns von der Stille in diesem kleinen Refugium bezaubern. Eigentlich handelt es sich dabei um ein Nymphäum, einen – wie der Name sagt – einer Nymphe heiligen Ort. Er gemahnt an die wesentlich weiträumigeren Nymphäen in den Patrizierhäusern Roms. Dort arrangierte man Bankette mit Freunden oder gab sich ganz dem *otium* hin, der Muße. Hier will der Herr des Hauses nur zeigen, dass er so etwas auch hat!

Das Haus des Fauns: So wohnt ein Schwerreicher

Wir verlassen das Haus und lassen uns das Gesehene ein wenig durch den Kopf gehen. Im Haus des Tragödiendichters haben wir die Anlage einer typisch römischen *domus* kennengelernt. So wohnt man in Pompeji, wenn man zum wohlhabenden Teil der Bevölkerung gehört. Doch gibt es natürlich auch hier noch raffiniertere und spektakulärere Varianten, vor allem bei Familien, die noch reicher und mächtiger sind. Ein besonders schönes Beispiel dafür findet sich im selben Viertel: das berühmte Haus des Fauns (Casa del Fauno). Das Viertel für die Reichen zählt siebzehn Wohnblöcke. Einen davon nimmt dieses weitläufige Haus mit seinen dreitausend Quadratmetern ein. Daneben wirkt das Domizil des Tragödiendichters fast wie eine bescheidene Bleibe ...

Das Haus des Fauns ist das größte Wohngebäude in Pompeji (siehe Bildteil I, Seite 2). Es umfasst das Atrium, etwa dreißig verschiedene Wohnbereiche unterschiedlicher Größe und Nutzungsmöglichkeiten und zwei Peristyle. Die Decke des Atriums ist ein Meisterwerk (sie kann allerdings heute nicht mehr bewundert werden), das sich durch ein ausgeklügeltes System von Balken selbst trägt. Die Deckengestaltung ist atemberaubend: Sie zieht sich durchs ganze Haus, vom Atrium zum Tablinum und weiter zum ersten Peristyl bis zum zweiten Garten hin.

Die Kunstwerke, die in diesem Haus gefunden wurden, sind ebenso vielfältig wie beeindruckend: Da ist zunächst einmal die Bronzestatue eines Fauns, die dem Haus den Namen gegeben hat. Sie hat heute Aufstellung im *impluvium* in der Mitte des Atriums gefunden. Ursprünglich allerdings stand sie auf einem Piedestal am Rande.

Die Mosaiken sind von außerordentlicher Schönheit. Da ist zum Beispiel die Katze, die über einen Hahn herfällt. Oder drei weiße Tauben, die eine Perlenkette aus einem Kästchen ziehen ... Das bekannteste Mosaik aber zeigt den Sieg Alexanders des Großen über den Perserkönig Dareios III. bei der Schlacht von Issos. Die meisten kennen es aus den Geschichtsbüchern. Allein für dieses Mosaik wurden anderthalb Millionen Steine verarbeitet (siehe Bildteil I, Seite 2).

Ja, es besteht tatsächlich aus anderthalb Millionen Steinen, die manchmal so klein sind wie ein Fingernagel. Doch auch bei diesem Meisterwerk handelt es sich nur um eine Kopie. Das Original findet sich im Museo Archeologico Nazionale von Neapel. Es beeindruckt vor allem durch seine Detailgenauigkeit der Gesichter: der sichere Blick Alexanders, der ängstliche des zur Flucht bereiten Dareios. Ein Soldat liegt auf dem Boden, dabei spiegelt sich sein Antlitz in seinem glänzenden goldenen Schild wider. Die Künstler der Antike achteten auf solche Details.

Doch dieses Mosaik stammt nicht aus römischer Hand. Es ist vielmehr die »Kopie« eines berühmten griechischen Gemäldes, das vermutlich bereits in antiker Zeit verloren war. Der Besitzer des Hauses wollte es ganz offensichtlich in seinem Mosaik bewahren, und so rief er die besten Künstler (vermutlich aus Nordafrika, dessen Mosaikleger für ihre raffinierte Farbwahl bekannt waren) in sein Haus. Dort wurde dann Stein um Stein das prunkvolle Bild gelegt, und zwar an einem strategisch gut gewählten Ort: in der Exedra, dem überdachten Raum zwischen dem ersten und dem zweiten Garten.

Kehren wir wieder zu jenem sonnigen Oktobertag des Jahres 79 n. Chr. zurück. An diesem Tag finden wir vor besagtem Mosaik eine in ihre *palla* gehüllte Aristokratin namens Iulia. Sie liebt dieses Mosaik sehr und kann sich gar nicht sattsehen daran. Sie gehört zu der reichen Familie, die im Haus des Fauns lebt, und der geschützte Raum mit dem Prunkstück ist ihr der liebste Ort der *domus*. Beunruhigt hebt sie den Blick, weil etwas die Pfauen im Garten aufzuregen scheint. Man könnte sogar meinen, das Weibchen wolle sich verstecken. Dabei frisst es ihr normalerweise aus der Hand. Heute aber stimmt etwas nicht. Irgendetwas verstört die Tiere ...

Eine Sklavin tritt mit respektvoll gesenktem Haupt an sie heran. Mit leiser Stimme sagt sie ihrer Herrin, das Frühstück stehe bereit.

Iulia macht sich gemessenen Schrittes auf, die Sklavin geht voran. Doch als sie die nächste Tür öffnen will, bekommt sie sie nicht auf. Sie muss einen zweiten Sklaven rufen, der holt wiederum einen dritten, sehr muskulösen. Ihm gelingt es, die Tür mit vollem Körpereinsatz wenigstens einen Spalt breit zu öffnen. Iulia hält ihn zurück. Sie will nicht, dass die so schön verzierte Tür vielleicht noch Schaden nimmt. Lieber begibt sie sich auf einem anderen Weg zur Tafel und lässt jemanden rufen, um die verzogene Tür abzuhobeln.

Und so gehen sie weiter. Iulia befiehlt der Sklavin, jemanden voranzuschicken, der alle Türen überprüft. Manche springen mühelos auf, andere schleifen am Boden. Irgendwie scheinen sie sich alle über Nacht verzogen zu haben. Was kann da nur geschehen sein?

Die unmittelbar bevorstehende Eruption kündigt sich durch erste Bodenverwerfungen an, was natürlich nicht ohne Auswirkung auf die Häuser bleibt. Noch heute klemmt in Pompeji so manche Tür. Es sind aber noch mehr Schäden zu verzeichnen.

Das Grüppchen ist nun bei der privaten Therme im östlichen Bereich des Hauses angekommen, die den Vergleich mit einer der öffentlichen Badeanstalten nicht scheuen muss. Sie ist zwar klein, aber fein. Einer der Sklaven, die Iulia mittlerweile vorangehen, hebt ein paar Glasscherben vom Boden auf. Die Splitter stammen von einem kleinen Fenster ganz oben im Raum. Iulia verzieht das Gesicht. Mittlerweile ist schon fast jeden Tag etwas zerbrochen und muss repariert werden. Resigniert zuckt sie mit den Schultern, sie will jetzt ihr Frühstück.

Sie weiß noch nicht, dass ihre letzten Stunden auf Erden angebrochen sind. Die Archäologen werden sie in der Villa finden, unter einem eingestürzten Dach. Es ist kein Wunder, dass sie sich nach der Eruption über all die kleinen Bimssteine ins Atrium geflüchtet und in der Nähe des berühmten Mosaiks Zuflucht gesucht hat. Heute fotografieren es zahllose Touristen, ohne zu wissen, dass eine Frau dort den Tod gefunden hat.

Stilgefühl in vierfacher Ausfertigung

Was ist wohl der augenfälligste Unterschied zwischen unserer Art zu wohnen und den Häusern der Römer? Vor allem deren Farbigkeit. Die Römer hätten die gedeckten Farben unserer Häuser, Kleider und Möbel wohl als trist empfunden.

Eine Marmorstatue ist für uns weiß. Eine altrömische Marmorstatue hingegen ist leuchtend bemalt. Dasselbe gilt für die Häuser. Weiße Wände signalisieren für einen Römer nicht Licht und Sauberkeit, sondern Armut. Die Häuser der Römer hingegen haben immer bemalte Wände, wobei die Gestaltung stets einem bestimmten Schema folgt: Die Wand wird in drei Zonen eingeteilt. Die untere, der Sockel, misst bis zu einem Meter und wird einfarbig bemalt und nur leicht verziert. Der Mittelteil ist deutlich größer. Dort dürfen die Freskenmaler ihre ganze Kunstfertigkeit unter Beweis stellen. Diese Farbigkeit setzt sich manchmal noch fort bis in die dritte Zone, den Fries, der den Anschluss zur Decke bildet. Doch am prächtigsten gestaltet wird der Mittelteil, der häufig in verschiedene Paneele unterteilt wird. Der Hintergrund strahlt in Blutrot, Ocker, mitunter ist er schwarz gehalten, um die Farbigkeit der Paneele noch stärker zu betonen. Diese werden gestaltet wie Gemälde und zeigen beeindruckende mythologische Szenen. Sie sollen vor allem eins bewirken: dass die Gäste beeindruckt sind. Manchmal werden Tugenden hervorgehoben, auf die man in der Familie besonderen Wert legt. Verweise auf Götter, Helden und Villen (im Besitz der Familie) sollen den Reichtum und den guten Geschmack der Besitzer unter Beweis stellen.

Eine gemalte Scheinarchitektur teilt die Wandfläche in Paneele. Dachfluchten, Säulengänge, Bögen lenken den Blick in die Tiefe, hinaus in fantastische Landschaften, unterbrochen von Kandelabern, fruchtgefüllten Vasen und Theatermasken. Die Wände sind konzipiert als Fenster auf virtuelle Räume, imaginäre Welten, die sich bis an den Horizont erstrecken. Die Malerei durchbricht gleichsam die Wände und verlängert den Blick ins Unendliche.

Aufgrund der Funde in Pompeji hat man die Wandgestaltung in vier verschiedene Stile unterteilt, die man schlicht nur den »Ersten«, »Zweiten«, »Dritten« und »Vierten Stil« nennt. Vermutlich haben Sie davon schon gehört, aber was genau versteht man eigentlich darunter? Wir werden hier versuchen, die Frage so verständlich wie möglich zu beantworten. Wenn Sie künftig eins der Häuser Pompejis betreten, werden Sie in der Lage sein, sofort zu sagen, welchem Stil es zuzuordnen ist. Denn tatsächlich bildet jeder Stil eine andere geschichtliche Phase ab.

Der Erste Stil: Der Erste Stil ist von der Kunst Griechenlands beeinflusst und typisch für die Zeit zwischen 150 und 80 v. Chr., als die Samniten in Pompeji tonangebend waren. Kennzeichnend für diesen Stil ist, dass die Wand in große Quader aufgeteilt wird und mittels Farbe und anderer Gestaltungsmittel exotische und teure Gesteinsarten (wie Alabaster, Pavonazetto- und Cipollino-Marmor oder roter Porphyr) imitiert werden. Häufig wird der Mittelteil durch weiße Stuckelemente abgeschlossen. Man findet noch heute schöne Beispiele für diesen Stil, zum Beispiel ist das Atrium mit der berühmten Figur im Haus des Fauns ganz im Ersten Stil gestaltet.

Der Zweite Stil: Dann kommen die Römer nach Pompeji. Der Zweite Stil bildet sich in den achtzig Jahren vor Christi Geburt in der Zeit von Sulla, Cäsar, Marcus Antonius, Cleopatra und Octavian heraus.

Nun bemalt man die Wände mit architektonischen Elementen: Es dominieren nicht mehr Mauerquader, sondern Säulen, Portiken, Säulengänge und später ganze Häuser. Diese Art der Wandgestaltung vermittelt einem das Gefühl, sich im Kreuzgang eines Klosters aufzuhalten. Manchmal finden sich sogar menschliche Gestalten dazwischen wieder. Auf eine einfache, aber recht effiziente Form wird der architektonische Raum nach »außen« geöffnet, die Perspektive führt den Blick über die Mauer hinaus. Die Wände wirken wie die Kulissen eines Theaters. Das ist ein bisschen so wie die Fototapeten, die sich manche Leute heutzutage an die Wand kleben. Eine ähnliche Wirkung beabsichtigten die Römer vielleicht mit dieser Scheinarchitektur.

Der Dritte Stil: Der Dritte Stil entsteht unter der Herrschaft des Augustus, also mit dem Kaiserreich, und wird fast fünfzig Jahre lang überdauern bis zur Regierungszeit Claudius'. Die Säulen, Bögen und dreidimensionalen Elemente des Zweiten Stils werden immer filigraner, bis sie schließlich nur noch so dünn wie Bambusstäbe sind – sozusagen eine »magersüchtige« Scheinarchitektur, die außerdem schmückende Elemente wie Kandelaber, Springbrunnen und so weiter aufnimmt, um die Wand zu gliedern. Wenn Sie auf einem der Fresken Elemente entdecken, die Sie an das alte Ägypten erinnern, haben Sie es vermutlich mit einem Fresko des Dritten Stils zu tun. Im Jahr 30 v. Chr. eroberte Rom Ägypten und importierte zahlreiche Elemente von dessen Kultur (von der Religion bis hin zur Kunst), die bald auch auf den Fresken auftauchten.

Der Vierte Stil: Während der Herrschaft Claudius' (41 – 54 n. Chr.) bis zur Eruption vollzieht sich in der römischen Gesellschaft ein Sittenwandel. Sind die Römer jahrzehntelang der rigiden Moral des Augustus gefolgt (zumindest nach außen hin), frönt die römische Gesellschaft unter Claudius und Nero nun ungehemmt dem Luxus. In Rom verlassen wir die nüchterne Atmosphäre im Haus des Augustus und gehen über zur Domus Aurea, die Nero nach dem großen Brand 64 n. Chr. errichten ließ. Dieser prunkvolle Stil wird in der römischen Gesellschaft von reich gewordenen Freigelassenen gepflegt, Aufsteigern, die zeigen wollen, was sie haben. Welche Auswirkungen hat dies auf die Wandmalerei? Die Freskenmaler kehren zu den Grundelementen des Zweiten Stils zurück, zu den architektonischen Versatzstücken, doch sie verlieren dabei jedes Maß. Der Vierte Stil ist sozusagen die barocke Form des Zweiten. Antonio Varone weist zu Recht darauf hin, dass die Wände Spiegel der Gesellschaft jener Zeit sind.

Die gemalte Architektur bekommt surreale, fantastische Züge. Die dekorativen Elemente überlagern sich mitunter. Man operiert mit harten farblichen Kontrasten. Ein typisches Beispiel dafür sind die »Fenster« mit den architektonischen Elementen, die sich so häufig neben großen mythologischen Szenen finden. Eine Architektur, die den Blick ins Nirgendwo lenkt. Der realistische Effekt, den die Scheinarchitektur des Zweiten Stils schafft, geht im Vierten Stil völlig verloren.

Wir befinden uns in einer Epoche, die Anspielungen liebt und immer wieder Elemente der vorhergehenden Stile zitiert, doch all die überbordenden Tändeleien dienen nur einem relativ niederen Zweck: Sie sollen den Reichtum der Bewohner unter Beweis stellen.

In Pompeji sind Häuser im Vierten Stil relativ häufig, da dieser zur Zeit der Eruption gerade im Schwange war, nicht zuletzt aus dem Grund, dass es bereits siebzehn Jahre zuvor ein starkes Erdbeben gegeben hatte und Restaurierungsarbeiten im Vierten Stil ausgeführt wurden. Einige Historiker haben sich eingehend mit der pompejanischen Wandmalerei beschäftigt; und auf der Grundlage ihrer Erkenntnisse geht man heute davon aus, dass in Pompeji mindestens siebzehn verschiedene Freskenmaler tätig waren.

Die pompöse Behausung zweier ehemaliger Sklaven

Pompeji
23. Oktober 79 n. Chr., 7.30 Uhr
Noch 29 Stunden und 30 Minuten bis zum Ausbruch

HIC FUIMUS CARI DUO NOS SINE FINE SODALES
Wir beide waren hier, Komplizen auf immer und ewig.

Auf unserem Weg durch Pompeji füllen sich die Straßen immer mehr. Doch um diese Zeit sind noch keine wohlhabenden Männer zu Fuß oder reiche Aristokratinnen in ihren Sänften unterwegs, nur Sklaven, die Waren ausliefern, oder Diener, die die Einkäufe besorgen. Würden wir ihre Wege nachzeichnen, breiteten sich die Routen wie ein Netz über die gesamte Stadt aus.

An der nächsten Ecke rennt uns ein junger Sklave mit einem Korb auf dem Kopf fast über den Haufen. Moment mal, den Burschen kennen wir doch. Er hat uns vor Kurzem unser Brot verkauft. Anscheinend ist er jetzt auf Auslieferungstour. Er lacht uns zu und geht weiter. Wieder steigt uns der Duft des frischen Brots in die Nase. Die Versuchung ist einfach zu groß. Wir müssen ihm folgen. Wem wird er diese Köstlichkeiten wohl bringen?

Im Vorbeigehen spähen wir in den einen oder anderen Hauseingang. Die Häuser sind hier durchweg prächtig gestaltet. Allenthalben erhebt sich die Geschäftigkeit eines neuen Tages.

Hinter einer der Türen sehen wir ein Mädchen in roter Tunika, das sich die Haare im Nacken zum Knoten schlingt. In einem anderen Haus schrubbt ein Sklave den Boden des Atriums. In einem der Höfe haben sich die Sklaven um ihren Herrn versammelt und nehmen gesenkten Hauptes ihre Befehle für den Tag entgegen … Jedes Haus gewährt Einblick in einen anderen Aspekt des Lebens der Pompejaner. Speziell in diesem Viertel ballt sich der gesamte Luxus dieser Stadt.

Aber wo ist jetzt der Junge mit dem Brotkorb abgeblieben? Da! Da vorn tanzt der Korb über den Köpfen der Leute. Plötzlich bleibt er stehen. Wir können den Jungen einholen und sehen, wie er an eins der zweiflügeligen Portale klopft. Dieses Haus wollen wir uns nun doch mal etwas genauer ansehen. Der zweistöckige Bau gehört zwei Freigelassenen, den Vettii. Das Haus ist eins der schönsten, die bei den Ausgrabungen in Pompeji freigelegt wurden.

Die Vettii sind zwei Brüder, Aulus Vettius Conviva und Aulus Vettius Restitutus. Beide waren früher Sklaven gewesen. Nachdem ihr Herr sie freigelassen hatte, stiegen sie schnell auf der Erfolgsleiter nach oben, und aus den Freigelassenen wurden selbst Herren und Sklavenhalter. Ihren Bildungsmangel und ihre Vulgarität jedoch konnten sie mit ihrem neuen Stand nicht überwinden. Wie gesagt nannten die Römer Emporkömmlinge wie die Vettii *homines novi:* Neureiche oder »Parvenüs«, wie wir despektierlich sagen.

Mittlerweile sind die beiden reiche Grundbesitzer, die durch den Handel mit Wein und landwirtschaftlichen Produkten ein Vermögen verdienen. Einer der Brüder gehört zum Kollegium der Augustalen, der Augustuspriester, denn der verstorbene Kaiser wird wie ein Gott verehrt. In Pompeji – und nicht nur hier – sind ihm zahlreiche Tempel gewidmet.

Ein Sklave öffnet das Portal und lässt den Jungen mit dem Brotkorb eintreten. Wir folgen ihm.

Der erste Eindruck ist überraschend. Das *vestibulum* ist noch recht kühl. Im schattigen Dunkel nehmen wir eine Gestalt an der Wand wahr. Wer der Mann wohl ist? Als wir näher treten, bemerken wir zu unserer Überraschung, dass wir einem Fresko gegenüberstehen, das man von diversen Postkarten kennt. Es stellt Priapus dar, der sein grotesk überdimensioniertes Gemächt auf eine Waagschale legt. In der anderen liegt ein Sack mit Geld. So befindet sich die Waage im Gleichgewicht. Was soll das nun wieder bedeuten?

Nun, es handelt sich um eine Darstellung, die Glück bringen soll. Das männliche Sexualorgan gilt als Sinnbild des Lebens und der Gesundheit und wiegt genauso viel wie ein Sack voll Geld. Reichtum und Gesundheit als oberste Güter werden also gleich am Eingang des Hauses beschworen, um alles Unglück von seiner Schwelle fernzuhalten. Der Korb mit Früchten am Fuß der Waage soll ebenfalls den Überfluss symbolisieren, den man für das Haus und seine Bewohner wünscht.

Der Bäckerjunge bleibt kurz stehen. Er hat ein Graffito erspäht, das auffällig-unauffällig gleich neben dem Eingang angebracht ist, sodass Passanten und eventuelle Lieferanten es nicht übersehen können. Da steht: »Eutychis, Griechin mit guten Manieren, ist für zwei Asse zu haben.« In diesem Haus prostituiert sich also eine Sklavin für eine geradezu lächerliche Summe, die etwa dem Preis für ein Glas Wein mittlerer Qualität entspricht ... Wie ist das möglich?

Heute würde sicher niemand am Hauseingang ein Schild anbringen, auf dem steht, dass die Haushälterin sexuelle Dienstleistungen anbietet. Und das im Haus einer der reichsten Familien der Stadt! Doch in römischer Zeit lagen die Dinge nun mal anders. Auch hier zeigt sich das grundlegende Prinzip, dass eine Investition (in diesem Fall eine »menschliche«) Rendite abzuwerfen hat. Wie heißt es doch so schön: *Pecunia non olet.* »Geld stinkt nicht.«

Der Junge geht weiter. Der Korridor führt direkt ins Atrium, wo sich einmal mehr ein atemberaubender Blick bietet. Schon am Eingang zeigt sich die übliche Perspektive, die Flucht von Vestibulum, Atrium, Peristyl und Garten. Stellen Sie sich vor, man würde in Ihrer Wohnung die Wände durchbrechen, sodass Sie in die Räume des Nachbarn hinüberschauen könnten und sogar noch Blick auf die Terrasse von dessen Nachbarn hätten.

Das Atrium ist groß und mit eleganten Fresken geschmückt, im Dach die übliche rechteckige Öffnung, am Rand mit Wolfsköpfen und Palmetten versehen, die als Wasserspeier dienen. An den Seitenwänden stehen zwei riesige Geldtruhen. Wer heute einen Safe hat, versteckt ihn eher. In römischer Zeit aber macht man genau das Gegenteil: Reichtum wird zur Schau gestellt. Die Geldtruhen müssen für alle sichtbar sein, deshalb werden sie gleich im ersten Raum nach dem Eingang aufbewahrt. Und sie sind riesig! Die Truhen der Vettii sind mit Eisenstangen verstärkt und mit Bronzebeschlägen geschmückt. Rund um das Atrium tun sich weitere Räume auf. Die meist ockergelben Wände sind mit Fresken ornamentiert, die von schmalen Rahmen begrenzt werden: Leda und der Schwan, Danaë und Zeus, der in goldenen Regen verwandelt Zugang zu ihr findet. Daneben scheinarchitektonische Elemente, Pergolen, die ins Nirgendwo führen. Heute noch, fast zweitausend Jahre später, sind wir von ihrer Eleganz und der Vollkommenheit der Proportionen beeindruckt. Ganz sicher waren hier die besten Freskenmaler Pompejis am Werk. Vielleicht hat man aber für diese Ausführung auch Künstler von auswärts kommen lassen …

Dem Jungen bleibt gleichfalls der Mund offen stehen. Seine Lider, in denen noch der Mehlstaub hängt, sind weit aufgerissen, sein neugieriger Blick fällt in den Garten mit den herrlichen Statuen. Hier ist alles still, ein feiner Duft liegt in der Luft. Man hat wohl kostbare Hölzer auf die Kohlebecken gelegt, um diesen Bereich der *domus* mit Wohlgerüchen zu füllen. Hier leben die Herren der Villa, und sie sind unermesslich reich.

Auch das Haus der Vettii ist gigantisch, weil mehrere einzelne verbunden wurden. Der Junge reckt neugierig den Kopf. Am liebsten würde er es noch weiter erkunden, doch eine feste Hand schiebt ihn unnachsichtig weiter auf die kleine Seitentür zu, die zum Dienstbotentrakt führt. Dort tut sich eine andere Welt auf. Fröhliches Geschnatter erfüllt den Raum. Die orientalischen Wohlgerüche balsamischer Hölzer weichen Küchendüften.

Er befindet sich jetzt im ehemaligen Atrium des zweiten angegliederten Hauses. Es ist kleiner als das erste, und das *impluvium* in der Mitte des Raumes besteht nicht aus Marmor, sondern aus Tuffgestein. Von links ertönt ein leises Murmeln. Dort steht das Lararium, ein kleiner »Haustempel«, der tatsächlich aussieht wie ein Tempel: Zwei Säulen tragen ein dreieckiges Tympanon: ein Ort für die häusliche Andacht.

Der Vertrauenssklave steht mit einem weiteren Sklaven vor dem Tempelchen. Beide strecken die Handflächen nach oben. Seine Anrufung der Götter lässt eine kleine Flamme auf dem Marmoraltar in der Mitte des Larariums erzittern. Er hat Brot auf den Altar gestreut und opfert nun ein wenig Wein, indem er einige Tropfen auf die Einfassung fallen lässt.

In der Nische stehen mehrere Bronzefiguren: Eine stellt Merkur dar, den Schutzpatron der Händler und Diebe, zwei weitere die Laren, die Schutzgeister der Familie. Ihr Name kommt von der Silbe *lar*, einem etruskischen Wort, das ursprünglich »Vater« bedeutete. Die Laren sind die Personifikation der Ahnen. Sie schützen die Familie vor Krankheiten, Unfällen, Tod und Unglück. Die Anbetung der Laren war für die Römer gleichsam eine Versicherung gegen Brände, Diebstähle und andere Unglücksfälle, die einen Haushalt treffen können. Gerade in Pompeji, wo die Einwohner immer wieder Opfer von Erdbeben werden, ist die Verehrung der Laren sehr verbreitet.

Was dieses Lararium in Archäologenkreisen berühmt gemacht hat, ist das Fresko in der Nische. Es zeigt zwei tanzende Laren, junge Männer mit langen Haaren und einer im Rhythmus ihrer Bewegungen flatternden Tunika. Jeder von ihnen hält ein Füllhorn *(rhytón)* in der Hand. Dieses wird bei Banketten zum Ausschenken von Wein verwendet. Zwischen den beiden jungen Männern steht eine Gestalt in Toga, deren Haupt bedeckt ist. Dies ist der Genius, ebenfalls ein Schutzgeist, der über das Wohl der Familie wacht. Und zu ihren Füßen ringelt sich eine gewaltige Schlange, der Agathodaimon, der den Schutzgeist des Familiengründers darstellt.

Der kleine Tempel ist also so etwas wie ein »Blitzableiter« für Schicksalsschläge. Er wacht über das Leben, das Haus und die Aktivitäten seiner Bewohner.

Wohin ist denn unser junger Mann nun schon wieder verschwunden? Ach, er ist uns vorausgeeilt – ins Herz des Hauses, die Küche. Von daher kommt das Geschnatter, das schon im Atrium zu hören war. Einige Sklaven, Männer und Frauen, bereiten dort die Mahlzeiten zu. Einer schneidet das Gemüse auf einem Holzbrett, eine andere rührt mit einem Holzlöffel im *caccabus*, einem kleinen Kessel. Auf der anderen Seite des Holztischs wird irgendetwas in einer Handmühle zerkleinert.

Die Szene wirkt ein wenig wie die Küche eines Restaurants mit mehreren Angestellten. Im Zentrum ist der Herd des Hauses, eine gemauerte niedrige Feuerstelle, auf der mehrere Kessel auf Dreifüßen stehen. Darunter die Gluthaufen.

Der Blick des Jungen fällt auf eine graziöse Sklavin, die mit einem merkwürdigen Metallgegenstand hantiert, der uns Heutigen in der Regel unbekannt ist. Ein Römer hingegen würde das Gerät auf den ersten Blick erkennen: Es handelt sich um eins der sogenannten »Feuereisen«, die jahrhundertelang in römischen Haushalten in Gebrauch waren (moderne Zündhölzer wurden erst im 19. Jahrhundert erfunden). Um Feuer zu machen, schlug man mit der gehärteten Seite des Feuereisens auf einen Feuerstein (Silex beziehungsweise Flint). Das Prinzip ist dasselbe, das bei Pistolen und Gewehren aus napoleonischer Zeit Anwendung fand: Man zieht den Abzug, der Hammer schlägt auf ein Stück Feuerstein und erzeugt Funken, die das Pulver in Brand setzen. In römischer Zeit entzündete man freilich kein Pulver (es wäre ja auch gar nicht bekannt gewesen), sondern brennbares Material wie Moos oder eine getrocknete Scheibe von einem Baumpilz. Ein Funke freilich macht noch kein Feuer, sondern nur ein bisschen Glut, so ähnlich wie bei einem Blatt, das man anzündet. Eine kleine Flamme, die man ihrerseits auf brennbares Material setzt und durch sachtes Blasen weiter entfacht. Sobald Rauch aufsteigt, zeigt sich kurz darauf das Flämmchen, das schließlich zum Feuer wird. Wer halbwegs geschickt ist (wie dieses Mädchen), braucht dazu gerade mal eine halbe Minute – vermutlich weniger, als Sie gebraucht haben, um diesen Absatz übers Feuermachen zu lesen.

Doch sehen wir uns nun weiter in der Küche der Vettii um. In den Töpfen wird das Fleisch vom Abendessen mit Gewürzen erwärmt. Denn die Herren verzehren es gern zum Frühstück, zusammen mit Wein, Oliven, Eiern, ein paar Sardinen, Ricotta und anderen Käsesorten. Die Gewürze machen das Fleisch länger haltbar. Zum Frühstück wird das Brot gereicht, das der junge Mann von der Bäckerei gebracht hat. Man tunkt die Brote in Honig, mitunter auch in Milch. Man kann es sich vorstellen wie beim Frühstücksbuffet in internationalen Hotels: Dort wird etwa das Gleiche angeboten. In Italien und anderen mediterranen Ländern frühstückt man ja eher frugal. Doch nördlich der Alpen, vor allem in England, und in Nordamerika beispielsweise gilt ein opulent-herzhaftes Frühstück mit Speck, Brot, Räucherlachs, (warmer) Wurst, Honig und anderem mehr als durchaus normal.

Wohin ist denn unser Bäckerjunge denn jetzt schon wieder verschwunden? Der Korb liegt leer in der Ecke, und das Mädchen, das das Feuer entzündet hat, ist auch weg. Ihr Name lautet übrigens Eutychis…

Neben der Küche ist ein kleiner Alkoven, wo das Mädchen ihre Dienste anbietet. Ihr Tarif liegt so niedrig, dass er sogar für einen Bäckerjungen erschwinglich ist. An den Wänden dieses *cubiculum* haben sich bis heute Hinweise darauf erhalten, was der zahlende Kunde für sein Geld geboten bekam: recht explizite erotische Darstellungen (siehe Bildteil I, Seite 8–9), die Paare in verschiedenen Stellungen zeigen.

Die anderen Sklaven kümmern sich nicht um die beiden und plaudern munter weiter. Sobald das Essen fertig ist, servieren sie es ordentlich im Gänsemarsch auf silbernen Tellern.

Wir folgen ihnen zurück ins Atrium und in den wunderbaren Garten, der von einem Säulengang eingefasst wird. Die Beete, Bäumchen und Sträucher haben ihre Blätter bereits weitgehend abgeworfen. Schließlich ist es schon Herbst.

Doch die Brunnen und Statuen machen den Garten immer noch zu etwas ganz Besonderem, auch wenn die Brunnen heute nicht sprudeln. Nur in der Mitte erhebt sich ein Wasserstrahl in die Luft wie eine Palme. Neben einer Säule steht ein Putto aus Bronze, der eine Gans hält, ihm gegenüber ein zweiter, identischer. Wenn das Wasser läuft, schnellt aus dem Schnabel der Gänse ein dünner Strahl, der auf eines der Marmorbecken gerichtet ist. Und natürlich darf auch Priapus nicht fehlen. Ihm hat man hier die Mitte des Gartens eingeräumt. Er ist aus weißem Marmor, und bei den Feierlichkeiten im Haus der Vettii entspringt seinem erigierten Glied ein Wasserstrahl.

Es finden sich noch weitere Erotika im Haus. Eins der Zimmer, das auf den Garten hinausgeht, ist mit drei Freskenbildern geschmückt. Davon zeigt eins Dädalus, der Königin Pasiphae sein Werk vorführt: den Nachbau einer Kuh, in dem die Königin sich verbirgt, um sich von einem weißen Stier begatten zu lassen, in den sie sich verliebt hat. Pasiphaes »unnatürliche« Leidenschaft für diesen Stier ist das Werk des Meeresgottes Poseidon. Aus dieser Verbindung sollte der Minotaurus geboren werden.

Wir hören Stimmen. Sie kommen vom Triklinium, wo die Sklaven die Frühstücksgerichte serviert haben und sich nun wieder zurückziehen. Wir gehen darauf zu. Tatsächlich findet dort ein morgendliches Bankett statt. Die beiden Brüder liegen auf ihren Speisebetten, und wir sehen … dass sie Zwillinge sind.

Das würde erklären, weshalb sie immer noch zusammenleben: Sie haben sich nie getrennt. Keiner hat je eine eigene Familie gegründet. Vereint im Mutterleib, vereint im Leben. Beide sind mittlerweile kugelrund, weil sie sich ausgiebig an all den Leckereien gütlich tun, die für sie jahrelang unerreichbar gewesen waren. Sie reden stets mit lauter Stimme und zeigen ihren Reichtum ungeniert. Leider misshandeln sie auch ihre Sklaven.

Eines rührt uns an den Freigelassenen im Alten Rom merkwürdig an: Statt Empathie mit denen zu empfinden, die ihr einstig eigenes Schicksal teilen, behandeln gerade die Freigelassenen ihre Sklaven voller Verachtung, als wollten sie sich ausgerechnet an ihnen so für alles erlittene Unrecht rächen.

Die ganze Umgebung zeugt von grenzenlosem Luxus. Allenthalben schmücken meisterliche Fresken die Villa. Auch die Kleidung der Zwillinge ist überreich mit Goldfäden verziert. Ihre Betten haben gedrechselte Füße aus afrikanischem Elfenbein. Sie trinken aus Silberpokalen, tragen Ringe mit riesigen Edelsteinen am Finger.

Doch all das ist nur ein kläglicher Versuch, die Unwissenheit und die schlechten Manieren zu verbergen, die ihre plebejische Herkunft ihnen als Hypothek mit auf den Weg gegeben hat und die sie nicht ablegen können, auch wenn sie wie jetzt Pastillen lutschen, um den schlechten Atem zu überdecken, oder in Kästchen voller Juwelen wühlen, die sie zu kaufen gedenken. Der Juwelier *(gemmarius)* hat ihnen offensichtlich ein paar schöne Stücke zur Ansicht geschickt.

Die Herkunft der Brüder lässt sich auch heute nicht verbergen. Als die Archäologen dieses außergewöhnliche Haus freilegten, entdeckten sie im Triklinium einige der schönsten Fresken aus römischer Zeit: einen langen Fries mit Amoretten, die den unterschiedlichsten Tätigkeiten nachgehen. Dieser Fries legt beredtes Zeugnis ab über Handwerk und Landbau jener Zeit.

Einige zeigen die Phasen der Herstellung bestimmter Produkte: Stoffe, Parfüm, Kleider, ziselierte Objekte. Ein anderes Fresko zeigt die Arbeiten bei einer Weinernte.

Der Amorettenfries bezaubert jeden Besucher, so raffiniert ist er ausgeführt, so detailgetreu und kunstvoll sind die einzelnen Arbeiten dargestellt. Doch treten Sie ruhig mal einen Schritt zurück, dann werden Sie sich unweigerlich die Frage stellen: Weshalb ist hier im Triklinium der Arbeit ein so breiter Raum gewidmet? Ganz einfach: Der Fries zeigt, woher der Reichtum der Brüder stammt.

Im Pompeji jener Zeit war dieser Fries quasi die Leuchtschrift, die für sie Reklame machte. Unwillkürlich fühlen wir uns an Petronius' *Satyricon* erinnert: Der Text erzählt von einem freigelassenen Sklaven, der unendlich reich geworden, aber ein ungehobelter Klotz geblieben ist: Trimalchio. In einer Szene tritt bei einem Bankett zu seinen Ehren ein Sklave auf, der eine lange Liste mit den Reichtümern seines Herrn verliest.

Wer dieses Werk kennt, betrachtet es als eine Parodie auf einen bestimmten Menschentyp, der zur Zeit Neros offensichtlich gar nicht so selten war. Dass Petronius die Wahrheit schreibt und viele der ehemaligen Sklaven von unglaublicher Vulgarität waren, wird offenbar, wenn man das Haus der Vettii in Pompeji betritt. Dieser »Propaganda-Fries« spricht Bände. Man hört Petronius förmlich reden (und lachen).

Ein Hotel in Pompeji

Pompeji
23. Oktober 79 n. Chr., 8.00 Uhr
Noch 29 Stunden bis zum Ausbruch

TU PUPA SIC VALEAS SIC HABEAS VENERE(M)
POMPEIANAM PROPYTIAM
Alles Gute, Puppe, und möge Pompeji dir in der Liebe Glück bringen!

Der Dichter Caesius Bassus – den wir bei Rectinas Bankett kennengelernt haben – benetzt sich das Gesicht mit frischem, klarem Wasser. Er hat es aus einem Krug in ein Bronzebecken gegossen, das auf dem löwenfüßigen Tischchen neben seinem Bett steht. Immer wieder taucht er die Hände ein und wäscht sich das Gesicht. Dann trocknet er sich ab und wirft einen prüfenden Blick in den Bronzespiegel hinter dem Becken. Die Fältchen, die früher kaum zu sehen waren, sind mittlerweile um einiges tiefer geworden. Glücklicherweise unterstreichen sie das Fröhliche in seinem Gesicht. Für einen Dichter sollte das Aussehen zwar zweitrangig sein, doch für einen wie ihn, der sich ständig bei Banketten sehen lassen muss, um dort ein paar kluge Worte über die Dichtkunst fallenzulassen, ist es wichtig, dass er den Aristokratinnen gefällt, in deren noble Häuser er eingeladen wird.

Das gehört nun mal zum Showbusiness in der römischen Gesellschaft, und in diesem Geschäft gelten damals wie heute dieselben Regeln. Denn ein Dichter ist wirtschaftlich immer abhängig von dem einen oder anderen reichen Mann, der ihn zu seiner Entourage zählen will. Da braucht es nicht viel, um sich plötzlich draußen vor der Tür wiederzufinden … ohne Engagement, sozusagen.

Caesius Bassus ist ausgehfertig. Er begibt sich zur Tür und schiebt den Riegel auf. Genauer gesagt versucht er, den Riegel zurückzuschieben, doch will es ihm nicht gelingen. Er muss all seine Kraft aufbieten, um das Schloss zu öffnen. Endlich geht die Tür auf. Augenscheinlich ist sie verzogen. Als er sie wieder schließen möchte, bemerkt er, dass der Riegel nicht mehr ins Schloss geht.

Er tritt auf den Balkon, der um den Innenhof des Hauses führt. Ein anderer Gast scheint in seinem Zimmer eingeschlossen zu sein. Jedenfalls hämmert er mit den Fäusten gegen die Tür. Sklaven eilen herbei und versuchen, die Tür aus den Angeln zu heben. Irgendetwas muss in der Nacht geschehen sein. Der Dichter geht an ihnen vorbei und steigt über die Treppe nach unten.

Wir befinden uns in einem Hotel *(hospitium)*, und zwar in einem der luxuriösesten von Pompeji. Im ersten Moment fragt man sich natürlich, ob es dergleichen bereits vor zweitausend Jahren gab, aber tatsächlich existierten solche Herbergen schon immer, vor allem in Kulturen, die wie die römische recht mobil waren.

Die Menschen waren viel unterwegs und brauchten auswärts einen Schlafplatz, vom Händler bis zum Seemann, vom reisenden Freigelassenen, der für seinen Herrn unterwegs war, bis zum Römer, der seine Verwandten besuchte. Auch die Beamten des Kaiserreichs mussten Dienstreisen unternehmen, ebenso wie die Handwerker, die in fremde Städte gerufen wurden. Das Römische Reich war wohl das erste, das Fernreisen möglich machte: Europa, Nordafrika und der Nahe Osten waren über mehr als hunderttausend Kilometer Straßen verbunden. Einige davon nutzen wir noch heute. (Sei es, dass unsere Straßen ihrem Verlauf folgen oder wir unsere Straßen über den Fernstraßen der Römerzeit gebaut haben. In manchen Städten hat sich sogar noch das römische Straßenpflaster erhalten.)

Dieses Verkehrsnetz geht auf Augustus zurück. Er hat den *cursus publicus* eingerichtet, ein Transportsystem für Waren und Nachrichten. Dafür wurde ein Straßennetz geschaffen, das ursprünglich nur für die kaiserlichen Boten beziehungsweise Truppen gedacht war, letztlich aber allen zur Verfügung stand.

Das Straßennetz wurde von jedem Kaiser weiter ausgebaut und wirkte schon bald äußerst »modern«: Straßen wie die Via Appia wurden nicht mehr wie früher von Ort zu Ort geführt, sondern durchschnitten in gerader Linie die Landschaft wie eine Autobahn. Und wie heute gab es an diesen Straßen in regelmäßigen Abständen »Raststätten« *(stationes)*, wo man »auftanken« konnte: Pferde wechseln und einen Happen essen (meist Brot, Ricotta, Oliven und eingelegte Sardinen). Hin und wieder kam man auch an einem »Motel« vorbei *(mansio)*, wo man schlafen konnte. Viele dieser *mansiones* hatten auch kleine Thermen, Bankettsäle und »Extraservice« (zum Beispiel Prostituierte).

Über eine dieser Straßen war Caesius Bassus vor langer Zeit nach Pompeji gekommen: Die wunderbare Kopie einer römischen Straßenkarte (eine Art Google Maps der Antike mit Namen »Tabula Peutingeriana«) zeigt die Straße, die von Neapel nach Süden führt, die Küste entlang, und dabei Herculaneum, Oplontis und Pompeji verbindet.

Das Hotel, das Rectina für Caesius Bassus ausgewählt und bezahlt hat, ist wirklich ein Fünf-Sterne-Haus. Leider kennen wir seinen Namen nicht, aber wir wissen immerhin, wem es gehörte: A. Cossius Libanus, einem Mann mit einem ausgeprägten Geschäftssinn und exquisitem Geschmack.

Das Hotel verfügt über eine ganze Reihe von Zimmern, die zum größten Teil im ersten Stock liegen. Darüber hinaus findet sich ein Restaurant *(caupona)* im Erdgeschoss. Nebenan liegt eine Bäckerei, die allerdings im Moment wegen Erdbebenschäden renoviert wird.

Caesius Bassus schlendert durch die elegante Vorhalle. Neben dem Regenwasserbecken steht ein massiver Marmortisch mit den üblichen Löwenfüßen *(cartibulum)*. Aus dem Becken erhebt sich eine wasserspeiende Bronzeskulptur, die Herkules und die kerynitische Hirschkuh darstellt. Der Dichter durchquert das Atrium und begibt sich in den Garten, den eine schöne Pergola überspannt. Hinter den

Sträuchern ragen Bronzestatuen hervor. Auf den Wänden, die den Garten umgeben, sind Fresken zu sehen. Eines davon zeigt Actäon, wie er von den Hunden Dianas in Stücke gerissen wird.

Der Besitzer des Hotels spricht mit einem anderen Gast.

A. Cossius Libanus scheint ein Freigelassener jüdischer Herkunft zu sein. Da er drei Namen trägt *(tria nomina)*, wie dies damals bei römischen Bürgern üblich ist, lebt er vermutlich schon länger in Pompeji: Jedenfalls ist er nicht erst im Zuge der Eroberung Judäas durch Vespasian hierhergekommen.

Einige Historiker nehmen an, dass es in Pompeji eine größere jüdische Gemeinde gab. Darauf jedenfalls scheint ein jüngerer Fund hinzudeuten: zwei Amphoren Garum, der typisch römischen Würzsoße, die in diesem Fall koscher zubereitet war! Garum an sich ist eine Soße, die aus Fisch und Meerestieren hergestellt wird. Diese aber sind nicht koscher. Die gefundene Soße war ohne Weich- und Krustentiere zubereitet, die von den jüdischen Speisegesetzen verboten werden, weil diese Tiere keine Flossen und Schuppen haben. Und tatsächlich steht auf der Amphore *gar cast.* Dies wird gelesen als *garum castimoniale.* Diese Soße aber beschreibt Plinius der Ältere als Zubereitung nach den jüdischen Speisegesetzen.

Allerdings ist die Existenz dieser jüdischen Gemeinde unter Forschern strittig. Die wichtigsten Belege dafür sind letztlich Namen: eine Maria (auf der Liste der Weberinnen), eine Marta, ein David (auf einem Graffito in Herculaneum). Also gab es zumindest Menschen mit hebräischen Namen. In einer Kneipe von Pompeji fanden sich vier Amphoren mit Aufschriften, die sich auf Judäa beziehen. Doch die englische Epigrafikspezialistin Alison Cooley, die das Alltagsleben in Pompeji bis in seine letzten Verästelungen genauestens studiert hat, meint, dass dies auch nur ein Hinweis auf Importwein aus dieser Gegend sein könnte.

Ein mit Kohlestift angebrachter Schriftzug an der Wand eines Tricliniums berichtet von Sodom und Gomorrha. Wer dies geschrieben hat, kannte mit Sicherheit das Alte Testament. Das aber ist noch kein Beleg dafür, dass der Schreiber Jude war und in Pompeji gelebt hat. Da sich die Inschrift in zwei Meter Höhe befindet, könnte man annehmen, dass sie von jemandem angebracht worden ist, der auf Vulkangestein stand, vielleicht nach der Eruption. Möglicherweise wollte er damit sagen, dass Pompeji von Gott zerstört worden war wie einst die alttestamentarischen Städte.

Es ist also höchst wahrscheinlich, dass an der Küste unterhalb des Vesuvius Menschen jüdischer Herkunft lebten, umso mehr, als Judäa ja erst kürzlich erobert worden war. Wie wir gesehen haben, ist das Reisen im Römischen Reich relativ einfach, und die Eroberung könnte auch viele Sklaven ins römische Kernland verschlagen haben. Wie viele es aber tatsächlich waren und ob sie eine Gemeinde gegründet haben, lässt sich heute vermutlich nicht mehr feststellen. Denn anders als in Ostia Antica hat man keine Synagoge gefunden. Doch das koschere Garum zeigt, dass es nicht nur eine Handvoll versprengter Juden gewesen sein konnte, sonst hätte man wohl nicht extra die »reine« Soße für sie hergestellt.

Caesius Bassus verlässt das Hotel. Auf der Straße hört er erneut das Geschrei des Mannes, der in seinem Zimmer festsitzt. Unwillkürlich schmunzelt der Dichter.

Das Hotel liegt in der Nähe der Porta Ercolana, und das ist kein Zufall. Dort kommen viele Gäste an. Auch heute noch findet man die meisten Hotels an Flughäfen oder in der Nähe von Bahnhöfen.

Der Dichter kommt an einem anderen »Grand Hotel« vorbei, das ebenso luxuriös und diskret ist wie sein eigenes. Es besteht aus drei Häusern, die verbunden wurden, sodass es sogar über einen Stall verfügt. Man kann dort Kutschen mieten und Pferde wechseln. Vermutlich gibt es auch viele Bronzestatuen, denn der Bruder des Besitzers ist Bronzegießer. Der geschäftstüchtige Eigner des Hotels heißt Gabinius. Und dass er einen Riecher fürs Geschäft hat, können wir am Eingang seines Etablissements ablesen, wo tatsächlich sein Werbeslogan prangt: »Komm ins Gabinianum, und du wirst dort bleiben!« *(Venies in Gabinianum pro mansu.)*

Eine poetische Begegnung

Caesius Bassus steht nun vor dem Portal einer großen *domus.* Er ist neugierig. Überall hat man ihm dieses Haus als eins der schönsten in Pompeji gepriesen. Es ist das Haus des goldenen Armreifs, das einen umwerfenden Blick auf Pompeji bietet, ein Panorama, wie man es heute nur vom obersten Stock eines Wolkenkratzers hat.

Aber wo sind wir denn jetzt eigentlich? Am höchsten Punkt Pompejis. Dort hat man auf den Stadtmauern, die mittlerweile seit gut hundertfünfzig Jahren keine strategische Funktion mehr haben, die schönsten Villen errichtet.

Man kann sich gut vorstellen, was die übrigen Pompejaner beim Beginn der Bauarbeiten zu reden hatten: Sicher beschwerte man sich darüber, dass uralte und wichtige Baulichkeiten der Stadt wie die mächtigen Verteidigungswälle den Interessen einiger weniger Mächtiger geopfert würden. Natürlich steckt dahinter Kalkül: Die Aussicht ist nirgendwo so schön wie hier. Doch dieser Bauboom hatte auch etwas mit der Niederlage zu tun, die die Stadt erlitt, nachdem sie es gewagt hatte, Rom herauszufordern. Sulla hatte den Widerstand der Pompejaner gebrochen. Wie schon angedeutet war 80 v. Chr. beschlossen worden, in Pompeji zweitausend römische Bürger anzusiedeln. Und die Exlegionäre taten, was sie wollten, enteigneten die Pompejaner und bauten ihre Häuser, wo es ihnen gefiel. So bekam die Stadt ein völlig neues Gesicht.

In den folgenden Jahrzehnten, gerade unter Augustus, änderte sich viel. Diese neuen Villen waren ein Zeichen dafür, dass in Pompeji nichts mehr beim Alten war. Die Villen stehen auf den Stadtmauern. Dann schwingen sie sich über mehrere Terrassenebenen Richtung Meer gen Sonnenuntergang.

Dieser Teil der Stadt, der über den Stadtmauern errichtet wurde und sich an sie anschmiegt, wird von den Archäologen »Insula Occidentalis« genannt. Im Vergleich mit den *domus*, die wir bereits besucht haben, schwingen wir uns an diesem Ort zu einem neuen Höhepunkt auf. Hier konzentriert sich alle Eleganz, alle Fülle und alle Extravaganz, deren Pompeji fähig war.

Leider ist davon nur wenig erhalten geblieben. Dieser Teil der Stadt wurde nach der Eruption wohl gründlich geplündert und bei den Ausgrabungen stiefmütterlich behandelt. Danach ließ man den Großteil der Bauten ähnlich wie das Kolosseum einfach verfallen: Was man heute noch sieht, ist nicht mehr als das nackte Skelett dessen, was einst eine Oase des Luxus war. Doch die Anlage der Häuser in der Insula Occidentalis zeigt zumindest, was der Römer unter einer »Traumvilla« verstand …

Caesius Bassus ist von der Schönheit des Hauses begeistert. Am liebsten würde er vor jedem Fresko stehen bleiben, jede mythologische Szene bewundern. Die Kassettendecke zeigt die schönsten Malereien, der Fußboden ist von geometrischen Mosaiken in Schwarz und Weiß bedeckt. Auf den Betten liegen kostbare Seidendecken und goldbestickte Kissen. Goldbemalte Venusskulpturen aus Marmor, Tische aus exotischen Hölzern, deren Maserung in allen Regenbogenfarben schimmert, nehmen seinen Blick gefangen. Einen solchen Luxus hat sogar unser Dichter noch nie gesehen. Am meisten aber fasziniert ihn die Bauart des Hauses selbst. Denn es begnügt sich nicht mit den üblichen ein bis zwei Stockwerken, wie wir es bisher gesehen haben. Tatsächlich führt der Weg über mehrere Ebenen mit immer neuen Aussichten. Eine Hollywoodvilla im antiken Pompeji?

Die Herrin des Hauses erwartet den Poeten auf der Hauptterrasse. Sie winkt ihm, doch näher zu treten. Der Sklave, der ihn bis hierher begleitet hat, senkt den Blick, macht zwei Schritte zurück und verschwindet schweigend. Caesius Bassus ist allein. Die Terrasse strahlt so hell, dass er die Frau fast nicht sieht.

Beinah ehrfürchtig geht er auf sie zu. Bei jedem Schritt scheint die Landschaft sich noch mehr zu weiten. Nun entlässt ihn das Haus in die strahlende Welt des Golfs. Von dort winkt blau das Meer herüber, die Halbinsel von Surrentum schiebt sich in den Blick, dann Capreae (Capri). Im Norden Aenaria (Ischia), Pausilypon (Posillippo). Caesius Bassus beugt sich über die Brüstung. Unter ihm zwei weitere Etagen der Villa. Auf einem Dach spielen zwei Kinder mit ihrem Kindermädchen: Ein Junge läuft über die Terrasse und zieht ein Pferdchen aus Terrakotta auf zwanzig Zentimeter hohen Rädern hinter sich her. Das Mädchen hingegen spielt mit zwei Elfenbeinpuppen, die verschiedene Kleider haben, fast wie die Barbiepuppen des 20. Jahrhunderts.

Die unterste Ebene wird von einem Garten eingenommen. Caesius Bassus sieht ein strahlend weißes Nymphäum, das mit Glasfluss-Mosaiken geschmückt ist. Das Triklinium wird fast ganz vom Grün überwuchert. Es reicht bis an eine Wand heran, auf der ein idealer Garten dargestellt ist, in dem Vögel sich in Bäumen verstecken.

Die Aristokratin, die unseren Dichter erwartet, versteht seine Begeisterung. Sie bittet ihn, doch ein wenig zurückzutreten, da er ihr die Aussicht verstellt. Erschrocken dreht Caesius sich um. Die Frau ist fast auf seiner Höhe. Und doch hat er sie nicht bemerkt. Sie sitzt auf einem Falthocker, auf dem ein großes Kissen liegt, und malt. Caesius sieht auf der Leinwand eine Glasschale mit Feigen und Granatäpfeln. Der fantastische Blick aufs Meer und der blaue Himmel bilden den Hintergrund für ihr Bild.

Caesius Bassus entschuldigt sich. Nach einigen höflichen Floskeln entspinnt sich zwischen dem Dichter und einer der reichsten Frauen Pompejis ein Dialog. Offensichtlich sprechen die beiden dieselbe Sprache. Sie ist mittleren Alters, groß, dunkelhaarig. Die Haare hat sie zum Pferdeschwanz zusammengebunden. Um den Kopf trägt sie ein goldenes Band. Ihr Körper in der strahlend gelben Tunika scheint rank und schlank. Die vielen Schwangerschaften haben ihr offensichtlich nichts anhaben können. Die violette, reich bestickte Stola verhüllt die weiblichen Formen kaum. Auch die Tunika ist fast transparent: Koketterie einer immer noch schönen Frau.

Sie taucht mit ihrem blauen Blick in Caesius' grüne Augen. Der Dichter spricht mit gewählten Worten von Poesie, Kunst und Gefühlen und schlägt damit in der verwandten Seele dieser intelligenten Frau eine Saite an. Vielleicht könnte sich ja zwischen den zweien ein besonderes Vertrauensverhältnis herausbilden. Schließlich sind sie beide gebildete Menschen in einer Welt, in der Unwissenheit Alltag ist. Wir werden es wohl nie erfahren, doch dass sie sich auf Anhieb sympathisch waren, davon dürfen wir ausgehen.

Die Dame trägt am Arm einen wunderschönen Armreif (ähnlich dem auf Seite 2 von Bildteil II). Dieses Stück wird dem Haus in späterer Zeit seinen Namen geben, wenn die Archäologen es wiederfinden.

Eine römische Malerin

Wie aber malte man in den Tagen des Alten Roms? Auch damals schuf man wie in allen Epochen Tafelbilder. Leider sind davon nur wenige erhalten geblieben, da Leinwand und Holz für den natürlichen Verfall besonders anfällig sind. Eines dieser Stücke ist ein »Passepartout« – also eine Umrahmung des eigentlichen Bildes –, das im trockenen Klima Ägyptens die Zeiten überdauert hat und heute im British Museum aufbewahrt wird.

Die dargestellten Motive waren ganz unterschiedlich: Statuen, Stillleben, Landschaften und Porträts. Berühmt geworden sind die circa neunhundert sogenannten Mumienporträts, die man vor allem im ägyptischen Fayum (»Fayumporträts«) gefunden hat. Diese Abbilder wurden anders, als der Name vermuten lässt, bereits zu Lebzeiten der Betreffenden angefertigt und vermutlich im Haus aufbewahrt. Nach deren Ableben legte man die Bildnisse als Totenmaske auf das Antlitz der mumifizierten Leichen. Die Gesichter sind so realistisch ausgeführt, dass man fast das Gefühl hat, ein Foto zu sehen. Die Künstler jener Zeit waren sicher genauso geschickt wie die heutigen.

Die Aristokratin mit dem goldenen Armreif malt weiter, während sie mit Caesius Bassus spricht. Ihre Leinwand ist auf einen einfachen Rahmen gespannt, der in den Ecken von Verstrebungen gehalten wird. In der linken Hand hält sie eine kleine Palette. Mit der rechten taucht sie immer wieder den Pinsel in eine elegante Holzschatulle, in der sie die Farben aufbewahrt.

Welche Farben verwendete man in römischer Zeit? Plinius der Ältere schreibt, dass Farben pflanzlichen, mineralischen und tierischen Ursprungs waren. Man sprach von »flacher« Farbe, wenn sie einfach herzustellen war, und von »blumiger«, wenn es sich um den begehrten lebhaften Ton einer teuren Farbe handelte. Ein schönes Beispiel dafür ist die Farbe Purpur, die man in einem langwierigen Prozess aus Purpurschnecken (Murex brandaris) herstellte. Schwarz gewann man aus verbranntem Elfenbein, doch wer sich das nicht leisten konnte, griff auf billigeres Knochenmaterial zurück oder verbrannte Harze beziehungsweise Pinienrinde.

Aus gröberem oder feinerem Ocker mischte man Gelbtöne an, für das Rot hingegen gab es verschiedene Methoden. Man konnte den gelben Ocker kochen (wovon wir später noch mehr hören werden, denn man geht heute davon aus, dass die Hitze der Eruption die Farben der Fresken möglicherweise verändert hat). Oder man nutzte Hämatitpulver beziehungsweise Zinnober (Quecksilbersulfid). Letzterer war ausgesprochen kostspielig und wurde zum Beispiel im Haus der Vettii oder in der Villa der Papyri ausgiebig verwendet. Doch unsere Aristokratin schätzt natürlichen Zinnober nicht besonders, denn er gibt zwar einen lebhaften roten Farbton, der aber nicht lichtecht ist und sich durch Sonnenlicht schwarzbraun verfärbt.

Grün hingegen ist vergleichsweise leicht zu gewinnen. Man braucht dafür nur grüne Steine zu mahlen, die Seladonit oder Glaukonit enthalten.

Das Blau aber ist im Alten Rom der teuerste Farbton, vor allem wenn es aus gemahlenem Azurit oder Lapislazuli hergestellt wird, die beide aus Afghanistan eingeführt werden. Etwas erschwinglicher ist da das »Ägyptisch Blau«, das man für die Tempel und Gräber der Pharaonen im Land am Nil benutzt. Es wird aus verschiedenen Zutaten wie Malachit, Natron und so weiter sozusagen »im Labor« gewonnen.

Caesius Bassus und die Hausherrin mit dem goldenen Armreif haben sich in den Garten begeben und plaudern. Das Bild bleibt auf der Staffelei zurück. Es wird unvollendet bleiben.

Stimmen erschallen. Der Nachbar der Dame ist Fabius Rufus aus dem einflussreichen Geschlecht der Fabier. Gerade verlässt er seine Villa und begibt sich zur Anlegestelle in der Nähe der Stadtmauer. Dort liegt seine Jacht vor Anker. Sein Haus ist womöglich noch schöner als das der Aristokratin. Es umfasst vier verschiedene Ebenen. Ganz unten liegt ein berauschender Garten, der sich bis an die antiken Stadtmauern Pompejis erstreckt. Darüber eine begrünte Terrasse, die wie ein hängender Garten wirkt. Dieser grenzt an einen gewaltigen Festsaal, dessen Wand zum Meer hin sich in der Mitte wie eine Apsis wölbt. Zwei Reihen großer Fensteröffnungen sorgen dafür, dass der Herr und seine Gäste stets einen ungehinderten Blick aufs Meer haben. Rund um den großen Saal gruppieren sich die anderen Räume des Hauses, von denen die meisten ebenfalls Meerblick bieten. Den obersten Stock des Hauses schmückt ein weitläufiger Säulengang, wo man ein paar Schritte gehen und das Panorama genießen kann.

In diesem Haus wird die Natur zum Komplizen des Architekten. Sie wird nicht mehr länger eingezäunt oder in kleine Gärten gepfercht. Nein, hier durchbricht sie die recht rigide Anlage römischer Häuser, die wir bisher kennengelernt haben. Die Villa öffnet sich auf allen Ebenen und gehorcht den Gesetzen der Natur, um das Panorama zum Teil der Architektur zu machen.

Merkwürdig ist das Ende von Fabius Rufus beziehungsweise einem seiner Sklaven. Er stirbt durch einen der pyroklastischen Ströme, während er die Treppen des Hauses hinaufläuft, um sich in Sicherheit zu bringen. Die Archäologen werden ihn auf der Treppe finden und einen Abguss machen. So ist seine verzweifelte Flucht der Nachwelt erhalten geblieben.

Ein Arztbesuch

Während Caesius Bassus und die Aristokratin sich weiter im Garten des Hauses ergehen, steigt Rectina nur wenige hundert Meter entfernt aus ihrer Kutsche. Das Pferd atmet schwer. Die letzten Meter ist es nur im Schritt gegangen. Nun nimmt der Stallmeister es am Zügel und bringt es in einen der Ställe, die sich fast immer am Rand römischer Städte finden: Wer auch immer hier ankommt, kann sein Pferd und seinen Wagen »parken« und nach ein paar Stunden oder Tagen wieder abholen. Das »Park and ride«-System gab es also schon in der Antike. Man fand solche Einrichtungen in Pompeji in der Nähe der Porta Nocera, wo sie sich an die alte Stadtmauer anlehnten. Für den Weg ins Stadtzentrum warteten Sänften auf die, die es sich leisten konnten; alle anderen gingen zu Fuß.

Rectina zieht sich die *palla* über den Kopf. Einen Zipfel hält sie mit der Hand vors Gesicht. Gefolgt von ihrer Dienerin, macht sie sich auf. Ihr Vertrauenssklave geht ihr voran und bahnt ihr einen Weg durch die Menge.

Sie nimmt eine von Grabmalen gesäumte Straße und steigt einen Hügel hinauf. Am Rand des Gehsteigs sind in regelmäßigen Abständen Säulenstümpfe angebracht. Sie erleichtern Reitern den Aufstieg aufs Pferd. Schließlich kannten die Römer ja den Steigbügel nicht. Die Ansammlung von Säulenstümpfen an dieser Stelle zeigt, dass die Stadttore damals tatsächlich Verkehrsknotenpunkte waren, wo sich Pferde, Karren und Reisende ein Stelldichein gaben. Denn in der Stadt selbst fehlen solche.

Bald sind Rectina und ihre Magd bei der Porta Ercolano (der antiken Porta Salis) angekommen, die wie ein massiger Triumphbogen wirkt. Auf dem weißen Marmor der Porta stehen einige Bronzestatuen, deren Köpfe die Vögel sich als Ruheplatz ausgesucht haben. Rectina durchschreitet die massiven Holzportale, die mittlerweile schon seit unvordenklicher Zeit offen stehen. Ein Monument des Friedens, der in dieser Region seit mehr als hundertfünfzig Jahren herrscht.

Was aber führt Rectina heute nach Pompeji? Wäre es nicht einfacher gewesen, nach Herculaneum zu gehen, das so nah an ihrer Villa liegt? Doch heute ist ein berühmter Arzt in Pompeji, der zum kaiserlichen Gefolge gehört und morgen schon abreisen wird. Eine Gelegenheit, die man sich nicht entgehen lassen darf. Auch der Leibarzt von Kaiser Titus war schon hier und hat viele Menschen geheilt, wie man einem recht respektlosen Graffito auf dem Abort im Haus des Edelsteins (Casa della Gemma) in Herculaneum entnehmen darf. Dort steht nämlich: *Apollinaris medicus Titi imperatoris hic cacavit bene.* (»Hier hat sich Apollinaris, Leibarzt Kaiser Titus', mühelos erleichtert.«)

Unter normalen Umständen würde der Arzt bei Rectina einen Hausbesuch machen, schon wegen ihres hohen Standes. Das Leben der reichen Menschen spielte sich weitgehend in ihren Häusern ab. Sie mischten sich nicht unters gemeine Volk. Dieser Besuch entsprang einer Laune Rectinas, ist doch heute einer der Besten seiner Zunft in Pompeji. Sie will ihn sofort sprechen. Warum nur? Ganz einfach, Rectina wünscht sich ein Kind.

Sie ist kein Mädchen mehr, doch immer noch jung und fruchtbar. Und sie möchte einen Sohn, bevor es zu spät ist. Sicher weiß der berühmte Arzt doch, was sie tun kann, um der Natur ein wenig nachzuhelfen.

Rectinas Wunsch ist recht ungewöhnlich in einer Zeit, in der Geburten für Frauen dem russischen Roulette gleichkommen, denn damals vermieden es die Damen der Gesellschaft tunlichst, schwanger zu werden. Zum einen, weil sich im Kindbett häufig Infektionen einstellten, zum anderen, weil ein Kind natürlich Auswirkungen auf ihren Lebensstil hatte, vom Aussehen ganz zu schweigen.

Schon Augustus wollte etwas gegen die sinkenden Geburtenzahlen in der besseren Gesellschaft tun und erließ Gesetze gegen Ehebruch. Seine Familienförderung sah massive finanzielle Erleichterungen für Familien mit mehr als drei Kindern vor. Beide Maßnahmen aber brachten nicht den gewünschten Erfolg.

Die zweite Hälfte des 1. Jahrhunderts n. Chr. ähnelt unserer Zeit in oft verblüffender Weise. Die Institution der Ehe schien damals ebenfalls in eine Krise geraten zu sein. Mit einem Unterschied zu heute: Zu jener Zeit heiratete man nie aus Liebe, sondern weil die Familien es so wollten. Es handelte sich durchweg um arrangierte Ehen. Man muss sich das ein bisschen so vorstellen wie die Fusion zweier Wirtschaftsunternehmen, die ihren Börsenwert steigern wollen. Es war gängige Praxis, dass ein niedergehendes Adelsgeschlecht seinen Sprössling mit der Tochter eines aufsteigenden Unternehmers, häufig eines Freigelassenen, vermählte. Der Adel bekommt die dringend benötigte Geldspritze, der Freigelassene ein Wappen, das sein Ansehen in der Gesellschaft hebt.

Doch wenn wir von diesem eher »technischen« Aspekt der Ehe einmal absehen, ziehen Männer und Frauen im Rom jener Zeit das Vergnügen kurzfristiger Bindungen langfristigen Beziehungen vor. Sie sammeln quasi heimliche Liebschaften in einem Tanz, der von Historikern schon als »Quadrille der Liebe« bezeichnet wurde.

Rectina hat dem Arzt bereits gestern einen Boten geschickt, um ihm ihren Besuch anzukündigen. Sie muss natürlich nicht warten. Ihr Sklave ist ihr vorausgeeilt und hat schon alles für die Ankunft seiner Herrin vorbereitet.

Man lässt sie durch einen Seiteneingang ein. Wir sind im Haus des Chirurgen (Casa del Chirurgo), das von den Archäologen so benannt wurde, weil man dort zahlreiche ärztliche Instrumente gefunden hat. Etwa vierzig davon wurden in kleinen Metallschatullen aufbewahrt. Dies ist eines der ältesten Häuser in Pompeji, daher befindet sich das *impluvium* im Atrium, um das sich zahlreiche andere Räume gruppieren. Im Augenblick der Eruption waren dort vermutlich Besucher versammelt, die zum Arzt wollten. Sicher gab es Sprech- und Wartezimmer wie auch heute.

Tatsächlich existierten in römischer Zeit keine Krankenhäuser (außer in Militärstädten wie Xanten im Rheinland). Normalerweise kommen die Ärzte ins Haus, um die Kranken zu behandeln, wie wir das aus Romanen aus dem 19. Jahrhundert oder Filmen über den Wilden Westen kennen. Doch archäologische Funde, zum Beispiel im italienischen Rimini, zeigen, dass man manche Häuser in »Tageskliniken« umgewandelt hatte. Dort wurden die Patienten in verschiedenen Räumen ärztlich behandelt. In Rimini entdeckte man in einem ähnlichen Haus sogar neben dem Behandlungszimmer ein spezielles Zimmer, das als »Aufwachraum« gedient haben mag, wo die Patienten nach chirurgischen Eingriffen ruhten und überwacht wurden. Wir wissen nicht genau, was sich in Pompeji am Tag vor dem Ausbruch im Haus des Chirurgen abgespielt hat. Doch es ist anzunehmen, dass es in einer Stadt mit zehn- bis zwölftausend Einwohnern mehrere Ärzte mit eigener Praxis gab, wo man sich behandeln lassen konnte.

Rectina wird vom kaiserlichen Leibarzt persönlich empfangen. Er hat weißes Haar und einen starken griechischen Akzent. Tatsächlich sind die Ärzte in römischer Zeit durchweg Griechen. Das ist Tradition, denn was das medizinische Wissen angeht, ist Griechenland immer führend gewesen. (Das damalige Ephesos war für die Antike das, was die amerikanischen Unikliniken für uns Heutige sind.) Ein anderer Grund mag sein, dass in archaischer Zeit kein Römer einem anderen Geld für eine medizinische Behandlung bezahlt hätte. Jeder *pater familias* musste die Heilmittel für häufige Krankheiten kennen, denn er war es, der die Familienmitglieder und Sklaven verarztete. In alter Zeit jedenfalls. Mittlerweile allerdings haben sich die Verhältnisse geändert. Die römische »Globalisierung« des Mittelmeers und die Präsenz griechischer Ärzte haben dafür gesorgt, dass man sich in der Kaiserzeit lieber an ausgebildete Mediziner wendet. Wie Rectina das jetzt tut.

Der Arzt, der ihr gegenübersitzt, ist bei einem Kollegen aus Pompeji zu Besuch. Rectina schildert ihm ihr Problem, dann muss sie sich auf die Liege legen. Der Arzt wäscht sich die Hände und nimmt ein Instrument zur Hand, das aussieht wie ein Wagenheber, aber nicht länger ist als ein Korkenzieher.

Es handelt sich um einen Retraktor. Man dreht den Griff, und vier Klappen öffnen sich wie die Finger einer Hand. Ein erstaunlich modern anmutendes Instrument, das den Spekula heutiger Gynäkologen gleicht und von der engen Zusammenarbeit zwischen Arzt und Instrumentenmacher zeugt.

Rectina wendet den Blick ab, während sie untersucht wird. Auf dem Tisch liegen weitere Instrumente wie ein Skalpell mit austauschbarer Klinge, das ein wenig aussieht wie unsere früheren Rasierklingen. Daneben finden sich Zangen zur Zahnextraktion, Zangen mit messerscharf geschliffenen Greifbacken zum Entfernen entzündeter Mandeln, Brenneisen, mit denen man Wundränder kauterisiert, und Sägen für Amputationen jeglicher Art. All das gehört zur Standardausrüstung der Mediziner vor zweitausend Jahren. Damals musste ein Arzt jede Art von Eingriff vornehmen können, selbst die schwierigsten. Häufig haben sie ihr Metier ohnehin bei der Armee gelernt, wo es gewöhnlich viel zu operieren gab. Erst später konnten sie sozusagen ihre »Privatpraxis« eröffnen, um mehr Geld zu verdienen.

Neben den chirurgischen Instrumenten liegen alle möglichen Arzneien: Tiegel mit Heilsalben, Terrakottatöpfchen mit lindernden Cremes, Metallschatullen, in denen Pillen aus Heilkräutern aufbewahrt werden.

Vor allem eine Form des wilden Fenchels, der mit dem heutigen Stinkasant (Ferula asafoetida) verwandt ist, fand in den Arzneimitteln jener Zeit häufig Verwendung. In der Antike gilt er quasi als Allheilmittel. Leider hat seine Beliebtheit dazu geführt, dass er in der libyschen Kyrenaika, wo er einst üppig wucherte, vollkommen ausgestorben ist. Dort war er so beliebt, dass man ihn gar auf Münzen prägte. Da er ausgestorben ist, können wir nicht mehr überprüfen, ob seine Heilwirkung wirklich so phänomenal war. In jener Zeit aber bereitete man daraus sogar das »Augenwohl« der Antike: ein Harz, das man mit etwas Wasser zur Augensalbe anrühren konnte.

Doch natürlich sind auf dem Tischchen einer medizinischen Koryphäe des Römischen Reichs nicht nur Instrumente oder Arzneimittel ausgebreitet. Der Arzt hat auch noch andere wirksame Helfer: Da ist zum Beispiel eine Statue des Äskulap, eine des Merkur und eine der Hygieia. Und eine Hand aus Bronze, reich mit Symbolen geschmückt, die dem ursprünglich orientalischen Kult des Jupiter Dolichenus entstammt. Außerdem steht da noch ein Gefäß in Form eines Fußes, aus dem man kalte oder heiße Flüssigkeiten gießt, je nachdem, was die Therapie erfordert.

Da die medizinischen Kenntnisse im Vergleich zu heute begrenzt waren, können wir davon ausgehen, dass der Beistand der Götter ein ganz wesentliches Element jeder antiken Therapie war.

Vor dem Haus des Chirurgen haben sich mittlerweile zahlreiche Patienten versammelt. Sie sitzen auf dem Gehsteig der heute »Via Consolare« genannten Straße, die sozusagen das Wartezimmer des Chirurgen bildet. Was für Leute sind das, die sich hier versammelt haben?

Interessanterweise sind unter ihnen auch Frauen, die genau mit dem gegenteiligen Wunsch zum Arzt kommen wie Rectina. Eine heißt Smyrina und stammt von der türkischen Küste. Ein kräftiges Mädchen mit schwarzen Locken und runden Formen, das nie um eine schnelle Antwort verlegen ist. Eine echte Frau aus dem Volk also, und sie will keine Kinder, doch in ihrem Beruf hat man nun mal viele Sexualkontakte, mitunter mehrmals am Tag und mit den unterschiedlichsten Männern. Dabei ist sie keine Prostituierte. Sie bedient in einer Kneipe an einer verkehrsreichen Straße, der Via dell'Abondanza. In dieser Epoche kann man jede Frau, die in einem öffentlichen Lokal arbeitet, um eine solche Dienstleistung bitten. Das ist ganz normal, es gehört einfach zum »Service«.

Es gibt so einige Methoden, um eine ungewollte Schwangerschaft zu verhindern. Begnügen wir uns mit der Information, dass man etwas wie die Pille »davor« und »danach« auch jetzt schon kennt …

Zu den Patienten, die dort auf den Arzt warten, gehört ein fünfzehnjähriges Mädchen, für das jemand einen Hocker geholt hat. Sie ist hochschwanger und stellt quasi den Gegenpol römischer Weiblichkeit dar. Zu jener Zeit heiraten die Mädchen früh, teilweise schon mit zwölf Jahren. Das ist das gesetzlich erforderliche Mindestalter. Genauso früh werden sie dann Mutter. Obwohl viele Ärzte, unter anderem Galenus, raten, mit einer Schwangerschaft bis zum fünfzehnten Lebensjahr zu warten, gibt es sehr viele Kindmütter. Das liegt unter anderem daran, dass ihre Ehemänner meist sehr viel älter sind (zwischen fünfunddreißig und vierzig Jahre) und sie nur als »amtliche« Ehefrau betrachten. Die Ehen werden ja, wie wir bereits gehört haben, meist von den Eltern arrangiert. Manchmal werden die Mädchen schon mit sieben oder acht Jahren ins Haus des Ehemannes gebracht. Sie sind Verlobte. Ein schriftlicher Vertrag sichert ihnen zu, dass die Ehe erst nach der Hochzeit vollzogen wird. Aber natürlich werden diese Verträge nicht immer eingehalten, wie viele Prozessakten aus jener Zeit beweisen.

Das Mädchen wird mit Ehrerbietung behandelt, ist sie doch die Tochter eines einflussreichen Pompejaners. Eines mächtigen Mannes, den alle kennen, der jedoch wegen seiner finanziellen Machenschaften schon mehrfach ins Gerede gekommen ist. Wir sprechen von Gaius Iulius Polybius, dem »Strippenzieher«, dem wir bei Rectinas Bankett begegnet sind. Unsere Wege werden sich heute noch einmal kreuzen, dann können Sie sich selbst ein Bild machen. In einer

Hinsicht aber sind sich alle einig: Er ist auf dem besten Weg, einer der Herrscher Pompejis zu werden. Heute würde man ihn vermutlich zur Spezies der »Heuschrecken« rechnen. – Das Mädchen aber ist schüchtern und so ganz anders als sein Vater.

Offensichtlich sind die drei Frauen hier, um den Arzt zu sehen, der nur auf der Durchreise ist. Er gilt als Fachmann für Frauenheilkunde. Aber das Haus gehört ja einem anderen Chirurgen, der seine Patienten heute empfängt wie immer.

Als aus dem Haus ein polterndes Geräusch zu vernehmen ist, springen die Patienten auf. Die Pforte wird mit einem Balken verbarrikadiert, der gegen die Tür drückt und mit einem Ende in einer rechteckigen Aussparung im Pflaster ruht. Wenn Sie einmal nach Pompeji kommen, achten Sie darauf: Einige Meter vor der Türöffnung ist meist so ein quadratisches oder rechteckiges Loch im Pflaster zu sehen. Dort lag der Balken auf, der die Tür verschloss.

Nun gehen die beiden Türflügel auf, die Patienten treten ein. Einige hinken, andere tragen Binden, wieder andere werden von ihren Angehörigen gestützt. Ordentlich setzen sie sich auf die Bänke am Eingang und geben einem der Sklaven ihren Namen an. Der notiert sie auf einer Wachstafel. Dann warten sie, bis sie an der Reihe sind.

Wer sind diese Patienten? Wissen wir, was ihnen fehlte und wie es um die Gesundheit der Pompejaner bestellt war? Leider stehen uns keine schriftlichen Aufzeichnungen zur Verfügung. Dafür aber gibt es eine große Anzahl von Skeletten, die uns Indizien über den körperlichen Zustand der Betroffenen liefern. Maciej und Renata Henneberg, biologische Archäologen, haben die Knochengerüste untersucht. Sie zeigen häufig Traumen, verursacht durch ein körperlich sehr viel aktiveres Leben als das unsere. So fanden sich sehr viele Brüche, die von den Ärzten in Pompeji meist gut »eingerichtet« wurden (indem man die Knochen an der Bruchstelle schiente). In einer Zeit, in der man viel öfter zu Fuß unterwegs war als heute und es kaum Maschinen gab, die schwere Arbeiten erleichterten, zeigten Gelenke und Knochen starke Abnutzungserscheinungen infolge der Arbeit im Haus und auf dem Feld. Das Tragen schwerer Lasten und der ständige Werkzeuggebrauch belasteten Arme und Beine erheblich, wodurch letztlich der Rücken in starke Mitleidenschaft gezogen wurde.

Die Pompejaner litten wie fast alle Bewohner antiker Städte unter Arthrose an Knien, Knöcheln, Hüften, Fingern, Handgelenken, Ellbogen, Schultern und Wirbelsäule. Ein weiteres Problem sind Entzündungen. Häufig stellte man fest, dass sich unter der Knochenhaut weitere Knochenmasse gebildet hatte, weil es dort zu einer Entzündung gekommen war. Auch Osteome gab es, gutartige Knochentumoren, vor allem am Schädel.

Obwohl die Menschen an den Hängen des Vesuvius sich eines natürlichen Zahnschutzes erfreuten, weil das Wasser dort vergleichsweise viel Fluor enthält, hatten doch alle mit Karies zu kämpfen. An den Wurzeln der Zähne fanden sich mitunter tief sitzende Abszesse.

Die Knochenreste aus Pompeji zeigen, dass die Ärzte sich mitunter auch mit ungewöhnlichen Problemen konfrontiert sahen, zum Beispiel dem frühzeitigen Zusammenwachsen der Schädelfissuren. Dadurch wird die Schädelform ungünstig beeinflusst, und das Gehirn kann sich nicht mehr normal entwickeln. Oder einer kontinuierlichen Verdickung von Knochen (die sogenannte Paget-Krankheit), die die Knochen größer und zerbrechlicher werden lässt. So merkwürdig wie selten sind auch Fälle von asymmetrisch entwickelten Halsmuskeln, die letztlich zu einem verkrümmten Hals führen.

Doch dies sind ausgesprochen seltene Anomalien. Häufig hingegen war die sogenannte Spina bifida, bei der das Neuralrohr sich nicht schließt. Diese Erkrankung findet man in Pompeji bei elf Prozent der untersuchten Skelette. Die Betroffenen litten daher unter ständigen Schmerzen im unteren Rücken.

Im Haus des Chirurgen werden Rectina, ihre Magd und ihr Sklave gar nicht bemerkt, als sie das Haus durch die Hintertür verlassen. Sie gehen durch den Gemüsegarten hinaus, eine Reminiszenz an das *here-*

dium der archaischen Zeit, als ein Stückchen Land die ganze Familie ernährte.

Rectina ist erleichtert. Der Arzt hat ihr gesagt, dass sie ja noch jung sei und beste Aussichten auf eine Schwangerschaft habe. Es sei alles nur eine Frage des Versuchs, der Zeit und der Gelegenheit.

Bald sind die drei wieder bei ihrer Kutsche angekommen und schlagen den Weg zurück nach Hause ein. Die Aristokratin weiß jetzt, dass ihr nur noch eines zu tun bleibt: Sie muss die Gnade der Götter anrufen und eine kleine Votivgabe in den Tempel der Fruchtbarkeit nicht weit von ihrem Haus bringen.

Eine Stadt, die nach Orient schmeckt

Wir aber bleiben noch ein wenig in Pompeji und setzen unseren Spaziergang fort. Was für einen Eindruck haben wir überhaupt von der Stadt am Vesuvius? Professor Antonio De Simone, der zahllose Forschungsprojekte über Pompeji und den Vesuv geleitet hat und daher eine beneidenswerte Vertrautheit mit der Stadt besitzt – meiner Ansicht nach ist er in Sachen Pompeji die Autorität schlechthin –, meint, man käme der Sache wohl am nächsten, wenn wir uns eine Stadt im Orient vorstellen.

Anders, als man das auf so vielen Rekonstruktionsbildern sieht, war Pompeji von oben betrachtet keineswegs eine Ansammlung von Ziegeldächern. Es gab unzählige Terrassen, viele Gebäude hatten ein Flachdach, wie es im Übrigen auch heute noch in Kampanien üblich ist. Wenn Sie durch Pompeji schlendern, zeigt Ihnen allein schon die Existenz eines Fallrohrs aus runden Terrakottahohlziegeln, die man ineinandersteckte, dass darüber eine Terrasse lag. Das Rohr leitete das Wasser vom Dach oder der Terrasse auf die Straße oder in eine Zisterne. Und auf den Terrassen breiteten Frauen ihre Wäsche aus, legten auf Holzplatten Obst oder andere Lebensmittel zum Trocknen hinaus. Fässer standen neben Amphoren und so weiter.

Bei einem Spaziergang wäre uns das lebendige Pompeji vorgekommen wie eine Stadt in Nordafrika oder Indien, und zwar aus verschiedenen Gründen.

Leute in Tunika und Schleier kommen an uns vorüber. Ein Blick in die Straße zeigt uns, dass es dort viele Läden gibt. Die Waren werden vor dem Eingang oder in der Türöffnung gestapelt.

Erschrocken zucken wir zusammen, als wir das Klappern von Holz hören. Ein Ladenbesitzer nimmt die Holztafeln weg, die den Eingang zu seinem Geschäft versperren. In der Antike gab es noch keine Rollläden wie heute. Damals versperrte man seinen Laden, indem man mehrere Holztafeln nebeneinanderstellte. Ein langer Riegel hielt sie am Platz. In vielen Ländern Nordafrikas, zum Beispiel in Ägypten, ist das heute noch so. Manchmal nimmt der Ladenbesitzer nur die letzte Tafel weg, dann haben wir eine – zugegebenermaßen enge – Tür.

Wir gehen auf seinen Laden zu. Drinnen ist es noch dunkel. Nur das schwache Licht einer Öllampe erhellt das dunkle Gemäuer, doch etwas anderes erregt unsere Aufmerksamkeit. Der betörende Duft orientalischer Spezereien kitzelt unsere Nase. Obwohl wir nichts sehen, wissen wir, dass wir vor einer Gewürzhandlung stehen. Doch wir gehen weiter und achten darauf, nicht mit dem Kopf an die Markisen zu stoßen.

Weiter vorn sehen wir einen Schuster bei der Arbeit. Er schlägt mit dem Hammer auf die Sohle einer Sandale, die er offensichtlich reparieren will. Am Ende der Straße steht ein Bettler und bittet uns um eine milde Gabe. Auf der anderen Seite der Kreuzung stoßen wir auf einen Tuchhändler. Der beleibte Herr steht mitten auf der Straße und plaudert mit einem Freund, während er an einem warmen Getränk schlürft. Vor seinem Laden hat er Stoffmuster aufgespannt.

Woher wir all das wissen, zweitausend Jahre nach dem Untergang Pompejis? Natürlich ist die Stadt heute zerstört, doch wenn Sie durch die Straßen schlendern, wird das Leben jener Zeit schnell lebendig: Da ist nur ein klein wenig Fantasie erforderlich.

Haben wir nicht eben gesehen, wie ein »Fallrohr« aus Terrakotta uns verriet, dass da oben eine Terrasse gewesen sein musste? Jetzt betrachten wir einfach nur den Gehsteig. In gewissen Abständen weisen die Randsteine eine Rinne auf, die sich über den ganzen Gehsteig zieht. Auf den ersten Blick möchte man meinen, die Flut von Touristen habe sie ausgetreten, aber nein: In Wirklichkeit wurden diese Rinnen bereits in der Antike vom Regen ausgewaschen. In Pompeji gibt es zwar keine Dächer mehr, und von den Häusern steht nur noch das Erdgeschoss, mitunter ein Rest vom ersten Stock. Doch Ihrer Fantasie sind schließlich keine Grenzen gesetzt. Heben Sie den Blick, sehen Sie nicht das vorspringende Dach, das die Passanten vor dem Regen schützte? Dort, wo es aufhörte, prasselte der Regen auf die Steine herab. Sehen Sie jetzt die Straße vor sich? Den ersten Stock, der vielleicht längst nicht mehr da ist? Mit den Fenstern, dem Balkon, den Loggien?

Dort wurde Wäsche getrocknet, Blumentöpfe standen da. Die Römer liebten Blumen im Haus oder Blumentöpfe auf dem Fensterbrett mindestens genauso wie wir. Da ist eine Schwelle, die ein paar Einkerbungen zeigt. Das heißt, dass hier früher eine Tür war. Lassen Sie Ihrer Vorstellungskraft ruhig Raum auf dieser Reise zwischen gestern und heute. In unserer Geschichte, die uns von der Antike immer wieder zurück in die Moderne führt und umgekehrt. Die Schwelle eines Ladengeschäfts bestand meist aus Marmor und wies ebenfalls eine lange, tiefe Einkerbung auf. Dort wurden die Tafeln eingeklemmt, die den Laden schlossen. Und siehe da: Wir erblicken sie vor unserem inneren Auge.

Manchmal erkennen wir an der Vorderkante der Randsteine Löcher. Wir können den Finger hineinstecken. Man band hier Pferde an. Oder zog Seile durch, mit denen man die Markisen hielt. Diese Technik findet sich in Indien heute noch. Vor dem Eingang eines Geschäfts hängt ein Stück Stoff an einer horizontal angebrachten Stange, die wiederum von zwei vertikalen Stangen gehalten wird. Gespannt wird es dann mit Seilen, die im Gehsteig verankert sind.

So feiert Pompeji in Ihren Augen Wiederauferstehung. Haben Sie die großen rechteckigen Steine in der Mitte der Straße bemerkt? Das ist quasi der römische »Fußgängerüberweg«, von dem schon kurz die Rede war. Warum aber sind sie da? Wäre es nicht einfacher gewesen, den Gehsteig niedriger zu machen und auf die Blöcke ganz zu verzichten?

Der Sinn dieses Phänomens wird erst an Tagen deutlich, an denen es regnet, denn dann verwandeln die Straßen sich schnell in Wildbäche. Die Gehsteige sind so hoch, damit die Geschäfte nicht überschwemmt werden. Und über die Blöcke gelangt man trockenen Fußes auf die andere Seite. Es ist kein Zufall, dass Pompejis Straßen in den meisten Fällen von Norden nach Süden ausgerichtet sind und nicht von Osten nach Westen: Sie verlaufen parallel zum Hang, auf dem die Stadt gebaut wurde, damit das Wasser ablaufen kann. Ein klug ausgedachtes System, das nicht zuletzt auch dazu beiträgt, dass die Straßen sauber bleiben, selbst wenn die Ladenbesitzer ihren Müll einfach vor die Tür werfen sollten. Oder aus dem Fenster (was im Übrigen verboten ist). Bei Regen wäscht die Straße sich einfach selbst.

Der Beweis: Es gibt auch in Pompeji Straßenzüge (zum Beispiel in der Nähe der Stabaner Thermen) mit Rinnsteinen, die an Regentagen das Wasser ableiten. In diesen Straßen werden Sie die besagten rechteckigen Blöcke nicht finden, weil man die Straße auch bei Regen mühelos überqueren kann.

Und noch ein Detail des gelebten Lebens in Pompeji: Wenn es regnet, wird die Stadt ein einziges Musikinstrument. Häuser und Straßen sind voll vom Tönen des Wassers, vom Regen, der ins *impluvium* rauscht oder durch die Straßen strömt. Und schon sehen wir Pompejaner in ihren *cuculli*, Ponchos aus Leder, die die Römer kennenlernten, als sie Germanien eroberten. Mit den Schirmen schützte man sich nämlich eher vor der Sonne als vorm Regen.

Immer noch schlendern wir durch Pompeji; und da wir ganz genau hinsehen, fallen uns gewisse merkwürdige Strukturen an den Wänden auf, vor allem am Eingang bestimmter Häuser. Es handelt sich um Verzierungen: Manchmal sind ein paar Ziegel sternförmig angeordnet, manchmal zeigen sich Tuffsteine, die sich wabenförmig aneinanderschmiegen, ein sogenanntes *opus reticulatum*.

Da und dort prangen Terrakottaschilder, die die Insignien des Handwerks zeigen, das hinter dieser Tür ausgeübt wird: Wir kennen zum Beispiel den Hammer des Schmieds.

Und immer wieder stoßen wir auf Darstellungen männlicher Sexualorgane, die sich – im säuberlich gemauerten Ziegelrahmen – an der Wand erheben oder sich uns aus der Wand entgegenrecken. Wie wir bereits gesehen haben, handelt es sich hier meist um eine Art »Amulett«, das dem Haus oder Laden Glück bringen soll. Vergleichbar dem Korallen-Cornetto, das man heute in Süditalien kaufen kann. Auch das ist nichts anderes als ein erigierter Penis, den man im Mittelalter zum Horn eines Stiers umgedeutet hat, da damals jede Anspielung auf sinnliche Freuden als unschicklich galt. Auch der berühmte Penis im Straßenpflaster der Via dell'Abbondanza, den man häufig als »Pfeil« in Richtung des nächsten Bordells deutet, hat in Wirklichkeit apotropäische Funktion; das heißt, er soll Unheil abwehren. Vielleicht hat man ihn anbringen lassen, damit er ein Ladenlokal vor den Verwünschungen der Neider schützt. Denn als Wegweiser wäre er nur dann dienlich gewesen, wenn der Suchende sich den Hals verrenkt hätte und den Kopf nicht hätte heben können. Für eine Hinweistafel wäre es jedenfalls praktischer gewesen, sie an der Wand anzubringen.

Aber es sind nicht die zahllosen Abbildungen von erigierten Gliedern, die Pompeji so einzigartig machen. Dieses Privileg gebührt einem anderen, für uns alltäglichen Gebrauchsgegenstand, den wir zum Beispiel in der Küche des Hauses von Iulius Polybius finden: ein Dachziegel mit Abzug für die Küchendünste. Diese Terrakotta-Erzeugnisse sind tatsächlich aus Pompeji bekannt. Irgendein findiger Handwerker hat sie dort offensichtlich in Serie hergestellt.

Auch die Straßen weisen in Pompeji eine ungewöhnliche Eigenheit auf: Während wir durch die Stadt schlendern, erkennen wir in den Straßen tiefe Rinnen. Man möchte annehmen, dass diese Rinnen von den Rädern der Karren und Kutschen gegraben wurden, die hier entlangfuhren. Aber das ist nicht der Fall. Diese Rinnen wurden absichtlich angebracht. Doch zu welchem Zweck?

Sie sind so etwas wie ein Leitliniensystem für die Kutscher. So können die Karren auch nachts problemlos die Straßen durchqueren, ohne mit den Trittsteinen eines Fußgängerüberwegs zu kollidieren oder in einer Kurve einen Brunnen zu beschädigen. Anhand dieser Rinnen konnte man übrigens feststellen, dass es in Pompeji Einbahnstraßen gab! Manche Straßen sind nämlich so eng, dass zwei Karren nicht aneinander vorbeikommen. Und da es quasi unmöglich ist, einen Esel, der einen Karren zieht, zum Rückwärtsgehen zu bewegen, hat man im ältesten Stadtteil Pompejis, wo es viele enge Gassen gibt, Einbahnstraßen eingeführt.

Als wir heute Morgen von der Gasse, in der das Bordell liegt, in die Gasse zur Bäckerei eingebogen sind (eine Sackgasse), haben wir die Via degli Augustali durchquert, die beide verbindet. In diesem Straßenstück finden wir die üblichen Blöcke für den Fußgängerüberweg, die Fahrrinnen für die Karren aber befinden sich nur auf einer Seite (sie verlaufen von West nach Ost): Hier konnte man nur in diese eine Richtung fahren.

Und dann gibt es noch Straßen, bei denen die Durchfahrt durch Poller aus Marmor versperrt ist, zum Beispiel an jenem Stück der Via dell'Abbondanza, das ins Forum mündet: echte Fußgängerzonen also. In gewissem Sinne ist das Stadtbild in Pompeji dem unseren also durchaus ähnlich.

Bettler, Parfümerien und Schulen

Und wie sich heute Bettler mit Vorliebe in Fußgängerzonen aufhalten, gab es dieses Phänomen in Pompeji auch. Wir wissen das, weil wir einmal mehr zwei und zwei zusammenzählen und uns auf indirekte Beweise stützen.

Vor dem Haus 13 der Insula IX in Regio VII, also fast an der Ecke zwischen der Via degli Augustali und der Straße, die zum Forum führt, steht das Zunfthaus der Parfümeure *(unguentarii)* von Pompeji. Daran entdecken wir eine Wahlkampfwerbung, aus der hervorgeht, dass ein gewisser Modestus von den Parfümeuren, aber auch von den Armen *(pauperes)* für das Amt des Ädils empfohlen wird.

Durchaus wahrscheinlich ist es also, dass diese Armen sich auf dem Gehsteig vor dem Zunfthaus und generell auf dieser belebten Straße ihr Brot erbettelten. Denn dort waren offensichtlich wohlhabende Menschen unterwegs. In der Via degli Augustali gab es auch viele Konditoren (wie den Laden des Donatus). Wer gerade seine Einkäufe oder andere Geschäfte erledigt hatte, konnte sich also leicht eine standesgemäße Stärkung besorgen.

Ein wenig weiter, in Einheit 14 der Insula XII (Regio VII), war eine Schule untergebracht, deren Schüler vermutlich zwischen zehn und vierzehn Jahre alt waren. In römischer Zeit gab es eigentlich keine Schulgebäude. Der Unterricht fand auf der Straße statt oder in entsprechend eingerichteten Wohnhäusern: Auch dieses Gebäude hatte eine große Aula und einen Garten, war ansonsten aber ein normales Wohnhaus. Die Aula bot etwa dreißig Schülern Platz. Wir kennen sogar die Namen einiger Lehrer (und vermutlich Besitzer des Hauses): Cornelius Amandus und Proculus.

Wie uns die Graffiti an den Wänden zeigen, wurden dort technische Fächer unterrichtet. Tatsächlich fand man die Zeichnung einer komplexen Rosette, die offensichtlich mit dem Zirkel gezogen wurde. In dem Rund waren kleine Sterne mit sechs Spitzen eingezeichnet. Man nimmt an, dass dies ein Plan für einen Brunnen oder einen runden Turm ist.

Ein Charakteristikum des städtischen Lebens in Pompeji lässt sich aus dem, was sich heute dem Auge darbietet, allerdings nur schwer erschließen. Die Historiker haben herausgefunden, dass sich in den einzelnen Straßen unglaublich viele Handwerker, Händler und Gastwirte niedergelassen hatten. Heute sieht man nur die endlosen Ziegelmauern und vielleicht noch da oder dort einen Marmortresen. Einmal mehr müssen wir unsere Imaginationsfähigkeit spielen lassen. Diese Ruinen sind ja nur das Skelett, das wir im Geiste mit »Fleisch« auskleiden müssen. Und da wir uns gerade in der Via degli Augustali befinden, will ich Ihnen ein Beispiel geben: Sehen wir uns mal an, wer dort seinem Handwerk nachging.

Gleich am Anfang finden wir einen bekannten Ölhändler, der auch eine eigene Ölkelter *(torcular olearium)* besaß. Sein Name war Numisius Iucundus. Geführt wurde das Geschäft allerdings von zwei seiner Freigelassenen (oder Sklaven): Secundus und Victorinus.

Nur ein paar Schritte weiter – in der Nähe des berühmten Bordells, das heute Ziel aller Touristen ist – stoßen wir auf eine Kneipe mit einer sehr entgegenkommenden Kellnerin namens Hedoné. Die Atmosphäre des Lokals spiegelt sich in der Selbsteinschätzung eines Gastes wider, der folgendes Graffito als Wahlhilfe für einen Politiker verfasste: *M(arcum) Cerrinium Vatiam aed(ilem) o(rant) vos f(aciatis) seri bibi universi rogant.* (»Alle, die bis in die Nacht hinein trinken, empfehlen, Marcus Cerrinius als Ädil zu wählen.«) In einem anderen ist von der Kellnerin die Rede: *Calos, Edone. Valeat qui legerit. Edone dicit: Assibus hic bibitur. Dipundium si dederis, meliora bibes. Quattus si dederis, vina Falerna bib(es)*… (»Hurra, Hedoné. Es leben alle, die dies lesen! Hedoné sagt: ›Hier bekommst du schon um ein Ass etwas zu trinken. Den besseren Wein kriegst du für zwei Asse. Legst du vier Asse auf den Tisch, kannst du ein Glas Falerner trinken.‹ …«)

Folgen wir der Via degli Augustali Richtung Via Stabiana, kommen wir bei einem Schuhmacher vorbei *(taberna sutrina)*. Ein Graffito in der *taberna* sagt uns, dass die *sutores*, die dort arbeiten, »Menecrates« und »Vesbinus« heißen. Die Archäologen finden bei den Ausgrabungen noch sämtliches Handwerkszeug vor: zwei *scalpra* (eine Art Klappmesser), eine *subula* (eine Art Ahle, die man zum Bearbeiten des Leders benutzte), mehrere Messer mit Eisengriff, zwei Haken zum Aufspannen der Häute, eine Zange, drei Bronzenadeln sowie zwei Gefäße mit *atramentum*, einer schwarzen Flüssigkeit, welche die Maler verwendeten, um die Farbe der Fresken besser haltbar zu machen.

Ein Stück weiter finden wir den Eingang zu einem eleganten Haus, das dem »ausgezeichneten« Centurio Marcus Caesius Blandus gehört, der mittlerweile in Pension ist. Wir wissen aber, dass er zur Prätorianergarde gehörte. In seinem Haus fand man viele Mosaiken und bildliche Darstellungen aus dem Soldatenleben. Und wir besitzen ein Porträt von ihm und seiner Frau. Dieses Bild in einem rund gefassten Schmuckfeld ist von einer *corona ovalis* umgeben – ein Zeichen dafür, dass der Mann eine hohe Auszeichnung erhalten hat.

Und am Ende der Straße finden wir das Geschäft eines Maultierhändlers namens Q. Sallustius Inventus mit zwei großen Becken für Wasser und Futter und einem kleinen Stall. Er selbst lebt im ersten Stock, wo ein Siegel mit seinem Namen gefunden wurde.

Panta rhei – alles fließt … bis aufs Wasser

Pompeji, Castellum aquae
23. Oktober 79 n. Chr., 9.00 Uhr
Noch 28 Stunden bis zum Ausbruch

DA FRIDAM PUSILLUM
Gib mir ein bisschen kaltes Wasser.

Mittlerweile sind wir an einem anderen Stadttor Pompejis angelangt, an der Porta Vesuvio, die am nordöstlichen Rand des Wohnviertels liegt, das wir nun verlassen, um den Rest der Stadt zu erkunden. Vor uns steht ein niedriges quadratisches Gebäude, das aussieht wie ein Bunker. Dieses anonyme Bauwerk hat jedoch für das Leben in der Stadt eine zentrale Bedeutung: Es ist das Castellum aquae, das »Wasserwerk« Pompejis.

Fast alle antiken Kulturen stellten die Wasserversorgung über Brunnen sicher. Sie sammelten das Regenwasser in großen Zisternen, vor allem aber bauten sie ihre Städte am Ufer großer Flüsse. So entstanden beinah alle großen Städte. Die Römer aber bewiesen in dieser Hinsicht mehr Erfindungsgeist. Nicht die Stadt kam ans Wasser, sondern das Wasser in die Stadt, und zwar mithilfe von Aquädukten.

Pompeji wird durch den großen Serino-Aquädukt mit fließendem Wasser versorgt. Um Ihnen eine Vorstellung von den Ausmaßen zu geben, sei nur so viel gesagt: Der Aquädukt ist fast hundert Kilometer lang und befördert etwa sechstausend Kubikmeter Wasser pro Tag. Er versorgt nicht nur Pompeji, sondern auch Misenum, Neapolis, Puteoli, Herculaneum, Cumae und Baiae. Solch ein Aquädukt ist sozusagen eine »Wasser-Autobahn«, die entsprechend viele »Ausfahrten« mit ihren »Mautstellen« hat, die *castella aquae*. Von dort aus fließt das Wasser in Bleileitungen, die es weiter in die Stadt hinunterleiten. Zumindest ist das so beabsichtigt.

Doch wir müssen feststellen, dass das örtliche Castellum im Oktober 79 n. Chr. außer Betrieb ist! Mit anderen Worten: Pompeji hat am 23. Oktober 79 n. Chr. kein Wasser! Das ist eine der großen Überraschungen unserer Erkundungstour. Anders, als man es aus zahllosen Filmen und Romanen kennt, fließt in Pompeji am Tag der Eruption kein Wasser aus den Brunnen. Auch in den Häusern der Reichen kommt kein Wasser aus der Leitung, die Brunnen in den Häusern sind trocken. Die Thermen sind ebenfalls ohne Wasser und bleiben daher geschlossen bis auf eine, die ihr Wasser vollständig aus einer eigenen Zisterne bezieht. Wollte man all die fiktionalen Werke, die sich mit dem Vesuviusausbruch beschäftigen, den Tatsachen entsprechend korrigieren, würden zahllose Seiten Text und unzählige Meter Film schlicht zu Makulatur.

Heißt dies, dass man sich am Tag vor der Eruption in Pompeji nicht einmal waschen kann? Nein, aber nicht wie gewohnt. Man verfährt bei der Körperpflege wie in archaischer Zeit, als es noch keine Aquädukte gab. Man wäscht sich mit Wasser aus dem *impluvium*, das man in die Waschbecken gießt. Oder füllt damit Badewannen. (Eine Badewanne aus Bronze wurde in Herculaneum gefunden.) Oder man schickt Sklaven mit Amphoren zum Wasserholen aus.

All das zeigt uns ein Pompeji, das mit dem in Filmen präsentierten wenig gemein hat. Denn tatsächlich herrscht schon am Vortag der Eruption der Ausnahmezustand. Wir sind ja aufgebrochen, das wahre Gesicht der Stadt vor dem Ausbruch des Vulkans kennenzulernen. Dabei wird sich zeigen, dass die Notstände nicht erst mit dem Ausbruch einsetzen.

Aber eins nach dem anderen. Warum hat Pompeji am 23. Oktober 79 n. Chr. kein Wasser? Im Grunde trägt auch daran der erwachende Vulkan die Schuld. Einige Wissenschaftler gehen davon aus, dass es schon im Vorfeld der Eruption zu Bodenverwerfungen kam, die das Gefälle des Aquädukts veränderten, sodass kein Wasser mehr in die

Stadt floss. Dafür gibt es aber keinen Beleg. Träfe dies zu, müsste die Wasserversorgung auch in anderen Städten, die von dem Aquädukt versorgt wurden, zusammengebrochen sein. Das gilt vor allem für Misenum, das am Ende der Leitung liegt. Doch Plinius der Jüngere erwähnt dies in seinem Brief an Tacitus mit keinem Wort.

Letztlich also ist es sehr viel wahrscheinlicher, dass der Wassermangel in Pompeji durch ein Erdbeben ein paar Tage vor der Eruption verursacht wurde. Erdrutsche sind für die Zeit vor einem größeren Vulkanausbruch absolut typisch. Unserer Ansicht nach ist dies der eigentliche Grund für die Unterbrechung der Wasserversorgung, vermutlich verursacht durch einen teilweisen Einsturz des Aquädukts. Das aber hätte die Wiederinbetriebnahme schwierig gemacht, denn schließlich musste nicht nur der ausgefallene Abschnitt ausgebessert, sondern auch das Gefälle für den Wassertransport neu berechnet werden. Erdbeben sind wichtige Einschnitte in der Abfolge der Ereignisse, über die wir hier berichten. Auch Plinius der Jüngere schreibt in seinen Briefen über sie.

Nähern wir uns nun dem Castellum aquae. Aus einer der Seitentüren hören wir mehrere Männer miteinander über die möglichen Gründe für das Ausbleiben des Wassers diskutieren. Einen davon erkennen wir sofort an der Stimme. Sie gehört Titus Suedius Clemens, dem wichtigsten Mann bei Rectinas Bankett. Der Tribun wurde vom Kaiser persönlich entsandt, um die Grundbesitzverhältnisse in Pompeji und Umgebung neu zu ordnen. Doch was macht er jetzt hier, im Castellum aquae?

Seine Aufgabe ist, wie wir beim Bankett schon angedeutet haben, recht heikel. Als Vespasian an die Macht kommt, herrscht Ebbe in der römischen Staatskasse. Nero hat mit seinen Eskapaden die Schatullen des Kaiserhauses ausgeplündert. Nach seinem Tod gab es mehrere Anwärter auf den Thron, die aufeinanderfolgten, bis sich Vespasian schließlich durchsetzte. Auch die blutigen Konflikte zwischen den Anhängern der verschiedenen Thronprätendenten kosteten den Staat Geld. Das Jahr 69 n.Chr. ging in die Geschichte ein als das »Vierkaiserjahr«. Vespasian aber war ein praktisch veranlagter Mensch. Kaum an der Macht, befahl er, das Land finanziell und verwaltungstechnisch neu zu ordnen. Titus Suedius Clemens gehört zu den Leuten, die dieses Programm umsetzen sollen, das weitergeführt wird unter Vespasians Sohn Titus, der zur Zeit des Vesuviusausbruchs auf dem Thron sitzt.

Der Auftrag des kaiserlichen Tribuns ist klar: Er soll das Grundbuch neu erstellen (Feststellung der Grundstücksgrenzen, Eigentumsverhältnisse und so weiter), um die Einnahmen des Kaisers zu erhöhen. Gerade in Pompeji ist die Neuordnung des Grundbuchs nötiger als anderenorts, denn dem schweren Erdbeben von 62 n. Chr. ist auch das Stadtarchiv zum Opfer gefallen. Daher musste nach dem Wiederaufbau das Land neu vermessen und ein neues Grundbuch erstellt werden. Außerdem war darüber zu wachen, dass niemand die Situation nutzte, um seinen Besitz zu vergrößern oder sich etwa öffentliche Güter unter den Nagel zu reißen.

Titus Suedius Clemens ist ein Mann, der sich von nichts und niemandem beeindrucken lässt, nicht einmal von den Toten. Wir wissen das von einem Gedenkstein, den die Archäologen mitten auf der Straße an der Porta Nocera gefunden haben: Der Tribun hat ein Familiengrab verlegen lassen, weil es außerhalb der Stadtmauern unrechtmäßig einige Quadratmeter Land der öffentlichen Hand belegte. Der Text auf der Stele lässt keinen Zweifel an der Unbeugsamkeit des kaiserlichen Abgesandten: Ermächtigt durch den Imperator Caesar Vespasianus Augustus, habe der Tribun Titus Suedius Clemens nach Kenntnisnahme der Sachlage und Ausführung aller Messungen den Bürgern Pompejis die öffentlichen Orte zurückgegeben, die von Privatpersonen unrechtmäßig in Anspruch genommen worden waren. Und das ist keineswegs der einzige Gedenkstein dieser Art in Pompeji. Andere finden sich an der Porta Vesuvio, der Porta Ercolano und der Porta Marina. Titus Suedius Clemens ist also gefürchtet. Aber welche Art Mensch ist er eigentlich?

Tacitus schreibt ein paar Zeilen über ihn. Wir wissen, dass er im Vierkaiserjahr Kommandant einer Schiffsflotte unter Otho war. Tacitus meint, er habe Schwächen, wo es um die Aufrechterhaltung der Disziplin ging, sei aber ehrgeizig und liebe den Kampf – ein Mann der Tat also. Da seine Aufgabe doch einiges Fingerspitzengefühl erfordert und auch ein gerüttelt Maß an Kontrolle, ist er nach Pompeji übersiedelt, wo er nunmehr seit einigen Jahren lebt. Und wir wissen sogar, wo. Matteo della Corte ist der Ansicht, er habe zur Zeit der Eruption im Haus eines angesehenen Pompejaners namens Marcus Epidius Sabinus gelebt.

Diesen Schluss legt ein Wahlmanifest nahe, in dem der Tribun alle bittet, die Kandidatur des Sabinus für das Amt des Triumvirn zu unterstützen. Da es in seiner Schrift heißt, er fördere diese Kandidatur »gemeinsam mit den Nachbarn«, können wir annehmen, dass er in diesem Haus wohnte. Diese Verflechtungen zwischen dem kaiserlichen Gesandten und der »High Society« Pompejis, die letztlich dazu führen, dass Titus Suedius Clemens seinen Gastgeber im Wahlkampf unterstützt, sind weiter nicht erstaunlich, auch wenn wir heute sofort einen möglichen »Interessenkonflikt« vermuten würden. Dennoch gab es natürlich auch hier durchaus Verbindungen zwischen Politikern und ortsansässigen Unternehmern, die zu keineswegs sauberen Geschäften führten. Denn die Freundschaft des Tribuns suchen viele: Aus einer Inschrift wissen wir, dass ein gewisser Publius Claudius Speratus ihm eine Amphore des hochgeschätzten Clodianum-Weines verehrte, der drei Jahre gereift war. Ein kostspieliges Geschenk, wie es auch heute alter Wein ist.

Aber Titus Suedius Clemens ist ein integrer Mann von untadeligem Wesen. Und bei der Wahlhilfe für seinen Gastgeber gibt es keinen Interessenkonflikt: Sabinus ist über jeden Verdacht erhaben, ein Experte des römischen Rechts, und steht bei den Pompejanern, die einen ehrlichen Mann in ihm sehen, in höchstem Ansehen. Vielleicht hat der Tribun sich gerade deshalb entschieden, in seinem Haus zu wohnen, einem Hort der Redlichkeit. Und vielleicht hat er ihn auch deshalb zwei Jahre vor der Eruption bei seinen Bemühungen um ein öffentliches Amt unterstützt.

Ebendieser Mann ist jetzt mit Titus im Castellum aquae. Als er das Wort ergreift, schweigen die Umstehenden und hören zu. Sabinus ist ein angesehener Jurist und Meister der Rhetorik. Einige Historiker nennen ihn gar den »Quintilian« Pompejis, weil er, als er noch zu den *iuris doctores* Pompejis gehörte, seinen Studenten den Weg zum Anwaltsberuf ebnete. Heute ist er mit Titus Suedius Clemens hier, um die Schäden des letzten Erdbebens abzuschätzen und zu beratschlagen, was – auch in juristischer Hinsicht – unternommen werden muss, um Pompeji so schnell als möglich wieder mit Wasser zu versorgen.

Unter den Anwesenden ist ein untersetzter Mann mit tiefen Falten im Gesicht: Sein Kopf ist bis auf einen Kranz von langen Haaren, die er bei jedem Atemzug aus dem Gesicht bläst, kahl. Fast könnte man meinen, man hätte ihm wie einem Mönch eine Tonsur geschoren. Der gute Mann ist Klempner und heißt Stallianus. Er und die »Techniker der Stadtverwaltung« sind beauftragt zu kontrollieren, wo in der Stadt die Leitungen unterbrochen sind, und diese zu reparieren. Eine Sisyphusarbeit, die es gleichwohl bald in Angriff zu nehmen gilt.

Die Römer sind tatsächlich Meister der Hydraulik. Wasser ist für sie ein unverzichtbarer Rohstoff. Dabei geht es nicht nur um körperliche Hygiene oder die Zubereitung der Speisen, sondern auch um die Sauberhaltung der ganzen Stadt. Denn nur so lässt sich die Ausbreitung von Epidemien wirksam unterbinden. Diese Idee wirkt unglaublich modern, war sie doch noch im London des 19. Jahrhunderts unbekannt, wo die Cholera Abertausende Menschen hinwegraffte.

Von den Millionen Touristen, die Jahr für Jahr Pompeji besuchen, um seine Häuser, Fresken, Mosaiken und das Zerstörungswerk des Vulkans zu betrachten, wissen nur wenige um das System, das die gesamte Stadt durchzieht und ihr über Jahrhunderte ermöglicht hat, zu blühen und zu gedeihen. Wir aber werden uns dieses Meisterwerk genauer ansehen.

Das Castellum aquae besteht im Innern aus einem einzigen großen Raum. Dessen Inneres wird von einem Becken eingenommen, das sich fächerförmig öffnet. Es enthält zwei Trennwände, die wie ein Wehr wirken. Sie verlangsamen den Fluss des Wassers, sodass eventuelle Verunreinigungen auf den Boden absinken. Diese werden regelmäßig entfernt. Mehrere Gitterroste filtern auch die letzten Unreinheiten heraus. Vom Becken gehen drei kleine Treppen ab, eine mittig, die anderen links beziehungsweise rechts. Wenn das Wasser darüberfließt, wird es mit Sauerstoff angereichert. Dadurch wird verhindert, dass das Wasser einen schalen Geschmack bekommt – der durch Bakterien entsteht, wenn das Wasser zu lange »steht«. Vermutlich wurde im Becken zwischen den beiden Trennwänden auch ein kleiner Fisch gehalten, sozusagen als lebender »Sensor« oder »Bioindikator« für die Qualität des Trinkwassers. Diese Technik wurde jedenfalls bei den Aquädukten in anderen Ländern angewendet und ist bis heute Usus.

Während die Männer noch diskutieren, entdeckt Sabinus an der Wand etwas, was seine Aufmerksamkeit erregt. Er geht mit seiner Laterne näher heran. Da ist tatsächlich ein kleines Fresko oberhalb der Eintrittsöffnung, wo das Wasser vom Aquädukt hereinkommt: Unter zwei gemalten Girlanden sieht man einen nackten Mann mit einer Palme in der Hand liegen (einen Wassergott) und drei nackte Frauen, die vor ihm stehen. Eine von ihnen richtet sich gerade das Haar, wie wir es von der Göttin Venus auf zahlreichen Fresken kennen. Das Fresko stellt eine Allegorie des Brunnens dar, eine Anrufung gleichsam, die sicherstellen soll, dass der Fluss des Wassers in Pompeji nie versiegen möge. Ein recht einfaches Fresko. Was Sabinus interessiert, ist eher die »Signatur« des Künstlers. Er hat seinen Ring viermal in den frischen Putz gedrückt: Das Siegel zeigt eine Frau, die im Schilf sitzt, einen Korb neben sich. Über ihrem Kopf schwebt ein Vogel. Was das wohl bedeutet?

Sabinus lächelt. Keiner der Anwesenden ahnt, dass diese anonyme und so wenig haltbare »Signatur« in zweitausend Jahren noch sichtbar sein wird: Wir haben sie erst kürzlich entdeckt, als wir im Castellum

Aufnahmen für meine Fernsehsendung »Ulisse« machten. Das seitlich einfallende Licht enthüllte die Abdrücke des Rings in der Wand.

Nachdem das Wasser über die drei Treppen gelaufen ist, wird es in die drei Austrittsöffnungen geleitet, durch die es seinem jeweiligen Verwendungszweck zugeführt wird: Eine versorgt die öffentlichen Brunnen (Wasser für alle), eine die Thermen (Sauberkeit für alle) und eine die Häuser jener reichen Römer, die es sich leisten können, sich eine Wasserleitung ins Haus legen zu lassen, wobei vermutlich auch Schmiergelder an den einen oder anderen Beamten geflossen sind.

Einige wissenschaftliche Arbeiten wie die immer noch grundlegenden Untersuchungen des Architekten Hans Eschebach zeigen, wie dieses Wassernetz die ganze Stadt durchzog. In jenen Karten von Pompeji ist verzeichnet, wohin überall das Wasser geleitet wurde: Neben einigen öffentlichen Bauten wie den Thermen gab es zweiundvierzig öffentliche Brunnen, fünfundvierzig Gewerbebetriebe wie Gasthäuser, Kneipen, Färbereien *(fullonicae)* und fünfundzwanzig Bäckereien, die direkt am Wassernetz hingen. Und gut sechzig Privathäuser, die allesamt reichen Pompejanern gehörten.

Der Weg des Wassers

Titus Suedius Clemens und Marcus Epidius Sabinus verlassen das Castellum und beginnen in Begleitung des Klempners und anderer Arbeiter mit ihrer Inspektion. Zunächst einmal überprüfen sie die wichtigste Wasserleitung, jene nämlich, die die öffentlichen Brunnen speist. Die Brunnen sind nicht schwer zu finden, sie liegen direkt an der Straße, ordentlich angeordnet im Abstand von etwa achtzig Metern. So müssen die Leute mit ihren Eimern, Krügen und Amphoren nicht allzu weit gehen. Neunzig Prozent der Einwohner trinken dieses Wasser, kochen, waschen damit ihre Kleider und so weiter.

Jeder Brunnen besteht aus einer Art Stele, die mit den unterschiedlichsten Bildern geschmückt sind: Eine trägt das Gesicht Merkurs, eine andere das Antlitz von Kaiser Augustus. Aus dieser Stele rinnt das Wasser in ein quadratisches Becken. Das besteht gewöhnlich aus vier Lavablöcken, die auf einen fünften montiert sind, den Boden.

Um die Kanten der Brunnen zu schützen, die von unachtsamen Kutschern schon einmal umgefahren wurden, hat man Prellsteine angebracht. Die meisten Randsteine der Brunnen zeigen Einkerbungen, diese gehen jedoch nicht, wie viele Besucher meinen, darauf zurück, dass sich die Touristen ständig darauf abstützen. Sie wurden vielmehr von den Seilen in den Stein gegraben, mit deren Hilfe die Pompejaner ihre mit Wasser gefüllten Eimer aus dem Brunnen zogen.

Wie geht es dann weiter mit dem Wasser? Titus Suedius Clemens und Marcus Epidius Sabinus nehmen jeden Abschnitt der Wasserleitung genau in Augenschein. Sie gehen die Via Stabiana hinunter, den *cardo* Pompejis. Einige Ladenbesitzer haben sich ihnen angeschlossen und sehen neugierig zu. Bald bildet sich eine Gruppe Schaulustiger um unsere technische Inspektion.

Deren besonderes Augenmerk gilt ein paar seltsamen Türmen (die heute nur noch Touristen auffallen). Sie erheben sich in den Straßen Pompejis, meist in der Nähe von Kreuzungen. Insgesamt dürften es vierzehn sein. Sie sind etwa so hoch wie ein zweistöckiges Haus. Es handelt sich um piezometrische Türme beziehungsweise Wasserschlösser. In diesen Anlagen wird das Wasser verteilt, und gelegentlich sieht man sie noch heute in den Städten.

Im Oberstock war ein Bleibecken untergebracht, eine kleine quadratische Zisterne. Dorthin wurde das Wasser durch ein Bleirohr gelenkt. (In Pompeji war der Wasserdruck hoch genug, um dieses Gefälle zu überwinden.) Das Wasser füllte das Becken und floss auf der anderen Seite wieder durch ein weiteres Bleirohr ab, um seinen Weg in die Stadt fortzusetzen. Welchen Zweck hatte diese Struktur nun? Sie »bremste« das Wasser, um es mit der nötigen Geschwindigkeit weiterzuleiten. Wäre der Druck nämlich zu hoch geworden, platzten sämtliche unterhalb liegenden Leitungen. Auf diese Weise ließ sich auch die ideale Wassermenge festlegen, die es brauchte, um alle Austrittspunkte des Viertels zu erreichen.

Manchmal trat Wasser aus der Zisterne aus und floss an der Wand herunter. Ein aufmerksamer Besucher stellt fest, dass an manchen Stellen des Turms Verkrustungen zu sehen sind, die ihn wie eine faltige Haut überziehen. Sommers setzten sich im antiken Pompeji bestimmt einige Schmetterlinge und Bienen auf diesen hauchdünnen Schleier, um ein bisschen Wasser aufzunehmen.

Den richtigen Druck in den Wasserleitungen aufrechtzuerhalten ist für die Römer wesentlich. Daher besitzen die Leitungen hin und wieder »Normdüsen«, mit denen man den Druck regeln kann. Sie erinnern optisch ein wenig an einen Auspuff und sind frei zugänglich, damit man sie besser kontrollieren kann. Titus Suedius Clemens und Marcus Epidius Sabinus folgen also den Leitungen, die die ganze Stadt versorgen, um festzustellen, wo das Erdbeben Schäden angerichtet hat.

Sie beobachten einen Trupp Sklaven, die eines der Rohre erneuern. Man gräbt neben dem Gehsteig eine lange Rinne, um dort das Rohr zu verlegen, das danach mit runden Terrakottaziegeln abgedeckt wird. Das alte Rohr steht dann aufrecht an eine Wand gelehnt. Diese Szene wiederholt sich im Moment in vielen Straßen der Stadt. Die Eruption friert sie für uns gleichsam ein. Die ausgehobene Rinne ist voller Lapillisteine, die den Archäologen zeigen, dass die Arbeiten von der Eruption unterbrochen wurden.

Unsere beiden Inspektoren folgen einem der dicken Bleirohre zu den Stabaner Thermen. Sie durchqueren die großen mit Stuck, Marmor und Mosaiken geschmückten Säle, in denen ihre Schritte seltsam laut widerhallen, weil die Thermen jetzt geschlossen sind. Die heute kalten *caldaria* und *tepidaria* liegen im Dunkeln. In den *frigidaria* ist es trotzdem kühl, weil sie mit Marmor ausgelegt sind (siehe Bildteil I, Seite 4). Die Männer überprüfen jeden Zentimeter der Bleirohre zusammen mit den für die Therme Verantwortlichen.

Damit römische Thermen funktionieren, müssen zwei technische Voraussetzungen erfüllt sein: Das Wasser muss kontinuierlich und mit gleichbleibendem Druck fließen. Unsere Kontrolleure wissen, weshalb dies in den Thermen kein Problem ist: Diese verfügen über große Zisternen, die auch jetzt noch halb gefüllt sind. Das Erdbeben hat sie offensichtlich nicht beschädigt. Für den Betrieb der Thermen sind sie wesentlich. Das Wasser, das in den Thermen ankommt, wird zuerst in die Zisternen geleitet, die man sich wie kleine künstliche Seen vorstellen muss. Von dort aus wird das Wasser in die unterschiedlichen Räume weitergeleitet, wo es je nach Bedarf mehr oder weniger erwärmt wird.

Titus Suedius Clemens diktiert seinem Sekretär seine Beobachtungen. Jetzt sind sie ohnehin schon beim Abwassersystem angekommen, denn das Wasser in Pompeji hat sozusagen eine »Zweitverwendung«. Das Brauchwasser aus den Thermen und Privathäusern wurde nämlich ebenfalls genutzt.

Die Römer hatten tatsächlich ein Kanalisationssystem ersonnen, das ihnen erlaubte, das sogenannte »Reinwasser«, zum Beispiel Regenwasser, vom »Brauchwasser« zu trennen. Sie recycelten das gebrauchte Wasser der Thermen und Latrinen und trennten die organischen Bestandteile ab, um aus ihnen Kompost zu machen!

Nach diesem kleinen Ausflug in die Kanalisation, bei dem buchstäblich alle die Nase rümpften, begibt unsere kleine Gruppe sich ins Haus eines zahlungskräftigen Pompejaners, um seine Wasserleitung zu überprüfen. Und natürlich nutzt der Tribun diesen Besuch ebenso, um zu kontrollieren, ob dieser nicht etwa mehr Wasser verbraucht, als ihm zusteht – was auch nicht gerade eine Seltenheit ist.

Das Wasser der Reichen

Nach den Brunnen und den Thermen ist der Wasseranschluss für vermögende Privathäuser der dritte Weg, auf dem das Wasser aus dem Castellum in die Stadt gelangt. Wie viele Reiche gibt es in Pompeji? Wie nutzen sie ihr Wasser?

Häufig sind die Häuser der Reichen mit kleinen privaten Thermen ausgestattet. Meist aber verschwenden sie das Wasser für elegante Wasserspiele im Garten. Und natürlich wird auch in der Küche Wasser für die Zubereitung der Speisen und das Waschen des Geschirrs gebraucht. Das schmutzige Brauchwasser wird zum Spülen der Latrinen genutzt (was ein ganz modernes Recyclingkonzept ist). Häufig findet sich in der Küche hinter einem Vorhang auch eine kleine Latrine: Normalerweise ist das einfach ein Holzstuhl mit einem Loch in der Mitte, durch das die Hinterlassenschaften in den Kanal fallen. Dieser Mangel an Hygiene ist weiter nicht erstaunlich. Die Römer wissen nichts von Bakterien. Wenn es zum Ausbruch von Epidemien kommt, findet man dafür andere Erklärungen, gewöhnlich wird der Zorn der Götter dafür verantwortlich gemacht. Ganz naiv sind sie allerdings auch nicht: Sie wissen durchaus, dass Exkremente Krankheiten hervorrufen können. Aus diesem Grund setzen sie überall fließendes Wasser ein. Die öffentlichen Latrinen und die Urinale in den Arenen (zum Beispiel im Circus Maximus in Rom) werden mit fließendem Wasser gespült, damit es dort nicht riecht und sich keine Krankheitsherde bilden.

Die von den Archäologen freigelegten Leitungsnetze sind ganz erstaunlich, weil sie den unseren weitgehend ähneln. Die Römer der Antike kennen sowohl Ventile als auch Wasserhähne. Ein Beleg mehr dafür, dass sie ein Volk von Ingenieuren sind.

Während wir unsere Inspektion der Wasserleitungen in Pompeji fortsetzen, spukt uns eine Frage im Kopf herum, die uns schon seit geraumer Weile beschäftigt: Wie haben sich die Pompejaner eigentlich mit Wasser versorgt, bevor der Aquädukt gebaut wurde? Nun, Wasser war seit jeher eine Gabe des Himmels. Man nutzte, wie wir gesehen haben, das Regenwasser. Das *impluvium* war das Herzstück des Hauses. So hatte jeder Privathaushalt sein eigenes Wasser.

Doch es gab auch große Zisternen für den öffentlichen Bedarf, was nur wenige wissen. Unter den Straßen von Pompeji befinden sich riesige Zisternen, die dem Blick der Öffentlichkeit entzogen sind. Eine liegt beispielsweise in der Nähe des Venustempels, nicht weit vom Forum entfernt. Und Millionen Touristen laufen ständig daran vorbei.

Dabei braucht man nur einen Gullydeckel zu öffnen und mit einer Leiter einige Meter in die Tiefe zu steigen, um sich in einem großen Gewölbe wiederzufinden, das von etwa fünfzehn Meter langen Bogengängen gestützt wird. Wann mag diese Anlage gebaut worden sein?

Wir wissen, dass der Venustempel 89 v. Chr. von Sulla errichtet wurde. Diese Zisterne (und die zweite, die direkt unter dem Tempel liegt) wurde also entweder zur selben Zeit wie der Tempel gebaut, oder sie existierte bereits.

Und diese gewaltigen Zisternen, das wahre Gesicht Pompejis, sind keineswegs die einzigen. Die ganze Stadt ruht auf diesen Hallen, in denen das Wasser gespeichert wurde. Eine davon befindet sich unter dem Quadriportikus hinter dem Großen Theater, das als Trainingsgelände der Gladiatoren diente. Eine weitere Zisterne von den Ausmaßen einer Kathedrale wurde neben dem Gebäude errichtet, in dem heute ein Schnellimbiss preisgünstige Touristenmenüs anbietet.

In der Zwischenzeit sind Titus Suedius Clemens und Marcus Epidius Sabinus stehen geblieben. Stallianus, der Klempner, hat sie auf einen Rohrbruch hingewiesen. Dies hier ist ein neuralgischer Punkt im Wassernetz der Stadt. Stallianus sieht die beiden an, seine wenigen verbliebenen Haare tänzeln im Wind. Die Männer stehen vor einem ernsten Problem. Denn diese Wasserleitung versorgt einen wichtigen

Teil der Stadt. Stallianus meint jedoch, dass sich das schnell reparieren ließe.

Im Innern der Leitung erkennen wir Sinterbildungen, was zeigt, dass das Wasser in Pompeji kalkhaltig war. Es hinterlässt in Krügen und Schüsseln stets einen weißlichen Belag. Die Leitung selbst ist aus Blei. Aber ist denn das nicht gesundheitsschädlich?

Diese Debatte zieht sich nun schon seit Jahren hin, wir wollen sie daher nicht weiter anheizen. Eines ist sicher: Die Vorstellung, das Blei im Trinkwasser habe das Römische Reich zusammenbrechen lassen, ist ein Mythos. Dafür gab es andere Gründe, nämlich solche sozialer, militärischer und wirtschaftlicher Natur.

Dass das Wasser aber durch Bleirohre floss und dem jungen Wein Bleioxid zugesetzt wurde, um ihn süßer zu machen, ist unbestreitbar richtig. Manche der untersuchten Skelette wiesen auch tatsächlich einen hohen Bleigehalt auf. Doch die Verwendung von Wasserleitungen aus dem giftigen Metall hatte keineswegs eine kollektive Bleivergiftung der Römer zur Folge. Zudem kamen sie noch mit vielen anderen giftigen Materialien in Berührung. Nicht grundlos war die durchschnittliche Lebenserwartung der Menschen in der Antike im Allgemeinen niedrig.

Auch wir kommen heute ständig mit Materialien in Kontakt, die gesundheitsschädlich sind. Zahllose Chemikalien oder die Feinstaubbelastung in den Städten greifen täglich unsere Gesundheit an. Da wäre es unsinnig, einen einzigen Schadstoff für unsere gesundheitlichen Probleme verantwortlich zu machen. Genau das aber tun diejenigen Forscher, die im Blei den eigentlichen Grund für den Niedergang des Alten Roms erkennen wollen.

Außerdem bestanden keineswegs alle Wasserleitungen aus Blei: Gerade auf dem Land wurden sie aus Terrakotta und Holz gefertigt. (Im Museum, das dem unglaublich gut erhaltenen Aquädukt am Pont du Gard in Frankreich angeschlossen ist, können Sie die Rekonstruktion eines Brunnens bewundern, der denen von Pompeji ähnelt. Der französische Brunnen aber wurde von Holzleitungen gespeist.)

Blei war damals ein hochgeschätztes Material. Man importierte es aus entfernten Ländern, weil es sich gut für Instrumente und andere kleinere Artefakte wie zum Beispiel Votivgaben oder Geschosse für die Steinschleudern eignete. Aber man fertigte daraus auch Särge, Wasserbehälter und Gefäße zur Weinlagerung. Für alles, was in großen Mengen gebraucht wurde wie die Wasserleitungen, wurde Blei nur sparsam verwendet, also hauptsächlich in den Städten oder den Villen der Reichen. Außerdem verhinderten die Kalkablagerungen im Inneren der Leitungen die Bleiaufnahme: Das Wasser floss ja quasi durch dünne Sinterrohre, die die Bleirohre innen auskleideten. Darüber hinaus vergisst man gern, dass der Großteil der Römer das Wasser aus den Zisternen oder aus natürlichen Quellen trank, was ebenfalls die Aufnahme von Blei verringerte. Das galt auch für eine Stadt wie Pompeji.

Professor Antonio De Simone hat zudem darauf hingewiesen, dass in den zahlreichen Zisternen Pompejis große Mengen Wasser gespeichert wurden. Bei den Ausgrabungen in einem Haus, in dem man aus den Pflanzen im Garten duftende Essenzen gewann, hat man festgestellt, dass die unterirdische Zisterne (die sieben bis acht Meter lang und anderthalb Meter hoch war) bei der Eruption bis zu einer Höhe von einem halben Meter, also zu gut einem Drittel, mit Wasser gefüllt war. Das wissen wir, weil die Bimssteine, die aus dem Vulkan geschleudert wurden und während der Eruption in die Zisterne eindrangen, auf dem Wasser schwammen und entsprechende Ablagerungen hinterlassen haben.

Die Erdbeben vor der Eruption – ein Drama im Drama

Der Inspektionstrupp hat seinen ersten Rundgang abgeschlossen. Stallianus und die Techniker wollen zunächst einmal die große Wasserleitung reparieren, die ein ganzes Viertel versorgt. Sie fangen sofort an, die neuen Wasserrohre neben dem Gehsteig zu verlegen.

Wir befinden uns an einer der wichtigsten Kreuzungen der Stadt. Hier treffen die Via Stabiana, der *cardo* (Nord-Süd-Achse), und die Via dell'Abbondanza, der *decumanus inferior* (untere Ost-West-Achse), aufeinander. Titus Suedius Clemens und sein Freund Marcus Epidius Sabinus verabschieden sich. Der Tribun biegt nach links in die Via dell'Abbondanza ein, weil er nach Hause will, um seinen Bericht zu schreiben. Sein Freund hingegen geht die Via dell'Abbondanza in der Gegenrichtung hinauf. Er strebt jenem Ort zu, an dem ein Mann seiner Reputation sich um diese Zeit sehen lassen muss: dem Forum. Und wir schließen uns an.

Er kommt an einem Karren vorüber, von dem Sklaven Amphoren abladen. Es handelt sich um Wasser aus dem Sarno, das in ein bestimmtes Haus geliefert wird. Bei dem aktuellen Mangel wird Wasser aus dem Fluss »ins Haus« geliefert, um das kostbare Nass in den Zisternen möglichst nicht zu verbrauchen. Das wissen wir, weil man in mehreren Gärten Pompejis Spuren von sogenannten fluviolakustrischen Pflanzen fand, also solchen, die normalerweise in der Umgebung von Flüssen wachsen. Daher nimmt man an, dass in solchen Zeiten Wasser aus dem Sarno zum Gießen der Pflanzen benutzt wurde. Wer immer die Idee hatte, Wasser ins Haus zu liefern, und sich die nötigen Genehmigungen besorgt hat (etwa die Sonderfahrerlaubnis für Karren in der Innenstadt zwischen Sonnenauf- und -untergang), verdiente vermutlich nicht wenig Geld. Sabinus schüttelt den Kopf und setzt seinen Weg fort.

Zu welchem Zeitpunkt ist es überhaupt zu dieser Wasserknappheit gekommen? Seit wann sind die Thermen geschlossen und die Brunnen trocken? Seit wann werden die Straßen aufgegraben, um die alten, provisorisch an der Oberfläche verlegten Rohre durch neue, tiefer liegende zu ersetzen? Wir wissen es nicht genau. Professor De Simone schätzt, dass dieser Zustand sich vermutlich schon seit drei oder vier Monaten hinzog, da die Stadtverwaltung sicher eine gewisse Zeit brauchte, um über die Vergabe der Arbeiten zu entscheiden. Dann musste man ja auch noch auf das Blei warten, das man für die Erneuerung der Rohre brauchte. Dieser letzte große Erdstoß, der die Infrastruktur in Pompeji derart schädigte und das Alltagsleben empfindlich beeinträchtigte, muss irgendwann zwischen Juni und Juli des Jahres 79 n. Chr. stattgefunden haben. Möglicherweise sind diesem Erdstoß noch weitere gefolgt, quasi Vorboten der Eruption. Immerhin gibt es einige Indizien, die dafür sprechen. Tatsächlich werden an fast allen Häusern irgendwelche Instandsetzungsarbeiten ausgeführt, als der Vulkan ausbricht. Und man lässt sich doch im Normalfall keine drei oder vier Monate Zeit, ehe man die Handwerker holt, weil das Dach oder die Mauern beschädigt sind, vor allem nicht, wenn der Winter vor der Tür steht.

Das ist eine interessante Frage, denn bisher ging man immer davon aus, dass die sichtbaren Schäden an den Häusern auf das Erdbeben von 62 n. Chr. zurückgehen, das Pompeji verwüstete und viele Menschen tötete. In manchen Fällen ist das sicher richtig. Dazu gehört zum Beispiel das Haus der keuschen Liebenden (Casa dei Casti Amanti), wo wir Brot gekauft haben. Hier wurde ein langer Riss im Mauerwerk mit Mörtel gefüllt. Der Mörtel aber ist schwarz vom Rauch des Backofens, was beweist, dass der Riss älter ist. Doch nicht alle Schäden können von diesem Erdbeben vor siebzehn Jahren stammen, schließlich ist seitdem einige Zeit vergangen. Aber was sind die Gründe für diese Serie von Erdbeben? Gehen wir doch die Dinge mal der Reihe nach durch.

Die seismischen Phänomene werden in Büchern und Filmen immer nur als Vorzeichen des unmittelbar bevorstehenden Ausbruchs dargestellt, die zwar heftig waren, jedoch längst nicht an die Zerstörungskraft der späteren Katastrophe heranreichten. In Wirklichkeit aber handelte es sich bereits bei diesen Erdbeben um gewaltige Naturkatastrophen, die die »soziale Geografie« Pompejis massiv verändert haben. Sie waren häufig und außergewöhnlich stark: Zumindest das Erdbeben von 62 n. Chr. hat eine ganze Altersgruppe, die Jugendlichen zwischen fünfzehn und neunzehn Jahren, mehr oder weniger ausgelöscht, wie uns die Alterspyramide der Opfer des Vulkanausbruchs zeigt.

Das Erdbeben von 62 n. Chr.

Der Ausbruch des Vesuvius kündigte sich in den Jahren vor der Eruption durch mehrere starke Erdbeben an. Auch in Zukunft werden solche Erdstöße einem neuerlichen Ausbruch des Vulkans vorausgehen.

Das stärkste Erdbeben fand am 5. Februar 62 n. Chr. statt und fiel damit in die Regierungszeit Neros. Es dauerte, wenn man die Nachbeben mit einrechnet, mehrere Tage und richtete in Pompeji, Stabiae und Herculaneum enorme Schäden an. In Nuceria, Nola und Neapolis fielen sie geringer aus. Das heißt, dass das Beben keine große Magnitude hatte und in einer Tiefe von etwa sieben Kilometern stattfand. Ebendas würde man erwarten, wenn das Magma in die Magmakammer eines Vulkans aufsteigt und vulkanische Gase sich zwischen die Felsschichten schieben und diese sprengen. Die seismischen Wellen verursachen Erdbeben an der Oberfläche. Pompeji hatte nur das Pech, sich sehr nahe am Epizentrum zu befinden, das bei Stabiae lag.

Von diesem Erdbeben haben wir quasi »steinerne Fotos«. Es handelt sich um zwei Basreliefs (eines wurde leider vor einiger Zeit gestohlen), die man im Haus von Lucius Caecilius Iucundus entdeckt hat. Wir haben den Bankier bei Rectinas Bankett kennengelernt und werden ihm bald wieder begegnen. Wir wissen nicht, weshalb er im Lararium seines Hauses Reliefs vom zerstörten Pompeji hatte: Niemand würde sich doch heute beispielsweise Fotos von den Verwüstungen an die Wand hängen, die der Tsunami vor wenigen Jahren in Asien hinterließ. Auf diesen Reliefs ist zu erkennen, wie schwer das Forum beschädigt war, vor allem der Jupitertempel. Die Porta Vesuvio neigt sich in diesen Abbildungen gefährlich über einen Karren mit zwei Eseln, die in wilder Flucht davonlaufen. Das Castellum aquae hingegen blieb offensichtlich intakt.

Tacitus schreibt in seinen Annalen, dass Pompeji bei diesem Erdbeben fast völlig zerstört wurde. Und Seneca berichtet, dass bei dem

Erdbeben eine Statue in zwei genau gleich große Hälften auseinanderbrach. Viele seien damals wie unter Schock durch Felder und Wälder geirrt. Außerdem sei in den Tagen vor dem Erdbeben eine Herde von sechshundert Schafen auf der Weide erstickt, offenkundig durch giftige Gase, die aus dem Erdboden austraten.

Heute schätzt man die Intensität des Bebens von 62 n. Chr. auf Stufe IX auf der Mercalliskala (die die sicht- und fühlbaren Auswirkungen katalogisiert) und auf 5,1 auf der Richterskala (die die frei werdende Energie misst) – mit einer Unsicherheitsmarge von 0,3. Ein starkes Erdbeben also, aber nicht so schlimm wie das in Aquila 2009.

Den Schriften Senecas entnehmen wir, dass nach dem Beben viele abwanderten, was der Wirtschaft schadete. Die verbleibende Bevölkerung setzte Thermen, Triumphbögen und Wohnhäuser wieder instand. Manche konnten die Situation sogar für den sozialen Aufstieg nutzen. Zum Beispiel Numerius Popidius Ampliatus, ein reich gewordener Freigelassener, der auf eigene Kosten den Isistempel restaurieren ließ. Hierdurch gelang es ihm sogar, seinen erst sechsjährigen Sohn Celsinus in den Stand der *decuriones* erheben zu lassen. Die Dekurionen sind jene Beamten, die auf Lebenszeit für Rom Kolonien und *municipia* verwalten. Die Inschrift auf der Außenmauer des Heiligtums ist eindeutig: »Numerius Popidius Celsinus, Sohn des Numerius, baute den Tempel der Isis, der beim Erdbeben eingestürzt war, auf eigene Kosten neu auf. Die dankbaren Dekurionen haben ihn trotz seines Alters von nur sechs Jahren wegen seiner Großzügigkeit in ihren Stand aufgenommen.«

Um das Forum, eine öffentliche Anlage, wiederaufzubauen, war hingegen sehr viel mehr Zeit nötig. (Ist das nicht heute noch genauso?) Siebzehn Jahre nach dem Erdbeben war es immer noch nicht völlig wiederhergestellt. Andererseits brachte das Erdbeben den Pompejanern auch ein paar Vorteile: den Bau einer vollkommen neuen Thermenanlage zum Beispiel, der zentralen Thermen.

Aber dem Erdbeben folgten weitere. Eine ganze Reihe von Erdstößen kündigte die Eruption an. So ließ zum Beispiel 64 n. Chr. ein weiteres Beben das Theater einstürzen, in dem gerade erst Kaiser Nero aufgetreten war.

Ein Erdbeben am Vorabend der Eruption

Von einem weiteren Erdbeben erfährt man hingegen kaum etwas, vermutlich, weil seine Auswirkungen für Folgen des Bebens von 62 n. Chr. gehalten werden. Und so führte dieses Erdbeben in der wissenschaftlichen Literatur lange Zeit ein Phantomdasein. Kürzlich aber fand man klare Beweise dafür, dass es ein solches Beben tatsächlich gegeben hat. Man nimmt an, es ereignete sich wenige Tage vor dem schicksalhaften 24. Oktober 79 n. Chr. – und seine Spuren sind in der ganzen Stadt zu sehen.

Plinius der Jüngere schreibt in seinen Briefen an Tacitus, es habe vor dem Vulkanausbruch leichtere Erdstöße gegeben, die jedoch niemanden beunruhigt hätten, weil die Bevölkerung Kampaniens daran gewöhnt war. Und der Geschichtsschreiber Cassius Dio bestätigt dies.

Wenn Sie heute durch Pompeji schlendern, werden Sie in vielen Häusern Unmengen von Mörtel entdecken, manchmal ganze Amphoren voll (zum Beispiel im Haus des Menander oder im Haus des Iulius Polybius). Kalkblöcke wurden gelagert (Haus des Sacellus Iliacus), Ziegel, Dachziegel, manchmal sogar Marmorblöcke (für das sogenannte *opus sectile*, geometrische Mosaiken). In manchen Häusern (Haus der keuschen Liebenden) wurden gerade die Fresken restauriert. An zahlreichen Stellen in den Straßen wurden die Wasserleitungen erneuert. Und noch ein interessantes Detail deutet auf ein weiteres Beben: Die Archäologen haben in vielen Häusern Wertgegenstände gefunden, die man an »geheimen« Orten versteckt hat. Das ergibt durchaus Sinn in einem Haus, das restauriert wird, in dem also viele Fremde zugegen sind.

Aus all diesen Befunden schließt man, dass es sich um einen »leichten« Erdstoß handelte, der keine drastischen Schäden nach sich zog wie den Einsturz von Häusern. Schließlich sieht man nur Instandsetzungsarbeiten und keine großen Baustellen. Das wiederum heißt, dass genug Zeit war, um den Schutt wegzuschaffen. Man möchte also annehmen, dass das Erdbeben vielleicht drei bis sechs Wochen vor dem Vulkanausbruch stattgefunden hat.

Der Archäologe Michael Anderson von der San Francisco State University hat eine interessante Studie darüber durchgeführt, wo die zur Restaurierung erforderlichen Baumaterialien in den einzelnen *domus* jeweils gelagert waren. Er kam zu dem Schluss, dass die Materialien an »entlegenen« Stellen des Hauses aufbewahrt wurden, wo sie einerseits für Besucher nicht sofort sichtbar und andererseits den Bewohnern nicht im Weg waren. Offensichtlich blieben manche Besitzer weiter in den beschädigten Häusern und wollten zumindest den Anschein von Normalität aufrechterhalten. Andere wollten erst wieder nach Abschluss der Renovierungsarbeiten in ihre Häuser zurückkehren.

Dieses Wissen eröffnet uns einen anderen Blick auf Pompeji unmittelbar vor der Eruption und zeigt uns einen der weniger bekannten Aspekte der Tragödie auf. Die Wissenschaftler haben nachgerechnet und herausgefunden, dass es in den dreiundvierzig Jahren vor dem Vulkanausbruch (also von 36 n. Chr. bis zur schicksalhaften Eruption) nicht weniger als siebzehn Erdbeben mit einer Stärke zwischen 3 und 5 auf der Richterskala gegeben haben muss.

Und damit fällt ein weiterer Mythos in sich zusammen. Im Augenblick des Vulkanausbruchs 79 n. Chr. war Pompeji keine Stadt, in der reiche Genussmenschen sich ihren zügellosen Ausschweifungen überließen, täglich Bankette feierten, Gladiatorenspielen beiwohnten und sich danach in den Thermen massieren ließen. In anderen Städten mag dies vielleicht so gewesen sein, sicher nicht in Pompeji. Dort kämpften die Einwohner gerade mit dem Wassernotstand. In fast allen Häusern wurden Restaurierungsarbeiten vorgenommen. Manche waren kurzfristig unbewohnt, andere von den Bewohnern schon nach dem schweren Erdbeben 62 n. Chr. verlassen worden.

In den Straßen sah man an allen Ecken und Enden Bauarbeiten im Gange.

Das heißt allerdings nicht, dass Pompeji eine Geister- oder eine Ruinenstadt gewesen wäre. Die Pompejaner waren ein zähes und optimistisches Volk. Sie lebten trotz all dieser Erschwernisse ihr Leben, veranstalteten gemeinsame Abendessen, luden Gäste ein, bauten ihre Häuser wieder auf. Sie blieben vor Ort und trieben weiter ihre Geschäfte im Glauben, das Schlimmste wäre vorüber. Ohnehin waren die Pompejaner Fatalisten. Wie heute die Menschen in und um Neapel, die immer noch an den Hängen des Vesuvs leben und ihre Häuser nicht aufgeben wollen.

Im Gegensatz zu ihnen wussten die Pompejaner allerdings nicht, dass sie an den Hängen eines Vulkans lebten und unter ihren Füßen Magma brodelte. Alle Personen, die wir bisher kennengelernt haben, sind in unserem »Fresko« des letzten Tages in Pompeji verewigt. Dass bis jetzt noch nicht von den Renovierungsarbeiten an den Häusern die Rede war (mit Ausnahme des Hauses des Popidius Priscus, auch genannt das »Marmor-Haus«), liegt einfach daran, dass die wohlhabenden Pompejaner diese Arbeiten ohne großes öffentliches Aufsehen ausführen ließen.

Ein Faktum allerdings scheint uns noch wichtig. Viele Pompejaner haben ihre Stadt in den Monaten oder Jahren vor der Eruption verlassen. Pompeji war längst nicht mehr so »überfüllt«, wie Seneca schreibt. Sicher zählte die Stadt nicht mehr als zwanzigtausend Einwohner. Außerdem haben die Erdbeben die soziale Struktur Pompejis verändert. Die Reichen sind weggezogen. Wenn man Senecas Aufforderung an die Pompejaner liest, ihrer Stadt nicht einfach ohne Sinn und Verstand den Rücken zu kehren, kann man schließen, dass es tatsächlich eine massive Abwanderung gegeben haben muss, welche die wirtschaftlichen Verhältnisse der Stadt, die im ganzen Reich für ihren Wein und ihr hervorragendes Garum bekannt war, massiv beeinträchtigte.

Hier stoßen wir auf ein offenkundiges Paradox der Geschichte:

Viele Pompejaner verdankten gerade den Erdbeben ihr Leben, sofern sie sich wegen der ständigen Erdstöße in den Monaten vor der Eruption in eine andere Stadt geflüchtet hatten. Dies gilt freilich in erster Linie für die Schicht der reichen Bürger. Andere kamen mit dem Leben davon, weil sie aufgrund der Restaurierungsarbeiten vorübergehend an Orten lebten, die später von der Eruption verschont blieben (Neapolis, Nuceria und so weiter).

Gespräch auf dem Forum

Forum von Pompeji
23. Oktober 79 n. Chr., 11.00 Uhr
Noch 26 Stunden bis zum Ausbruch

(UTERE BLANDIT)IIS ODIOSAQUE IURGIA DIFFER
SI POTES AUT GRESSUS AD TUA TECTA REFER
Sei freundlich und erspare uns nach Möglichkeit Beleidigungen
und Schimpfwörter. Wenn nicht, geh und geh heim.

Wir folgen Marcus Epidius Sabinus und sind nun am Forum von Pompeji angelangt (siehe Bildteil I, Seite 1). Am Ende der Via dell'Abbondanza führen zwei niedrige Stufen zum monumentalen Eingang zu Pompejis wichtigstem Platz hinauf. Das Forum ist ein weitläufiger rechteckiger Bereich, der durchweg mit Marmor verkleidet ist. Ein majestätischer zweireihiger Säulengang, der nach dem schrecklichen Erdbeben errichtet wurde, umschließt den ganzen Platz und verleiht ihm so gleichzeitig Leichtigkeit und Feierlichkeit. Am anderen Ende erhebt sich das Kapitol, der Tempel, der der sogenannten »Kapitolinischen Trias« geweiht ist, den bedeutendsten Gottheiten der Römer: Jupiter, Juno und Minerva. Das Kapitol ist das Herzstück jeder Stadt.

Die Gebäude am Kapitol beherbergen Ämter, Gerichtssäle oder *basilica* genannte Prachthallen, in denen Geschäfte abgeschlossen werden. Alle wichtigen Anwälte haben dort ein Büro, alle bedeutenden Kulte des Kaiserreichs sind dort durch Tempel vertreten. Auch einen riesigen Kornspeicher gibt es, und der Markt *(macellum)* ist auch nicht weit.

Der große Platz selbst ist mit mehreren Reiterstandbildern bedeutender Persönlichkeiten geschmückt, Wohltätern, die zum Beispiel

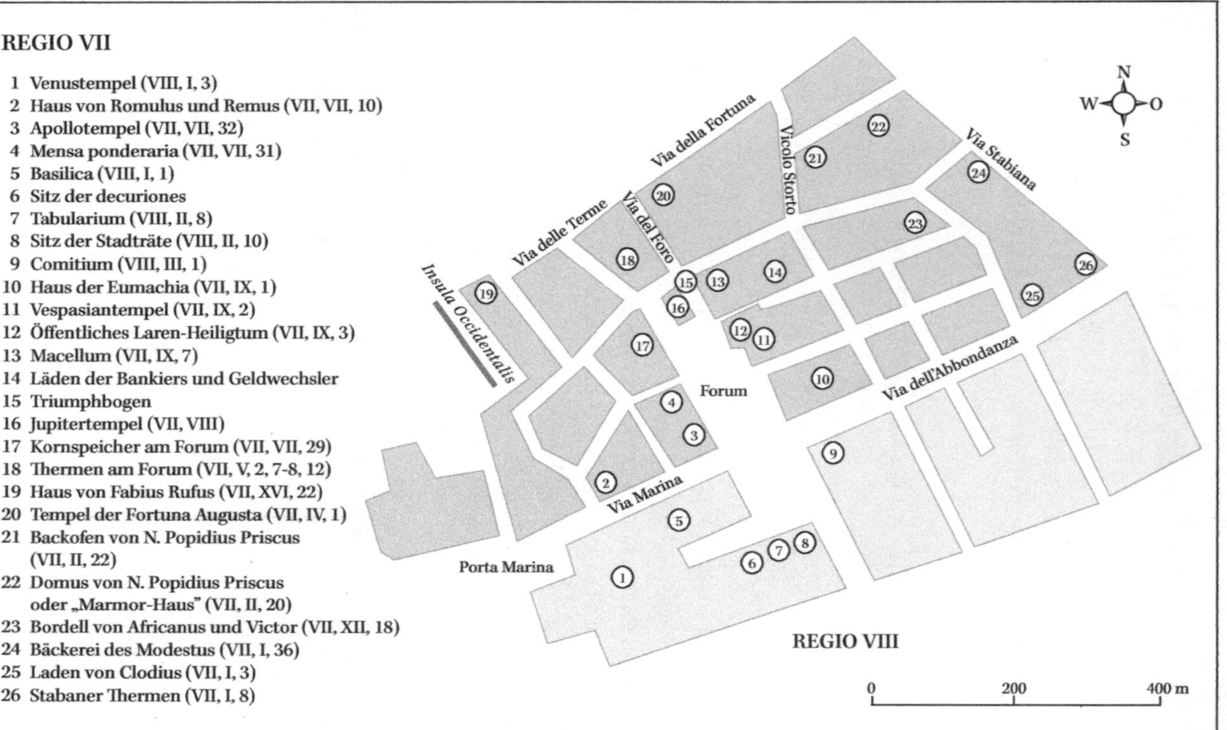

Angaben in Klammern beziehen sich jeweils auf Viertel (Regio), Häuserblock (insula) und Hausnummer (domus).

DAS FORUM

Ganz hinten das Kapitol. Am Tag der Eruption waren die Marmorverkleidungen gerade erst fertiggestellt worden, verschiedene Arbeiten waren noch nicht ganz beendet.

Auf der anderen Seite die Kuriensäle. Das marmorverkleidete Forum war ein Ort des Lichts.

Das Atrium im Haus des Fauns, von dem aus man direkt in den Innenhof blickt.

Und nur wenige Schritte weiter das berühmte Mosaik, das Alexander den Großen bei seinem Sieg über den Perserkönig zeigt.

In den römischen *domus* mit ihrer Farbigkeit, ihren Fresken und ihren Innenhöfen schlägt uns die ganze Lebensfreude der Pompejaner entgegen wie hier im Haus des D. Octavius Quartio.

Die eleganten Fresken im Haus des Tragödiendichters. In der Mitte des Atriums das *impluvium* und der Brunnen.

Die Kolonnaden der Stabianer Thermen in Pompeji, ein beliebter Treffpunkt.

Das *caldarium* in den Stabianer Thermen mit dem Becken für die Waschungen.

Das Foto zeigt die Thermen von Herculaneum, die immer noch hervorragend erhalten sind.

Ein Mädchen in seiner engen Zelle im Bordell.

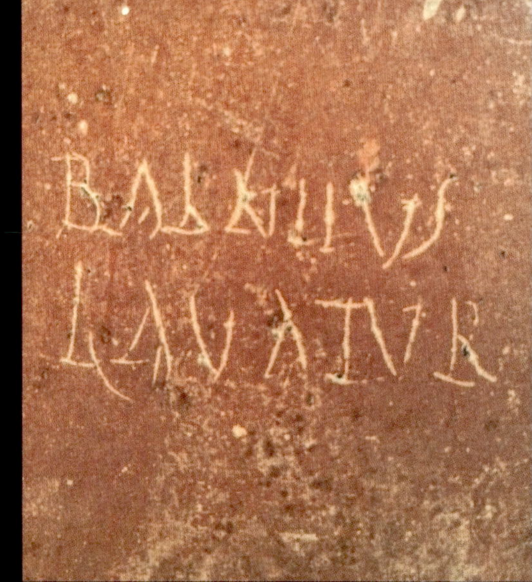

»Das Bad ist geputzt«: Graffito am Haus der keuschen Liebenden, das möglicherweise von der Hand eines Sklaven stammt.

Foto aus dem Lokal des Lucius Vetutius Placidus und der Ascula – eine der berühmtesten Schänken Pompejis. In der Theke sieht man die Öffnungen der dort eingelassenen dolia (großen Amphoren), in denen Trocken- und Hülsenfrüchte aufbewahrt wurden. Im Augenblick der Eruption versteckten die Eigentümer dort die Tageseinnahmen.

Einige erotische Szenen aus der Freskenlandschaft Pompejis.

Der prächtige Innenhof mit seinem Diana-Altar und dem kleinen Kanal unter einer von Weinreben bewachsenen Pergola findet sich im Haus des D. Octavius Quartio.

Das »Motel« von Murecine: hier der außergewöhnlich prunkvolle Bankettsaal. Die Gäste lagerten auf den rot bespannten Liegen

Die beiden Fresken lassen die ganze Sinnlichkeit der Pompejaner erkennen.

Geschlossene Fensterläden und der Eingang eines Ladenlokals: beide in perfektem Erhaltungszustand.

Der *decumanus maximus* mit seinen zahlreichen Läden ist das wirtschaftliche Herzstück der Stadt.

Der erste Stock ragt meist über das Erdgeschoss hinaus. Auf diese Weise schuf man mehr Innenraum, und auf der Straße entstanden die charakteristischen Kolonnaden.

DIE VILLA DER PAPYRI

Die Villa der Papyri von der Meeresseite her gesehen: Sie ist ein typisches Beispiel für die luxuriösen Villen an der Küste.

Zum Innengarten gehörte ein Kanal, der länger war als ein Schwimmbecken mit Olympiamaßen. Dort ergingen sich Hausherr und Gäste und diskutierten angeregt über philosophische Themen.

Die Bibliothek der Villa.

Die *dolia* im Garten der Villa della Pisanella fand man voller Wein.

Ein Foto von einem der Lebensmittelläden: Die Amphoren sind fein säuberlich an der Wand aufgereiht. Darüber sehen wir die Regale, in denen man sie platzsparend lagerte.

Die virtuellen Rekonstruktionen stammen von Gaetona und Marco Capasso Capware.

auf eigene Kosten Monumente errichten ließen und diese dann der Stadt und ihren Bürgern schenkten.

Das gesamte Forum ist mit weißem Marmor gepflastert und blendet Marcus Epidius Sabinus an diesem wunderschönen Sonnentag ein wenig. Über dem Forum breitet sich der strahlend blaue Himmel aus. Was dem Panorama von damals fehlt, ist der massige Vesuv, der sich hinter dem Tempel auftürmt. Wie wir bereits angemerkt haben, erstreckt sich dort nur ein Bergrücken am Horizont, über den der Kamm des Somma ragt. Heute sehen wir, dass das Forum, das Kapitol und der Sommagipfel eine einzige gerade Linie bilden, denn der aktuelle Vesuvkegel liegt etwas weiter links.

Die beherrschenden Farben in unserem Panorama sind also das Weiß des Marmors und das Blau des Himmels, neben den zahllosen bunten Tupfen, die die Tuniken und Togen der Pompejaner ins Bild setzen. An diesem wunderbaren 23. Oktober 79 n. Chr. ist »Stoßzeit« am Forum, und unsereiner kann sich an der Farbenpracht der aktuellen römischen Mode ergötzen.

Der »Quintilian« Pompejis betritt das Forum und hält einen Moment inne, so laut sind die Stimmen, die ihm hier entgegenschallen. Hunderte von Menschen reden gleichzeitig miteinander. Feierlich gemessenen Schrittes überquert der Anwalt den Platz und nickt jedes Mal, wenn ihn ein Mitbürger respektvoll grüßt. Er gehört wirklich zu den meistgeschätzten Persönlichkeiten der Stadt.

Wer tummelt sich außer ihm denn noch hier? Wir blicken uns um. Nein, damit hätten wir nun nicht gerechnet. Wir sehen uns keineswegs von römischen Patriziern umgeben, die auf eine Reihe illustrer Ahnen zurückblicken, wie wir das erwartet hätten. Weder Grundherren noch Aristokraten geben sich hier ein Stelldichein.

Einst war das Forum der Ort, an dem die Familien sich trafen, die die Geschichte der Stadt geprägt hatten. Heute aber versammeln sich die Grüppchen der Bittsteller vor allem um … ehemalige Sklaven! Sie sind die neuen Herren von Pompeji. Marcus Epidius Sabinus sieht dies mit aller Deutlichkeit. Jedes Mal, wenn er das Forum betritt, trifft ihn diese Tatsache wie ein Dolchstoß ins Herz. Wo sind all die Männer hingekommen, die er in seiner Jugend gekannt hat? Wo haben sich die Aristokraten Pompejis versteckt, mit denen man kluge Gespräche führen und seine Kultiviertheit pflegen konnte, auf dem Forum wie bei den Banketten? Die Erdbeben haben die großen Familien verjagt: Sie sind woandershin gezogen, an sicherere Orte, an denen sie Landgüter oder andere Besitztümer ihr Eigen nennen. Und so haben sie ihre luxuriösen Häuser den Freigelassenen überlassen, meist gegen Pacht. Oder ihre Villen an den Meistbietenden verkauft.

Zu jener Zeit sind die Meistbietenden die aufsteigende Klasse in Pompeji und im ganzen Reich: Sklaven, die nach ihrer Freilassung auf die eine oder andere Weise Geld gemacht haben, als Händler, als Landwirte, als Geschäftsleute mit nicht immer ganz astreinen Methoden. Aufsteigende Unternehmer, die unglaubliche Reichtümer anhäufen und sie auch ausgeben, um zu zeigen, was sie haben.

Nach einem Leben in Sklaverei und Gewalt ist jetzt der Augenblick der Rache gekommen. Es findet sozusagen ein Verdrängungswettbewerb statt, was das Protzen mit Reichtümern angeht. Wie bei den Vettii zum Beispiel, die wir beim Frühstück angetroffen haben.

Um die Wahrheit zu sagen, ist dieses Phänomen mittlerweile keineswegs nur in Pompeji anzutreffen. Es hat vom gesamten Reich Besitz ergriffen. Bekanntlich trug dazu unter anderem die Herrschaft Neros bei, der ein eingeschworener Feind des Senatorenstandes und damit der Patrizier war, die dieses Amt meist bekleideten. Nero förderte den sozialen Aufstieg der Ärmsten der Armen, der Sklaven, die von ihren Herren freigelassen worden waren. Denn diese neue aufstrebende Klasse schafft mit ihrem Geschäftssinn Reichtum für das ganze Imperium: Man produziert mehr, handelt mehr, gibt mehr Geld aus.

Doch viele dieser »Neureichen« sind in puncto Bildung, Manieren und Menschlichkeit dieselben geblieben, als die sie auf dem Sklavenmarkt verkauft worden waren, ein paar von ihnen tatsächlich hier auf dem Forum. Denn jeden Samstag ist in Pompeji Markttag, und rund ums Amphitheater bieten die fliegenden Händler ihre Waren an. Und unter den angebotenen Waren sind auch Sklaven. Sie stehen auf einem hölzernen Podest und werden von einem Auktionator feilgeboten. Oder man reiht sie entlang der Mauer auf und hängt ihnen ein Schild um, auf dem die Herkunft (möglichst exotisch und häufig erfunden) neben ihren Fähigkeiten und Qualitäten vermerkt ist.

Die Erdbeben in Pompeji haben eine Stadtflucht der Begüterten ausgelöst, deren Folgen noch heute sichtbar sind. Jene Villen, herrliche *domus*, die in die Hände des neuen Geldadels übergegangen sind, lassen sich schon daran erkennen, dass sie häufig in Färbereien, Gärtnereien oder Keltereien umgewandelt und dass wunderschöne Fresken mit groben Graffiti verunstaltet wurden: meist von der Hand von Sklaven, die für diese Freigelassenen tätig waren.

Die sich verändernden Machtverhältnisse sind auch der Grund, warum so viele »Wahlplakate« die Straßen der Stadt überziehen: Da nun eine neue Generation von Händlern, Handwerkern, Ladenbesitzern im ständigen Wettstreit um den sozialen Aufstieg steht, streben die einzelnen Zünfte danach, ihre politische Macht auszubauen, und jede Wahl verschiebt das Machtgefüge (und damit die Möglichkeit, noch mehr Geld zu machen) von einer Zunft auf die andere.

In Herculaneum dagegen werden Sie kein einziges Wahlkampf-Graffito sehen, denn die Stadt ist reich und in erster Linie den Bewohnern der »Mega-Villen« der Umgebung verpflichtet. Hier will man das bestehende politische und administrative Gleichgewicht bewahren. Hitzige Wahlschlachten finden erst gar nicht statt. Die wichtigen Entscheidungen treffen die Mächtigen in den schönsten Häusern der Ortschaft.

Marcus Epidius Sabinus wirft einen Blick auf das Kapitol, das immer noch nicht fertig ist. Ach, es gibt noch so viele Gebäude zu renovieren in Pompeji!

Warum aber sehen wir heute nichts mehr von dem edlen »Marmorüberzug« des Forums und müssen uns mit den darunterliegenden

Ziegeln und ein paar Säulen begnügen? Ganz einfach: Nach der Eruption haben die Römer speziell das Forum wieder ausgegraben, um sich den kostbaren Marmorschatz zu sichern und ihn einer anderen Verwendung zuzuführen. Auch die Reiterstandbilder sind verschwunden.

Marcus' Gesicht erhellt sich: Er hat einen alten Freund ausgemacht, mit dem er ein paar Worte wechseln kann. Marcus kommt sich vor wie auf einer glücklichen Insel in einem Meer der Unwissenheit. Natürlich dreht die Unterhaltung sich bald um alte Erinnerungen, um berühmte Pompejaner und um die Regeln, die heute keiner mehr respektiert. Wie die alten Leute halt so reden – nur dass dieses Gespräch fast zweitausend Jahre zurückliegt. Aber lassen wir die beiden ruhig noch ein bisschen plaudern.

Die letzten Gespräche

Worüber spricht man auf dem Forum? Dieser Ort ist in allen Städten des Reichs Nachrichtenbörse und Umschlagplatz für Neuigkeiten (gleich gefolgt von den Kneipen, den *popinae*). Aufs Forum zu gehen ist so, als würden Sie sich heute den Web-Auftritt einer großen Zeitung aufrufen. Je nachdem, wer Ihnen gerade über den Weg läuft, erfahren Sie dies und jenes. Ein Händler, der eben von einer längeren Reise zurück ist, erzählt Ihnen Geschichten von anderen Ländern (Auslandsnachrichten) und Kulturen (Feuilleton). Ein Seemann hat gerade einen Schiffbruch überlebt (Vermischtes), ein Händler lässt sich über die neuen Steuern aus (Finanzen), ein Grundbesitzer schimpft über die schlechte Ernte in diesem Jahr (Wirtschaft). Ein junger Mann berichtet von den Meisterleistungen eines Wagenlenkers oder Gladiators in Rom (Sport), ein Freigelassener erzählt, dass er von einer berühmten Person übers Ohr gehauen wurde (Klatsch).

Was aber wird speziell am Forum von Pompeji verhandelt an diesem 23. Oktober 79 n. Chr.? Da Pompeji eine Stadt ist, die von Landwirtschaft und Handel lebt, ist es wahrscheinlich, dass die Weinlese diskutiert wird, die gerade zu Ende gegangen ist. Man redet über die Qualität des Weins, über die Gewinne, die er abwerfen wird. Man vergleicht mit früheren Jahren und fragt sich, wie das Garum dieses Jahr wohl wird. Und man redet über die Vorbereitung der Felder und Weinhänge auf den Winter. Über die sinkenden Immobilienpreise, weil so viele Leute ja jetzt wegziehen und verkaufen (oder das zumindest im Sinn haben). Man debattiert über den Wassermangel und die Fortschritte bei der Instandsetzung der Leitungen. Und man berichtet von seltsamen Dingen, die sich in der Gegend zutragen, über Erdrutsche und sterbende Fische.

Auch um die Erdbeben geht es, die immer häufiger werden, und man fragt sich, ob man die Schäden gleich reparieren soll oder ob es noch weitere Stöße geben wird. Viele schimpfen über die Bauunternehmer und die gestiegenen Preise. Heutzutage kostet es ja schon fast ein Vermögen, einen einfachen Mauerriss ausbessern zu lassen! Und es sind nicht wenige, die sich fragen, ob es nicht doch besser sei, aus Pompeji wegzugehen. Das ist es wohl, was am Vortag der Eruption auf dem Forum Pompejis geredet wird.

Von der politischen Lage einmal ganz abgesehen. Vespasian ist seit weniger als einem Jahr tot. Titus ist gerade an die Macht gekommen, und allein das gibt schon Diskussionsstoff. Er hat Aulus Caecina Alienus beseitigen lassen, gleich nach einem Bankett im Kaiserpalast. Die offizielle Begründung ist, dass er sich gegen Vespasian verschworen haben soll … Aber vielleicht ist es ja in Wirklichkeit nur wieder das Übliche: Frauen. Es geht nämlich das Gerücht, besagter Aulus habe mit einer Gespielin des Kaisers geschäkert.

Und natürlich redet man vom Kolosseum, einem monumentalen Prachtbau, der in Kürze eröffnet werden soll. (Im Jahr 80 n. Chr. wurde das Kolosseum tatsächlich eingeweiht.) Und über den Vorstoß der von Iulius Agricola angeführten kaiserlichen Legionen ins nördliche Britannien.

Eine elegante, *lectica* genannte Sänfte überquert das Forum. Sie wird von mehreren Sklaven auf der Schulter getragen und schwebt wie ein Schiff über den Köpfen der Leute hin. Darin eine Dame, deren Blick abwesend in die Ferne schweift. Ihre Schönheit beeindruckt ebenso wie ihre Juwelen. Vermutlich ist das die Ehefrau eines der neureichen Villenbesitzer aus der Gegend. Gleich drei massige Sklaven machen ihr den Weg frei. Bei jedem Luftzug blähen sich die seidenen Vorhänge der Sänfte wie die Segel eines Schiffes. Und tatsächlich macht die *lectica* jetzt an dem Säulengang halt. Ein Sklave hilft seiner Herrin heraus. Sie steigt wiegenden Schrittes die Treppe hinauf. Die drei Muskelmänner fungieren nun als ihre »Bodyguards«.

Unter den Arkaden haben viele Händler ihre Stände aufgeschlagen, was wir einigen gut erhaltenen Fresken entnehmen, die das Forum Pompejis zeigen. Es handelt sich um fliegende Händler, die keinen Laden haben und ihre Ware hier feilbieten. Einer verkauft Kupfertöpfe und -kessel, ein anderer Werkzeuge für die Landwirtschaft. Sogar einen Maler sehen wir, der Stillleben anbietet.

Unser Blick fällt auf einen alten Schuster, der soeben unter den Kolonnaden, von seinen Kollegen belächelt, eingenickt ist: Er verkauft Sandalen und Schuhe für den bevorstehenden Winter, unter anderem eine bestimmte Art von Schuh, wie sie die Legionäre tragen. Wir wissen dies, weil solches Schuhwerk in einem Schiffsrumpf gefunden wurde. Das Schiff ist vor zweitausend Jahren vor der Küste von Comacchio untergegangen. Die Legionäre trugen nämlich nicht die üblichen Wollsocken, die mehr schlecht als recht vor der Kälte schützten, weil sie schnell nass wurden. Stattdessen streifte der Legionär eine Art Mokassin über, den man eher als »Lederstrumpf« *(soccus)* bezeichnen könnte, und zog dann darüber Sandalen an, deren Sohle mit Eisennägeln mit kugeligen Köpfen versehen waren *(caliga)*. Diese beiden Schuhtypen wurden im Rumpf des untergegangenen Schiffes gefunden und steckten noch ineinander. Heute sind sie im Museum von Comacchio ausgestellt.

Man darf wohl annehmen, dass auch gewöhnliche Leute im Winter dieses Schuhwerk trugen. Und tatsächlich bleibt jetzt ein potenzieller Käufer vor den Schuhen stehen, die der alte Mann unter den Kolonnaden ausgebreitet hat. Mit nachdenklichem Blick kaut er auf einem noch warmen Fladenbrot herum. Wo er das wohl gekauft hat? Nun, nicht weit vom Forum entfernt liegt der Markt *(macellum)*. Dort, aber auch an anderen Orten in der Stadt, sind die *pistores clibanarii* tätig, die Fladenbrotbäcker. Sie haben einen tragbaren Metallofen mit doppeltem Boden bei sich. Auch wenn heute kein Markttag ist, hat man doch im Innern des *macellum* verkohlte Reste dieser Brote *(placentae)* gefunden, die die Römer gern zu Mittag aßen wie die Italiener unserer Tage ihre Pizza.

Unsere reiche römische Matrone setzt ihren Weg fort und übersieht den schlafenden Schuhverkäufer geflissentlich, dessen Kopf immer tiefer auf die Brust sackt. Sie will zu einem der Ladenlokale, die sich unter den Kolonnaden bis zum Marktplatz hinstrecken. Markttag ist ohnehin erst übermorgen, am Samstag. Hier sind die »Büros« der verschiedenen Bankiers und Geldwechsler der Stadt untergebracht, der *argentarii*. Sie weiß genau, wo sie eintreten muss. Mit einer Kopfbewegung bedeutet sie ihren Sklaven, draußen zu bleiben.

Der reichste Bankier Pompejis

Drinnen sitzt neben einer großen Geldtruhe Lucius Caecilius Iucundus an seinem Tisch, der bekannteste Bankier von Pompeji. Er diktiert seinem Sekretär einen Brief. Als sich der Laden verdunkelt, hebt er den Blick und sieht unsere Dame am Eingang stehen, wo das hereinfallende Licht durch die feinen Stoffe hindurch ihre umwerfende Figur erahnen lässt. Der Bankier ist ein dünner Mann mit rundem Kopf und kurzen weißen Haaren. Ein bisschen sieht er aus wie Picasso, er hat auch dieselben nach oben breiter werdenden Ohrmuscheln. So zeigt ihn jedenfalls die Herme mit der Bronzeskulptur, die die Archäologen in seinem prächtigen Haus gefunden haben.

Mit wiegenden Hüften bewegt sich die Frau auf ihn zu. Der Bankier senkt die Lider, er lässt sich vom Aussehen der Dame nicht beeindrucken. Das Gespräch mit ihr verläuft kühl und professionell. Dafür ist Lucius Caecilius Iucundus in ganz Pompeji bekannt.

Im Übrigen gehört er zu den reichsten Männern der Stadt. Wir haben ihn bei Rectinas Bankett kennengelernt. Offensichtlich hat er eine Frau aus dem Geschlecht der berühmten Caecilia Metella geehelicht. (Diese war eine der schillerndsten Figuren der römischen Gesellschaft zu Lebzeiten Ciceros und für ihre zahllosen Liebschaften bekannt.) Seine Gattin hat ihm zwei Söhne geboren, Quintus und Sextus. Er liebt seinen Hund so sehr, dass er ihn porträtieren ließ. Tatsächlich gab er das Vorbild für das Mosaik am Eingang seines Hauses.

Der Bankier ist etwa fünfundsechzig Jahre alt, was in jener Zeit als gesegnetes Alter gilt, doch er behält immer noch in jeder Lage einen klaren Kopf. Sein Vater war schon Bankier, genauer gesagt ist er *coactor:* Er leiht den Leuten nicht nur Geld, sondern bewahrt es auch für sie auf. Das ist eine heikle Aufgabe. Dass man sie ihm übertragen hat, heißt, dass die Menschen ihm vertrauen. Sein Riecher fürs Geschäft ist sprichwörtlich, Fehler hat er nie gemacht.

Wir wissen heute so viel über diesen Mann, weil wir in seinem prächtigen Haus in der Via del Vesuvio eine Truhe gefunden haben, die gut hundertfünfzig Wachstafeln enthielt, auf denen alle Darlehen und Verträge festgehalten sind, die der Bankier mit Unternehmen oder Privatpersonen geschlossen hat. Und das ist nur ein Teil seines Archivs, da diese Unterlagen nur die Zeit zwischen 37 bis 62 n.Chr. abdecken, also bis zu dem schweren Erdbeben. Die Dokumente aus den letzten siebzehn Jahren seiner Geschäftstätigkeit sind uns nicht überliefert, und man weiß auch nicht, wo sie sich befinden könnten. Möglicherweise hat er versucht, sie während der Eruption in Sicherheit zu bringen. Entweder befanden sich diese Unterlagen in seinem Büro am Forum und wurden vernichtet. Oder sie wurden nach der Eruption gerettet, als die Behörden das verschüttete Forum nach Marmor durchsuchten. Vielleicht war er selbst es, der Leute dorthin schickte. Das wäre dann ein eindeutiger Beleg dafür, dass er überlebte.

Doch die hundertfünfzig Wachstafeln, die man aus seiner Geldtruhe geborgen hat, enthalten gut vierhundert Namen von Pompejanern! Und sie geben uns Einblick in die wirtschaftlichen und finanziellen Verhältnisse in Pompeji sowie in die Geschäfte, die seine Bürger miteinander machten.

Lucius Caecilius Iucundus hat Beziehungen zu allen großen Familien in Pompeji und macht mit den reichsten Persönlichkeiten der Stadt Geschäfte. Im Grunde kann man sich ihn vorstellen wie einen Bankier jüngerer Zeit.

Die Dame nimmt auf einem bequemen Hocker mit Kissen Platz. Das kleine Büro füllt sich sofort mit ihrem schweren Parfüm. Nun erfahren wir auch, wer sie ist: die junge Ehefrau eines ehemaligen Geschäftspartners unseres Bankiers namens Herenulleius Communis. Sein Name taucht auf den Täfelchen in der Truhe auf. Er ist ein geschickter Weinhändler *(mercator vinarius)*, dessen Familie Verbindungen bis nach Ostia und Salerno hat. Ihm gehört ein prunkvolles Haus im besten Viertel der Stadt, das Apollo-Haus (Casa di Apollo), in dem unter anderem ein meisterliches Mosaik mit den drei Grazien gefunden wurde (das heute im Museo Archeologico Nazionale von Neapel ausgestellt ist). Der Bankier weiß, dass die Frau, die vor ihm sitzt, für eine der Figuren Modell gestanden hat.

Auf ein Zeichen der Dame hin bringt einer ihrer Sklaven eine schwere Schatulle herein und stellt sie vor dem Bankier auf den Tisch. Sie ist angefüllt mit Goldmünzen. Die Dame möchte diese Summe auf ihr Konto einzahlen, weil sie gedenkt, ein spekulatives Investment in der Stadt zu tätigen. Der Bankier nickt, ohne mit der Wimper zu zucken. Er fixiert die Frau und dreht währenddessen ständig an einem dicken Goldring. Dann bittet er seinen Sekretär, das Geld zu zählen und die Einzahlungsquittung auf Wachstafeln auszufertigen. Wie bei allen Verträgen gibt es auch hier drei Kopien: eine für die Dame (als Quittung) und zwei weitere fürs Archiv.

Nicht einmal ein Finanzier wie Lucius Caecilius Iucundus kann sich an die Art gewöhnen, wie diese aufsteigende Klasse in Pompeji mit Geld umgeht. Auch die Leichtigkeit, mit der die Goldmünzen für Spekulationen aller Art rollen, stört ihn. Er erinnert sich, mit welcher Besonnenheit die alten Pompejaner ihr Geld investierten, Menschen, die einen Bezug zu ihren Ländereien hatten und den Wert des Geldes kannten. Aber wie sagt man doch so schön: Geschäft ist Geschäft. Und unser Bankier legt daher auch keine Skrupel an den Tag. Auch er steckt, wie wir bald sehen werden, gern Geld in riskante Unternehmungen.

Die Dame verschwindet so sang- und klanglos, wie sie gekommen war. Ihre Investition wird nie getätigt werden. Während des Vulkanausbruchs wird sie nach einer langen verzweifelten Flucht im Quadriportikus der Gladiatoren sterben. Bei sich wird sie zahllose Schmuckstücke tragen, die ihr nichts mehr nutzen können.

Doch das weiß sie jetzt noch nicht. Sie erhebt sich, mustert Lucius Caecilius von oben herab und geht mit kreisenden Hüften zum Ausgang, begleitet von ihrem Sklaven. Der junge Sekretär des Bankiers sieht ihr fasziniert hinterher. Ein leichter Schlag in den Nacken bringt ihn wieder zur Besinnung.

Machinationen in der Stadt

Forum von Pompeji
23. Oktober 79 n. Chr., 12.00 Uhr
Noch 25 Stunden bis zum Ausbruch

ABOMINO PAUPERO(S) QUISQUI(S) QUID GRATIS ROGAT FATUS EST AES DET ET ACCIPIAT REM

Ich hasse die Armen! Wer etwas umsonst will, ist ein Dummkopf. Bezahl zuerst, dann bekommst du, was du willst.

Zeit zu schließen. Lucius Caecilius Iucundus verabschiedet sich von seinem Sekretär. Er steht in der Tür und hat seinen Schal schon um den Hals gewickelt. Gerade will er eine sonderliche kleine Wollkappe aufsetzen, als ein feiner Regen von Mörtelstaub auf ihn herniedergeht. Er sieht zur Decke hinauf, die intakt scheint, doch der Boden hat ein wenig geschwankt. Die beiden Männer sehen sich an. Der Jüngere ist besorgt, der Bankier aber zuckt nur mit den Schultern. Er klopft den Staub ab, lächelt und setzt dann doch noch die Mütze auf.

Draußen allerdings muss er einen Augenblick stehen bleiben. Ein verschreckter Kater läuft ihm direkt vor die Füße, bevor er sich in die nächste Gasse verdrückt. Das Wiehern eines Pferdes schallt über das Forum. Es hat sich losgerissen und galoppiert panisch durch den Säulengang. Die Leute suchen hinter den Säulen Schutz. Das Pferd ist schwarz wie die Nacht und rast panisch über den weißen Marmor. »Ob das wohl ein Zeichen ist?«, fragt sich der Bankier unwillkürlich. Das Beben setzt sich fort. Die Leute in der Kneipe weiter vorn halten Becher und Teller fest, damit sie nicht von den Tischen rutschen. Lucius Caecilius Iucundus richtet den Blick zum Himmel. Drei Tauben flattern eilig über das Forum hinweg Richtung Apennin. »Ein gutes Zeichen«, murmelt der alte Mann. »Sie ziehen nach Osten, gen

Morgen. Das ist ein Zeichen der uns wohlgesinnten Götter.« Und tatsächlich: Die Erdstöße brechen urplötzlich ab, und das Geplauder setzt wieder ein, als wäre nie etwas geschehen.

Die Menschenmenge am Forum lichtet sich. In Pompeji schließen die Geschäfte wie im ganzen Römischen Reich nämlich zur Mittagszeit, wenn auch nicht alle zugleich. Manche machen um zwölf Uhr zu, andere um vierzehn Uhr und öffnen erst am nächsten Tag wieder. Das ist so Sitte. Nachmittags ist alles geschlossen, unter anderem, weil man ja schon im Morgengrauen mit der Arbeit beginnt.

Danach gibt es nur noch das Mittagessen und – die Thermen, sofern sie in Betrieb sind.

Unser Bankier ist eine bekannte Gestalt in Pompeji. Wenn er so unter den Kolonnaden dahinmarschiert, sieht man nur ein mageres, altes Männlein, doch alle wissen, wie viel Macht er hat, und so wird er von den meisten höflich gegrüßt. Er seinerseits gibt sich gar nicht erst Mühe, die tiefe Befriedigung zu verbergen, die sein Erfolg ihm am Ende seines Lebens schenkt. Wer sind die Menschen, die in diesem Moment die Wege von Lucius Caecilius Iucundus kreuzen? Anders als er wissen wir schon, welches Schicksal sie erwartet.

Den großen, schlanken Mann zum Beispiel, der den Platz an der Seite eines Knaben überquert. Die beiden werden in der Mysterienvilla (Villa dei Misteri) sterben. Sie können sie in ihrem Glassarg bewundern. Ebenso wie den Mann mit der langen Nase, der sich dort mit seinen Freunden unterhält und lacht. Man wird ihn in zweitausend Jahren vor der Porta Nocera wiederfinden, wo er zusammen mit weiteren drei Personen erstickt war.

Das Pärchen hingegen, das auf den Ehrenbogen neben dem Kapitol zugeht, wird mit dem Leben davonkommen. Sie fliehen instinktiv gleich bei den ersten Anzeichen des Ausbruchs nach Surrentum, wo die junge Frau Verwandte hat.

Die schwangere Frau, die mit ihrem Mann und den zwei Kindern einen Bäcker sucht, wird allerdings nicht überleben. Professor De Simone findet sie während der Ausgrabungen und gibt ihnen mit einer neuen Technik ihr altes Aussehen wieder. Als man ihre sterblichen Überreste aus den vulkanischen Sedimenten befreite, zeigte sich eine rührende Szene: Die beiden Eheleute sterben gemeinsam. In einem letzten verzweifelten Versuch, seine Frau zu schützen, zieht er ihr einen Zipfel seines Umhangs übers Gesicht.

Eine andere Familie, die bei einem Bäcker gerade Krapfen kauft, wird überleben, denn sie werden Bekannte in Neapolis besuchen.

Auch die beiden, die jetzt mit uns die Via dell'Abbondanza hinunterschlendern, gehören zu den Opfern. Ihnen ist ein ganz eigenes Schicksal beschieden: Sie kennen sich nicht und sterben an verschiedenen Orten, doch man wird sie gemeinsam im archäologischen Depot des Forums nicht weit von hier aufbewahren, zwischen Amphoren, Statuen und Marmortafeln, die die Touristen durch dicke Gitter hindurch bewundern können. Sie liegt in einem Schaukasten, leicht wiederzuerkennen an ihrem Chignon. Im Augenblick ihres Todes wird sie sich bäuchlings auf die Erde legen und ihr Gesicht mit den Händen verdecken. Er hingegen hockt nicht weit davon und hat ebenfalls die Hände vors Gesicht geschlagen. Als die Archäologen ihn fanden, hatte er sich auf die Erde geworfen, als wollte er sie küssen. Heute aber stellt man ihn im Sitzen aus (siehe Bildteil II, Seite 13). Hätten die Touristen diese Menschen gekannt, voller Leben und Lachen, würden sie sie wohl nicht mit dieser morbiden Sensationslust fotografieren, ohne jedes Empfinden für die Würde der Toten. Vielleicht gäbe es sogar Proteste dagegen, ihre Leichen auf diese Weise auszustellen …

Die Eruption spielt russisches Roulette mit den Menschen. Den einen lässt sie leben, den anderen reißt sie mit sich in den Tod. Dahinter steckt keine Logik.

Nun gehen wir die Via dell'Abbondanza in der entgegengesetzten Richtung hinunter wie heute Morgen.

Lucius Caecilius Iucundus erreicht den Laden des *sagarius*, den er aufsuchen wollte. Clodius stellt *saga* her, die Umhänge oder Mäntel der Römer; sein Laden liegt am Eingang zu den Thermen.

Er begrüßt den Bankier lächelnd mit seinem breiten Irpiner Akzent. Clodius hat allen Grund zur Freude. Der Winter steht vor der Tür, und seine Mäntel verkaufen sich gut. Tatsächlich sind mehrere Kunden im Laden, die solch einen schützenden Umhang erwerben wollen. Das *sagum* ist ein simples rechteckiges Stück Stoff, das ursprünglich aus Gallien kommt. Es ist praktisch und warm, daher wird es gern von Legionären getragen, und je nach Farbe signalisiert es sogar den Dienstgrad. Auch unter den Sklaven, die die Ländereien bestellen, ist dieser Mantel sehr beliebt.

Clodius gehört zu den Ladenbesitzern, die in ihrem Geschäft auch wohnen: Eine kleine Treppe führt hinauf zu einer Galerie, wo der Mann mit seiner Frau und seinem Kind schläft. Von der Straße dringen die Schritte des Kindes herein, das dort auf und ab läuft.

Geschäfte in Pompeji – ein bisschen Wall Street, ein bisschen Chinatown, ein bisschen Chicago

Lucius Caecilius Iucundus kommt nur langsam voran, zum einen, weil ihm das Alter zu schaffen macht, zum anderen, weil er ständig jemanden begrüßen muss. Endlich ist er an der Kreuzung angelangt, wo sich vor etwa einer Stunde Titus Suedius Clemens und der »Quintilian« Pompejis verabschiedet haben. Sein Haus liegt ja ganz woanders. Um dorthin zu gelangen, hätte der Bankier vom Forum aus in nördlicher Richtung gehen müssen, die Via della Fortuna entlang. Was also führt ihn hierher? Er muss mit einem wichtigen Mann zu Mittag essen, der heutzutage schon mal als »Al Capone Pompejis« bezeichnet wird.

Denn hinter dieser Kreuzung betreten wir den östlichen Teil der Via dell'Abbondanza, wo – wie wir gleich sehen werden – das große Geld gemacht wird: in den zahllosen Läden an der Straße, aber auch in den Hinterzimmern, wo sich Unternehmer, Politiker, Lobbyisten und manchmal auch »Mafiosi« treffen.

Diesen Teil der Stadt betritt man durch einen Torbogen, der auf vier Säulen ruht und die Via dell'Abbondanza gegen die Kreuzung hin abschließt. Wäre er nicht von weißen Steinplatten bedeckt, sähe er aus wie eine Spinne, die mit je zwei Beinen auf einer Straßenseite steht. Wer hat das Monument gerade an dieser Stelle errichtet? Es repräsentiert die Verbindungen zwischen Politik und Unternehmertum, die wir gleich erkunden werden.

Bauherr war die Familie der Holconier, Aristokraten etruskischer Herkunft, die in Pompeji hohes Ansehen genießen. Ihre Mitglieder wurden unsagbar reich, weil sie mit Wein handelten, Amphoren herstellten und Tongruben ausbeuteten. Damit hielten sie quasi die gesamte Produktionskette in ihrer Hand: Das ist ein bisschen so, als gehörten den heutigen Hopfenbauern und Bierbrauern auch noch die Bauxitminen in Afrika, wo man das Aluminium für die Bierdosen gewinnt. Gestern Abend bei Rectinas Bankett haben wir einen Vertreter der dritten Generation dieser Familie kennengelernt, Marcus Holconius Priscus. Dieser ist gerade mit Unterstützung unseres Bankiers zum Duumvir ernannt worden.

Der Bogen, unter dem wir nun hindurchschreiten, ist das Werk seines Großvaters Rufus und seines Vaters Celer. Die Statuen der beiden schmücken den Torbogen.

Und wie kommt es nun, dass die Stadtverwaltung von Pompeji den beiden Bürgern erlaubt, mitten in der Stadt, an der Hauptstraße, sich selbst ein so gewaltiges Denkmal zu setzen? Das Ding hat fast hundert Quadratmeter Grundfläche! Stellen Sie sich das mal in der Stadt vor, in der Sie leben!

Doch die Antwort ist recht simpel. Die beiden römischen »Millionäre«, Vater und Sohn, waren so reich, dass sie auf eigene Kosten das Große Theater von Pompeji wiederaufgebaut haben, das beim großen Erdbeben 62 n.Chr. zur Hälfte eingestürzt war. Und so haben die dankbaren Bürger Pompejis ihnen die Errichtung dieses Torbogens mit seinen vier Portalen *(tetrapylon)* am betriebsamsten Platz der Stadt gestattet. Den Großvater würdigte man mit einem Ehrensitz und einer Ehrenstatue im Theater.

In der römischen Welt ist dies Tradition, vor allem in den Provinzen. Die reichen Familien – die nicht selten »niederer Herkunft« sind und daher nach Prestige streben, um dieses »Manko« auszugleichen – überbieten sich gegenseitig darin, der Bevölkerung große öffentliche Bauten zu »schenken« wie Theater, Markthallen und so weiter. Mit solchen Werken erkauft man sich die Gunst des Volkes.

Die Familienmitglieder der *gens Holconia* hatten lange vergeblich versucht, in den Rang von Senatoren erhoben zu werden. Zudem hatte der Clan schwere Zeiten hinter sich, waren sie doch Parteigänger Kaiser Caligulas gewesen, der ebenfalls keine besondere Zuneigung für den Senatorenstand gezeigt hatte. Die Wahl von Marcus Holconius Priscus zum Duumvir Pompejis war daher wie ein Befreiungsschlag.

Wie wir wissen, hatte unser Bankier bei dieser Geschichte die Finger mit im Spiel. Warum? Ganz einfach, er ist ein alter Freund der Familie! Das zeigen die von den Archäologen entdeckten Wachstafeln: Rufus, der berühmte Großvater, gehörte zu den Kunden des Bankiers.

Das Tetrapylon, das vermutlich von einem Reiterstandbild gekrönt war, ist eine echte Visitenkarte für das Geschäftsleben in Pompeji, bei dem Banken (Lucius Caecilius Iucundus), Politik (Marcus Holconius Priscus) und Unternehmertum (das Geschlecht der Holconier im Allgemeinen) eine innige Allianz eingehen. Und dies ist keineswegs selten.

Der Bankier taucht in den Schatten unter dem Torbogen ein. Seine Augen müssen sich erst ans Halbdunkel gewöhnen. Fast will ihm scheinen, eine der Statuen der Holconier sei lebendig geworden und komme nun auf ihn zu. Er kneift die Augen zusammen. Nein, natürlich ist es der Sprössling der Familie, Marcus Holconius Priscus, der seinen Vorfahren ähnelt wie ein Ei dem anderen. Sie hatten sich ja unter dem Torbogen verabredet.

Nach einer kurzen Begrüßung machen sich die beiden auf zum Mittagessen, doch als sie aus dem Torbogen ins helle Licht des Tages treten wollen, bleibt der Bankier noch einmal stehen. Auf dem Geh-

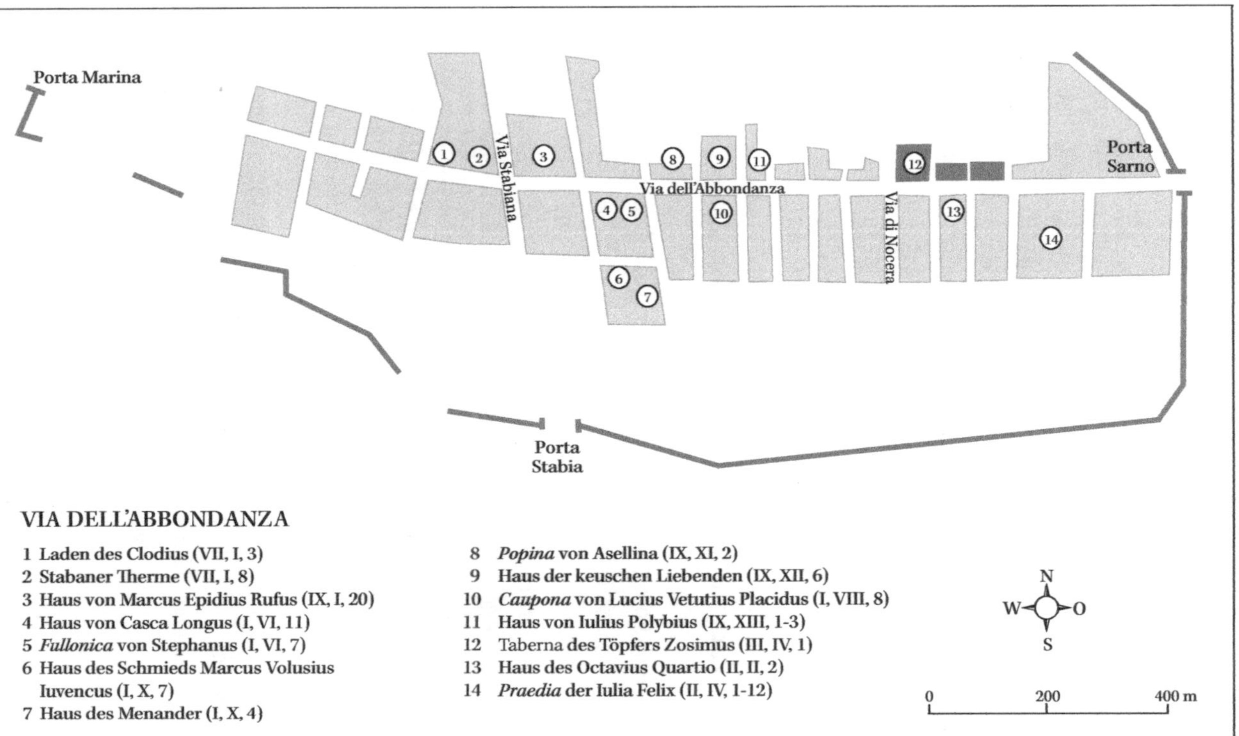

Angaben in Klammern beziehen sich jeweils auf Viertel (Regio), Häuserblock (insula) und Hausnummer (domus).

steig sitzt ein Mann mit lockigem Haar und lebhaftem Blick. Er ist einfach gekleidet und hat einen ungepflegten Bart. Ein fliegender Händler, wie es so viele in Pompeji gibt. Er verkauft kleine Götterfiguren, die er vor sich auf einem Tuch aufgestellt hat. Mit einem kühlen Lächeln wählt der Bankier eine Statue aus und drückt dem Mann ein paar Münzen in die Hand. Er ist abergläubisch und möchte, dass die gemeinsame Besprechung in Fortunas Gunst steht. Als die zwei gut gewandeten Käufer sich abwenden, spuckt der Verkäufer hinter ihnen auf den Gehsteig. Die beiden merken nichts davon. Selbstsicher wie Löwen, die Herren der Wildnis, streifen sie über die Savanne der Via dell'Abbondanza.

Selbst wenn Ihnen das unmöglich erscheint: Wir wissen jetzt, nach zweitausend Jahren, wer dieser einfache Verkäufer war. Er heißt Marcus Calidius Nasta. Die Forscher werden an dieser Stelle sein Siegel finden, zusammen mit seinen Statuen. Und wir erhalten einmal mehr ein »Fotogramm« der Tragödie rund um den Vulkanausbruch.

Die Via dell'Abbondanza beeindruckt allein schon wegen ihrer Länge und ihrer geraden Trassenführung. Zu beiden Seiten schmiegt sich Haus an Haus zu einer geschlossenen Front, die nur von den Einmündungen der Seitenstraßen durchbrochen wird. Hier hat man ganz offensichtlich »am Reißbrett« geplant. Von oben betrachtet fügen sich die Wohnblöcke aneinander wie die Felder auf einem Schachbrett. Der untere Teil der Häuser ist mit roten Steinplatten verschalt. Dieser rote Streifen führt den Blick scheinbar endlos in die Ferne, was einen eleganten architektonischen Effekt gibt. Doch dies gehört in Pompeji und anderen römischen Städten einfach zum Stadtbild.

Die beiden Männer erklettern den nächsten Gehsteig, der keineswegs so aussieht wie der, den sie soeben hinter sich gebracht haben. Während die Straßen Pompejis in die Zuständigkeit der Ädilen fallen (eine Art Stadtrat im öffentlichen Dienst, der ursprünglich jedes Jahr wiedergewählt wurde), sind für die Gehsteige die Besitzer der Häuser verantwortlich.

Das erklärt vielleicht, weshalb die Straßen immer gleich, die Gehsteige aber unterschiedlich gepflastert sind. Manchmal sind sie einfach nur mit Tonscherben ausgelegt, dann wieder bestehen sie aus grauem Basaltgestein oder haben eingestreute Marmorsplitter, die hell leuchten. Dann ist da noch die Sorte Gehsteige, die offensichtlich mit ungenehmigten Baumaßnahmen zusammenhängen, wahre Rampen, die man zu erklimmen hat. Offensichtlich hat die Stadtverwaltung hier mal wieder ein Auge zugedrückt.

Die Gebäude in der Via dell'Abbondanza sind fast alle zweistöckig. Über dem Erdgeschoss erhebt sich häufig noch ein Oberstock mit kleinen Fenstern oder Säulengängen. In einigen Fällen ragt auch ein kleiner Balkon hervor, auf dem Topfpflanzen und Blumenvasen stehen. Manche Häuser haben geschlossene Balkone aus Holz, ähnlich Wandschränken, die man vor die Fassade gehängt hat. Durch Fensterläden kann man die Leute beobachten, ohne selbst gesehen zu werden.

Wo es keine Balkone gibt, erkennen wir Flachdächer, die manchmal gut einen Meter breit den Gehsteig überragen. Die Archäologen haben solche Flachdächer an einigen Häusern nachgebaut. Diese Konstruktion spendete Schatten und schützte zugleich die darunterliegenden Kneipen oder Geschäfte vor Regen.

Die Via dell'Abbondanza ist eine der Hauptverkehrsstraßen Pompejis, eine Art Chinatown, wo es ständig nur so wimmelt von Menschen. Der Bankier und der Politiker schieben sich durch diesen menschlichen Ameisenhaufen.

Sklaven mit Körben auf den Köpfen, die die Straße überqueren. Frauen, die mit einem Kind auf dem Arm einkaufen gehen und ein anderes hinter sich herziehen. Ladenbesitzer, die mit ausladenden Gesten ihre Waren anpreisen. Pferde, die vor den Gasthäusern festgebunden sind und sich mitten aufs Pflaster erleichtern. Jungs, die lachend in die nächste Seitengasse eintauchen. Vorarbeiter, die ihre Sklaven rügen. Das ist Pompeji.

Unvorstellbar, dass in wenigen Stunden all diese Menschen tot sein werden und die Stadt nichts weiter als ein rauchender Aschehaufen …

Aber im Augenblick ist all dies noch weit entfernt, und so setzen wir unseren Spaziergang fort. Wir haben noch nicht alles gesehen beziehungsweise gerochen …

Denn Pompeji lässt sich auch mit der Nase erkunden. Ein olfaktiver Rundgang zeigt uns, dass das Alte Rom nicht nur bei den Farben kräftige Noten schätzte, sondern auch bei den Gerüchen. Schließen Sie die Augen. Sie werden schon an den Aromen erkennen können, welche Art Laden Sie vor sich haben. Hier schlagen Ihnen balsamische Duftnoten entgegen, während man drinnen laut lacht: der Barbier, der seinen Klienten mit einer Salbe den Bart weich macht, während diese sich unterhalten. Dort riecht es nach frischem Brot. Ja, genau, das ist der Bäcker, bei dem wir schon waren. Ein paar Meter weiter steigt Ihnen ein Odeur von Urin in die Nase, begleitet vom Geruch nach Chemikalien: Hier werden Häute gegerbt und Stoffe gefärbt. Nach ein paar Schritten schmeichelt das angenehme Aroma eines mit vielen Kräutern gewürzten gegrillten Fischs den Geruchsnerven. Aha, hier ist also ein Gasthaus. An der Straßenecke breitet sich eine intensive Duftwolke von Harzen aus, die knisternd vor dem Götterbild an einem Straßenaltar verbrennen. Das schmutzige Gässchen dahinter müffelt geradezu unbeschreiblich. Sie gehen weiter, denn einige Meter weiter lockt Sie der Duft von würzigem Wein an. Und neben der Kneipe liegt angenehmerweise auch noch ein Parfümladen. Die Frau, die heraustritt, geht an Ihnen vorbei und zieht einen süßen Wohlgeruch wie eine Schleppe hinter sich her …

Die Duftspur Pompejis ist in der Via dell'Abbondanza intensiver als anderenorts, weil sich Laden an Laden reiht. Auf den sechshundert Metern, die von unserem Standort zur Porta Sarno führen, haben die Gelehrten mehr als zwanzig Gasthäuser identifiziert, also alle dreißig Meter eines. Eine überraschend hohe Konzentration, wenn man sich vorstellt, dass es in bestimmten Straßen kein einziges gibt.

Warum das so ist, weiß niemand so recht. Möglicherweise will die Stadtverwaltung ja die Ansiedlung von Gaststätten auf diese Straße begrenzen, weil diese immer auch Geruchsbelästigungen, Geschrei und die unvermeidlichen Betrunkenen mit sich bringen. Und in der Nähe von Wohnvierteln, Ämtern oder Tempeln will man so etwas wohl einfach nicht haben.

Werkstätten, Läden und Kneipen weisen in Pompeji meist durch Schilder an der Fassade auf ihre Existenz hin. Und natürlich fehlen an den Wänden auch nicht die üblichen »Wahlplakate«, die zwar nicht wie heute ein Bild des Kandidaten zeigen, aber seinen Namen nennen – zusammen mit der Empfehlung irgendeiner Person oder Gruppe. Meist stehen diese Inschriften an den Wänden von Häusern, deren Besitzer den Kandidaten ganz offen unterstützen. Manchmal ist dies auch die gesamte »Belegschaft« eines »Betriebs«.

Die Via dell'Abbondanza ist aber nicht nur Geschäftsstraße. Da und dort stoßen wir auch auf ein Portal, das zu einem Privathaus führt. Die Portale, die sich erhalten haben, sind schmal, hoch und meist mit Beschlägen verziert. Sie haben sogar einen Türgriff. Aus einem dieser Portale sehen wir nun den Tribun Titus Suedius Clemens treten. Das Haus, aus dem er kommt, gehört dem »Quintilian« Pompejis, daher nennt man es heute auch »Haus des Marcus Epidius Rufus«. Dieses Haus hat einen seltsamen Eingang: ein erhöhtes Podium, auf das seitlich zwei Treppen führen. Eingänge wie dieser sind in Pompeji eher selten. An ihn schließt sich ein sogenanntes »korinthisches Atrium« an, also nicht gerade die typische Struktur einer *domus* römischer Bauart… Tatsächlich gewinnt dieses Haus seine Inspiration aus hellenistischen Königspalästen: Das Atrium ist mit sage und schreibe sechzehn Säulen geschmückt, um die sich das ganze Gebäude gruppiert.

Der kaiserliche Tribun wird von zwei Haussklaven begleitet, Italicus und Diadumenos (ihre Namen hat man in die Wand eingraviert).

Sie helfen ihm, Schriftrollen und andere Dokumente in die Büros am Forum zu bringen, wo er trotz der fortgeschrittenen Stunde eine außerordentliche Versammlung einberufen hat, um die Arbeiten zur Instandsetzung der Wasserleitung voranzutreiben.

Der hämische Blick von Lucius Caecilius Iucundus kreuzt den entschiedenen des Tribuns. Die beiden grüßen sich durch ein kurzes Kopfnicken, dann gehen sie ihres Weges. Sie respektieren sich, mehr aber auch nicht. Denn sie stehen von Natur aus in verfeindeten Lagern: Der eine versucht, Kungeleien anzuzetteln, der andere, sie aufzudecken ...

Der »Al Capone Pompejis«

Lucius Caecilius Iucundus und Marcus Holconius Priscus, der Bankier und der Jungpolitiker von Geldadels Gnaden, betreten ein Haus, das gar nicht weit von dem liegt, in dem der Gastgeber des Tribuns wohnt. Dort laufen alle Fäden des Geschäftslebens zusammen – in der Hand eines einzigen Mannes: Gaius Iulius Polybius, den man ob seiner Geschäfte an der Grenze zur Illegalität und der dabei an den Tag gelegten Methoden wie gesagt auch schon mal den »Al Capone Pompejis« genannt hat. Diese Bezeichnung ist möglicherweise etwas übertrieben, aber sie zeigt unmissverständlich, mit welchem Milieu wir es hier zu tun haben.

Das zweiflügelige Portal, das sich für die beiden öffnet, wird später von den Archäologen wiedergefunden. Sie fertigen einen Abguss, der jedoch 1943 bei dem völlig sinnlosen Bombardement der Stadt durch englische Flieger zerstört werden sollte.

Ein paar Minuten lang müssen Lucius Caecilius Iucundus und Marcus Holconius Priscus im Vorraum warten, bevor sie ins Allerheiligste vorgelassen werden. Auch dieses Atrium ist prunkvoll ausgeschmückt. Die Sitzbänke laden ein zum Verweilen, während eine leichte Brise mit den Leinenvorhängen spielt. Hier gibt es sogar verglaste Fenster (die allerdings nicht so transparent sind wie unsere heutigen). Sie sitzen in Ulmenrahmen, die mit Intarsien aus Tannenholz verziert sind.

Unsere beiden Geschäftsleute werden in einen herrlichen Garten geführt, der auf drei Seiten von Säulen umschlossen ist, die halb gelb, halb weiß sind: An den Wänden des Peristyls findet sich eine Wahlinschrift für den Kandidaten C. I. P. (also Caius oder Gaius Iulius Polybius), der Duumvir werden will. Ebendieser Mann kommt nun unseren Gästen mit weit ausgebreiteten Armen entgegen: Er hat riesige Hände und ist überhaupt groß und massig. Aus dem runden Gesicht blitzen helle Äuglein. Über seine Wange zieht sich eine lange Narbe, die er angeblich beim Kampf in fremden Ländern davongetragen hat. Doch jeder weiß, dass er diesen »Schmiss« einer Messerstecherei als junger Sklave verdankt. Denn Gaius Iulius Polybius ist ein Grieche aus recht einfachen Verhältnissen: Seinem *nomen* Iulius nach zu urteilen war er vermutlich ein kaiserlicher Sklave in der Zeit, als die Iulier und Claudier an der Macht waren.

Im Triklinium liegt schon ein anderer Politiker bei Tisch, gleich neben der Bronzestatue des Apollo (die an genau diesem Ort von den Archäologen gefunden werden wird), den wir ebenfalls kennen: Gaius Cuspius Pansa, ja, ebender mit dem verschlagenen Blick und dem Pickelgesicht. Sein schepperndes Lachen macht den kleinen Affen nervös, ein Makak, dessen Leine an einem der Betten festgemacht ist und der jetzt vom Kopfteil herunterspringt.

Dass es Affen in Pompeji gibt, darf uns nicht erstaunen: Sie werden aus Afrika importiert und von wohlhabenden Familien als Haustiere gehalten. Eine Gewohnheit, die sich in diesem Land fortsetzen sollte, denn auf den Fresken des wunderbaren Palazzo Schifanoia in Ferrara, die immerhin aus dem 16. Jahrhundert stammen, ist genau solch ein Affe zu erkennen.

Im Augenblick der Eruption entkommt das Äffchen des Gaius Iulius Polybius. Jahrhunderte später wird man es an anderer Stelle in der Stadt finden. Seine Gebeine werden im archäologischen Depot Pompejis aufbewahrt.

Die vier mächtigen Männer Pompejis fangen an zu tafeln und setzen das Gespräch fort, das sie am Vortag auf Rectinas Bankett begonnen haben. Gaius Iulius Polybius führt das Wort und streut dabei bewusst immer wieder kleine Pausen ein, um seine eigene Machtvollkommenheit zu unterstreichen. Denn was Geschäfte angeht, ist er ein wahrer Raubritter. Wie genau er sein Vermögen angehäuft hat, wissen wir bis heute nicht, doch sobald er vom Sklavenjoch befreit war, hat er in der pompejanischen Gesellschaft einen kometenhaften Aufstieg vollzogen, zu dem ihm jedes Mittel recht war, auch das schändlichste. Die Untersuchungen der Archäologen haben ergeben, dass er ein weitgespanntes Netz wirtschaftlicher Beziehungen pflegte. So tauchte er beispielsweise immer wieder als Zeuge bei Vertragsabschlüssen auf. Ihm gehörten mehrere Bäckereien in der Stadt, dazu einige Ställe mit Maultieren und Maultierführern zum Mieten an der Porta Ercolano (dort, wo Rectina heute Morgen ihre Kutsche untergestellt hat). Diese Ställe spielen im Transportwesen der Stadt eine ganz wesentliche Rolle. Man muss sich das etwa so vorstellen, als besäße er heute eine große Spedition mit zahlreichen Lkws. Einige Forscher gehen davon aus, dass er auch mehrere Bordelle sein Eigen nannte, denn er hatte offensichtlich Verbindungen zu den Prostituierten in der Via dell'Abbondanza.

Sein Lebenslauf ist also nicht gerade der vornehmste. Aber ihn gleich mit Al Capone zu vergleichen? Es gibt keinerlei Hinweise darauf, dass Gaius Iulius Polybius je Menschen eingeschüchtert hätte oder gar ermorden ließ. Doch wenn man die historischen Unterschiede zwischen Pompeji und Chicago berücksichtigt, dann kann man wohl davon ausgehen, dass die Methoden Gaius' denen des italoamerikanischen Gangstertums in nichts nachgestanden haben. Sein Vermögen sowie sein dicht geknüpftes Netzwerk von Bekannten und Komplizen haben ihm geholfen, zwei wichtige Ämter im Machtgefüge der Stadt zu bekleiden: Man hat ihn zuerst zum Ädil und dann zum Duumvir gewählt. Natürlich führte er sein Geschäft in aller Legalität … aber er saß eben auch in den Verwaltungsgremien der Stadt und traf dort Entscheidungen über öffentliche Arbeiten und Projekte. Und man darf wohl annehmen, dass er darüber seinen eigenen Vorteil nicht aus den Augen verlor.

An der Fassade seines Hauses ist heute noch sein »Wahlplakat« sichtbar mit der Bitte an die Vorübergehenden, ihn zu wählen, weil er »gutes Brot macht«.

Im Triklinium des Polybius debattieren die Männer währenddessen darüber, wie sie sich bei den anstehenden Restaurierungsarbeiten in Pompeji nach den jüngsten Erdstößen wohl das größte Stück vom Kuchen sichern können. Allein die Instandsetzung der Wasserleitung könnte sich als lukrativ erweisen, zum einen, weil die Gewinnspanne sicher hoch ist, zum anderen, weil man sich so das Wohlwollen der Öffentlichkeit sichern könnte. Das einzige Hindernis ist der kaiserliche Tribun Titus Suedius Clemens. Seit er in Pompeji weilt, ist das Geschäftemachen ohnehin schwieriger geworden ...

Ein Diener kommt mit einem Tablett voller Delikatessen. In der Mitte prangt ein Giraffenkopf, dekoriert mit allerlei Leckerbissen. Obwohl es sich eigentlich nur um ein leichtes Mittagessen handeln sollte, kann Polybius es nicht lassen: Er will seine Gäste beeindrucken und hat deshalb ein Gericht mit einer Fleischsorte zubereiten lassen, die normalerweise nicht auf den Tisch kommt. Denn kürzlich sind am Hafen von Pompeji mehrere Giraffen ausgeladen worden, die direkt aus Afrika kamen. Der Großteil war wohl für die Gärten der Luxusvillen an der Küste bestimmt, doch das eine oder andere Tier hat es vielleicht nicht geschafft. Deshalb haben die Besitzer für sündteures Geld das Fleisch verkauft, um so wenigstens einen Teil des Kaufpreises wieder hereinzubekommen.

Die besten Stücke landeten auf den Tellern von Leuten, die andere mit ihrem Reichtum beeindrucken wollen. Die weniger attraktiven Teile wie Hufe und Beine werden dann an Tavernen verkauft, wie ein archäologischer Fund belegt.

Nachdem er die ungewohnte Köstlichkeit aufgetragen hat, kehrt der Sklave in die Küche zurück, die in einer Art Portiersloge auf einer

Seite des kleinen Innenhofes liegt. Über der Feuerstelle, wo auf mehreren Flammen gekocht wird, ist ein wunderschönes Fresko angebracht, das heute noch besichtigt werden kann. Es dient als Lararium.

Der Sklave hat kaum Zeit, ein neues Tablett zu füllen, das er sofort in den Raum neben dem Triklinium zu bringen hat. Hier liegt die Gattin des Polybius und klimpert auf einer Art Gitarre herum. Ihre schwangere Tochter hat sich auf dem zweiten Bett ausgestreckt und hört ihr zu. Wir haben sie heute Morgen schon beim Arzt kennengelernt.

Neben ihr steht eine Sklavin, die einen Obstkorb hält. Sie sieht aus wie eine Afrikanerin. Ihrer hohen Gestalt nach zu urteilen, kommt sie wohl aus dem Senegal oder einem anderen Land des subsaharischen Afrika. Wie sie wohl hierhergekommen ist? Ihrem Volk entrissen, hat sie sicher das Schicksal aller Sklaven zu erleiden.

Das merkwürdig anmutende Bild wird vervollständigt von einem ebenso exotischen Vogel, der mit einem Bein an der Rückenlehne des Bettes festgebunden ist. Unter dem Bett seiner gitarrespielenden Herrin liegt zusammengerollt ein kleiner Hund. Ein Schoßhund also, der im Alten Rom gar nicht mal so selten ist. Mosaiken, Statuen und Basreliefs zeigen uns immer wieder, dass die Römer verschiedene Hunde kannten und hielten: Jagdhunde zum Beispiel, die entweder schnell oder massig waren, je nachdem, ob sie Hasen in ihrem Bau aufstöbern oder Wildschweine einkreisen sollten. Aber eben auch Schoßhündchen wie unsere heutigen Yorkshireterrier. (Ein sehr hübsches Exemplar wird als kleine Terrakottaskulptur im Gabinetto Segreto des Museo Archeologico Nazionale von Neapel verwahrt.)

Kehren wir für einen Moment zu den tafelnden vier Herren zurück, die sozusagen die neue Oberschicht Pompejis repräsentieren. Diesen ambitionierten ehemaligen Sklaven, deren Bestreben es war, so viel Geld als möglich anzusammeln und wieder auszugeben. Sie waren gewissermaßen der Nährboden für den wirtschaftlichen Aufstieg der Stadt, denn an ihrem Reichtum hatten letztlich alle teil.

Doch warum waren die Römer früher einmal nicht so zynisch und skrupellos gewesen, wenn es ums Geldverdienen ging? In archaischer Zeit existierten soziale Normen, die eine schamlose Bereicherung ächteten und damit eindämmten. Die Einhaltung ethischer und moralischer Prinzipien (in ihrer Interpretation durch die Römer) bildete die Voraussetzung für soziales Ansehen. Die Freigelassenen, die meist nicht von den italischen Völkerschaften abstammten, sondern aus von den Römern eroberten Kolonien kamen, brachen mit diesen Grundsätzen: Ihnen ist es egal, woher das Geld kommt, ob es durch Prostitution oder Spekulation erworben wird. Das Einzige, was zählte, ist der Reichtum selbst.

Augustus hatte versucht, die alte Moral wieder zu etablieren, doch dazu war es bereits zu spät: Die Gesellschaft als Ganzes hatte sich verändert. Nero schließlich versetzte allen Hoffnungen auf eine Rückkehr zu den alten Werten den endgültigen Todesstoß. Zu diesen emporgekommenen Exsklaven hatte ein Römer nur eines zu sagen: »Das sind Barbaren ohne jede Würde.«

Aber lassen wir die vier Herren weiterplaudern. Wir haben genug gesehen und setzen unseren Stadtbummel fort. Wer sind denn eigentlich all die Menschen, die in der Via dell'Abbondanza arbeiten? Welchen Tätigkeiten gehen sie nach? Die Entdeckungen der Archäologen eröffnen uns hier eine faszinierende Welt.

Die Wäscherei, die tausend Sesterze am Tag einnimmt

Kaum haben wir die Villa des Polybius verlassen, kitzelt uns der Duft von Heu in der Nase. Und tatsächlich entdecken wir in einem Seitengässchen einen Stall mit fünf Eseln oder Maultieren. Auf ihrem Rücken wird Mehl transportiert oder Brot ausgeliefert. Der Geruch, der von weiter hinten kommt, ist da schon stechender: Die vom jüngsten Erdbeben beschädigte Klärgrube wird repariert.

Eigentlich merkwürdig, dass das Haus eines so ungeheuer reichen

Mannes in der Nähe solch starker Emissionsherde liegt, was den Gestank angeht. Aber die Wahrheit ist, dass sich zu jener Zeit niemand darum scherte. Schlechte Gerüche waren damals alltäglich, vor allem in der Stadt. Nur der Gestank der Färbereien und Wäschereien *(fullonicae)* wurde auch vor zwei Jahrtausenden schon als störend empfunden.

Bei unserem Spaziergang in der Via dell'Abbondanza dürfen wir natürlich die Wäscherei des Stephanus nicht auslassen. Sie ist nicht schwer zu finden. Vor der Tür liegen zahllose bunte Stoffstücke auf dem Gehsteig zum Trocknen aus. (Wofür die Stadtverwaltung übrigens eigens eine Genehmigung zur Nutzung öffentlicher Flächen erteilt hat.) Da die Türflügel offen stehen und dauernd Leute ein und aus gehen, dürfen wir wohl annehmen, dass heute gearbeitet wird. (Was bei dem herrschenden Wassermangel nicht selbstverständlich ist.) Diese *fullonica* ist eine der wenigen, die im Moment noch in Betrieb sind: Zwar läuft auch hier kein Wasser aus den Leitungen, doch man lässt sich Wasser vom Fluss liefern.

Neugierig treten wir ein. Der Bauplan des Hauses ähnelt dem der klassischen römischen *domus:* Eingang, Atrium, Peristyl. Und doch ist hier eine Wäscherei beziehungsweise Färberei untergebracht.

Die Geschichte dieses Haus ist exemplarisch für Pompeji: Es wurde lange von einer Familie bewohnt, die mit Sicherheit wohlhabend war. Auch nach dem Erdbeben 62 n.Chr. blieben die Bewohner. Das Haus wurde repariert, und die Wände wurden mit prächtigen Fresken im Vierten Stil (siehe Seite 127) ausgeschmückt. Dann aber entschieden sie sich einige Jahre vor der Eruption plötzlich doch dafür wegzugehen. Was sie vertrieb, waren die andauernden Erdbeben, die in den Geschichten über Pompeji meist ausgeblendet werden. Doch sie waren, wie wir bereits gesehen haben, ein tragisches Vorspiel zu einem noch tragischeren Ende, denn sie verursachten einen Aderlass in der pompejanischen Gesellschaft, der in der Folge von den Freigelassenen gefüllt wurde.

Das Schicksal dieses Hauses bietet für diese Entwicklungen ein gutes Beispiel. Das elegante römische Haus wurde an einen ehemaligen skrupellosen Sklaven verkauft, der es zu einer Färberei umbauen ließ. Und so standen unter den aufwendigen Fresken bald Wannen, in denen stinkende Flüssigkeiten gärten, feuchte Tücher und so weiter ... Wir können uns vorstellen, wie entsetzt die ehemaligen Bewohner gewesen sein mussten, als sie auf der Durchreise wieder einmal vorbeischauten! Oder haben sie das Haus vielleicht gar nicht verkauft, sondern nur vermietet – an einen ehemaligen Sklaven, der es zu einer Goldquelle machte? Darauf werden wir wohl nie eine Antwort erhalten.

Wir wissen aber, dass alle Arbeiter der *fullonica* bei der Wahl denselben Kandidaten unterstützten, was wir den Wahlgraffiti entnehmen können. Ein Stück weiter gibt es eine weitere Inschrift, wonach selbst Stephanus für diesen Kandidaten eintrat.

Doch da kommt ein Kunde. Folgen wir ihm. Er geht nach rechts in einen Raum, in dem die Kasse steht. Ein Mädchen nimmt seinen »Coupon« entgegen, eine beinerne Tafel mit einer Nummer darauf. Sie sucht ein bisschen herum, dann zieht sie die Wachstafel heraus, auf der steht, was der Kunde in der Wäscherei abgeliefert hat. Alles ist fertig und wird in Kürze ausgeliefert. Der Kunde bezahlt und geht dann ins »Wartezimmer«, einen großen Raum, der sich aufs Atrium hin öffnet. Von dort aus ist der gesamte Arbeitszyklus der *fullonica* zu beobachten, daher schließen wir uns ihm an.

Die Schmutzwäsche wird in den ehemaligen Garten des Hauses gebracht, wo noch immer Pflanzen wachsen, auch der Säulengang des Peristyls ist noch intakt, doch die Hinterwand wurde ganz eingerissen. Dort erheben sich nun fünf Bottiche aus Stein *(lacunae fullonicae)*, wo die Wäsche buchstäblich »getreten« wird. Ein paar Jungs stützen sich mit den Ellbogen an den Wänden ab und treten mit den Füßen die schmutzige Wäsche in die Lauge, die aus Wasser und alkalinen Substanzen wie Waschsoda oder, ja, Urin besteht. (Seife kannte man damals noch nicht.) Der Gestank erregt Übelkeit, und die jungen Sklaven müssen stundenlang mit den Füßen die Wäsche in der

Lauge treten, Tag für Tag, selbst im Winter. Ein Knochenjob. Zuerst geht die Haut ab, dann bilden sich großflächige Wunden, die sich leicht entzünden. Wir haben heute Morgen schon einen jener jungen Männer gesehen, als er Wäsche auslieferte. Er hinkte, weil sich bei dieser Arbeit bald die Gelenke entzünden, was das bloße Gehen zur Qual macht.

In Rom hat man erst kürzlich bei Gleisarbeiten eine solche Großwäscherei entdeckt. Gleich daneben lag ein Friedhof, und man nimmt an, dass dort die jungen Sklaven begraben wurden, die diese Arbeit das Leben kostete: Sie waren samt und sonders noch sehr jung, hatten aber bereits vollkommen degenerierte Gelenke.

Was wir heute vermutlich merkwürdig finden, ist die Tatsache, dass Urin für die römischen *fullonicae* ein wichtiger Rohstoff war. Man brauchte davon täglich viele Liter, ob nun von Mensch oder Tier. Am höchsten geschätzt aber wurde der Urin des Dromedars, den man sogar aus dem Orient importierte.

Woher aber bezogen die Wäschereien solche Mengen von Urin? In den Gassen standen in unregelmäßigen Abständen amphorenartige Latrinen mit einer seitlichen Öffnung. Diese »Pissoirs«, die regelmäßig von Sklaven einer *fullonica* entleert wurden, konnte jeder nutzen, um sich zu erleichtern. Tatsächlich sind diese der Privatwirtschaft dienenden Amphoren die Vorläufer unserer öffentlichen Toiletten.

Da Urin so kostbar war, hatte Vespasian beschlossen, den Rohstoff der Färbereien zu besteuern, um die Staatsfinanzen zu sanieren. Sueton zufolge rechtfertigte er die Maßnahme vor seinem Sohn Titus, indem er ihm Geld aus den ersten Einnahmen daraus unter die Nase hielt und fragte, ob der Geruch ihn störe. Als dieser verneinte, soll Vespasian gesagt haben: »Und doch ist es vom Urin.« Im Laufe der Zeit wurde daraus der berühmt gewordene Satz *Pecunia non olet* (»Geld stinkt nicht«).

Neben den kleinen Steinbottichen sind mehrere größere Bottiche übereinander angebracht, sodass sie quasi eine »Kaskade« bilden. Darin werden die von den Jungen »gestampften« Wäschestücke gespült, bis auch der letzte Rest »Waschmittel« ausgeschwemmt ist.

Dazu wurde auch Bleicherde aus Marokko eingesetzt. Das Wäschestück wurde erneut mehrfach gespült und schließlich geschlagen, was die neu gewebten Stücke in ihrer Struktur kompakter machte. Empfindlichere Teile hingegen wurden – einigen Historikern zufolge – gleich am Eingang gewaschen, in dem Becken, das einst das *impluvium* darstellte. Zu diesem Zweck hatte man den Rand entsprechend erhöht. Und dann?

Dann trug man die Wäschestücke auf das große Flachdach des Hauses und breitete sie zum Trocknen aus. Weißwäsche wurde außerdem geschwefelt, um sie strahlender zu machen: Man verbrennt etwas Schwefel in einem Kohlebecken, auf dem eine Art Korb aus geflochtenen Weidenruten aufsitzt (er erinnert an einen Käfig). Darüber werden die Wäschestücke gelegt.

In den *fullonicae* wird nicht nur Wäsche gewaschen. Auch frisch gewebte oder importierte Stoffe werden hierhergebracht, denn sie sollen ja schön sauber sein, wenn man sie auf dem Markt oder im Laden anbietet. Viele dieser *fullonicae* färben auch.

Und werden die Stücke dort auch gebügelt? Ja, aber anders, als wir das tun. Man faltet sie und legt sie unter eine große Presse, die fast so aussieht wie die erste Druckerpresse von Gutenberg.

Unter diesen Pressen stehen kleine Kohlebecken, in denen man wohlriechende Hölzer und Essenzen verbrennt. So wird die Wäsche noch parfümiert. Das macht man übrigens in manchen orientalischen Ländern heute noch so.

Als wir gerade aufbrechen wollen, sehen wir, wie einige Arbeiter der *fullonica* in einen Raum gehen, aus dem Essensgeruch dringt. Wie heute besitzen auch damals Großbetriebe eine eigene »Kantine« für die Arbeiter.

Doch bevor wir uns verabschieden, wollen wir noch eines wissen: Welches Ende wird den hier Versammelten beschieden sein? Die Archäologen können diese Frage beantworten. Als man das Vulkansediment beseitigt hatte, stieß man auf mehrere Körper. In einem Raum, vielleicht der Kassenraum, lag ein Mann, der vermutlich die Tageseinnahmen bei sich hatte: 1089,50 Sesterze. Das wären in etwa sechstausend Euro.

Aber natürlich könnte es sich bei diesem Mann auch um einen völlig Fremden handeln, der sein ganzes Hab und Gut eingesteckt hatte, um vor dem Vulkan zu fliehen, und in der *fullonica* Schutz suchte. Denn die Holztafeln, die den Eingang abschließen, waren alle an Ort und Stelle – bis auf eine, die quasi als Tür diente. Ob der Mann im entscheidenden Augenblick durch diese Öffnung schlüpfte und plötzlich den Arbeitern des Stephanus gegenüberstand? Wir wissen es nicht.

Cäsarmörder, indische Götter und leichte Mädchen

Pompeji
23. Oktober 79 n. Chr., 13.00 Uhr
Noch 24 Stunden bis zum Ausbruch

PRISCUS CAELATOR CAMPANO GEMMARIO FELICITER
Priscus, der Gemmenschneider, wünscht dem Juwelier Campano alles Gute.

Zurück auf der Straße: Jedes Tor, das sich öffnet, enthüllt neue Geheimnisse. In einer der eleganten *domus* hier steht ein weißer Marmortisch, dessen drei Beine in Löwenköpfe auslaufen. (Heute befindet er sich mitten im Empfangsraum des Gebäudes, gleich neben dem *impluvium.*) Der Tisch trägt eine merkwürdige Inschrift, die lange von einem Marmorstein verdeckt wurde: *P Casca Long.* Offensichtlich ein Name, doch nicht der des Hauseigentümers. Es handelt sich vielmehr um einen der Cäsarmörder: Publius Servilius Casca Longus. Zeitgenössischen Berichten zufolge soll er es gewesen sein, der Cäsar den ersten Dolchstich versetzte – von hinten in den Hals.

Casca wurde im Jahr nach Cäsars Ermordung zunächst Volkstribun, nur um später für vogelfrei erklärt zu werden. Er floh mit Brutus und Cassius und deren Truppen, die 42 v. Chr. von Marcus Antonius und Augustus in der berühmten Schlacht bei Philippi besiegt wurden. Casca nahm sich nach dieser Niederlage das Leben.

Augustus sprach nach der Schlacht eine sogenannte *damnatio memoriae* aus: Er verfügte, dass jegliches Andenken an ihn ausgelöscht werden sollte. Alle bildlichen Darstellungen von ihm wurden zerstört, alle Inschriften entfernt. Seine sämtlichen Besitztümer wurden versteigert. Offensichtlich wurde dieser Tisch von den Eigentümern des Hauses in Pompeji gekauft und im Garten verwendet.

Vermutlich hat die Inschrift nicht wenige Diskussionen unter den Gästen ausgelöst.

Im Haus der Vier Stile fanden die Archäologen eine ganz besondere Elfenbeinstatue: ein nacktes, üppig gebautes Mädchen, das ungeniert seine Scham zeigt. Sie ist geschmückt mit Perlenketten, Armbändern und Fußringen. Das Besondere an dieser Statue ist allerdings eher ihre Herkunft: Sie stammt nicht aus Rom, sondern aus Indien! Es handelt sich nämlich um eine Darstellung der Lakshmi, der Göttin der Fruchtbarkeit und Schönheit. Wie aber kommt sie in dieses Haus in Pompeji?

Die sinnliche Statue der indischen Göttin verrät uns, dass die alten Römer die Meisterwerke aus fremden Kulturen genauso zu schätzen wussten wie wir. Viele schmückten ihre Häuser mit griechischen oder etruskischen Vasen oder ägyptischen Kunstwerken. Schon damals liebte man also Antiquitäten.

Freilich handelt es sich hierbei meist um Kulturen, zu denen die Römer einen Bezug hatten: Im Falle der Griechen und Etrusker verwundert uns das auch nicht weiter, sind sie doch unmittelbare Nachbarn. Was die Ägypter angeht, so gibt es in Pompeji sogar einen Isistempel mit eigenen Priestern und einem lebendigen Kult. Die indische Statue scheint hingegen eher ein Statussymbol zu sein. Denn ein so schönes, kostbares Objekt aus dem fernen Indien, dem Land, aus dem Seide und Gewürze kamen, machte sicherlich auf jeden Besucher Eindruck.

Die Statue ist ein weiterer Beleg dafür, dass das Römische Reich Handel mit dem indischen Subkontinent trieb. Man hat sogar errechnet, dass etwa jeden zweiten Tag ein Handelsschiff von einem römischen Seehafen am Roten Meer ablegte, um beladen mit Seide, Pfeffer, anderen Gewürzen und eben auch Elfenbeinstatuen ins Imperium zurückzukehren. Es ist nicht ausgeschlossen, dass hin und wieder Inder selbst durch die Straßen Pompejis flanierten, Seeleute, Händler oder Reisende.

Allmählich wird es Zeit zum Mittagessen. Eine Gruppe von Handwerkern mit Kalkspritzern auf Armen und Beinen überquert vor uns die Straße. Sie kommen aus dem Haus neben der *domus* des Polybius. Dort, wo wir am Morgen das Brot gekauft haben. Heute heißt es »Haus der keuschen Liebenden«. Offensichtlich handelt es sich um Freskenmaler, die die Wände des Hauses neu gestalten sollen. Denn die Archäologen haben festgestellt, dass es beim letzten Erdbeben schwer in Mitleidenschaft gezogen worden war.

Plaudernd treten sie in ein kleines Lokal auf der gegenüberliegenden Straßenseite ein. Gaststätten dieser Art sind in römischen Städten sehr verbreitet. In manchen Büchern werden sie heute als *»thermopolia«* bezeichnet, doch den aus dem Griechischen abgeleiteten Kunstbegriff *thermopolium* würde kein Pompejaner verstehen. Vermutlich hätten Sie mehr Erfolg, wenn Sie sich schlicht nach einer *popina* erkundigten (falls das Lokal klein ist) oder einer *caupona* (wenn es eher an ein Restaurant mit Tischen und so weiter erinnert).

Wir folgen den Freskenmalern in das Lokal, das wohl eines der berühmtesten in Pompeji ist. Zumindest wird es in Büchern und Zeitschriften häufig erwähnt. Sein Inhaber ist Lucius Vetutius Placidus.

Drinnen sehen wir eine gemauerte L-förmige Theke. An der Wand dem Eingang gegenüber befindet sich ein Lararium mit einem wunderschönen Fresko, das einen Tempel darstellt (siehe Bildteil I, Seite 7). In der Mitte der Schutzgeist (Genius) der Familie, an dessen Seite zwei Laren tanzen. Ganz außen wird das »Team« von schützenden Gestalten noch durch die Götter Bacchus und Merkur verstärkt. Darunter ringeln sich zwei Agathodaimonai, Schlangen, die den heimischen Herd bewachen und vor einer Altarstele ihre Häupter erheben.

Die Theken dieser kleinen Lokale in Pompeji sind häufig mit verschiedenfarbigen Marmorbruchstücken verziert, die einen fröhlich bunten Patchworkeffekt erzeugen. Die Tischplatte hat eine Reihe kreisrunder Löcher. Als hier noch das Leben tobte, lugten daraus die Hälse von Terrakottagefäßen *(dolia)* heraus, die mit Sicherheit mit einem Deckel verschlossen waren.

Über die Verwendung dieser *dolia* wurde viel debattiert. Meist geht man davon aus, dass sie Wein enthielten, der je nach Jahreszeit mit warmem oder kaltem Wasser gestreckt wurde. In den kleinen Lokalen hielt man immer einen Behälter mit warmem Wasser vorrätig.

Aber nicht alle Gelehrten teilen diese Ansicht. In Pompeji haben die Wissenschaftler bislang neunundachtzig *thermopolia* gefunden und hundertzwanzig *cauponae*, also mehr als zweihundert Lokale, in denen man essen und etwas trinken konnte. Die Bevölkerung Pompejis mag zwischen sechs- und zwanzigtausend Einwohner gezählt haben, am wahrscheinlichsten ist die Schätzung auf zwischen acht- und zwölftausend. Das macht also ein Lokal auf fünfundzwanzig bis sechzig Einwohner. Hätten die *dolia* nur Wein enthalten, wären die Pompejaner wahrhafte Trinker gewesen!

Der Verwendungszweck dürfte also ein anderer gewesen sein. Die Innenfläche der *dolia* war nämlich porös, was sie für die Aufbewahrung von Wein oder anderen Flüssigkeiten wenig geeignet macht. Allein das Säubern wäre schon schwierig gewesen, da die Gefäße ja fest in die Theke eingelassen waren.

Mehrere Ausgrabungen haben gezeigt, dass die Weinamphoren seitlich an der Theke standen. Die Trinkbecher hingegen wurden auf einem kleinen gemauerten Treppensockel verwahrt.

In Herculaneum hat man Reste von Ständern gefunden, in die die Amphoren eingehängt wurden (siehe Bildteil I, Seite 16), in den *dolia* der Theke hingegen wurden trockene Lebensmittel gefunden: Kichererbsen, Oliven, Bohnen und was sonst noch zu den Hauptmahlzeiten auf den Tisch kam. Daher vertritt zum Beispiel Mary Beard, Althistorikerin an der Universität Cambridge, die Auffassung, einige dieser angeblichen »Gaststätten« seien in Wirklichkeit Läden gewesen.

Andererseits könnte die große Anzahl solcher Lokale auch darauf hindeuten, dass es einfach viele Kunden gab. Pompeji war ein wirtschaftliches Zentrum mit einem Seehafen, das als Umschlagplatz zwischen dem Binnenland und dem Meer diente. Händler, Karrenführer, Seeleute, Reisende kamen jeden Tag hier durch – wie heute in den Retortenstädten vieler Urlaubsländer, wo es vor Touristen nur so wimmelt und wo es ebenfalls zahlreiche kleine Lokale gibt.

Der Betreiber dieses Lokals jedenfalls heißt Lucius Vetutius Placidus. Er wuselt hinter der Theke herum, um seinen Gästen etwas aufzutischen. Aus den hinteren Räumen kommen ständig Gerichte, die auf kleinen Öfen warm gemacht und mit Beilagen aus den *dolia* serviert werden. Seine Frau Ascula und zwei Sklaven unterstützen ihn dabei. Er versteht sein Geschäft: Sein Lokal ist groß und gut ausgestattet, es kommt also ordentlich was herein. Doch unser Wirt weiß sich die nötige Unterstützung »von oben« zu verschaffen. Durch die »Wahlplakate« an den Wänden der Stadt wissen wir, dass sowohl er wie auch seine Frau die Wahl des pickeligen Jünglings Gaius Cuspius Pansa unterstützt haben – möglicherweise auf mehr oder weniger nachdrückliche Empfehlung von Gaius Iulius Polybius hin, der ja gleich gegenüber wohnt.

Obwohl es in dieser Straße viel Konkurrenz gibt (mindestens zwanzig Lokale), läuft das Geschäft wie geschmiert, was möglicherweise auch mit der Protektion von oben zu tun hat. In einer der sechs *dolia* in der Theke hat man unter einer Schicht Kichererbsen oder Bohnen 1385 Sesterze gefunden (was etwa achttausend Euro entspricht). In den chaotischen Minuten, als das Ehepaar versuchte, vor dem ausbrechenden Vulkan zu fliehen, hat es anscheinend keinen besseren Platz gefunden, um das Geld zu verstecken. Offensichtlich rechneten die zwei damit, bald zurückkehren und das Geld holen zu können.

Was aber isst der Pompejaner zu Mittag? Es ist eine einfache Mahlzeit. Man muss sich das so vorstellen wie unsere heutigen Mittagspausen, in denen man auch nur schnell rausgeht, um irgendwo einen Imbiss einzunehmen. Die Wohlhabenden speisen ohnehin zu Hause, die Sklaven hingegen essen dort, wo sie gerade arbeiten. Der Rest der

Pompejaner geht, zusammen mit Fremden und Durchreisenden, in eines der genannten Lokale, um seinen Hunger zu stillen.

Die *popinae* und *cauponae* jedenfalls sind um die Mittagszeit voll. Man isst im Stehen oder im Sitzen an kleinen Tischen. In einer *popina* beim Haus der keuschen Liebenden haben die Gäste sogar Bemerkungen über die Kellnerin in die Wand geritzt, die allerhand über die Atmosphäre in diesen Lokalen aussagen, die man am ehesten wohl mit einem Saloon im Wilden Westen vergleichen könnte.

Man isst Ricotta, Oliven, Bohnen und Gemüse, dazu kleine Fische vom Grill und Brot. Verglichen mit dem Speisenangebot der zahllosen »Bars« im heutigen Italien hat sich also gar nicht so viel verändert. Die Pompejaner ernähren sich hauptsächlich von Getreide, Hülsenfrüchten, Gemüse, Eiern, Käse und Fisch. Fleisch kommt nur selten auf den Tisch. Im Großen und Ganzen eine ausgeglichene Ernährung, vielfältiger jedenfalls als im restlichen Europa.

Was in Pompeji verzehrt wird, ob in reichen oder armen Haushalten, kommt größtenteils aus der Region. Das Meer liefert Fische und Meeresfrüchte (Muscheln, Austern und Napfschnecken), Schalentiere, Seeigel. Auf den Feldern wachsen Getreide, Bohnen, Linsen und so weiter. In den weitläufigen Wäldern jagt man Wildschweine und Vögel.

Doch vieles, was heute in der Vesuvregion Schüsseln und Töpfe füllt, war damals völlig unbekannt: Tomaten, Kartoffeln, Peperoni – all das kam erst nach der Entdeckung Amerikas nach Europa. Nicht einmal Mozzarella gab es! Erst nach dem Fall Westroms brachten die Langobarden die weißen Kugeln in die Gegend um Benevento.

Heute kaum vorstellbar, aber in Pompeji wusste damals niemand, wie man eine Pizza Margherita zubereitet. Oder den berühmten neapolitanischen Kaffee! Der wächst zu jener Zeit noch wild auf den Hochebenen Äthiopiens. Er wird erst sechzehnhundert Jahre später nach Italien kommen ... etwa um dieselbe Zeit, in der das verschüttete Pompeji wiederentdeckt wird.

Auch Zucker hat man zu jener Zeit noch nicht: Das einzig bekannte Süßmittel ist der Honig, der auch zum Konservieren von

Früchten verwendet wird. Gemüse hingegen legt man in Essig und Salz ein. Fleisch wird allein mit Salz haltbar gemacht, das es im Überfluss gibt, wird es doch in Salzfarmen an der Küste abgebaut. Salz ist außerdem die wichtigste Zutat der berühmten Würzsoße aus Pompeji, des Garums, das im ganzen Reich Verbreitung gefunden hat.

Draußen vor dem Lokal promeniert plötzlich eine junge Frau mit wiegenden Schritten auf und ab. Als Lucius Vetutius Placidus sie sieht, hat er keine Gedanken mehr für das Geschirr, das er gerade wäscht. Interessiert schaut er ihr nach. Sie wirft ihm einen langen, schmachtenden Blick zu.

Ascula, die eben zwei Teller gegrillter Rotbarbe aus der Küche bringt, sieht, was da vor sich geht, und ruft dem Frauenzimmer eine saftige Beleidigung hinterher: Die allerdings zuckt nicht mal mit der Wimper und marschiert hüftwackelnd weiter. So zieht man Männerblicke auf sich. Die übliche Stutenbissigkeit, könnte man meinen, doch dahinter steckt mehr.

Auf einem der Hocker vor dem Lokal sitzt ein Mann, der die Szene amüsiert beobachtet. Er mag etwa fünfundzwanzig Jahre alt sein und ist von großer Gestalt. Himmelblaue Augen funkeln über der markanten Nase. Er erinnert ein wenig an den großen italienischen Schauspieler Adolfo Celi. Wie dieser ist er ein umgänglicher Mensch, dem sofort alle Sympathien zufliegen. Dreißig Jahre später werden wir ihm im Rom Trajans wiederbegegnen. Dann wird er es zu einem Vermögen gebracht haben, sodass wir ihn auch auf unserem Ausflug in den Circus Maximus neben uns sitzen sehen werden. Ich habe ihn in meinen beiden Büchern über Rom beschrieben. Dass wir ihm aber auch bei allen Erkundungsgängen durchs Alte Rom über den Weg laufen ... In Pompeji ist er heute nur zu Besuch. Tatsächlich erhebt er sich jetzt, legt zwei Sesterze auf den Tisch und verlässt das Lokal. Er sieht sich nach rechts und nach links um und wendet sich dann nach Norden, Richtung Porta Ercolano. Dort wird er sich eine Kutsche mieten, die ihn nach Neapolis bringt. Er gehört zu den wenigen Überlebenden, von denen wir nichts wissen, nur dass sie der Tragödie aus purem Zufall entkamen.

Wir schließen uns für den Augenblick lieber der jungen Dame mit den wiegenden Hüften an. Sehr weit geht sie allerdings nicht, sondern postiert sich ganz in der Nähe von Lucius Vetutius Placidus' Lokal. Ebendas macht Ascula wütend. Wir kennen das Mädchen übrigens schon, wir sind ihr vor wenigen Stunden beim Arzt begegnet. Sie heißt Smyrina und ist Kellnerin und damit auch »Alleinunterhalterin« in einer der *popinae* hier, die Lucius Konkurrenz machen. Daher also Asculas rüder Ton. Offensichtlich betrachtet sie das Mädchen als echte Gefahr im Kampf um zahlende Gäste.

Die *popina*, in der Smyrina arbeitet, ist viel einfacher ausgestattet als die von Lucius. Sie hat zwei Stockwerke. Die Besitzerin hat viel Geschäftssinn und keinerlei Skrupel. Sie heißt Asellina, wie mehrere Inschriften belegen, und ist zwischen fünfunddreißig und vierzig Jahre alt. Und sie hat drei sehr attraktive Kellnerinnen eingestellt: Smyrina, Aigle und Maria.

Als man die Namen der jungen Frauen unter den Graffiti entdeckte, war klar, dass die Damen »Ausländerinnen« waren. Smyrina stammte vermutlich aus der heutigen Türkei, möglicherweise aus einer der griechischen Städte an der ägäischen Küste. Vielleicht kam sie von Delos, einem der größten Sklavenmärkte der Antike. Der Name »Maria« hingegen weist auf eine Herkunft aus Judäa beziehungsweise Palästina hin, der Provinz, in der die Legionen Vespasians und Titus' gerade einen Aufstand niedergeschlagen haben. Vermutlich kam sie mit den zahlreichen anderen Sklavinnen nach Rom, um den Triumphzug des Kaisers zu schmücken. »Aigle« hingegen ist ein griechischer Name.

Die Idee, als Kellnerinnen junge Frauen aus drei verschiedenen Ländern anzustellen, ist ein geschickter Schachzug im Kampf um Gäste, denn die Gegend hier zieht viele Durchreisende an. Ein Lokal, in dem die Kellnerinnen mehrere Sprachen sprechen und die Bräuche fremder Länder kennen, kann sicher auf Kundschaft rechnen.

Es kann natürlich auch sein, dass es sich dabei nur um die »Künstlernamen« der Damen handelt. Denn Sklavinnen, vor allem Prostituierten, gibt man häufig orientalische, meist griechische Namen, was ihre Attraktivität steigern soll, da orientalische Mädchen als lasziv und sinnlich gelten.

Asellinas Lokal ist auch nachts geöffnet. Dann verdingen sich ihre Kellnerinnen als Prostituierte. Obwohl sie diese Dienstleistungen fallweise auch bei Tag anbieten. Wie bereits gesagt wurde, war es im Alten Rom gang und gäbe, dass man bei Serviererinnen auch sexuelle Dienstleistungen bestellte. Selbst die Besitzerin, in unserem Fall also Asellina, sprang mal ein, wenn »Not am Mann« war. Dieser Teil des Geschäftsbetriebs wurde vermutlich im Oberstock abgewickelt. Die große phallusförmige Öllampe am Mittelbalken der *popina* und ein Graffito, in dem Merkur mit einem riesigen Sexualorgan ausgestattet ist, lassen wenig Zweifel daran, was sich im Innern des Lokals sonst noch zutrug.

Ansonsten unterscheidet sich Asellinas Lokal kaum von anderen Lokalen in Pompeji: zahllose Weinamphoren (auf zweien finden wir die Zeichnung eines Hahns und eines Fuchses) und am Ende der Theke ein eingemauerter Bronzeheizkessel, auf dem die Gerichte schnell erwärmt werden. Sozusagen ein antiker Mikrowellenherd …

Über Asellina wissen wir eher wenig: Sicher ist sie eine Freigelassene, und ihr Beschützer ist vermutlich auch der »Al Capone« des Viertels: Gaius Iulius Polybius. Vielleicht ist Asellina ja seine Sklavin. Das wissen wir von einer Inschrift an der Fassade des Lokals, in der sie und ihre Mädchen (in dem Graffito heißen sie *Asellinae*) die Vorübergehenden auffordern, Polybius zu wählen. Tatsächlich wurde Smyrinas Name von Polybius mit Kalkfarbe überstrichen. Vielleicht weil sie, die in ihrem Zweitjob recht anmaßend gewesen zu sein scheint, mittlerweile einen schlechten Ruf hatte.

Gerade als wir mit unseren Überlegungen zu Ende kommen, legt sich eine große Hand auf Asellinas Schulter, um dann den Rücken hinunterzugleiten und auf der Pobacke liegen zu bleiben. Sie dreht sich um, doch sie weiß ohnehin schon, wer hinter ihr steht. Polybius ist mit seinen drei Gästen in ihr Lokal gekommen. Er wechselt wenige Worte mit den Mädchen und lässt sich die Gelegenheit nicht entgehen, mit den Händen über deren üppige Formen zu streichen. Dann handelt er den Preis aus und verlässt mit einem letzten Tätscheln das Lokal.

Denn die vier mächtigen Pompejaner wollen jetzt, nach dem Mittagessen, zunächst in die Thermen, wo sie zwischen Bädern und Massagen ihre Gespräche fortsetzen können. Da die einzigen Thermen, die im Moment geöffnet haben, sicher überfüllt sind, begeben sie sich in eine der schönen *domus*, die eine private Therme besitzen: in das Haus des Menander.

Vorher aber statten sie noch dem Octavius Quartio einen Besuch ab, dessen Haus am Ende der Straße liegt, da sie mit ihm Geschäfte machen wollen. Er wohnt in einem absoluten Traumhaus, in dessen riesigem Garten Wasserbecken und -kanäle die Überschwemmungen des Nils nachbilden.

Ein Abstecher in die Viertel des einfachen Volkes und die Arena der Gladiatoren

Einer der Händler auf der Via dell'Abbondanza beobachtet die Männer, die an seinem Laden vorübergehen. Es ist der Terrakottahändler Zosimus, der Amphoren und Vasen verkauft. Er hat einen langen schwarzen Bart, und seine Züge weisen ihn als Mann aus dem Nahen Osten aus. Vielleicht kommt ja auch er aus Judäa. Während sein Blick den Männern folgt, stößt er unwillkürlich ein bekanntes Zitat aus: *»Senatores boni viri, senatus mala bestia.«*

Das Zitat stammt von Cicero, der diesen Ausspruch gut hundert Jahre zuvor geprägt hat. Seine Bedeutung liegt auf der Hand: Politiker können als Individuen durchaus solide Grundsätze haben, doch im »Rudel« (im Senat oder in der Verwaltung Pompejis zum Beispiel) vergessen sie diese oft und üben sich stattdessen in Korruption und Betrug. Heute schickt Zosimus es den beiden Politikern hinterher, die Arm in Arm mit Polybius und dem Bankier daherspazieren, mit dem »Kater und dem Fuchs«, die den Hühnerstall Pompejis plündern.

Zosimus geht in seinen Laden zurück – und wir ihm nach. Drinnen ist alles staubig und unordentlich. Öllampen stapeln sich in der Ecke neben Terrakottabehältern für die Überreste der Garum-Bereitung, die von den unteren Bevölkerungsschichten als Würzsoße verzehrt werden. Diese Reste werden als *faex* (»[Wein-]Hefe, Bodensatz, Abschaum«) oder *hallex* verkauft, die den Behältern ihren Namen gegeben haben: *vasa faecaria.* Um sie vor Bruch zu schützen, sind die Behälter in Stroh eingebettet. Das ist für den Versand von Terrakotta- oder Glasbehältern die übliche Art der Transportsicherung, die sich bis heute erhalten hat, zum Beispiel bei den dickbauchigen Lambrusco-Flaschen, die quasi eine Leibbinde aus Stroh tragen.

Zosimus starrt angestrengt die Wand an und streicht sich den Bart. Was er da wohl studiert? Einen *index nundiarius*, also eine Liste aller Markttage in Kampanien und Rom. Diese Inschrift zeigt uns, dass Zosimus seine Gefäße nicht nur in Pompeji verkauft. Häufig besteigt er einen Karren und klappert die Märkte der Gegend ab. Die Archäologen, die fast zweitausend Jahre später seinen Marktkalender finden, datieren ihn auf das Jahr 79 n.Chr. und ersehen daraus, dass er danach seine Marktfahrten organisierte. Und so erfahren wir, dass in Pompeji und Nuceria am Samstag Markttag ist, in Atella und Nola am Sonntag, in Cumae am Montag, in Puteoli am Dienstag. Der Markt in Rom findet am Mittwoch statt, der in Capua am Donnerstag. Freitag hingegen ist kein Markt …

Zosimus ist ein sehr genauer Mensch. Wie alle Händler bringt er täglich seine Buchführung auf den neuesten Stand. Doch verwendet er nicht die üblichen Wachstafeln, sondern die Wände seines Ladens. Und so wissen wir heute, dass ein gewisser Florus, dem er Amphoren verkauft hat, seine Rechnung immer noch nicht beglichen hat. Und auch eine Frau namens Ascula, vermutlich die Wirtin der *popina*, die wir vorhin besucht haben, schuldet ihm noch einige Sesterze.

Zosimus' Geschäfte laufen gut: Die Archäologen finden in seiner Wohnung hinter dem Laden verschiedene Schmuckstücke, die vermutlich seiner Frau gehörten: goldene Ohrringe und zwei Ringe mit Achatgemmen.

Eigentlich waren es drei Ringe, aber der dritte ist zerbrochen. Nun ruht er in ein Tüchlein gewickelt in Zosimus' Hand. Der hat mittlerweile seinen Laden zugesperrt und ist auf dem Weg zum Gemmarius, der ihm den Schmuckstein ersetzen soll. Dazu muss er in den südlichen Teil der Stadt.

Zosimus biegt in jene Straße ein, die wir heute als Via di Nocera kennen. Da beschließt er, einen kleinen Abstecher zu machen, um den Gladiatoren beim Training zuzuschauen. Das Amphitheater ist seine große Leidenschaft. Nach nur wenigen Minuten ist er an dem weitläufigen Platz vor der Großen Palästra angekommen, wo das Training stattfindet. Ziemlich beeindruckend das Ganze! Stellen Sie sich ein Fußballfeld vor, das von allen Seiten von einem Säulengang umgeben ist. In der Mitte der von hohen Platanen beschatteten Wiese erstreckt sich ein Schwimmbecken. (Die Wurzeln der Bäume werden später gefunden, die Löcher mit Gips ausgegossen. Wo Sie diese Gipsplatten sehen, stand früher ein Baum.) Auf der Wiese trainieren ein paar junge Männer. Sie gehören zur Jugendmannschaft, die den Namen »Iuventus« trägt. (Das hat keinerlei Bezug zur aktuellen Fußballmannschaft von Turin; Fußball war damals noch völlig unbekannt.)

Doch dieser Ort dient nicht allein dem Training der Gladiatoren. Unter den Säulengängen verabreden sich Leute, bleiben stehen, um miteinander zu plaudern und den Kindern beim Lernen zuzusehen. Eine Schulklasse sitzt dort und rezitiert laut Verse eines berühmten Dichters. Der Lehrer hält einen Stock in der Hand, der unnachsichtig auf jeden niedersaust, der nicht aufpasst.

Zosimus setzt seinen Weg fort. Gleich hinter der Palästra liegt das große Amphitheater von Pompeji, das sich freilich nicht mit dem

Kolosseum in Rom messen kann. (Allerdings hat es zu jener Zeit noch niemand von innen gesehen, da es noch nicht eingeweiht war.) Trotzdem finden auch in Pompeji zwanzigtausend Besucher Platz.

Zosimus steigt eine der seitlichen Treppen hinauf. Schnell ist er oben angekommen und lässt seinen Blick über das Rund der ansteigenden Stufen schweifen. Ganz oben recken sich Balken in die Mitte wie Kanonenläufe: Darüber werden bei Veranstaltungen weiße Stoffbahnen gespannt, die die Besucher vor der Sonne schützen sollen.

Von unten dringen Schreie herauf. Auch in der Arena trainieren einige Gladiatoren. Sie kämpfen mit Holzwaffen und Schilden aus Weidenruten, die noch schwerer sind als die, die sie beim eigentlichen Kampf verwenden. Das dient dem Muskelaufbau. Zosimus erkennt Caeladus, einen der bekanntesten Gladiatoren, der in den Straßen Pompejis leidenschaftlich bewundert wird. Vor allem von den Frauen. Er kämpft mit der *sica*, einem gebogenen Kurzschwert. Weiter hinten steht Crescens, ein Retiarius, der seine Turniere mit Netz und Dreizack bestreitet.

Dieses Amphitheater ist ohnehin weniger für sportliche Großtaten bekannt als für ein ausgesprochen unrühmliches Ereignis, das im ganzen Reich Entsetzen hervorgerufen hat. Unter der Herrschaft von Kaiser Nero fanden hier zahlreiche Gladiatorenkämpfe statt. Bei einem dieser Spektakel kam es zwischen Pompejanern und Anhängern aus Nuceria zuerst zu gegenseitigen Schmähungen, dann zu Rangeleien, und schließlich zückte man die Waffen. Eine regelrechte Menschenjagd folgte.

Diese Ausschreitungen sind auf einem Fresko im Haus eines Pompejaners dargestellt. Da werden Menschen von den Mauern geworfen, andere erstochen. Die Folge davon war, dass das Amphitheater quasi »disqualifiziert« wurde. Der römische Senat beschloss, dass in diesem Stadion zehn Jahre lang keine Spiele mehr stattfinden sollten. Da jedoch Poppaea, die zweite Gemahlin Neros, in Oplontis Bekannte hatte, dort vielleicht sogar eine Villa besaß, wurde das Strafmaß auf ihre Fürsprache hin reduziert.

Zosimus und andere »Fans« sehen dem Training zu (ähnlich wie auch heute Fußballfans ihrer Mannschaft beim Training zuschauen). Dann wirft er einen Blick gen Himmel. Denn wenn man die Tageszeit wissen will, sieht man nach, wie hoch die Sonne steht. Zosimus stellt fest, dass er aufbrechen muss, wenn er den Gemmarius noch erwischen will, um seinen Ring reparieren zu lassen.

Nun taucht er in ein Viertel ein, das deutlich weniger luxuriös wirkt. Wie wir bereits wissen, wurde es vor nur wenigen Generationen gebaut, um die Einwohner von Nuceria aufzunehmen, deren Stadt Hannibal dem Erdboden gleichgemacht hatte. Wir würden das heute ein Arbeiterviertel nennen. Die Häuser sind alle gleich, als wären sie in Serie gebaut worden. Doch eines fällt uns auf: Wie in allen römischen Städten gibt es auch hier viel Grün. Davon konnten wir uns gerade bei der Großen Palästra überzeugen, die eine gewisse Ähnlichkeit aufweist mit dem Campus einer amerikanischen Universität. Und auch innerhalb der Häuser gibt es Gärten, in denen man Kohl, Knoblauch, Zwiebeln, Spargel, Lattich und noch mehr anbaut. Oder Obstbäume zieht, zum Beispiel Apfel-, Birn-, Feigen- und Pfirsichbäume oder Haselnusssträucher. Von den Blumen ganz zu schweigen: Wir sehen hier Rosenstöcke, Narzissen und Veilchen. Da und dort ranken sich Weinstöcke an Holzlatten.

Zosimus eilt weiter. Er kennt die Straße gut, aber jetzt ist etwas anders als sonst. Es fehlt ihm das Geflatter der Tauben. Suchend hebt er den Blick zu den Taubenhäusern auf den Dächern, die man auch heute noch ohne Mühe erkennen kann. Und zwar an den Fenstern im Oberstock, die ganz mit kleinen Arkadenreihen aus Terrakotta verkleidet sind wie die Außenfront eines Amphitheaters. Normalerweise sitzt in jedem der Fluglöcher ein Vogel. Nun aber ist das Taubenhaus stumm und leer. Wo sind nur all die Tauben hin? Zosimus verzieht besorgt das Gesicht. Er kennt die Tauben, schließlich hatte er selbst welche. Wenn die Vögel verschwinden, dann nur, weil sie Angst haben.

Dann klopft er bei seinem Freund an, dem das Taubenhaus gehört.

Beryllus ist ein Christ. Tatsächlich gibt es ein paar Christen in Pompeji, die wie die Juden eine kleine Gemeinde für sich bilden. Auch Beryllus weiß nicht, was mit den Tauben los ist. Sie sind heute Morgen einfach davongeflogen, ganz plötzlich …

»Klein-Hongkong« in Pompeji

Einen Teil seines Weges legt Zosimus auf der Stadtmauer zurück, weil er von da oben den Flusshafen des Sarno sehen kann. Unzählige Boote liegen dort vor Anker, während andere noch darauf warten, abgefertigt zu werden. Die lauten Rufe der Seeleute dringen bis hier herauf, ebenso die Pfiffe der Dockarbeiter, die signalisieren, dass wieder ein Karren beladen wurde und weiterfahren kann. Der Terrakottahändler ist fasziniert von diesem Spektakel. Es erinnert ihn daran, wie er mit seinem eigenen Karren die Märkte der Umgebung befährt. Angestrengt überlegt er, wie er mit dem Hafen Geschäfte machen und seinen Umsatz steigern könnte.

Das Wiehern eines Pferdes reißt ihn aus seinen Gedanken. Zwei Reiter kommen plaudernd vorbei. Uns fällt dabei vor allem die Statur der Pferde auf, die kaum größer als Ponys sind. Auf den Basreliefs jener Zeit sieht man nicht selten Pferde, die ein Mann im Stehen überragt.

Doch nun muss Zosimus wirklich weiter. Er taucht in das Geschäftsviertel ein, das ganz nah am Fluss liegt und das belebteste Viertel Pompejis ist. Fast möchte man meinen, man befände sich im heutigen Hongkong, so hektisch eilen dort die Menschen umher. Ständig kommen Waren an, werden ausgeladen und verbracht oder eingeladen und verschickt.

Und noch etwas fällt uns auf: Unglaublich viele Handwerker haben dort ihre Werkstatt. Das mag wohl daran liegen, dass Villen und Häuser zurzeit massenhaft den Besitzer wechseln und umgestaltet werden. Kein Wunder, dass sich auch der Gemmenschneider und Bildstecher hier niedergelassen hat.

Auf dem Weg zu dessen Werkstatt kommt Zosimus an einem Bronzegießer vorbei, vor dessen Laden mehrere Bronzepenisse baumeln, die sogenannten *tintinnabula* – Glücksbringer mit Glöckchen, die erklingen, wenn man das Haus betritt. Meist hängen sie in Läden, wo sie Unglück und böse Geister abhalten sollen. Eines dieser *tintinnabula* können wir heute im Museo Nazionale di Archeologia in Neapel bewundern. Aber damals wusste das natürlich noch niemand ...

Nur ein paar Schritte weiter hat ein Glasbläser seinen Laden. Interessant zu sehen, wie die Leute arbeiten: Sie stellen das Glas nicht her, sondern bekommen es in Rohglasblöcken geliefert. Diese werden dann zum Schmelzen gebracht und von den Glasbläsern so verarbeitet, wie wir das kennen. Die glühend heiße Glasmasse wird in einen Holzmodel geblasen, dessen Inneres die Negativform einer Flasche hat, sodass die Glasmasse die Form vollkommen ausfüllt. Dann wird der zweiteilige Holzmodel aufgeklappt wie ein Buch und die fertige Flasche herausgenommen. Und schon macht der Glasbläser die nächste Flasche. In Pompeji wurden viele solcher zweiteiligen, völlig identischen Holzmodel gefunden. Offensichtlich produzierten die Glasbläser schon damals in Serie.

Ein wenig weiter vorn liegt das Haus des Herkules. Der neue Besitzer ist ein Freigelassener, der sogar drei Häuser samt Fresken und allem Drum und Dran abgerissen hat, um dort einen Garten anzulegen und Blumen zu ziehen. Er will daraus Duftstoffe gewinnen.

Und er ist nicht der Einzige, der diese Idee hatte, denn ein Stück weiter betreten wir eine richtige Baumschule. Professor De Simone erzählt, wie erstaunt man gewesen sei, als man bei den Ausgrabungen im Garten zahllose im Boden vergrabene Terrakottagefäße gefunden habe. In Wirklichkeit waren das wohl »Blumentöpfe«, die zum Schutz der Baumwurzeln dienten. Tatsächlich finden wir in antiken Gartenhandbüchern Hinweise, die in diesem Garten buchstabengetreu umgesetzt wurden. So hieß es damals beispielsweise, es sei besser, Bäume in kleinen, gut überwachten Gärten in der Stadt zu ziehen statt auf dem Land, wo man sie nicht entsprechend schützen könne. Die antiken Schriften führen weiter aus, die Wurzeln dürften keineswegs Armesdicke erreichen, sondern höchstens so dick werden wie zwei Finger. Und tatsächlich hatten die Hohlräume, welche die von der Eruption verbrannten Baumwurzeln in der Erde hinterließen, in etwa diesen Durchmesser.

Außerdem fand man in dem Gebäude zahlreiche Wahl-Graffiti und fragte sich, welchen Sinn diese im Innern eines Hauses haben konnten, wo sie niemand sah. Erst die Entdeckung, dass Haus und Garten gewerblich genutzt wurden, machte ihren Zweck deutlich. Die Kunden, die hier ihre Bäume kauften, betraten quasi einen öffentlichen Raum, und in einem solchen erreichen auch »Wahlplakate« durchaus ihre Adressaten.

Zosimus geht weiter, vorbei am Haus eines Mattenflechters. Dieser hat die Regenrinnen, die den Garten säumen, umgeleitet in Becken, in deren Wasser er das Stroh weich macht.

Unser Spaziergang durch Pompeji zeigt uns eines überdeutlich: Die Freigelassenen, die die Häuser der wegziehenden Pompejaner übernehmen, bauen diese meist komplett um. Ästhetische Gesichtspunkte interessieren sie dabei kein bisschen. Ihnen geht es allein um Zweckmäßigkeit, deren Gesetze ein Haus unter ihrer Ägide nun zu erfüllen hat.

In diesem Zusammenhang machen wir eine weitere Beobachtung: Die Freigelassenen, die diese Häuser erworben haben, besitzen nicht das Format eines Gaius Iulius Polybius, der ungeheuer reich ist. Es handelt sich vielmehr um Handwerker oder Kleinunternehmer, die sich ihr Vermögen erst noch zusammentragen müssen. Trotzdem hat das Geld offensichtlich gereicht, um sich in diesem Viertel mit seiner enormen wirtschaftlichen Dynamik ein großes Haus leisten zu können. Doch wie konnten sie einen solchen Kauf finanzieren? Die einzige Erklärung ist wohl, dass die Immobilienpreise angesichts der ständigen Erdbeben in den Keller gegangen waren. Damals wollten viele Pompejaner weg, und das hat wohl zu dem enormen Preisverfall beigetragen. Andererseits müssen die Erdbeben seltener geworden sein, sonst hätten die Freigelassenen sich wohl kaum dort eingekauft, sondern wären selbst geflohen. Genau werden wir das wohl nie wissen. Doch den Beweis, dass es erst kürzlich, vielleicht wenige Tage vor der Eruption, ein weiteres Erdbeben gegeben haben muss, liefert uns ebenjenes Haus des Gemmarius, den Zosimus gerade aufsucht.

Im Inneren des Hauses nämlich glaubt man sich auf einer Baustelle. Der Wiederaufbau ist in vollem Gange. In einer Ecke türmen sich zerbrochene Dachziegel, in einer anderen die, die heil geblieben sind. Zwischendrin sehen wir Steinblöcke, die für die Restaurierung zugeschnitten werden.

Der Gemmarius beugt sich über den Tisch, in seine Arbeit vertieft. Erst als er Zosimus näher kommen hört, hebt er den Blick. Er trägt ein seltsames Monokel, das er mit einem Lederband um den Kopf gebunden hat: ein geschliffener Bergkristall dient als Vergrößerungsglas. Zosimus starrt den Mann offenen Mundes an: Das ist also das Geheimnis dieser kleinteiligen Arbeit. Zosimus selbst fällt es ja allmählich immer schwerer, kleine Schriften zu entziffern. Wenn er etwas lesen will, muss er ein paar Schritte zurücktreten.

Doch lassen wir Zosimus und den Gemmarius mal zufrieden. Von Pompeji haben wir einstweilen genug gesehen. Nun wollen wir ins Umland, um festzustellen, wie die Leute dort den letzten Tag vor der Eruption verbracht haben. Doch dazu müssen wir erst die ganze Stadt durchqueren, denn das Tor, das uns hinausführen soll, liegt nun mal am anderen Ende. Auf unserem Weg werden wir uns aber diesmal nicht vom Treiben in den Straßen ablenken lassen, sondern, wenn Sie den Ausdruck gestatten, den Pompejanern direkt »aufs Maul schauen«. Denn tatsächlich sind uns ihre Worte überliefert: in den Inschriften, die die Mauern der Stadt überziehen.

Alles, was ich dir nie gesagt habe ...

Die zehntausend Graffiti von Pompeji

NUGAE NUGAE
Lauter Unsinn.

Wer heute durch Pompeji schlendert, tut dies in vollkommener Stille. Dennoch umschwirren ihn tausend Stimmen, die flüstern, rufen, schreien, lästern, lachen: Widerhall des heiteren Stimmengewirrs, das diese so lebendige Stadt einst erfüllte wie alle römischen Städte.

Die Pompejaner sind seit mehr als zweitausend Jahren tot, doch das Echo ihrer Worte klingt uns heute noch unüberhörbar von den Mauern ihrer Stadt entgegen – als hätte das Gemäuer sie gleichsam eingesogen. Doch um diese Stimmen zu vernehmen, brauchen wir nicht unsere Ohren, sondern unsere Augen.

Bis heute hat man nur in Pompeji etwa zehntausend Inschriften unterschiedlichster Art entdeckt. Die meisten sind aufgemalt (vor allem die Wahlpropaganda), andere wurden von Passanten in die Wände geritzt. Sie geben uns ein plastisches Bild vom Alltagsleben jener Zeit im Römischen Reich.

Daher möchte ich Ihnen empfehlen, auf den Putz der Wände zu achten, wann immer Sie in Pompeji ein Haus betreten, die Thermen besichtigen oder einfach nur durch die Straßen schlendern. Am besten eignet sich das Licht des Nachmittags für solche Erkundungen, da es schräg einfällt und so das Lesen erleichtert. Zur Not tut's aber auch das leuchtende Display des Handys. Sie werden unweigerlich Graffiti entdecken, denn Pompeji ist voll davon, auch wenn die wenigsten darauf achten. Gehäuft finden sich diese Inschriften beispielsweise in der engen Via dei Teatri, die das Forum Triangolare auf Höhe des Vicolo del Lupanare mit der Via dell'Abbondanza verbindet. Hier gehen Tag für Tag Tausende von Menschen durch, ohne zu bemerken, dass die mittlerweile verblassten Wände einen unglaublichen Schatz an Zeichnungen bergen: Sie werden Schiffe entdecken, Pferde in Kriegsrüstung, kämpfende Gladiatoren, das Theater von oben mit dem Rund der Treppenstufen (vermutlich, damit die Besucher die Sitze besser finden können). Auch die Karikatur eines sehr gut ausgestatteten Mannes findet sich neben den zahllosen Namen der Pompejaner ... All das auf nur wenigen Metern.

Zur Fortsetzung unseres geschichtlichen Rundgangs müssen wir die Stadt durchqueren, und das wollen wir auf ganz ungewohnte Weise tun. Wir wandern von einem Graffito zum nächsten, ohne jede Systematik: Sie werden sehen, dass auch so vor Ihren Augen wie durch Zauberei Gesichter und Situationen entstehen werden, die zum Alltag in Pompeji gehören. Die Graffiti spiegeln das Leben wider, wie es wirklich war, und geben Gassen und Häusern der Stadt einen mitunter überraschend menschlichen Ton.

Im Folgenden finden Sie eine kleine Kostprobe der Graffiti, die von vielen klugen Männern und Frauen übersetzt wurden, unter anderem von Antonio Varone und Vincent Hunink. Die Sprache der Graffiti weist allerhand Differenzen zum klassischen Latein auf, das wir in der Schule gelernt haben. Ein Grund dafür ist, dass sie in gesprochenem Latein verfasst sind, dem sogenannten »Vulgärlatein«, das viele regionale Unterschiede kennt, die in den offiziellen Texten nicht auftauchen.

Ein freudiges Ereignis

IUVENILLA NATA DIE SATURNI (H)ORA SECUNDA
VESPERTINA IIII NONAS AUGUSTAS
Iuvenilla, geboren am Samstag, zur zweiten Abendstunde,
am 2. August.

Dieses Graffito ist mit Holzkohle geschrieben, einem wenig haltbaren Schreibstoff. Daher können wir davon ausgehen, dass sich die Datumsangabe tatsächlich auf den August 79 n. Chr. bezieht. Das Mädchen kam also zweieinhalb Monate vor der Eruption des Vesuvius zur Welt.

Die Welt der Sklaven

BALNEUS LAVATUR
Das Bad ist geputzt.

Diese Inschrift steht auf einer Säule im Peristyl des Hauses der keuschen Liebenden und hat offensichtlich mit den Aufgaben der Sklaven zu tun. Doch sie ist fehlerhaft: Eigentlich müsste es *balneum* heißen (siehe Bildteil I, Seite 6). Der Schreiber hat das Neutrum in ein Maskulinum umgewandelt, und das ist kein Zufall. Tatsächlich bemerken wir im Vulgärlatein einen Schwund von Neutra, die weitgehend durch Maskulina und Feminina ersetzt werden. Dies ist übrigens ein Merkmal, welches das moderne Italienisch und andere vom Lateinischen abstammende Sprachen mit dem Vulgärlatein teilen. In den Texten jedenfalls stellt man dieses Phänomen erst sehr viel später fest. Wie wir sehen, nimmt die gesprochene Sprache solche Veränderungen gern vorweg.

OFFICIOSUS FUGIT
Der Sklave haut ab.

Diese Inschrift hat der Flüchtige selbst verfasst, sozusagen als Abschiedsbrief. Endlich ist er es, der über sein Leben bestimmt. In diesen beiden Wörtern liegt eine Herausforderung an seine Herren. Das Leben, das ihn erwartet, wird schwierig sein. Von nun an kann jeder ihn erschlagen wie einen Hund. Aber der Mann hat die Freiheit gewählt.

Aus dem Kneipenmilieu

TALIA TE FALLANT UTINAM MEDACIA COPO TU
VEDES ACUAM ET BIBES IPSE MERUM
Solche Sachen können dich, Wirt, teuer zu stehen kommen.
Du verkaufst Wasser und trinkst selbst reinen Wein.

Schon damals wurde der Wein mit Wasser gestreckt. Wenn es der Wirt gar zu arg trieb, wurden die Gäste schon mal ungehalten.

SUCCESSUS TEXTOR AMAT COPONIAES ANCILLA(M)
NOMINE HIDEREM QUAE QUIDEM ILLUM
NON CURAT SED ILLE ROGAT ILLA COM(M)ISERETUR
SCRIBIT RIVALI VALE
INVIDIOSE QUIA RUMPERES SE(C)ARE NOLI FORMONSIOREM
ET QUI EST HOMO PRAVESSIMUS ET BELLUS
DIXI SCRIPSI AMAS HIREDEM QUAE TE NON CURAT
Successus, der Weber, liebt die Sklavin der Wirtin
mit Namen Iris. Sie macht sich kein bisschen aus ihm.
Er fleht sie an, doch er tut ihr nur leid.
Das schreibt ein Rivale.
Du bist doch nur neidisch. Aber was soll es bringen,
wenn du eifersüchtig bist auf einen, der schöner ist als du
und alles zuwege bringt?
Ich habe es dir gesagt und schreibe es hier: Du liebst Iris,
doch sie macht sich nichts aus dir.

(RUCTA) QUOM BIBERIS FELICITER AC QUOQUE
CRUDE LUSUM CLUM(IA)RIS AUDE VOCILLA (M)A(G)IS
Rülpse ordentlich, wenn du trinkst, und trau dich,
wenn du den Magen voll hast,
die Hinterbacken knattern zu lassen. Lass es donnern.

Das zeigt wohl sehr deutlich, welchen Umgangs»ton« man in den Kneipen Pompejis zu erwarten hatte.

FUTUI COPONAM
Ich habe die Wirtin flachgelegt.

Jede Frau, die in einer *popina* oder *caupona* arbeitete, war wie gesagt theoretisch für Sex zu haben. Ähnlich wie in Filmen über den Wilden Westen die Damen im Saloon.

Denkwürdige Siege der Sporthelden

OCEANUS L(IBERTUS) XIII V(ICIT)
Oceanus, Freigelassener, dreizehn (Siege).

ARACINTUS L(IBERTUS) (VICIT) IIII (PERIIT)
Aracintus, Freigelassener, vier (Siege) (umgekommen).

Das sind die Resultate eines Gladiatoren-Kampftages im Amphitheater von Pompeji. Eine Art Sportzeitung an der Wand. Darüber finden wir zwei Zeichnungen von Gladiatoren, einen Murmillo und einen Thrax. Ersterer ist von massiger Gestalt und duckt sich hinter seinen großen, wie ein Dachziegel geformten Schild. Er trägt am linken Bein eine Bandage mit Beinschiene, die unterhalb des Knies ansetzt. Sein großer Helm mit der schützenden Krempe ist mit bunten Federn geschmückt. Er bewegt sich wenig, doch wenn der Gegner näher kommt, durchbohrt er ihn gnadenlos mit seinem Schwert. Der Thrax hingegen trägt einen kleinen rechteckigen Schild, hohe Beinschienen und Lederbandagen bis zu den Hüften. Auch er trägt einen Helm mit schützender Krempe und Federbusch: Gewöhnlich ist der Thrax eher klein und mager und daher viel beweglicher als der Murmillo.

Sexprotzereien von Frauen

Die Mauern Pompejis sind voller gewagter, mitunter obszöner Sprüche, die allerdings nicht verächtlich gemeint sind. Sexualität wurde damals relativ frei und offen ausgelebt. Daher brüsten sich auch Männer und Frauen gleichermaßen mit ihren Eroberungen oder sexuellen Fähigkeiten.

PRIMA CUM SUO HAC
Prima hat es hier mit ihrem Kerl getrieben.

PITHIA PRIMA CUM SPARITUNDIOLO MODO HA(C)
Pithia Prima hat es hier mit Sparitundiolus gemacht.

PIRAMO COTTIDIE LINGUO
Dem Piramus lutsche ich ihn jeden Tag.

IUCUNDUS MALE CALA
Iucundus fickt schlecht.

VITALIO BENE FUTUES
Vitalius, du bist ein großer Rammler.

FUTUTA SUM HIC
Hier wurde ich gevögelt.

EUPLIA HIC CUM HOMINIBUS BELLIS MM
Euplia hat es hier mit zweitausend schönen Kerlen gemacht.

MULA FELLAT ANTONI(UM)
FORTUNATA A(ERIS) A(SSIBUS) II
Mula bläst Antonius einen.
Fortunata macht es für zwei Asse.

Sexprotzereien von Männern

NY(M)PHE FUTUTA AMONUS FUTUTA
PERENNIS FUTUTU
Nymphe (eine Frau) gevögelt; Amoenus (ein Mann,
aber weiblich dekliniert) gevögelt;
Perennis (ein Mann, männlich dekliniert) gevögelt.

HIC EGO NUNC FUTUI FORMOSA(M) FORMA
PUELLA(M) LAUDATA(M) A MULTIS SET LUTUS
INTUS ERAT
Hier hatte ich Sex mit einer schönen Frau,
die von vielen gelobt wird,
aber innen ganz schlammig war.

Möglicherweise ist dies ein Beleg dafür, dass Frauen auch damals schon Verhütungsmittel benutzten (eine innerlich angewandte Creme). Da sich die Inschrift am Haus der Gelehrten findet, handelt es sich bei der Frau vermutlich um ein hochgeschätztes Callgirl, das ein Mann sich ins Haus bestellte. Das würde erklären, warum eine Creme als Verhütungsmittel angewandt wurde. (Wie wir bereits wissen, gab es im Alten Rom keine Verhütungsmittel, wie wir sie heute kennen.)

DAPHNICUS CUM FELICULA SUA HAC
Daphnicus hat es hier mit seiner Felicula getrieben.

CRESCE(N)S RETIA(RIUS) PUPARUM NOCTURNARUM
MAT(UTIN)AR(UM) ALIARUM SER. ATINUS ... MEDICUS
Crescens, Netzkämpfer, ist der Arzt
der nächtlichen, der morgendlichen,
der abendlichen und der übrigen Mädels.

ARPHOCRAS HIC CUM DRAUCA BENE FUTUIT
DENARIO
Arphocras hat hier mit Drauca gut gefickt
für einen Denar.

PEDICAVI VI
Hier habe ich sechs (Männer) von hinten gepackt.

HIC EGO PUELLAS MULTAS FUTUI
Hier habe ich viele Mädchen gefickt.

Sex für Geld

EUTYCHIS GRAECA A(SSIBUS) II MORIBUS BELLI(S)
Eutychis, Griechin mit gutem Charakter,
ist für zwei Asse zu haben.

Diese Sklavin lebte im Haus zweier schwerreicher Freigelassener (der Vettii) und besserte ihren Verdienst mit ihren regelmäßigen Dienstleistungen auf, die für umgerechnet etwa drei Euro zu haben waren.

MENANDER BELLIS MORIBUS AERIS ASSIBUS II
Menander, von gutem Charakter, ist für zwei Asse zu haben.

Hier werden die »Dumpingpreis-Dienstleistungen« von einem Mann angeboten, vermutlich einem Jugendlichen.

»Post-it« vor zweitausend Jahren

FELIX AERIS AS IV FLORUS X
Felix: vier Asse; Florus: zehn Asse.

Offensichtlich dienten die Wände damals auch als »Notizzettel«, mit denen man an Schulden erinnerte. Möglicherweise hat der Schreiber den beiden Herren diese kleine Summe geliehen. Diese Münzbuchhaltung wurde in den Putz geritzt, damit das Ganze einen formellen Charakter bekam und nicht vergessen wurde.

Drohungen

SPORUS OMO MORTUS
Sporus, du bist ein toter Mann!

Komplimente allenthalben

MATRENA CULIBONIA
Matrena hat einen guten Arsch.

PAMHIRA SIIFERA
Pamhira geilt alle auf.

MIDUSE FUTUTRIX
Medusa vögelt gut.

Beleidigungen

REGULUS FELLAT
Regulus macht Blowjobs.

Die männliche Homosexualität war in Rom weit verbreitet, unter einer Voraussetzung: Der römische Bürger durfte bei der Penetration nur aktiver Part sein, beim Oralsex nur passiver.

IMANIS METULA ES
Du bist ein riesiges Arschloch.

M TITINIUS CINAEDUS LX
Marcus Titinius schwuchtelte sechzigmal.

AEGROTA AEGROTA AEGROTA
Soll dich doch der Schlag treffen, Weib!!!

Die Römer kannten kein Ausrufezeichen. Wenn sie einer Sache Nachdruck verleihen wollten, wurde das Wort mehrfach wiederholt. In diesem Fall stehen also drei Ausrufezeichen. Häufig spiegeln sich in den Beleidigungen eigene Ängste, die auf andere projiziert werden. Und krank zu werden war eine der am weitesten verbreiteten Ängste zu jener Zeit.

»Die Rätselwoche« – ante litteram

R O M A
O L I M
M I L O
A M O R

Rom – einst – Milo (Eigenname) – Liebe.

R O T A S
O P E R A
T E N E T
A R E P O
S A T O R

Räder – Werke – hält – Arepus – Sämann.

Die Römer mochten Palindrome, magische Quadrate sozusagen, die vorwärts wie rückwärts gelesen das Gleiche ergeben.

Liebesqualen

AMANTES UT APES VITA(M) MELLITA(M)
EXIGUNT VELLE(M)
Verliebte haben ein süßes Leben wie die Bienen.
Darunter hat jemand geschrieben: »Schön wär's.«

MARCELLUS PRAENESTINAM AMAT ET NON CURATUR
Marcellus liebt Praenestina,
aber sie macht sich nichts aus ihm.

CAVE USORIBUS
Hütet euch vor den Ehefrauen.

Das Glück

(H)IC SUMUS FELICES VALIAMUS RECTE
Hier sind wir glücklich und machen so weiter.

Zitate

FULLONES ULULAM(QUE) CANO
NON ARMA VIRUMQUE
Ich besinge die Wäscher und das Käuzchen,
nicht die Waffen und den Mann.

Eine Parodie auf den Eingangsvers der Vergil'schen *Äneis*, wo eben die Waffen und der Mann besungen werden.

AENEADUM GENETRIX
Mutter der Äneiden.

Hier wird Lukrez zitiert, der zu Beginn seines Werks *De rerum natura* (I, 1) Venus anruft, die Mutter der Äneiden.

SEVERUS
MILLE MEAE SICULIS ERRANT IN MONTIBUS
AG(NAE)
Severus sagt: »Tausend meiner Schafe irren über die
Berge Siziliens.«

Hier werden die *Bucolica* Vergils anzitiert (II, 21).

CONTICUERE OMNES
Alle schwiegen.

Und wieder die *Äneis* (II, 1)

Die Mauern Pompejis wurden also mit zahlreichen Zitaten beschriftet, die von literarischer Bildung zeugen. Woher kommt das? Die Erklärung klingt vielleicht erstaunlich, aber das mag schlicht damit zu tun haben, dass ja nicht jederzeit ein Notizheft zur Hand war. Schreibzeug war teuer und selten. Daher wählte man, wenn man der Nachwelt einige Worte hinterlassen wollte, nicht selten die Mauer.

Vergil gehört hier zu den meistzitierten Dichtern, was darauf hinweist, dass zwar Sklaven und Bauern zu jener Zeit keine höhere Bildung besaßen, in der Stadt jedoch eine gewisse Kultiviertheit herrschte. Aber es wäre ein Irrtum, die Graffiti als Beleg für einen hohen Grad literarischer Bildung heranzuziehen. Am ehesten sind sie wohl vergleichbar mit heutigen Songtexten.

Straßenphilosophie

QUI MEMINIT VITAE SCIT QUOD MORTI SIT HABENDUM
Wer über das Leben nachdenkt, weiß, was der Tod mit sich bringt.

Und nochmal etwas Sex

CANDIDA ME DOCUIT NIGRAS ODISSE PUELLAS
ODERO SI POTERO SI NON INVITUS AMABO
Ein Mädchen mit heller Haut lehrte mich, die mit dunkler Haut zu verabscheuen. Ich würde sie ja hassen, wenn ich könnte. Sonst müsste ich sie ja lieben.

Dieser launige Spruch verdeutlicht, wie viele verschiedene Ethnien sich in Pompeji begegneten.

SABINA FELAS NO BELLE FACES
Sabina macht zwar Blowjobs, aber gut ist anders.

Zungenbrecher

BARBARA BARBARIBUS BARBABANT
BARBARA BARBIS
Sie brabbelten barbarische Barbarensachen unter ihrem barbarischen Bart.

Verhaltensregeln fürs Bankett

(geschrieben vom Hausherrn im Triklinium des Hauses des Sittenpredigers)

LASCIVOS VOLTUS ET BLANDOS AUFER OCELLOS
CONIUGE AB ALTERIUS SIT TIBI IN ORE PUDOR
Bedenke die Frauen anderer Männer nicht mit
verführerischen und lasziven Blicken, deine Lippen
seien vielmehr Herberge für das Schamgefühl.

Mit anderen Worten: Flirte nicht mit der Gattin des Hausherrn.

Sprichwörter

(VENIMUS H)UC CUPIDI MULTO MAGIS
IRE CUPIMUS
Voller Begeisterung sind wir gekommen,
noch lieber aber möchten wir wieder gehen.

Dieses Graffito findet sich des Öfteren in Pompeji. Es stammt von der Hand enttäuschter Kunden oder Zuschauer. Offensichtlich ist es zum geflügelten Wort geworden, das häufig benutzt wurde.

Besser spät als nie

ABCDEFIGHIKLMNOPQRSTVX

Das Alphabet. Vielleicht von einem Sklaven geschrieben, der gerade lesen und schreiben lernte. Oder von einem Lehrer der zahlreichen »Straßenschulen«.

Das schwierige »Handwerk« des Lehrers

QUI MIHI DOCENDI DEDERIT MERCEDEM
(H)ABEAT QUOD PETIT A SUPERIS
Wer mich für meinen Unterricht bezahlt, wird von
den Göttern alles erhalten, was er sich wünscht.

Lehrer waren schlecht bezahlt, wenn überhaupt. Sie lebten häufig in Armut.

Vorahnung kommenden Unglücks

NIHIL DURARE POTEST TEMPORE PERPETUO
CUM BENE SOL NITUIT REDDITUR OCEANO
DECRESCIT PHOEBE QUAE MODO PLENA FUIT
VEN(TO)RUM FERITAS SAEPE FIT AURA L(E)VIS
Nichts kann ewig dauern.
Die Sonne scheint, um dann im Ozean zu versinken.
Der Mond wird voll, um dann wieder abzunehmen.
Die Wut der Winde wandelt sich in leichte Brise.

Unsere kleine Auswahl schließt mit einem Gedicht, das ein Unbekannter in den Putz einer Kneipe geritzt hat, genau neben der Tür. Seine eleganten Verse machen deutlich, wie fragil das Leben in dieser pulsierenden Stadt war und auf welch tönernen Füßen die Hoffnungen ruhten, die die Pompejaner angesichts der schwierigen Verhältnisse dort mit ihrem Wohnort verbanden.

Herculaneum: die Perle am Golf

Herculaneum
23. Oktober 79 n. Chr., 14.00 Uhr
Noch 23 Stunden bis zum Ausbruch

VIVAT VIVAT
Es lebe!

Der Schiffskörper berührt den Grund. Felix spürt die Liebkosung des Sandes am Kiel. Mit einer geschmeidigen Bewegung springt er ins Wasser, und als die nächste Welle kommt, schiebt er das Boot an den Strand.

Sein Boot ist nicht das einzige hier. Sie liegen aneinandergereiht, eines neben dem anderen, lauter rot bemalte Fischerboote. Ihr Bug läuft in einer Delfinschnauze aus, darunter prangen zwei gemalte Augen. Die größeren Boote sind an der hölzernen Mole festgemacht, die sich weit ins Meer hineinstreckt.

Wir haben Felix, den Fischer, schon kennengelernt. Gestern winkte er den Seeleuten auf Rectinas Boot zu, das ihm vor Herculaneum begegnete, als er auf Fischfang war.

Der Sand ist heiß unter den Sohlen. Felix sieht sich nach dem Jungen um, der ihm helfen soll. Seine Augen suchen den Portikus ab, der den Hafen säumt und ihm das Aussehen eines Aquädukts gibt. Das sind sozusagen die »Garagen« der Boote, die man *fornices* nennt. Darin werden die Boote untergebracht, hier wird die Ausrüstung aufbewahrt, die Netze, die Leinen, die Ruder, die Masten, die Segel. Felix kann das nicht wissen, doch diese Bootshäuser werden während der Eruption regelrecht überlaufen. Er sieht sich noch mal um, von dem Jungen keine Spur.

Plötzlich ertönt eine Stimme, die nach ihm ruft. Da ist der Bengel ja. Eilig läuft er die Treppe hinunter, die zum Hafen führt. Felix kann ihm nicht böse sein, so strahlend, wie er lächelt … Die beiden umarmen sich. Sie sehen sich ähnlich, offensichtlich handelt es sich um Vater und Sohn. Die Mutter ist vor wenigen Wochen bei der Niederkunft des zweiten Kindes gestorben. Auch das Neugeborene, ein Mädchen, ist tot. Und so sind sie jetzt zu zweit und versuchen, sich ein neues Leben aufzubauen. Der Verlust hat sie noch mehr verbunden.

Der Junge wirft einen prüfenden Blick ins Boot und strahlt erneut. So ein Fang! Da wird ein Korb wohl nicht ausreichen. Woher diese reiche Ausbeute? Felix meint, Venus und Neptun seien wohl mit ihm gewesen, vielleicht auch Merkur. Die Götter würden ihnen beistehen, jetzt, da das weibliche Element im Haus fehlt. In Wirklichkeit aber hat der gute Fang andere Gründe. Vor dem Vulkanausbruch treten an zahlreichen Stellen des Meeresgrundes Gase aus. Auch das Wasser erwärmt sich an manchen Stellen. Beides führt dazu, dass die altbekannten Fischgründe sich leeren beziehungsweise füllen. Denn Felix hat heute Morgen auch viele Fische gesehen, die mit dem Bauch nach oben auf dem Wasser trieben. Irgendetwas ist da unten los. Nur was?

Vater und Sohn machen sich an die Arbeit: Ersterer trägt den kleinen Mast, um den das Segel gewickelt ist, die Leinen und andere Ausrüstungsgegenstände, die er beim Fischen immer dabeihat. Letzterer schleppt den Korb mit dem Fang und eine ebenso schwere Satteltasche, aus der Fischschwänze lugen. Sie kommen an einem Grüppchen Sklaven vorbei, die sich an der Seilwinde zu schaffen machen. Mit dieser werden schwerere Boote an Land gehievt wie jenes, das im Moment noch in der Bucht schwimmt. Mehrere Seeleute stehen bis zum Gürtel im Wasser und schieben. (Die Archäologen werden dieses elegante Boot mit dem Schwanenkopf-Bug später umgestürzt weiter oben am Strand finden. Das Meer hat es gepackt und gegen die Mauern geschleudert.)

Felix und sein Junge kommen an einer Gruppe Fischer vorbei, die heftig miteinander debattieren. Sie legen ihre Last ab und hören interessiert zu. Mitten im Kreis der Fischer sitzt ein Mann, der schreckliche Verbrennungen an Armen und Rücken hat. Ein Arzt streicht ihm lindernde Salben darüber. Der Mann ist *urinator*, ein »Taucher« römischer Zeit. Natürlich gab es damals noch keine Sauerstoffflaschen, doch die Männer sind trainiert. Daher können sie einige Zeit unter Wasser bleiben. Man muss sich das so vorstellen wie die Schwammtaucher in Griechenland oder die Perlentaucher am Persischen Golf.

Die *urinatores* in den Häfen hatten die Aufgabe, Waren aus gesunkenen Schiffen zu bergen, wenn diese nicht allzu tief lagen. Sie holten verkeilte Anker nach oben oder Amphoren, die über Bord gegangen waren. Speziell im Golf von Neapolis aber waren sie noch hinter einem anderen Schatz her: Sie tauchten nach roten Korallen. Der Bestand dort sollte in den nächsten Jahrhunderten lukrative Geschäfte ermöglichen. Das Zentrum des Handels mit roten Korallen würde Torre del Greco werden. Damals wurden die roten Zweige »geerntet«, indem man von einem Boot aus große Holzkreuze über den Meeresboden zog. Diese waren geformt wie ein Andreaskreuz, an dem ein Hanfsack hing. Um aber die Verluste gering zu halten, wurde an den besten Stellen auch getaucht.

Doch an diesem Morgen hatte der *urinator* einen schlimmen Unfall. Während er mit den Kollegen die Korallen einsammelte, schoss plötzlich eine heiße Gassäule aus dem Meeresboden. Solche Stellen, an denen das Meerwasser urplötzlich zu kochen beginnt, wurden in letzter Zeit des Öfteren beobachtet. Wer gerade in der Nähe ist, nimmt einen beißenden Geruch nach faulen Eiern wahr. Wenige Minuten später treiben dann tote Fische auf der Wasseroberfläche.

Wenn man den Fischern so zuhört, scheint es in letzter Zeit viele solcher Vorfälle gegeben zu haben. Signalbojen vor dem Hafen sind plötzlich verschwunden, als wäre das dicke Tau, das sie an Ort und Stelle hielt, durchtrennt worden. Die Netze blieben mit einem Mal an Felsvorsprüngen hängen, die es an dieser Stelle vorher nicht gegeben hatte. Entlang der gesamten Küste waren plötzlich Felsen, wo vorher keine gewesen waren.

Man kommt überein, so schnell wie möglich Neptun, Venus und Herkules eine Opfergabe darzubringen. Besorgt schickt man einen Mann aus, der den Priester holen soll.

»Wieso an Herkules?«, fragt Felix' Sohn.

Und so erzählt sein Vater ihm vom mythischen Ursprung der Stadt. Dabei hält er sich so ziemlich an das, was uns der Historiker Dionysios von Halikarnassos überliefert hat.

Herculaneum, das verrät uns schon der Name, hat etwas mit Herkules alias Herakles zu tun. Der Sage nach soll der griechische Held die Stadt gegründet haben, als er seine zehnte Heldentat vollbracht hatte, die darin bestand, dem Geryon, einem grausamen König von furchterregendem Äußeren – er hatte drei Köpfe und sechs Arme –, seine Rinderherde zu stehlen. Bei der Rückkehr in seine Heimat machte Herkules hier halt, um die geraubten Tiere an der Küste Kampaniens, deren Fruchtbarkeit legendär war, weiden zu lassen.

Tatsächlich liegt Herculaneum strategisch gut und wunderschön eingebettet mitten im Golf von Neapolis auf einer Landzunge, die steil ins Meer abfällt.

Als die Römer diese Gegend eroberten, waren sie wie die Griechen von ihrer Schönheit begeistert. Daher errichteten sie an der Küste eine Villa nach der anderen. Dieser Teil Kampaniens, der sich von Pozzuoli bis Castellammare di Stabia erstreckt, wurde bald zum Zufluchtsort der römischen Aristokratie: Selbst Cicero besaß hier eine Villa in der Nähe von Pompeji.

Herculaneum wurde nach dem Muster von Neapolis gebaut, einer griechischen Kulturstadt. Denn tatsächlich blieb Neapolis, das von den Griechen gegründet worden war, durch seine häufigen Kontakte mit Athen immer weitgehend griechisch. Nicht einmal die Samniten, die vor den Römern hier herrschten, konnten der Stadt den hellenistischen Charakter nehmen. Ganz im Gegenteil, sie waren von der Kultur der Stadt so begeistert, dass sie, die Eroberer, zu Eroberten wurden und sogar ihre Namen gräzisierten.

Dem Zauber der griechischen Kultur unterlagen in der Folge auch die Römer. Daher blieb Neapolis, wo Griechisch ebenso wie Latein gesprochen wurde, jahrhundertelang eine griechische Enklave in Italien.

Herculaneum war in gewissem Sinne eine Tochter dieser Stadt, zumindest atmete sie denselben Geist. Und dies nicht nur, weil die Anlage der von Neapolis ähnelte, sondern weil die ganze Stadt die dortige Lebensart übernommen hatte. In Herculaneum gab es viele moderne, geschmackvoll eingerichtete Häuser.

Während Pompeji ein Wirtschaftszentrum war, in dem sich vorzugsweise Händler und Handwerker tummelten, lebte Herculaneum vom Fischfang und von seinen Reisenden beziehungsweise Kaufleuten. Das milde Klima zusammen mit der atemberaubenden Landschaft zog unzählige Besucher an. Das zeigen schon die vielen Zimmer im Oberstock der Häuser, die offensichtlich an Durchreisende vermietet wurden, denn sie hatten einen eigenen Eingang und eine Treppe, über die man direkt auf die Straße gelangte.

Über eine der steilen Straßen der Stadt begeben sich nun Vater und Sohn nach Hause. Felix hat seinem Filius den Arm um die Schultern gelegt, während der Junge ihn mit Fragen löchert.

Über ihren Köpfen hallt der dunkle Ruf des Tritonhorns. Ein Schiff sticht in See, und einer der Seeleute stößt dazu, wie es der Brauch ist, in das Gehäuse dieser Meeresschnecke *(Charonia nodifera)*, der größten im Mittelmeer, die geformt ist wie ein Horn. Auch heute noch geben die Schiffe gleichsam Laut, wenn sie den Hafen verlassen.

Ein anderes Schiff antwortet dem Signal. Es ist gerade angekommen und lässt seine beiden Anker hinab ins Meer. Dieses Schiff ist zu groß für die Mole. Kleinere Boote kommen herbei, um die kostbaren Stoffe auszuladen und Passagiere wie auch Seeleute an Land zu bringen.

Das auslaufende Schiff, ein Lastkahn, gleitet an dem vorüber, dessen Ladung gelöscht wird, hinein in die immer blauer werdenden Wasser des Golfes. Diese gegenläufige Bewegung führt die Seeleute in zwei unterschiedliche Welten: derer, die der Tragödie entkommen, und jener, die in Herculaneum ein grausiges Ende finden werden. Und wieder ist es der Zufall, der entscheidet, wer Teil welcher Welt ist.

Eine Stadt mit achtzig Prozent ehemaligen Sklaven

Herculaneum ist ein kleiner Ort: Er zieht sich nur dreihundertzwanzig Meter am Meer entlang und umfasst nicht mehr als circa zwanzig Hektar. Vermutlich hat er höchstens drei- bis viertausend Einwohner, maximal ein Drittel der Bewohner Pompejis. Im Grunde könnte es ein größeres Viertel von Pompeji sein.

Die vulkanische Hochebene, auf der Herculaneum errichtet wurde, fällt steil ins Meer ab. Rechts und links wird die Stadt von zwei Flüsschen gesäumt, die sich in den Steilhang gegraben haben. Man könnte fast meinen, die Ortschaft befinde sich auf einer Halbinsel.

Heute jedenfalls liegt Herculaneum in der Erde. (Tatsächlich müssen Touristen, um die Stadt zu besuchen, zwanzig Meter in die Tiefe steigen.) In römischer Zeit hingegen lag Herculaneum leicht erhöht an der Küste und bot von allen Seiten ein traumhaftes Panorama. Auch die Thermen (siehe Bildteil I, Seite 5) befanden sich direkt am Meer.

Vater und Sohn steigen unterdessen weiter den *cardo IV* hinauf, eine der zahllosen steilen Straßen der Stadt. Wie in anderen römischen Städten ragt der erste Stock der Häuser ein wenig über das Erdgeschoss hinaus, sodass die Straßen eine Art Dach bekommen. Manchmal wird der »Überhang« von rot-weißen Säulen gestützt. Diese engen Säulengänge sind charakteristisch.

Wenn die beiden an einem Haus- oder Ladeneingang vorbeikommen, schlägt ihnen ein warmer Hauch entgegen. Tatsächlich sind die Kohlebecken schon in Betrieb. Gewöhnlich stellt man diese in die Ecken des Hauses. Zumindest haben die Archäologen sie später dort gefunden. Ein weiterer Beleg dafür, dass der Vulkanausbruch im Oktober erfolgte und nicht im August.

Am Ende der Straße bleiben Vater und Sohn vor einem Laden stehen, der zu einem Haus gehört, das wir heute das »Haus des Neptun und der Amphitrite« nennen. Der feiste Mann mit den hellgrauen Augen, der davor steht, muss unwillkürlich lächeln, als er die beiden nahen sieht. Er ist der Besitzer und hilft dem Jungen nun, den Fischkorb in den Laden zu tragen. Ein Blick, und er beschließt, ihnen alles abzunehmen: Er weiß, dass die zwei zu kämpfen haben. Außerdem ist der Fisch ideal für den Imbiss, den er seinen Kunden bietet. Sicher kann er einen Teil davon an den Garum-Produzenten verkaufen. Denn Garum ist ja ein »Treibstoff« für die Wirtschaft am Golf.

Während sie auf das Geld warten, sieht der Junge sich im Laden um. Es ist ein typischer Lebensmittelladen römischer Zeit und nicht besonders groß mit seinen circa zwanzig Quadratmetern. Trotzdem gibt es hier alles. Außerdem erfüllt der Laden noch andere Funktionen: Hier lagert der Besitzer seine Waren, hier lebt er. Ein perfektes Beispiel dafür, was der römische Architekt Vitruvius mit *vivere in pergulis* meint: Man lebt sozusagen auf der Galerie. Stellen Sie sich einfach ein Kinderzimmer vor, in dem wenig Platz ist: Da baut man Stockbetten auf oder zieht, so man darf, eine kleine Galerie ein, wo die Kinder schlafen können.

Unten findet sich die übliche L-förmige Theke, in die zwei *dolia* eingelassen sind – für Getreide, Trocken- oder Hülsenfrüchte. An der Seite sind mehrere Amphoren aufgereiht. Die mit dem langen, schmalen Hals enthalten immer Flüssigkeiten (Wein oder Öl). Die mit dem breiten Hals hingegen sind für alle trockenen Waren gedacht, Bohnen, Kichererbsen oder Datteln. Darüber ein Holzgestell, auf dem mehrere Amphoren mit der Öffnung nach vorn liegen. Dort »zapft« der Händler den Wein für seine Kunden.

Das Holzgestell hat einen kleinen Flaschenzug, um die Amphoren hinaufzuhieven. (Die Archäologen finden sogar das völlig intakte Seil.) Ein geniales System, das Platz sparen hilft – ähnlich wie die kleine Galerie mit Geländer an der hinteren Wand: Auch hier lagern Amphoren übereinander. Ein Sklave sortiert sie gerade um, was ihm nicht leichtfällt, weil er dabei ständig gebückt arbeiten muss.

Unterhalb dieser Galerie lebt der Händler. Wir finden dort eine Küche (eigentlich mehr eine Kochnische) und ein schickes kleines Separee, das durch ein Holzgitter abgeteilt wird. Dort steht das Bett des Mannes, seine Kleider hängen an ein paar Nägeln in der Wand. Ein Bad ist nicht nötig. Schließlich geht man, um sich zu waschen, in die Therme ums Eck. Für das »Geschäft« gibt es öffentliche Toiletten. Ansonsten ist es eigentlich recht modern, wie hier auch der kleinste Raum genutzt wird.

Für einen Augenblick verschwinden Felix und der Händler im Separee, um die Bezahlung abzuwickeln. Der Junge, der zurückbleibt, hört über sich Schritte. Über dem Laden liegt nämlich eine unglaublich elegante Wohnung, die zum Haus von Neptun und Amphitrite gehört. Man vernimmt, wie ein Bett verschoben wird. Möglicherweise wird da gerade geputzt. Ein Topf fällt laut scheppernd zu Boden. Rechter Hand könnte sich also eine Küche befinden.

Damit haben wir einen der Hauptunterschiede zwischen Pompeji und Herculaneum vor Augen: Anders als in Pompeji, wo die Häuser alle recht weitläufig sind, ist Platz hier knapp. Daher wird jedes Fleckchen genutzt. Das Haus eines reichen Herculaneers ist überreich geschmückt und steht voll teurer Möbel.

All das, was wir bis jetzt beschrieben haben, werden die Archäologen in fast zweitausend Jahren noch völlig intakt vorfinden, so als hätte es die Eruption zum Fossil werden lassen. Denn die Massen vulkanischen Schlamms, die sich über die Stadt ergießen werden, versiegeln luftdicht die Amphoren und die Theke, die Galerie und das Holzgitter. (In Pompeji hingegen schlägt der vulkanische Steinhagel die Dächer ein, sodass Holz, Stoffe und alle anderen organischen Materialien der Luft ausgesetzt sind und damit auch dem Verfall.) Wer immer in Herculaneum ein Haus betritt, sieht sich quasi einem »Fotogramm« gegenüber, das zeigt, wie sein Besitzer lebte.

Der Fischer und der Junge verlassen den Laden zufrieden. Der Vater trägt Geld für mehrere Tage mit sich, da der Fang so gut war. Der Sohn hat ein Stück Brot in der Hand, das ihm allein gehört. Der Händler hat es ihm geschenkt. Es ist ganz frisch und trägt noch das Siegel des Bäckers auf der Kruste.

Nun gehen die zwei nach Hause in eine winzige Hütte außerhalb von Herculaneum. In der Stadt wohnen nur reiche Leute, keine Fischer mehr, wie das früher der Fall war. Und wir verlieren die beiden, die ein grausames Schicksal aneinandergeschmiedet hat, in der Menge aus den Augen.

Verglichen mit Pompeji atmet man hier tatsächlich eine andere Luft. Herculaneum ist auch eine Hafenstadt, aber sehr viel kultivierter und eleganter … und sehr viel wohlhabender. Da lebt die Elite. Auch hier gibt es reich gewordene Freigelassene wie überall im Imperium. Doch in dieser Stadt sind die Neureichen kultivierter. Zwar stellen auch sie ihren Status zur Schau, doch ohne jede Vulgarität.

Die Freigelassenen bilden auch hier die Mehrheit. Wenn man die Namen auf den »Gelben Seiten« der Stadt studiert – den Marmortafeln, auf denen die Namen der Bürger verzeichnet sind –, kommt man auf gut achtzig Prozent ehemaliger Sklaven.

Da ein freigelassener Sklave *praenomen* und *nomen* seines ehemaligen Herrn trägt, lässt sich leicht feststellen, wer einmal Sklave war. Und ein gewisser Marcus Nonius Dama führt die Stadt Damaskus im Namen, daher darf man annehmen, dass er aus Syrien stammt. Außerdem hat er wohl auf seinen sozialen Aufstieg einige Energie verwendet: Sein Name taucht auf einer Tafel auf, die beidseitig eine Inschrift trägt und wahrscheinlich das Resultat eines Streits unter Nachbarn um eine Wand ist. Auf einer Seite lesen wir: »Dies ist der dauerhafte Privatbesitz von Marcus Nonius Dama.« Auf der anderen steht: »Diese Mauer gehört Iulia.« Er stritt sich also mit einer Exsklavin um eine Trennwand. Mann und Frau, beide auf dem Weg in ein neues Leben, geraten sich in die Haare. Doch die beiden sind keineswegs ein Einzelfall.

Interessanterweise waren gut fünfzig Freigelassene, die zu jener Zeit in Herculaneum lebten, Sklaven eines einzigen Mannes gewesen: Marcus Nonius Balbus, der auf diese Weise zum Wohl der Gesellschaft in Herculaneum beitrug. Er herrschte einst im Auftrag Roms über ferne Provinzen, wo er ein ungeheures Vermögen ansammelte. Dann kehrte er nach Herculaneum zurück und wurde zum Wohltäter der Stadt. Die dankbaren Mitbürger errichteten ihm ein Reiterstandbild vor den Thermen, wo sein marmornes Ebenbild den Strand überblickte.

Die Geschichte zweier weiterer Freigelassener, eine Frau und ein Mann, die jetzt durch Herculaneum bummeln, zeigt, wie sehr diese Menschen sich danach verzehrten, das römische Bürgerrecht zu erlangen.

Der Name der Frau ist Petronia Iusta. Im Haus der Zweihundertjahrfeier wurde eine Reihe von Wachstäfelchen gefunden, die ihren leidenschaftlichen juristischen Kampf um Klärung der Frage dokumentieren, ob Petronias Mutter im Augenblick der Geburt ihrer Tochter noch Sklavin oder schon Freigelassene war. Im ersten Fall wäre auch Petronia eine Sklavin gewesen, im zweiten Fall eine freie Frau, eine römische Bürgerin mit allen Vorrechten, die dieser Status mit sich brachte. Eine heikle Frage. Tatsächlich können wir den Wachstafeln entnehmen, dass in dieser Sache Verwandte und Nachbarn eingehend befragt wurden.

Bei dem Mann handelt es sich um einen gewissen Lucius Venidius Ennicus. Seine Geschichte ist ausgesprochen aufschlussreich. Ein freigelassener Sklave konnte das römische Bürgerrecht nur erwerben, wenn er älter als dreißig Jahre war. Doch Venidius hatte dieses Alter noch nicht erreicht. Was also tun? Er löste das Problem auf höchst »italienische« Weise. Denn es gab ein Gesetz, das besagte: Wenn jemand eine römische Bürgerin ehelicht, von ihr ein Kind hat und diese Tatsache bei den Behörden meldet, geht man davon aus, dass Kind und Frau das Bürgerrecht auf den Ehemann quasi übertragen. Genau dieses Recht nahm Venidius in Anspruch. Auf einer der Tafeln, die in seinem Haus gefunden wurden und die er vermutlich hütete wie seinen Augapfel, wird ihm die Geburt einer Tochter durch eine gewisse Livia bestätigt: *L. Venidius Ennychus (testatus est sibi) filiam natam esse ex Livia Acte uxore sua.*

Die in Herculaneum gefundenen Wachstäfelchen geben uns auch über das Schicksal Petronias Auskunft. Sie nahm dasselbe Recht in Anspruch wie Venidius. Und so durften sich die beiden nach Jahren der Sklaverei ihres neuen Status als römische Bürger erfreuen.

Doch lassen Sie uns noch kurz mit einem bestimmten Mechanismus der römischen Gesellschaft beschäftigen, den der Altphilologe Andrew Wallace-Hadrill, Professor für Römische Studien an der Universität Cambridge, eingehend untersucht hat. Wenn man von der dramatischen Situation der Sklaven auf dem Land einmal absieht, die sich oft buchstäblich zu Tode schuften mussten, stand den Haussklaven in der Stadt die Möglichkeit einer eventuellen Freilassung ja stets konkret vor Augen. Das führte dazu, dass sie sich im Haus die größte Mühe gaben und wirklich vorbildliche Diener waren. Einmal freigelassen begann der Kampf um den sozialen Aufstieg. Die meisten eröffneten kleine Geschäfte oder widmeten sich dem Landbau und dergleichen. Davon profitierte letztlich auch die Gemeinschaft, der ein besseres Angebot an Produkten und Dienstleistungen zur Verfügung stand. Manche stifteten der Stadt sogar Häuser. Die Freigelassenen waren sozusagen eine ökonomische und finanzielle Triebfeder für das ganze Reich. Zu dieser Entwicklung wäre es aber nie gekommen, hätte es nicht die Möglichkeit der Freilassung gegeben. Außerdem bot dieses System noch einen weiteren Vorteil: Jeder befreite Sklave bedeutete in einer Gesellschaft, in der immer weniger Kinder geboren wurden, frisches Blut.

All diese Überlegungen machen möglicherweise eine Neubewertung der Sklaverei nötig: Natürlich war das System in vielen Fällen grausam und unmenschlich, in anderen aber wieder überraschend offen. In der Region um den Vesuv, genauer gesagt in Murecine, wurde ein Goldreif gefunden mit der Aufschrift: *dominus ancillae suae* (Vom Herrn seiner Dienerin). Möglicherweise das Geschenk eines ehemaligen Herrn an seine befreite Sklavin, die er – wer weiß – vielleicht sogar geehelicht hat.

Saturninus

Wir lassen uns in der Zwischenzeit in der Menge mittreiben, die uns unaufhaltsam auf die Hauptstraße von Herculaneum zuschiebt, den *decumanus maximus*, der im oberen Teil der Stadt liegt (die immer noch nicht vollständig freigelegt ist; siehe Bildteil I, Seite 12). Die mehr als zwölf Meter breite Straße verläuft parallel zur Küste und besteht aus gestampftem Lehm. Einige niedrige Steinsäulen versperren den Karren den Weg, was heißt, dass der *decumanus* eine »Fußgängerzone« ist. Da und dort entdecken wir Pfähle, die in den Boden eingelassen sind. An diesen Stellen werden am Markttag einmal in der Woche die Stände und Zelte aufgebaut. Unter den Säulengängen reihen sich zahlreiche Läden aneinander. Das hier muss die Shoppingmeile von Herculaneum sein.

Ein reicher Herculaneer bringt eben einem der Händler eine Bronzestatue des Herkules zurück, der eine Löwenhaut um die Schultern trägt. Dieser Umhang wurde mittels einer aus dem Orient importierten Technik (dem Tauschieren) aus verschiedenen Metallen hergestellt und ist beschädigt. Die Statue wird nie mehr repariert werden. Die Archäologen finden sie im Innern eines Ladens.

Wie sie in anderen Teilen der Stadt noch weitere, größere Bronzestatuen finden werden: Auf dem weiträumigen Platz der Palästra kommt beispielsweise eine ägyptische Skulptur des Gottes Atum zum Vorschein, die aus der achtzehnten Dynastie (unter Tutanchamun) stammt. Auf diesem Gelände legt man auch einen wunderschönen Brunnen in Form eines Baumes frei, um dessen Stamm sich eine Schlange windet. Aus den aufgerissenen Mäulern ihrer drei Köpfe

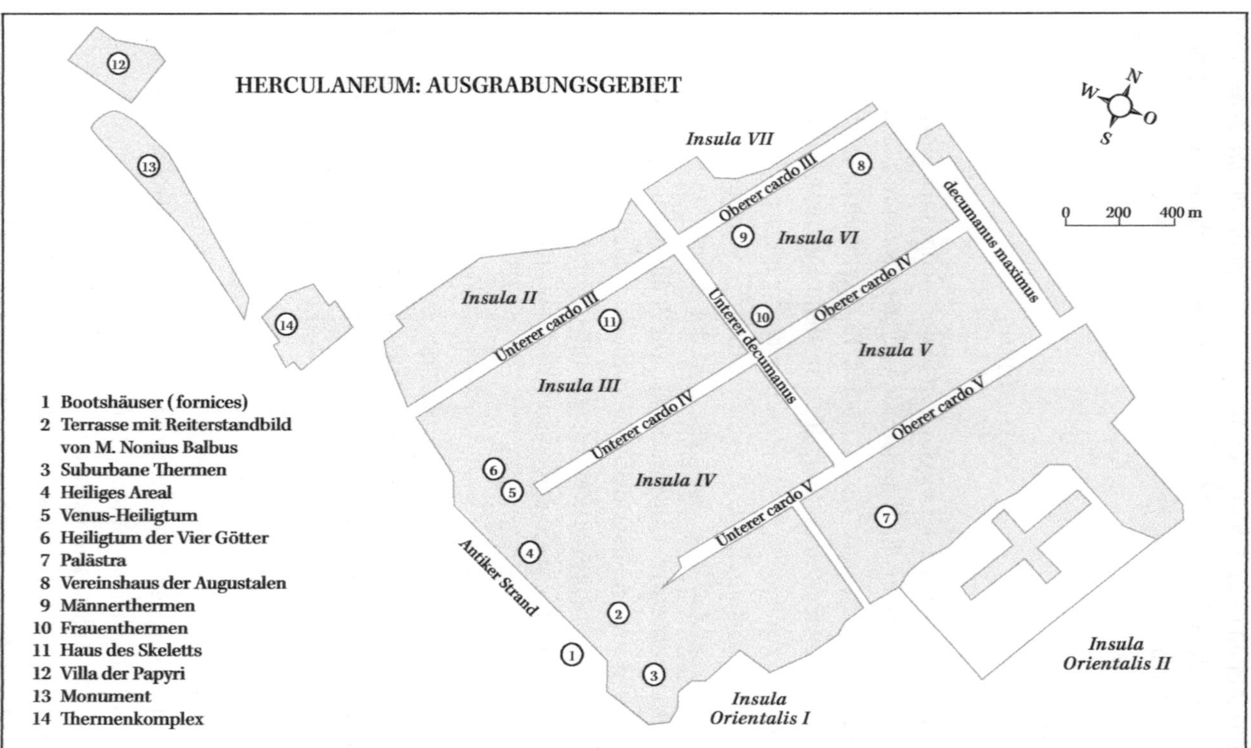
HERCULANEUM: AUSGRABUNGSGEBIET
N
W
O
S
0
200
400 m
Insula VII
Insula VI
Insula V
Insula IV
Insula III
Insula II
Insula Orientalis I
Insula Orientalis II
decumanus maximus
Oberer cardo III
Oberer cardo IV
Oberer cardo V
Unterer cardo III
Unterer cardo IV
Unterer cardo V
Unterer decumanus
Antiker Strand
1 Bootshäuser (fornices)
2 Terrasse mit Reiterstandbild von M. Nonius Balbus
3 Suburbane Thermen
4 Heiliges Areal
5 Venus-Heiligtum
6 Heiligtum der Vier Götter
7 Palästra
8 Vereinshaus der Augustalen
9 Männerthermen
10 Frauenthermen
11 Haus des Skeletts
12 Villa der Papyri
13 Monument
14 Thermenkomplex

spritzte einst das Wasser. Tatsächlich ist in Herculaneum die Liebe zur Kunst überall zu spüren …

Gar nicht weit vom Laden des Bronzegießers entfernt entdecken wir eine *popina*, an deren Wänden die Gäste allerlei interessante Graffiti hinterlassen haben. Ganz oben ist Semo Sancus dargestellt, der Gott der Vertragstreue, der ursprünglich den Sabinern heilig war. Darunter hat jemand die Ankündigung einer Veranstaltung in Nola geritzt. In großen Lettern nennt sie den Namen der Stadt. Drunter, weit kleiner, steht die eigentliche Ankündigung. Auch dies eine recht modern anmutende Methode, die wichtigsten Daten auffällig zu platzieren. Noch interessanter aber ist die Zeichnung auf Augenhöhe – mehrere Weinflaschen mit dem jeweiligen Preis. Ein Liter einfachen Weins kostete demnach einen Sesterz, was heute etwa sechs Euro entspräche. Für ein besseres Tröpfchen muss man hingegen schon zwei Sesterze berappen. Wollte man jedoch einen Liter des geschätzten Falernerweins genießen, musste man vier Sesterze lockermachen.

Auch Herculaneum ist von Inschriften und Kritzeleien überzogen, doch eins fällt uns sofort auf: Es gibt keine Wahlslogans. Daraus können wir schließen, dass es anders als in Pompeji unter den verschiedenen Zünften keine Konkurrenz gab. Hier wurde alles von oben entschieden. Zwischen der Stadt mit ihren achtzig Prozent ehemaligen Sklaven als Einwohner und ihrer Verwaltung herrschte offenbar ein gutes Einvernehmen. Was wohl der Grund gewesen sein mag? Nun, Herculaneum war sozusagen das Dienstleistungszentrum für die Luxusvillen der Umgebung. Geld- und Geburtsadel machten die Wahlen unter sich aus und ließen eine Konkurrenz unter den Zünften gar nicht erst aufkommen. Wie? Sie »beruhigten« die Einwohnerschaft mit Spenden und der Errichtung von öffentlichen Bauten, die die Stadt verschönerten.

Zu diesen Wohltätern der Stadt gehört auch die Familie des jungen Mannes, der eben aus der *popina* tritt. Ihn haben wir ebenfalls schon gestern bei Rectinas Bankett kennengelernt. Es ist Aulus Furius

Saturninus. Seine Familie wird hoch geehrt, obwohl es sich um Freigelassene handelt: Seine Großmutter Vibidia und ihr Vater haben auf eigene Kosten das Venus-Heiligtum restaurieren lassen, das sich am Strand befindet und beim Erdbeben 62 n. Chr. fast ganz zerstört wurde. Fast zweihunderttausend Sesterze hat sie das gekostet, eine Summe, die heute etwa 1,2 Millionen Euro entspricht. Außerdem haben sie zwei Standbilder finanziert, eines von Kaiser Titus und eines von Domitian. Darüber hinaus haben sie verschiedene Gebäude auf dem Forum wiederherstellen lassen, wofür sie insgesamt noch einmal vierundfünfzigtausend Sesterze hinlegten. Diese Freigelassenen waren also sehr reich und haben ihrer Gemeinschaft sehr viel Geld zufließen lassen.

Und was brachte ihre Großzügigkeit ihnen ein? Soziales Prestige und den Schutz der Götter! Großmutter Vibidia war als junges Mädchen aus der Sklaverei entlassen worden und hatte bald darauf geheiratet. Als ihr Ehemann starb, gelang es ihr, sich ökonomisch unabhängig zu machen. Sie wurde eine angesehene Unternehmerin und trieb Seehandel, was die Restauration des Venus-Heiligtums erklären würde. Die Venus in Herculaneum war die Schutzgöttin all jener, die übers Meer fuhren. Die Inschrift, die Vibidia dort anbringen ließ, sagt uns nicht nur, wie viel sie ausgegeben hat, sondern auch, warum sie so viel ausgegeben hat: Sie wollte damit die Erhebung ihres Sohnes in den Stand der *equites*, der Ritter, feiern.

Aulus Furius Saturninus ist erst achtzehn Jahre alt, aber ausgesprochen selbstsicher. Auch er hätte in der Stadt Karriere gemacht. Wäre da nicht der Vesuvius gewesen …

Nach einem kurzen Fußmarsch ist er schon zu Hause angelangt. Hingerissen folgen wir ihm in eines der schönsten Häuser Herculaneums. Die Kassettendecke ist von geschickten Künstlern aus Ebenholz geschnitzt worden und zeigt allerlei Intarsien. Wir sehen buchstäblich Sterne. Geometrische Formen schieben sich ineinander, bis die gekehlten Rundhölzer des Rahmens ihnen Einhalt gebieten. Drei ineinandergeschachtelte Quadrate umrahmen eine Blume. Diese komplizierten Schnitzereien sind in leuchtenden Farben bemalt: Rot, Blau, Grün und Weiß. Und immer wieder mit Gold abgesetzt. Mit geschnitzten Schiebetüren lässt sich das Tablinum im Bedarfsfall vom restlichen Empfangsraum abtrennen. Auch das hat etwas durchaus Asiatisches. Die verwendeten Hölzer verströmen einen feinen Duft, von dem wir heute nichts mehr wahrnehmen, wenn wir durch Herculaneum oder Pompeji gehen. Saturninus aber würde dieses Haus auch mit verbundenen Augen finden ...

Drinnen kommt ihm seine mittlerweile betagte Großmutter, auf zwei Sklavinnen gestützt, entgegen. Um den Hals hat sie eine Kette aus großen Bergkristallkugeln. Sobald sie sich niedergesetzt hat, montiert der Sklave einen Kandelaber, auf den er eine Öllampe stellt, damit die alte Dame besser lesen kann. Dieser Kandelaber ist ein wahres Meisterwerk, gefertigt aus tauschierter Bronze. Besonders beeindruckend aber sind die einzelnen Teile, von denen jedes in einer Spitze endet, die genau in das Loch des nächsten passt, sodass das gute Stück zusammengeschraubt werden kann. Wären wir nicht in Herculaneum und im Jahr 79 n. Chr., möchte man meinen, es sei in einem modernen Einrichtungshaus erstanden worden. Die Passgenauigkeit der Teile, ja selbst der Verzierungen ist wirklich beeindruckend.

Saturninus steckt nur schnell ein paar Münzen ein und verabschiedet sich wieder von seiner Großmutter, die schon mit der Lektüre begonnen hat. Natürlich laut, wie das in der Antike üblich ist. (Das leise Lesen verbreitet sich erst im Mittelalter und hat seinen Ursprung in den Klöstern, wo die Texte still rezipiert wurden, um das Gebet der anderen nicht zu stören.) Sie hält in ihren zitternden Händen einen Papyrus mit einem Text von Vergil. Neben ihr liegt ein weiterer, der Texte des Epikureers Philodemos von Gadara enthält.

Saturninus verlässt das Haus wieder und eilt zu den Thermen, die direkt am Strand liegen. An der nächsten Kreuzung fällt sein Blick auf einen Teller mit Datteln, den ein Straßenhändler ausgestellt hat. Sie sind wohl gerade aus Afrika angekommen. Der Anblick der Früchte lockt ihn, darum bleibt Saturninus einen Augenblick zögernd stehen. Das rettet ihm das Leben. Er hat kaum Zeit, auf die warnenden Rufe der Leute zu reagieren. Aus dem Augenwinkel sieht er gerade noch, wie eine riesige dunkle Masse auf ihn zustürzt. Ein Karren, der die abschüssige Straße herunterrollt, schießt ganz knapp an ihm vorbei. Hätte er nicht kurz innegehalten und überlegt, ober er Datteln kaufen soll, wäre er überrollt worden. Der Karren, ohne Kutscher und ohne Zugtier, hat sich wohl irgendwo losgemacht und setzt seinen rasenden Lauf die Straße hinunter fort, bis er an einer Säule zerschellt. Passanten versammeln sich um die Trümmer. Glücklicherweise ist niemand verletzt worden. Was um Himmels willen ist da bloß passiert? Der Besitzer kommt wenige Augenblicke später angerannt und keucht sich die Seele aus dem Leib. Das kann ja wohl nicht sein. Er hatte gerade den Esel losgemacht, als der Karren plötzlich von selbst davonrollte … Aber wieso? Hundertmal hat er das schon so gemacht, und nie ist etwas passiert. Was er nicht weiß, ist, dass sich in dieser Nacht die Steilhänge leicht gehoben haben. Fast unmerklich. Der Vulkan macht sich bereit.

Saturninus betrachtet den Karren und beißt sich auf die Lippen. Mit einem pfeifenden Geräusch lässt er die Luft entweichen, dann geht er weiter. Bei den Thermen wartet sein Vater auf ihn, dessen Namen er trägt. Da er zu den Equites gehört, wird er von allen respektiert: Außerdem ist er Dekurio und *flamen Dialis*, also Priester des Jupiterkults.

Beide betreten die Thermen mit dem Freigelassenen, der die Restaurierungsarbeiten überwacht. Das Gebäude ist von den Erdstößen der letzten Tage beschädigt worden. Die feuchte Kälte geht Saturninus unter die Haut, er schaudert. Der erste Saal, in den sie eintreten, gehört zu den schönsten in Herculaneum. Ein dunkles Atrium, das nur von einer Öffnung im Dach erhellt wird. In der Mitte das *impluvium*, umgeben von vier roten Säulen, die durch Arkaden verbunden sind. Gleich daneben steht eine Herme, eine Säule mit einer Apollobüste aus griechischem Marmor.

Aus dieser Statue sollte eigentlich ein Wasserstrahl entspringen und in ein Marmorbecken fallen, das *labrum*, das wiederum das *impluvium* mit speist. Das Plätschern des Wasserstrahls hat etwas angenehm Beruhigendes, wenn es das Atrium erfüllt. Ja, wenn ... es denn plätscherte, denn die Thermen in Herculaneum sind wie die in Pompeji außer Betrieb. Der Grund ist der gleiche: das Erdbeben vor wenigen Tagen. (Die Experten heute nehmen an, dass es etwa sechs bis fünfzehn Tage vor der Eruption stattgefunden haben muss.)

Vater und Sohn Saturninus sind hier, um den Fortschritt der Instandsetzungsarbeiten zu begutachten, die ihre Familie finanziert. Die Kosten dafür halten sich in Grenzen, geht es doch nur darum, die Thermen möglichst bald wieder öffnen zu können. Doch da sie im Leben der Stadt eine wichtige Rolle spielen, wird die Übernahme der Instandsetzungskosten das Ansehen der Familie entsprechend steigern.

Trotzdem müssen natürlich spezialisierte Handwerker geholt werden. Man muss Räume schaffen, die den Dampf halten können, Wasserbecken und Kanäle für die heiße Luft, die für angenehm warme Temperaturen in den Thermen sorgt. Man macht sich das meistens nicht so klar, doch die Thermen waren wie gewaltige »Kamine«. Sie wurden mit heißer Luft beschickt, der Zug musste also perfekt aufeinander abgestimmt sein.

Die Arbeiten stehen noch am Anfang. Ein Sklave trägt ein Holzbrett an uns vorbei für das Gerüst, das erst noch aufgebaut werden muss. Er lehnt es an die Seitenwand des *praefurnium*, der Feuerstelle, die quasi das Herzstück der Thermen bildete. Man kann die breiten Bretter, die im Korridor aufgestellt wurden, noch heute sehen: gebrauchsfertig, doch nie verwendet. Wie die Stapel von Lochziegeln, die im Oberstock aufgeschichtet wurden. Sie sollen im *caldarium* verbaut werden, doch sie werden dort bleiben und vergessen werden, bis man sie nach zwei Jahrtausenden wiederentdeckt. Zusammen mit einem kuriosen Graffito an der Wand, der Karikatur einer Frau im Profil. Der Beschriftung zufolge soll die Karikatur Novella Primigenia darstellen. Wir besitzen kein Porträt von ihr, doch geht man von der Karikatur aus, muss sie helle Augen, eine lange Nase und volle Lippen gehabt haben. Eine üppige Schönheit, wie Sophia Loren vielleicht, die ja übrigens auch aus dieser Gegend stammt.

Die Schließung der Thermen hat Herculaneum des Geruchs von brennendem Holz beraubt, der im ganzen Reich Signal für warme Bäder, anregende Gespräche und Entspannung ist.

Saturninus, der Vater, öffnet die schwere Holztür ins Tepidarium, die in den Angeln schwingt. Dort erwarten die beiden kunstvoll ausgeführte Stuckreliefs mit Darstellungen von Kriegern und Athleten. Dann weiter ins *caldarium* mit seinem so modern wirkenden flachen Wasserhahn. Ein breites Becken aus farbigem Marmor bietet sich ihren Blicken, in dem die Badenden sich wuschen. Der Vater nimmt eine Münze und lässt sie im Becken rollen. Ein Trick, den ihm ein alter Mann gezeigt hat, als er selbst noch ein Junge war. Damit lässt sich demonstrieren, wie vollkommen die Form dieses von griechischen Handwerkern gefertigten Beckens ist.

Die beiden setzen ihre Besichtigungstour fort und kommen in die *natatio*, ins Schwimmbad der Thermen. Über elegante Marmorstufen steigt man ins Becken. Das Wasser ist angenehm warm – was an dem Bronzezylinder in der Mitte des Beckens liegt. Ein Stollengang führt direkt unters Becken, wo ein Sklave ein Feuer am Brennen hält. Dieses erwärmt den Bronzezylinder und beheizt so das ganze Becken. Im Prinzip ein Samowar also. Man schwimmt in einer Art Wasserkessel, bei dem das Wasser von einer Röhre in der Mitte erwärmt wird.

Natürlich ist das Becken heute leer. Man hat sogar die Statuen an den Seiten abgebaut, die gewöhnlich als Wasserspeier fungieren. Im Moment sind davon nur die Wasserleitungen aus Blei zu sehen, wie sie sich später auch dem Blick der Archäologen darbieten werden.

Saturninus prüft den Seitenrand des Beckens. Früher war ihm das nicht aufgefallen, vermutlich weil immer so viel Leute hier waren, aber tatsächlich wird das gesamte Becken von einer circa dreißig Zentimeter hohen Kante eingefasst. Diese verhindert, dass Wasser aus dem

Becken fließen kann. So beugt man der Gefahr vor, dass die Thermengäste auf dem feuchten Boden ausrutschen. Einige recht abgetretene Marmorplatten, die offensichtlich aufgeraut wurden, zeigen, dass man in den Thermen gut achtgeben musste, um nicht auszugleiten.

Aus den hohen verglasten Fenstern hat man einen atemberaubenden Blick auf den Golf. In der Ferne zeichnen sich die Inseln Capreae (Capri) und Aenaria (Ischia) ab. Im *caldarium* aber ist das Panorama noch spektakulärer. Dort hat man zwei Reihen Bogenfenster eingebaut, die alle aufs Meer hinausgehen.

Bis heute ist von Herculaneum erst ein Viertel freigelegt, doch schon in diesem noch relativ kleinen Teil hat man insgesamt drei Thermen, achtzig öffentliche Latrinen und ein ausgeklügeltes Abwassersystem gefunden. Herculaneum war ganz sicher eine sehr saubere Stadt, deren innigster Verbündeter das Wasser war. Und offensichtlich kümmerte sich die Verwaltung sowohl um Hygiene und öffentliche Gesundheit als auch um die Ästhetik der Stadt. Eine Inschrift neben einem öffentlichen Brunnen besagt, wer auch immer den Brunnen verschmutze, werde entweder mit einer Strafe belegt (wenn er römischer Bürger ist) oder ausgepeitscht (wenn er Sklave ist). Der Unterschied in der Art der Bestrafung spricht für sich …

Mord in Herculaneum

Während Saturninus und sein Vater immer noch die Schäden in der suburbanen Therme begutachten, verliert anderenorts ein Mensch das Leben. Dieses grausame Verbrechen hätte in den Thermen von Herculaneum, Pompeji, Puteoli und Neapolis sicher tagelang für Gesprächsstoff gesorgt, vielleicht sogar noch in Rom. Wenn es denn ruchbar geworden wäre … Der Mord bleibt nämlich unentdeckt und damit ungesühnt. Man wird das Verbrechen erst viele hundert Jahre später entdecken, und zwar bei Ausgrabungen im 19. Jahrhundert.

Die Tat ereignet sich nur wenige Meter von den Thermen entfernt in einem unbekannten Laden. Auf der Straße schenkt niemand den aus dem Hinterzimmer dringenden Schreien besondere Beachtung. In dieser Lärmkulisse fallen sie auch nicht auf, schließlich wird hier an jeder Ecke geschrien. Einer brüllt die Sklaven an, weil sie ihre Arbeit nicht ordentlich getan haben, ein anderer den Fuhrmann, weil er die falsche Ware gebracht hat – und so fort. In diesem Laden ist es in letzter Zeit ohnehin öfter recht laut zugegangen. Wer weiß schon, ob die Frau, die sich gerade eiligen Schrittes und mit vors Gesicht gezogenem Schleier entfernt, etwas damit zu tun hat? Oder ob sie einfach nur kurz vor dem Streit den Laden verließ, nachdem sie etwas gekauft hatte? Der Freigelassene, dem der Laden gehört, macht seit einiger Zeit außerdem einen recht angespannten Eindruck. Er grüßt die Nachbarn kaum noch. Offensichtlich hat er Probleme. Dabei läuft das Geschäft doch gut. Wir sehen lieber mal nach.

Im Augenblick herrscht im Laden absolute Stille. Wir entdecken Körbe voller Datteln, die die Kunden ins Geschäft locken sollen. Ein paar kleine Amphoren enthalten Oliven und getrocknete Feigen. Deutlich sichtbar ist auch der Topf mit den gesalzenen Sardinen platziert. Auf Schritt und Tritt umweht uns der Duft des Meeres. Hier werden Fische verkauft und natürlich Garum. Die Archäologen finden entsprechende Gefäße und allerlei Fischgräten.

Alles scheint wie erstarrt, sogar die Luft. Nur ein paar Fliegen schwirren herum. Unser Blick fällt auf den Fußboden. Dort liegt eine Börse, eine von denen, die man für die täglichen Einkäufe benutzt. Die Bänder sind gerissen. Ein paar Sesterze liegen herum. Ein Raub war es also nicht. Nein, tatsächlich ist es viel schlimmer.

Nur ein dünner Vorhang trennt das Hinterzimmer ab. Dahinter erkennen wir eine männliche Gestalt, die sich auf einen hohen Krug stützt. Er hat die Hände in den Haaren vergraben und ist wie gelähmt. Dann dreht er sich um und blickt uns an, scheint uns aber nicht zu sehen. Jetzt heißt es überlegen … schnell … eine Lösung muss her.

Eine Lösung, doch für welches Problem? Ein Blick auf den Boden gibt uns die Antwort. Dort liegt ein lebloser Mann. So, wie er die Arme hält, könnte man meinen, er sei in einen tiefen Schlaf gesunken. In Wirklichkeit aber spielt sich vor seinem inneren Auge – für die paar Augenblicke, die ihm noch zu leben bleiben – immer wieder dieselbe gewaltsame Szene ab, deren Opfer er gerade geworden ist.

Der Mann, der sich auf die große Amphore stützt, wurde zur rasenden Bestie und stach im Affekt mit ungeheurer Kraft immer wieder auf den anderen ein. Die beiden letzten Stiche gingen in den Hals und waren tödlich, da sie die Halsschlagader durchtrennt haben. Das Opfer muss innerhalb von Sekundenbruchteilen das Bewusstsein verloren haben. Nun senkt sich der Tod auf seinen Körper wie die hereinbrechende Nacht. Es wird kein Morgen mehr geben …

Im Halbdunkel des Hinterzimmers wird der Blutfleck neben der Leiche immer größer. Während des Kampfes sind einige Säcke Kastanien und Nüsse umgefallen und liegen jetzt in einer Lache aus Blut. Das Blut leckt nach den Sandalen des Mörders, der instinktiv den Fuß zurückzieht, als wollte er sich aus diesem Drama entfernen.

Doch die Erregung will nicht abfallen von ihm, er atmet immer heftiger. Jederzeit könnte jemand in den Laden treten. Er muss handeln. Eilig wirft er einige leere Säcke über den Toten. Dann stellt er sich in die Türöffnung. Eine ältere Dame bleibt auf dem Gehsteig stehen und begutachtet eine schöne Flasche kostbaren Weines, die in einem Holzkästchen auf Stroh liegt. Eine hübsche Erinnerung an Herculaneum wäre das. Schließlich reist sie morgen wieder ab. Tatsächlich gab es damals bereits so etwas wie »Souvenirs«. Diese Flasche, die mithilfe von Holzformen in Serie gefertigt wird, trägt vorne eingeschliffen ein versenktes Relief, das den Hafen von Baiae zeigt mit allen wichtigen Gebäuden, den Austernfarmen, Thermen und so weiter. Der Ladeninhaber schlägt das Kästchen achtlos in ein Tuch ein. Fast hätte er vergessen, den Kaufpreis zu verlangen, und er gibt auch zu viel heraus. Kopfschüttelnd zieht die Dame mit ihrem Souvenir davon.

Ein paar Minuten später ist der Laden mit den üblichen Holztafeln verschlossen. Es ist ohnehin schon fast Nachmittag. Der Ladeninhaber kehrt ins Hinterzimmer zurück. Mit einer Säge …

Es gibt keine andere Lösung. Er muss den Leichnam verschwinden lassen, bevor ihn jemand entdeckt. Einen Menschen zu töten, mitten in einer römischen Stadt, wo immer viel Betrieb herrscht, ist nicht ganz einfach. Wenn er die Leiche loswerden will, muss er sie zerstückeln und ihre Teile in einem Sack wegschaffen. Den kann er dann vielleicht im Schutze der Nacht ins Meer werfen.

Der Ladeninhaber weiß, dass die Art seines Geschäfts ihm hier zugutekommt. Er zerlegt ja oft im Hinterzimmer große Fische, die ihm die Fischer nach dem Fang bringen, oder salzt Fleischstücke ein. Er hat sogar einen eigenen Tisch dafür und macht so etwas nicht zum ersten Mal. Und er weiß, welches Werkzeug er braucht: Neben dem Tisch hat er eine Reihe scharfer Messer liegen. Auch Becken stehen da zum Auffangen des Blutes. Wenn er die Leiche erst mal weggeschafft hat, wird niemand wegen ein paar Blutspritzern misstrauische Fragen stellen. In einem Laden wie seinem wirken sie vollkommen normal.

Und so packt er sein grausiges Geschäft ohne Zögern an. Er arbeitet wie ein Metzger. Mechanisch führt er alle nötigen Handgriffe aus. Er wirkt konzentriert, über alles andere kann er sich später Gedanken machen. Alles, was ein zufälliger Zeuge beobachten kann, wird ein Mann sein, der im Schutze der Nacht mit einem merkwürdigen Bündel auf dem Weg zum Strand ist …

Als er seine Metzelei beendet hat, nimmt er den Deckel von einem großen, im Boden eingelassenen *dolium* ab. Dort hinein legt er zuerst die Werkzeuge, mit denen er die Leiche zerstückelt hat (drei Sägen, ein kleiner Hammer mit zwei Spitzen). Darauf legt er ein paar Leichenteile, die er mit etwas anderem, möglicherweise einer Lage Fische, überdeckt. Dann verlässt er den Laden mitten in der Nacht, als wäre nichts gewesen, mit einem Sack über der Schulter. Darin trägt er den größten Teil des Leichnams, den er loswerden will …

Und er profitiert von den Umständen. Niemand kommt je hinter seine Tat. Die Eruption schützt den Mörder vor der Entdeckung. Erst sehr viel später sollte dieser Mord ruchbar werden ... am 10. Juli 1869, also fast genau achtzehnhundert Jahre später. Bei den Ausgrabungen in einem Eckladen am *cardo* III werden die in den Boden eingelassenen *dolia* gefunden. Sie sind etwa einen Meter hoch und haben eine Öffnung von circa vierzig bis fünfzig Zentimeter Durchmesser. Im Innern findet man die Knochen des Opfers ... aber beileibe nicht sämtliche. Vor allem der Schädel fehlt.

Was lässt sich heute über diesen Mord noch herausfinden? Wer war wohl das Opfer und wer der Täter? Wir können nur Hypothesen aufstellen, aber diese sind durchaus begründet. Denn unsere Schilderung hat vieles offengelassen. Es wäre interessant, die Fakten jemandem vorzulegen, der beruflich mit solch grausamen Verbrechen befasst ist. Einem Kriminologen vielleicht, einem Polizisten oder einem Richter. Wie denken Sie darüber?

Die Umstände lassen vermuten, dass es sich um ein Verbrechen im Affekt handelt, das nicht geplant war, um einen Streit, der plötzlich eskalierte. Sonst hätte man es wohl eher auf dem Lande verübt, nicht mitten im Zentrum einer pulsierenden Stadt. Einer Kleinstadt obendrein, wo die Wände ohnehin Ohren haben. Vielleicht war das Opfer ja ein Kunde von außerhalb.

Gerade solche Verbrechen werden häufig aus Eifersucht begangen, von einem zornrasenden gehörnten Ehemann zum Beispiel. Immerhin kennen wir aus den antiken Schriften zahlreiche derartige Fälle, die mitunter traurige Berühmtheit erlangten, wie der des Prätors, der seine Frau aus dem Fenster stieß, was sie das Leben kostete. Den Behörden gegenüber gab er später an, seine Gattin habe sich zu weit hinausgelehnt und sei dabei gestürzt. Der Fall erregte einiges Aufsehen und wurde in Rom sowie im ganzen Reich heftig debattiert. Schließlich kam die Angelegenheit sogar vor den Kaiser, der höchstpersönlich an einer Tatortbegehung in der Ewigen Stadt teilnahm und dabei Anzeichen für einen Kampf feststellte. Und so wurde der Prätor letztlich doch verurteilt.

In der römischen Welt (und nicht nur dort) geschahen Morde aus Leidenschaft meist im Affekt, wenn die Täter Männer waren. Frauen hingegen planten Morde akribisch und griffen nicht selten zu Gift.

Womit aber haben wir es hier zu tun? Handelte es sich um einen Zwist zwischen Rivalen aus Eifersucht? Der Getötete war jedenfalls ein Mann (soweit man das heute noch feststellen kann), und das würde auf eine »klassische« Konstellation hindeuten. Vielleicht trafen hier Ehemann und Liebhaber der Frau aufeinander? Hat vielleicht der Mann seine Frau und ihren Liebhaber in flagranti ertappt? Oder kam es erst im Laden zum Streit, weil der Liebhaber ein Stammkunde war oder etwa der Nachbar? Möglicherweise wurde der Mann ja unter einem Vorwand in den Laden gelockt? Oder handelte es sich bei dem Toten um einen Sklaven, der am Arbeitsplatz ermordet wurde? (Die Gerichtsakten belegen zahlreiche Fälle, in denen römische Frauen Sklaven als Liebhaber hatten.)

Doch es gibt eine weitere interessante Theorie, die ein klares Licht auf die hierarchischen Verhältnisse in der römischen Gesellschaft wirft. Vielleicht war der Ladeninhaber ja gänzlich unschuldig. Möglicherweise war das Opfer woanders zu Tode gekommen, in einem Haus in der Nachbarschaft zum Beispiel, und der Leichnam war nur zur »Entsorgung« in den Laden gebracht worden. Ein Gefallen für einen anderen, Mächtigeren? Worauf stützt sich diese Hypothese? Der Ladeninhaber war mit ziemlicher Sicherheit ein Freigelassener, ein ehemaliger Sklave, der immer noch abhängig war von seinem *patronus*, seinem ehemaligen Herrn, der ihm die Freiheit geschenkt hatte. Die reichen Römer halfen ihren ehemaligen Sklaven oft auf die Beine, indem sie ihnen einen Laden einrichteten oder Arbeit besorgten. Dafür erhielten sie einen Teil der Einkünfte oder bestimmte Dienstleistungen. Nehmen wir einmal an, der Herr selbst hat den Mann ermordet oder ermorden lassen, etwa weil er ein Liebhaber seiner Ehefrau war. Dann hätte er vermutlich seinen ehemaligen Sklaven gebeten, ihm die Leiche vom Hals zu schaffen.

Wie auch immer, ein Detail dieses Mordes bleibt unheimlich: Den Beschreibungen der Archäologen zufolge fehlte dem Leichnam der Kopf. Warum ausgerechnet der?

Vielleicht, um die Identifikation der Leiche zu erschweren. Möglicherweise war das Opfer ja eine bekannte Persönlichkeit. Vermutlich ließ man den Kopf aus diesem Grund verschwinden. Vielleicht hat ihn jemand kurz vor der Eruption ins Meer geworfen und wollte die restlichen Leichenteile in den Tagen darauf folgen lassen. Doch der Vulkan hat dies verhindert.

Juwelen und Geschmeide in den Straßen von Herculaneum

Saturninus hat die Thermen verlassen und sich wieder auf den Weg durch die Stadt gemacht. Und wir folgen ihm. In Herculaneum lebt die bessere Gesellschaft, daher begegnen uns viele Menschen, die elegant gewandet sind und Schmuck tragen. Saturninus' Blick gleitet achtlos über die zahlreichen Details. Für ihn ist das Alltag. Wir aber sind neugierig geworden, denn diese ganzen Kleinigkeiten sagen viel aus über das Alltagsleben in dieser Stadt, über die Umgebung und das, was die Menschen hier glauben.

Da ist zum Beispiel ein Mädchen mit wunderschönen Ohrringen in Form von Körbchen. Obwohl diese nur das »Skelett« des Ohrgeschmeides bilden. Denn zwischen die Goldfäden sind kleine Flussperlen eingewoben, sodass das Mädchen regelrechte Perlentrauben am Ohr trägt. In römischer Zeit gab es in den Flüssen nämlich noch Schwanenmuscheln (Anodonta cygnea), eine Form der Süßwassermuschel, die häufig Perlen trug. Daher gingen Taucher auch in den Flüssen auf Perlenjagd. Heute sind diese langschaligen Muscheln fast ganz verschwunden.

Die Frauen in Herculaneum lieben ohnehin Schmuck aus Flussschätzen. Man muss nur die beiden Matronen ansehen, die vor uns hergehen. Ihre Sklaven machen ihnen den Weg frei, während sie von Laden zu Laden promenieren und die Auslagen betrachten. Eine von ihnen trägt einen großen Ring mit einer eingelassenen Kaurimuschel, die ein bisschen aussieht wie eine Kaffebohne. Dieses Schmuckstück ist in Wahrheit ein Amulett gegen Unfruchtbarkeit und Geschlechtskrankheiten bei Frauen. Das liegt hauptsächlich daran, dass die Öffnung der Kaurimuschel an eine Vulva erinnert.

Bei den Ausgrabungen wurden unzählige dieser Muscheln gefunden, weswegen man zu Recht annehmen darf, dass sie bei den Bewohnern von Herculaneum sehr verbreitet waren. Mit einem Unterschied: Die Damen aus höheren Kreisen trugen wunderschön gezeichnete Exemplare der Cypraea pantherina aus den Meeren vor Afrika, die Frauen aus dem einfachen Volk hingegen die einfache Form Cypraea lurida, die von den Küsten Italiens kam.

Diese Muscheln wurden bis zum 19. Jahrhundert um den Hals getragen. Der symbolische Zweck war immer derselbe: Fruchtbarkeit und Schutz vor Frauenleiden. Man findet diesen Brauch rund ums Mittelmeer und bis weit hinunter nach Schwarzafrika. (Die Himbafrauen in Namibia trugen um den Hals eine riesige Kaurimuschel.)

Die andere Matrone, die von ihrer Begegnung mit einem faszinierenden Dekurio einer in der Nähe stationierten Legion erzählt, dreht nervös einen roten Korallenzweig (Corallium rubrum) zwischen den Fingern, der an einer Goldkette hängt. Dieses Stück wurde vor fast hundert Jahren vor der Küste Herculaneums geerntet und von der Urgroßmutter über die Großmutter und die Mutter schließlich auf sie vererbt: Es gilt als Glücksbringer für die ganze Familie.

Die Vorstellung, die Koralle schütze vor Unglück und dem bösen Blick, hat ihre Wurzeln im Mythos. Medusa verwandelte jeden, der sich ihr näherte, mit einem Blick zu Stein. Als Perseus ihr den Kopf abschlug, entsprang ihrem Haupt Pegasos, das erste geflügelte Pferd. Das Medusenhaupt im Beutel, flog Perseus mit Pegasos übers Meer nach Afrika. Dabei fielen einige Tropfen Blut der Medusa hinab ins Meer, wo sie zu Stein erstarrten: zur roten Koralle. Und so wurde das Blut der schrecklichen Medusa zum Schild, das Unheil und Bosheit abwenden sollte.

Die beiden Frauen treten in das Geschäft des Gemmarius ein, weil sie seine Ware ansehen wollen. Es handelt sich vermutlich um den Juwelier mit dem größten Angebot in ganz Herculaneum. Die Archäologen finden in seinem Laden (Insula Orientalis II, 10) all die Objekte, die er nicht mehr verkaufen konnte: gut zweihundert Juwelen, darunter Gemmen, Kameen und Anhänger in allen erdenklichen Formen.

Saturninus aber biegt um die Ecke, und wir mit ihm. Er folgt mit den Augen einem jungen Mädchen, das faszinierende Saphirohrringe trägt. Noch schöner aber ist ihre Halskette, an der zahllose winzige Anhänger angebracht sind, so wie man dies heute manchmal bei Armbändern sieht. Die Anhänger der Herculaneerin bestehen aus Bernstein, Bergkristall und anderen Edelsteinen und haben die Form einer Amorette, eines Hummers, einer Maus – und eines Phallus. Doch uns erstaunt das nicht weiter, wissen wir doch bereits, dass dieser symbolisch für Leben und Fruchtbarkeit steht. Seltsam ist auch die Fliege aus Bergkristall, die mit einiger Sicherheit aus Ägypten stammt. Dort sollten Anhänger wie dieser vor Insektenbissen und -stichen schützen.

Da ihr Obergewand aus Seide ist, trägt das Mädchen Dinge am Leib, die aus allen Regionen der damals bekannten Welt stammen: Bernstein vom Baltikum, die Kristallfliege aus Ägypten, Seide aus China, Saphire von der Insel, die heute »Sri Lanka« heißt.

Überall in Pompeji und Herculaneum fanden die Archäologen solche Zeugnisse eines globalisierten Handels: Pfeffer und andere Gewürze aus Indien, Riesenmuscheln von den Korallenbänken der Tropen, Weberkegelschnecken (Conus textile) aus dem Indischen Ozean, die Schalen der Schwarzlippigen Perlenauster (Pinctada margeritifera), die aus fernen Meeren stammen, möglicherweise sogar aus dem

Indischen Ozean. Die Muscheln sind durchweg fein poliert, um ihre Farbigkeit zur Geltung zu bringen.

Noch ein Schmuckstück erregt unser Interesse: ein goldener Reif am Arm einer nicht mehr ganz so jungen Frau, der eine besondere Form aufweist. Uns erinnert er ein wenig an eine Armbanduhr. Das »Uhrband« besteht aus zwei dicken Golddrähten, die sich umeinanderwinden. Statt eines Zifferblattes finden wir einen Halbmond. (Die sogenannte *lunula* ist ein bekannter Glücksbringer, der ebenfalls mit weiblicher Fruchtbarkeit zu tun hat.) Die römischen Gelehrten gingen davon aus, dass der Mondzyklus mit seinen achtundzwanzig Tagen dem weiblichen Menstruationszyklus entspreche. In der Mitte des Halbmonds sind zwei Medaillons mit dem Profil zweier Kinder. Dieses Armband unterscheidet sich vom üblichen künstlerischen Kanon der Goldschmiede römischer Zeit. Vermutlich ist es eine Sonderanfertigung, die von der Mutter oder Großmutter der Kinder in Auftrag gegeben wurde. Es ist anzunehmen, dass die Frau ihre Enkel oder Kinder auf diese Weise immer bei sich trug. Auf jeden Fall ist es eines der eigenartigsten Schmuckstücke, die in den Hallen des Museo Nazionale Archeologico in Neapel aufbewahrt werden.

Doch nun muss Saturninus sich beeilen. Man erwartet ihn in der prächtigen Villa der Papyri an der Küste, unmittelbar hinter dem Flüsschen gelegen, das sich dort ins Meer schiebt. Er ist hier verabredet, und zwar mit Rectina.

Richtig. Wo ist eigentlich Rectina in der Zwischenzeit abgeblieben?

Verabredung in der Villa der Papyri

Villa der Papyri, Baiae
23. Oktober 79 n. Chr., 16.00 Uhr
Noch 21 Stunden bis zum Ausbruch

RES AUSIM INIRE
Ich möchte beginnen mit ...

Rectina ist gleich nach dem Besuch beim Arzt in ihre Villa zurückgekehrt. Sie hat eine kleine Erfrischung zu sich genommen, mit ihrem Verwalter einige Dinge geklärt und dann neue Pläne für die Aussaat auf ihren Gütern im nächsten Jahr gemacht. Sie ist eine recht energische Person, die auf ihre Unabhängigkeit Wert legt und jedem Unternehmer in Pompeji die Stirn bieten kann. Aber sie ist auch Frau, und so quält sie sich immer noch mit dem Gedanken an ein Kind, das ihr in der ersten Ehe versagt geblieben ist. Dabei müsste man doch nur den richtigen Mann kennenlernen ... Vielleicht Titus Suedius Clemens, in dessen Nähe sie sich immer so unglaublich wohl fühlt?

Im Augenblick lässt sie sich in ihrer Sänfte zur Villa der Papyri tragen, doch zuerst will sie noch kurz in einem kleinen Heiligtum haltmachen, das der Fruchtbarkeit geweiht ist. Es liegt nicht weit von ihrer Villa im Landesinneren: eine Quelle mit reinem Wasser, das aus einer Felswand austritt und einen kleinen See bildet. Seit unvordenklichen Zeiten, lange vor Ankunft der Römer, gehen die Frauen der Region dort baden, weil sie glauben, das Wasser heile sie von Unfruchtbarkeit. Und so hat man am Ufer des Sees ein Tempelchen errichtet, das der Iuno Lucina geweiht ist.

Rectina trägt eine kleine Statue bei sich, die sie der Göttin als Opfergabe darbringen will, damit sie eine Schwangerschaft begünstige. Noch ganz in Gedanken verloren merkt sie plötzlich, dass der

Schritt der Träger langsamer wird. Die Männer fangen an zu debattieren, denn vor ihnen tut sich ein Hindernis auf. Der persönliche Sklave Rectinas, der vor der Sänfte einhergeht, bittet sie, mit ihr sprechen zu dürfen. Sie öffnet den Vorhang der Sänfte und sieht sofort, was los ist. Der Hang an der Straße entlang hat nachgegeben. Große Erdhaufen und Lavasteine blockieren den Weg. Lange kann das noch nicht so sein, denn bisher hat niemand etwas darüber verlauten lassen.

Da erhebt sich plötzlich ein tiefer, dunkler Laut, der direkt aus der Erde zu kommen scheint. Erschrocken blicken sich alle um. Es kommt von vorn. Irgendetwas bewegt sich in dem Wäldchen am Straßenrand. Eine riesige alte Pinie fängt an, sich gefährlich zu neigen. Dann fährt sie in die Straße wie eine Axt. Zweige und Nadeln fliegen herum. Alle sehen sich an. Rectina presst instinktiv die Göttinnenfigur an sich. Und dann … bleibt alles still. Selbst die Natur scheint verstummt zu sein.

»Es ist alles in Ordnung«, beruhigt der Sklave sie. »Aber jetzt sollten wir weitergehen …« Ja, das wäre wohl das Beste, sonst geschieht vielleicht noch etwas. Schweigend hieven die Träger Rectina in der Sänfte über die Erdhügel hinweg. Rectina zieht mit den Händen den Vorhang zurück und lässt ihren Blick über die Stelle schweifen, wo die umgestürzte Pinie nun ihre Wurzeln in die Luft streckt wie hilfesuchende Arme. Rectina hat das Gefühl, in eine offene Wunde zu starren. Als hörte sie Terra Mater selbst schreien. Was zum Teufel geht da nur unter der Erdoberfläche vor?

Der Riss in der Erde, den wir nun hinter uns lassen, ist, wie wir bereits wissen, Ergebnis der Bewegungen im Inneren der Erde. Der Vulkan bereitet sich auf die bevorstehende Eruption vor. Doch auf unsere Schar wartet noch eine Überraschung.

An der heiligen Quelle angekommen setzen die Träger schweigend die Sänfte nieder. Rectina steigt heraus, zieht den Schal über den Kopf und geht ein paar Schritte auf den kleinen See zu. Was sie dort zu sehen bekommt, ist alles andere als beruhigend. Gewöhnlich liegt hier eine friedliche Atmosphäre über allem. Doch wo sonst die Vögel zwitschern, herrscht heute bedrückende Stille. Nur hin und wieder ein seltsames Gurgeln. Dann fällt ihr Blick auf den See ... der kocht. Ein leichter Dunst steigt auf, ein Geruch nach Schwefel und faulen Eiern.

Rectina zieht sich den Schal vors Gesicht und geht weiter. Überall liegen tote Vögel auf dem Boden. Doch bevor ihr Fuß noch das Wasser des Sees berühren kann, bückt sie sich und hebt einen der Vögel auf. Er sieht aus wie ein orangeroter Pompon. Ein Rotkehlchen. Die toten Augen bestätigen Rectina in ihren Befürchtungen: Dieser Ort, der einst so vielen Hoffnung auf neues Leben schenkte, ist nun ein Hort des Todes geworden.

Rectina umkreist den See und presst dabei die kleine Statue ans Herz. Ihr Vertrauenssklave geht unmittelbar hinter ihr, bereit, sie mit seinem Leben zu schützen. Da steht das gemauerte Tempelchen, das eher wie ein Schrank wirkt. Es scheint heil geblieben zu sein. Doch als sie den Blick hebt, schreit Rectina unwillkürlich auf. Das silberne Bildnis der Göttin ist schwarz geworden. Die hell Strahlende ist finster wie die Nacht. Als trüge sie den Hauch des Todes in sich. Rectina streicht über die Statue, ihre Finger werden schwarz.

Einen Augenblick schließt sie die Augen. Sie atmet durch und stellt dann die Votivgabe in den Tempel, wobei sie heilige Beschwörungen murmelt. Hinter ihr wirft der See immer mehr Blasen. Die Träger bekommen es allmählich mit der Angst zu tun. Beunruhigt flüstern sie miteinander und beten dann zu den Göttern. Eutychus, der Vertrauenssklave, tritt näher und bittet Rectina inständig, doch nun zu gehen. Dieser Ort sei nicht sicher.

Rectina erhebt sich, richtet ihren tränenverhangenen Blick noch einmal auf die Göttin, dann geht sie. Sie steigt in die Sänfte und befiehlt den Trägern, die Straße zur Villa der Papyri zu nehmen. Auf dem Weg dorthin kreuzt ein Schäfer ihren Weg, der mit irrem Blick wirre Worte stammelt. Eutychus hält ihn auf. Der Mann sieht ihn entsetzt an und flüstert mechanisch immer wieder dasselbe: »Sechshundert Schafe – alle tot.« Nicht weit von hier wurden sie auf einer Weide von den Ausdünstungen des Erdreichs getötet. Der Schäfer hatte sie in eine Senke getrieben, wo einige Grotten einen natürlichen Schutz für Mensch und Tier boten. Gestern Abend waren alle noch wohlauf. Heute Morgen aber erwartete den Mann nur eine Herde toter Tiere. Er steht offensichtlich unter Schock. Er hat in einer einzigen Nacht alles verloren. Aber er hat wenigstens überlebt.

Rectina und ihr persönlicher Sklave beobachten ihn, wie er von dannen zieht. Die beiden werfen sich einen sorgenvollen Blick zu. Dann geht die Gruppe weiter zur Villa.

Seneca hat einen ähnlichen Vorfall beschrieben, der sich etwa zur selben Zeit zugetragen hat wie das Erdbeben 62 n. Chr. Doch man kennt solche Fälle auch aus anderen Epochen. Im März 2001 zum Beispiel passierte das Gleiche auf den Colli Albani in der Nähe von Rom. Man fand morgens tote Schafe auf der Weide.

Die Experten meinen, in vulkanischen Regionen gäbe es immer wieder Gasemissionen an der Erdoberfläche. Es handelt sich gewöhnlich um Dämpfe, die vom Magma eingeschlossen sind. Meist bestehen sie aus Wasserdampf und Kohlendioxid, die sich mit anderen Gasen mischen. Solche Emissionen können tödlich sein, wenn bestimmte Bedingungen erfüllt sind: Zum einen muss das Gas eine niedrige Temperatur haben, damit es in Bodennähe bleibt. (Ansonsten würde es aufsteigen und sich buchstäblich in Luft auflösen.) Außerdem müssen die Gase sich in Erdmulden und Senken sammeln, in einer Geländeformation jedenfalls, wo es wenig Luftbewegung gibt. Nur dort kann sich eine so hohe Konzentration dieser Gase entwickeln, dass sie tödlich wirkt.

Der kochende See und die schwarz gewordene Iuno erinnern hingegen an ein Phänomen, das sich bei einer berühmten Vulkaneruption viele Jahrhunderte später wiederholte: beim Ausbruch des Mont Pelé in Martinique 1902, der mit seinen »Glutwolken« dreißigtausend Menschen das Leben kostete. Anlässlich dieses Ausbruchs wurde der Begriff der »vulkanischen Glutwolke« überhaupt erst gebildet. Damit bezeichnet man bis heute rasend schnelle, brennende Wolken aus Asche und Gas, ebenjene, die auch Herculaneum und Pompeji einhüllen sollten. All das geschah innerhalb weniger Minuten. Als die Wolke sich erhob, war das Städtchen Saint-Pierre auf Martinique nur noch Schutt und Asche. Von den Bewohnern blieben lediglich verkohlte Kadaver, sofern die Wolke sie auf der Straße erwischt hatte. Waren sie in ihren Häusern geblieben, verwandelten sie sich in rosarote, aufgeblähte Brandblasen, die immer noch ihre Kleider trugen. Es gab nur vier Überlebende: ein Häftling in einer Art Bunker, ein Schuster und ein Kindermädchen mit seinem Schützling, einem kleinen Mädchen, die sich in einem Boot in eine nahe gelegene Grotte geflüchtet hatten. Vier von dreißigtausend. Nur damit Sie wissen, wie hoch die Wahrscheinlichkeit ist, eine solche Glutwolke zu überleben.

Ein Drama, an das man nicht unbedingt denkt, wenn man sich mit der Eruption von 79 n. Chr. beschäftigt. Doch die Parallelen sind offensichtlich: Beschreibungen, Fotos und Augenzeugenberichte liefern Erklärungsmodelle, die sich auch auf die Tragödie um Pompeji und Herculaneum anwenden lassen. Selbst die Lage von Saint-Pierre ist der unserer antiken Städte ähnlich: am Meer, in einer weitläufigen Bucht, am Fuß eines Vulkans. Ein Vergleich mit der Tragödie am Mont Pelé scheint mir daher angemessen.

In den Tagen vor dem Vulkanausbruch waren in einem See in der Nähe von Saint-Pierre, das vom Vulkan überragt wurde, Fumarolen entdeckt worden, also Austrittsstellen von Wasserdampf und Gasen aus dem Erdreich. Die Schwefelgase hatten Vögel getötet und alle Objekte aus Silber schwarz anlaufen lassen. Die Stadt wurde von Ameisen und Schlangen geradezu überschwemmt. Auch dies gilt als mögliches Zeichen für einen bevorstehenden Vulkanausbruch, obwohl es dafür natürlich auch andere Gründe geben kann.

Die Villa der Papyri

Saturninus ist mittlerweile bei der Villa angekommen. Er hat die Straße genommen, die das Stadtzentrum mit den Vorstädten verbindet. Die Sänfte Rectinas steht schon vor der Villa. Saturninus sieht, wie die Sklaven miteinander debattieren. Als er näher tritt, verstummen die Männer und neigen das Haupt – wie Soldaten, die einen Ranghöheren kommen sehen. Doch kaum ist er wieder weg, erheben sich von Neuem laute Stimmen.

Der junge Mann wird von dem Freigelassenen empfangen, der das Haus hütet. Saturninus war schon mehrmals in dieser außergewöhnlichen Villa, aber er ist immer wieder fasziniert von ihrer Pracht. Tatsächlich ist dies eine der schönsten Villen, die er je zu Gesicht bekommen hat.

Wir können das nur bestätigen. Sie liegt auf einer Anhöhe über dem Meer, und ihre Fassade nimmt in der Länge über zweihundertfünfzig Meter ein. Womit sie fast ebenso breit ist wie die dem Meer zugewandte Seite von ganz Herculaneum.

Tatsächlich ist die Villa der Papyri einer der größten archäologischen Schätze weltweit (siehe Bildteil I, Seite 14 – 15). Sie wurde 1750 durch Zufall beim Bau eines Brunnens entdeckt, und König Karl von Bourbon richtete dort sofort eine große Ausgrabungsstelle ein. Da man die Villa nicht freilegen konnte, weil sie unter circa dreißig Meter versteinerter Vulkanasche begraben war, beschloss der Schweizer Architekt Karl Weber, der für die Ausgrabungen verantwortlich war, die Villa durch in den Stein getriebene Gänge zu erkunden. Das Gängenetz, das so entstand, hätte jeder Mine zur Ehre gereicht. Und wie in einer Goldmine wurden auch hier unzählige Schätze zutage gefördert. Karl Webers Ausgrabungen lieferten einen perfekten Plan der Villa, die sodann vom Paul Getty Museum in Malibu in Originalgröße nachgebaut wurde.

Mittlerweile ist ein winziger Teil des Gebäudes, das Atrium, freigelegt worden, was allerdings ein gigantisches Ausgrabungsprojekt nötig machte, das vom Mai 1996 bis zum Mai 1998 andauerte. Leider musste die Ausgrabung dann abgebrochen werden, weil die Mittel des zuständigen Ministeriums die Fortführung der Arbeiten nicht erlaubten. Und so liegt der Rest der Villa immer noch unter Vulkanasche verborgen. Und in diesem Zustand seit Jahren ...

Saturninus durchquert das große Atrium mit dem *impluvium*. Alles in dieser Villa ist von enormen Ausmaßen. Wohin der Blick auch fällt: Mosaiken, Fresken und insgesamt einundachtzig bildschöne Statuen aus Marmor und Bronze, die den mythischen Sagenzyklen entsprechend aufgestellt wurden. (Heute kann man sie zum Großteil im Museo Nazionale Archeologico von Neapel besichtigen.) Im Vergleich mit dieser Villa am Meer verblassen selbst die Villen heutiger Superreicher.

Leichtfüßig wandert der junge Mann über den mosaikengeschmückten Boden. Diesen Teil der Villa könnte man fast als eigenes Viertel bezeichnen.

Saturninus folgt dem Freigelassenen ins kleinere Peristyl, den von einem Säulengang umgebenen Innenhof. Dort erblicken wir ein rechteckiges Becken, umgeben von fünf großen Bronzestatuen, die durchweg nüchtern und streng wirken. Sie stehen stellvertretend für die Danaiden, die fünfzig Töchter des Königs Danaos, die alle – bis auf eine, Hypermnestra – auf Befehl ihres Vaters ihre Ehemänner ermordet haben. Daher wurden sie dazu verurteilt, auf ewig mit ihren Krügen ein löchriges Fass mit Wasser zu füllen.

Da erschallt eine Stimme. Saturninus wendet sich um: Der Besitzer der Villa ruft ihn. Er wartet im östlichen Teil des Gebäudes, wo es nicht nur eigene Thermen, sondern auch eine riesige Bibliothek gibt (siehe Bildteil I, Seite 15). Ihr verdankt die Villa ihren heutigen Namen: Die Archäologen entdecken hier mehr als tausend Papyri, fein säuberlich zusammengerollt und trotz der Eruption außerordentlich gut erhalten. Auf den ersten Blick sehen sie aus wie verkohlte Äste, doch in mühseliger Kleinarbeit gelang es, sie auseinanderzurollen, obwohl die Papyri brüchig sind wie verbranntes Papier.

Bei den Stücken, die man lesbar machen konnte, handelt es sich um Texte zu den unterschiedlichsten Themen: Liebe, Musik, Tod, Poesie, Wahnsinn, Wirtschaft und Redekunst. Der 2001 verstorbene Professor Marcello Gigante hat diese Schriften jahrzehntelang studiert, ja, er hat sogar ein Institut gegründet, das sich nur mit diesen Papyri befasst: das Centro Internazionale per lo Studio dei Papiri Ercolanesi.

Bis heute wurden hundertsiebenundfünfzig Papyri in Latein entdeckt, und zwar von Schriften des Lukrez, des Quintus Ennius und des Varius Rufus, eines Dichters aus augusteischer Zeit. Die anderen Papyri sind samt und sonders auf Griechisch verfasst und scheinen hauptsächlich epikureische Philosophie zu enthalten.

Saturninus wird Zeuge einer beeindruckenden Szene. Der Besitzer der Villa hat in einem Weidensessel Platz genommen, neben ihm sein Sekretär, der einige Wachstafeln bereithält. Ein zweiter Sekretär holt die mit einem roten Band umwundenen Papyrusrollen aus dem Regal. Jede einzelne Rolle ist ein sogenanntes *volumen*, ein Buch oder Band. Daher kommt der Begriff *volume* im Englischen, Italienischen und Französischen. Man liest diese Bücher, indem man sie langsam abrollt. Immer wenn er ein Buch hervorholt, liest er laut den Titel vor. Sein Kollege verzeichnet diesen dann auf den Wachstafeln. Anschließend wird die Rolle an einen anderen Sklaven weitergegeben, der sie in eine Holzschatulle legt. Was geht hier vor sich?

Der Besitzer will die Bibliothek in einen anderen Raum des Hauses umsiedeln, der vor Erdbeben sicher ist. Außerdem müssen in diesem Teil des Hauses Restaurierungsarbeiten ausgeführt werden. Das zeigen uns schon die bunten Putzbrocken, die von der Decke gefallen sind.

An den Titeln, die der Sklave vorliest, können wir ablesen, welchen Schatz diese Villa der Nachwelt zu bieten hat. Hören Sie nur mal: Epikur, *Von der Natur* (ein Werk in siebenunddreißig Bänden, das uns vollkommen unbekannt war, bevor es unter den verkohlten Papyri entdeckt wurde); Metrodor, *Vom Reichtum*; Colotes von Lampsacus, *Gegen die Lysis von Platon* und *Gegen den Euthydemus von Platon*; *Über die Philosophie* (in zwei Bänden) und *Über die unsinnige Verachtung der Volksmeinung* von Polystratus; *Über die Dichtung*, *Über die Geometrie* und *Über die Sentenzen des Epikur* von Demetrios Lakon; *Über die Vorsehung* von Chrysippos …

Die Villa verfügt über eine ausgezeichnete Bibliothek, was bedeutet, dass sie wohl ein wichtiges Zentrum epikureischer Philosophie war. Die vielen Schriften des Epikureers Philodemos von Gadara, die dort gefunden wurden, lassen vermuten, dass er vielleicht selbst in der Villa lebte.

Der bis heute gesichtete Bestand der Papyri hat ergeben, dass die Bibliothek hauptsächlich griechische Werke enthält. Die lateinische Literatur ist nur zu einem kleinen Teil präsent. Natürlich ist es gut möglich, dass dieser Teil der Bibliothek noch entdeckt wird und viele unbekannte Werke ans Tageslicht bringt. Ein einzigartiger Schatz, der auf der Welt nicht seinesgleichen hat. Er wird unser Wissen über die Antike voranbringen, vor allem darüber, wie eine philosophische Bibliothek zu jener Zeit sortiert war. Doch das meiste davon ist bis heute noch nicht ausgewertet! Und bedauerlicherweise wurden die Ausgrabungen eingestellt und nicht wiederaufgenommen.

Der Besitzer der Villa erhebt sich von seinem Sessel und bedeutet den Sekretären, sie mögen doch bitte ohne ihn fortfahren. Er geht auf Saturninus zu, wobei er sorgsam darauf achtet, dass er nicht auf die überall herumliegenden Papyri tritt. Dann hakt er sich bei dem jungen Mann unter und geht mit ihm in den Innengarten. Nur um Ihnen mal eine Vorstellung zu vermitteln, wie groß eine Prunkvilla jener Tage war: Das große Peristyl ist hundert Meter lang und sechsunddreißig Meter breit. Der Säulengang auf der Längsseite wird von fünfundzwanzig Säulen getragen, der auf der Schmalseite von zehn. In der Mitte erstreckt sich ein sechzig Meter langes Schwimmbecken, also mehr als Olympiamaß. Da und dort stehen Bronzestatuen von Athleten, Göttern und Tieren. Der ganze Komplex thront über dem Meer, nur wenige Meter entfernt vom Strand.

Stellen Sie sich vor, welche frische Brise diesen Garten durchweht haben muss. Vom Duft der mediterranen Pflanzen, der in der Luft liegt, einmal ganz abgesehen.

Wer aber hat diese Villa zum Herzstück epikureischer Philosophie gemacht? Darüber gibt es verschiedene Theorien. Am meisten Unterstützer findet gewöhnlich die These, dass es sich um die Villa des Schwiegervaters von Julius Cäsar handelte. Der superreiche Lucius Calpurnius Piso war im Jahr 58 v. Chr. Konsul, und ihm gehörte etwa hundert Jahre vor dem Vulkanausbruch diese Villa. Er scheint der *patronus*, der Gönner, des Philodemos von Gadara gewesen zu sein. Möglicherweise hatte diese Rolle aber auch sein Sohn inne, der ebenfalls Konsul war und 32 v. Chr. verstarb. Oder es war ein gewisser Appius Claudius Pulcher, ein Freund Ciceros. Möglicherweise waren es auch alle drei zusammen. Vielleicht trug ja jeder seinen Teil bei, denn die Villa hatte sicher mehr als einen Besitzer. Im Augenblick wissen wir das nicht. Wir wissen auch nicht, wem sie zum Zeitpunkt der Eruption gehört.

Sehr wahrscheinlich aber ergingen sich in diesem Garten griechische Philosophen und römische Aristokraten und diskutierten unter den Portiken über philosophische Fragen, vielleicht im Versuch, die geistige Atmosphäre Athens nach Kampanien zu bringen.

Während wir Saturninus am Arm des Besitzers das Schwimmbecken entlangwandern sehen, fehlt uns eigentlich nur einer in dieser Szene: Vergil! Professor Antonio De Simone glaubt, dass der große Dichter die Villa mit einiger Wahrscheinlichkeit besucht hat. Eine Visite des Poeten in Neapolis ist jedenfalls belegt. Da die Villa ein bedeutendes Zentrum epikureischer Philosophie und Philodemos sein Lehrer war, ist anzunehmen, dass Vergil hier nächtigte.

Die beiden Männer sind am Ende des Gartens angelangt und lassen den Blick übers Meer schweifen. Dann halten sie unter den marmornen Säulengängen auf den kleinen Bau ganz am Ende zu, der fast aussieht wie eine Laterne: ein runder Portikus mit einer Kuppel, vollständig erbaut aus strahlend weißem Marmor. Der Boden ist mit einem Mosaik mit geometrischen Motiven ausgelegt. Dort wartet Rectina auf die beiden, entspannt auf einem Triklinium liegend. Neben ihr Iulia Felix, eine Pompejanerin, von ebenso zupackender Art wie sie. Ihr gehört ein interessanter Gebäudekomplex am Ende der Via dell'Abbondanza. Dort hat sie zwei Insulae zu einer verschmolzen und die Straße, die sie trennte, kurzerhand überbaut. Auf diese Weise hat Iulia Felix eine Stadt in der Stadt geschaffen, mit eigenen Bereichen, in denen verschiedene Dienstleistungen angeboten wurden, zum Beispiel ein Restaurant, eine Kneipe, ja sogar eine Therme, deren Zugangsrampe direkt auf den Gehsteig führt. (Vermutlich hatte sie dafür eine Erlaubnis der Stadtverwaltung.)

Da die Thermen in Pompeji gerade geschlossen sind, sind die Einkünfte Iulias beträchtlich gestiegen. Die Leute stehen Schlange vor ihrer Einrichtung und warten dann brav auf den langen Steinbänken der Eingangshalle auf den gewohnten Bädergang. Eine Inschrift in dieser Therme macht deutlich, wie geschäftstüchtig die Dame war: »Im Haus der Iulia, Tochter des Spurius Felix, kann man ein elegantes Bad für gediegene Leute mieten, Wohnungen im ersten Stock, aber auch Läden mit Wohnnische, und zwar vom nächsten 1. August bis zum 1. August des Jahres 6, also mindestens fünf Jahre. Nach den fünf Jahren läuft der Vertrag aus.« Iulia weiß offensichtlich ganz genau, was sie will.

Die beiden Frauen und die beiden Männer haben sich verabredet, um sozusagen eine konzertierte Aktion gegen den Preisverfall für Wein aus Pompeji zu starten, der weniger nachgefragt wird, seit immer mehr Wein aus Gallien nach Rom gelangt. Geschäftsfrauen wie Rectina und Iulia sind keineswegs die Ausnahme, auch wenn dieses Thema von den Historikern gern vernachlässigt wird. Denn wir befinden uns in einer Zeit, in der Frauen, vielleicht zum ersten Mal in der westlichen Welt, eine bedeutende Stellung im Wirtschaftsleben innehaben. Nach dem Fall des Römischen Reiches wird es dauern bis in unsere Tage, dass es wieder weibliche Manager gibt…

Die Bucht der Reichen

Während Rectina, Saturninus, Iulia und der Besitzer der Villa der Papyri miteinander debattieren, reitet Eutychus in Rectinas Auftrag nach Norden, auf Baiae zu, nicht weit von Misenum. Dort liegt die Flotte Plinius' des Älteren vor Anker. Auf seinem etwa dreißig Kilometer langen Weg begegnen ihm immer mehr Anzeichen dafür, dass in der Region etwas nicht stimmt. Eines der turmhohen Grabmonumente, an denen man sich gewöhnlich schon von Weitem orientieren kann, neigt sich nun gefährlich zur Seite. Als wäre ein Riese dagegengetreten. Eutychus wird ein bisschen mulmig, als er daran vorüberreitet.

Aber es gibt noch mehr solcher beunruhigender Zeichen: Eine Sonnenuhr, die vor einer der Stationen steht, wo die Pferde gewechselt werden können, geht zwei Stunden vor. Als hätte sich ihr Neigungswinkel verändert… Doch die Sonnenuhr ist auf eine Mauer gemalt! Verwirrt schüttelt der Sklave den Kopf. Dabei ist die Erklärung ganz einfach – für uns. Der Druck des aufsteigenden Magmas in der Vulkankammer sorgt dafür, dass die Erdoberfläche in Bewegung gerät, wodurch sich ihr Neigungswinkel da und dort verändert.

In Baiae angekommen, dem Erholungsort für die römische »Schickeria«, fühlt Eutychus sich wie in einer anderen Welt. Hier macht sich niemand Sorgen. Alle sind an diesem Ort, um sich zu amüsieren und zu entspannen. Hier konzentrieren sich gewaltige Thermalbauten, große Austernfarmen, wunderschöne Villen mit Meerblick, in denen man Abend für Abend rauschende Feste feiert… Bootsfahrten sind sehr beliebt, auch als Vorwand für allerlei Orgien. Wer hier am Abend einen Strandspaziergang macht, kann so einiges erleben. Zumindest steht es so in den antiken Schriften.

Eutychus merkt sofort, was hier los ist. Da reiht sich Sänfte an Sänfte mit jungen Mädchen, die außer Juwelen nicht viel am Leib tragen. Aus den Kneipen dringt das Geschrei betrunkener Männer, und betagte Herren halten lächelnd die Hand zarter Knaben ... Dinge, die man in Herculaneum nicht sieht. Das ist wirklich die Stadt der Wollust, wie man sie nennt.

Doch Baiae ist auch die Hauptstadt der Bäder. In der Antike ging man ebenso hierher, um in den Grotten mit ihren heißen Dämpfen und mineralstoffreichen Quellen sein Zipperlein zu kurieren. Dort schwitzte man alles aus und kam nach Schwefel riechend wieder heraus. Die Schönheit des Ortes und die Thermalquellen zogen von Anfang an Kranke wie Amüsierwillige gleichermaßen an, selbst aus weit entfernten Ländern. Man kann sich gut vorstellen, wie voll es hier gewesen sein muss. Irgendwann kam dann ein kluger Kopf auf die Idee, das Prinzip der heißen Quellen nachzuahmen. Anfangs errichtete man Schwitzräume, wo Wasser auf heißen Kohlebecken verdampft wurde, dann baute man Heizsysteme, die die heiße Abluft der Öfen über Kamine in der Wand nutzbar machten. Dieses System fand bald im ganzen Reich Verbreitung. Auch heute noch wird im Hamam und im türkischen Bad das System der römischen Thermen angewandt, denn nichts anderes verbirgt sich hinter den exotischen Begriffen.

Anscheinend geht diese Idee zurück auf einen gewissen Gaius Sergius Orata, der womöglich auch noch der »Erfinder« der Austernfarm ist – der Aufzucht von Austern und Fischen in Felsenbecken, die vom Meer ständig mit Wasser versorgt werden. So hatten die Römer stets frische Austern zur Verfügung, die schließlich ein begehrtes Aphrodisiakum waren!

Wir wissen nicht genau, ob all diese Ideen, die einen enormen wirtschaftlichen Erfolg hatten, wirklich von jenem einen Mann stammten. Einen Mythos allerdings müssen wir unnachsichtig schleifen: Die Römer züchteten keine Muränen und fütterten sie nicht mit Sklaven. Solche Szenen in Filmen und Romanen sind reine Erfindung. Gefressen wurden nur die Muränen selbst – bei den Banketten der Römer nämlich.

Eutychus hat seine Aufgabe erledigt, doch bevor er sich auf den Rückweg macht, kehrt er in einer *popina* ein, um sich vor dem langen Ritt noch mit einem Glas Wein zu stärken. Der Blick von diesem Lokal aufs Meer ist wirklich faszinierend: Vor ihm erstreckt sich die ganze Bucht mit den unzähligen Segeln, die lange Brücke mit der vergoldeten Bronzestatue darauf und ein strahlend weißer Triumphbogen im Vordergrund, der wie kein anderer diesen Ort symbolisiert. Doch auch einige Wortfetzen schnappt Eutychus auf. Die Männer um ihn herum sprechen über Geschehnisse, die ihnen offensichtlich Sorgen bereiten. In letzter Zeit war es unmöglich geworden, die heilenden Dämpfe in den Grotten zu genießen. Kaum tritt man ein, heißt es, muss man schon wieder hinaus, weil die Augen tränen und die Haut brennt. In anderen Grotten wiederum hat es Verbrennungen gegeben, weil plötzlich kochend heißes Wasser aus den warmen Quellen schoss. Einige haben dabei gar ihr Augenlicht eingebüßt. Ein Mann schreit dazwischen, das sei die Rache der Götter. Sagt nicht ein Sprichwort, hier kämen die Frauen »keusch wie Penelope« an, um dann »verderbt wie Helena« wieder abzufahren? Natürlich würden die Götter solch ein Verhalten bestrafen. Ein anderer meint, vielleicht koche ja unter der Erde ein unterirdischer Kessel und würde irgendwann explodieren. Ein Dritter wiederum sagt, das seien nur Verleumdungen, mit denen die Thermenbesitzer der Konkurrenz das Wasser abgraben wollen …

Natürlich gibt es für all diese Erscheinungen eine wissenschaftliche Erklärung. Ein Vulkanologe wüsste sofort, was die Stunde geschlagen hat. Das aufsteigende Magma beeinflusst Zusammensetzung und Temperatur der heißen Quellen des geothermischen Systems. Da brennen dann die Augen von den Dämpfen, und es kommt zu Verletzungen, wenn das Wasser heißer wird als gewohnt. Neue Fumarolen steigen auf, Austrittsstellen vulkanischer Gase. (Ein anderer Gast in der *popina* behauptet, er habe gesehen, wie Hirten über weißem Rauch, der aus der Erde stieg, ihre Mahlzeiten gekocht hätten.) Diese Gase beeinflussen dann die chemische Zusammensetzung und Temperatur des Grundwassers.

Der Sklave lässt seinen Wein schließlich stehen. Er hat genug gehört. Er wirft einige Münzen auf die Theke und steigt aufs Pferd. Er muss augenblicklich zu seiner Herrin zurückkehren.

Das Landhaus mit dem Schatz

Villa della Pisanella
23. Oktober 79 n. Chr., 17.00 Uhr
Noch 20 Stunden bis zum Ausbruch

DUACI CAPEL(L)A DONATA NOMINE ABER(R)AVIT
Ziege des Duacus mit Namen Donata entlaufen.

Die Kutsche quietscht entsetzlich bei jeder Drehung der Räder. Die mitreisende Frau ist ganz in Gedanken versunken. Sie lässt sich von dem monotonen Geräusch in einen unruhigen Schlaf wiegen wie einst von den Liedern ihrer Mutter. Seitdem ist viel Zeit vergangen. Heute hat sie selbst zwei erwachsene Kinder und wird wohl bald Großmutter werden. Die Dame mit dem müden Gesicht hat das Haar auf dem Haupt zu einem Knoten geschlungen. Auch ihre Hände sind gepflegt. Ihre Kleider aus kostbaren Stoffen zeigen, dass sie von Adel ist. In Pompeji kennt und verehrt sie jeder … vor allem aus Achtung vor ihrem Mann. Es handelt sich um die Gemahlin von Lucius Caecilius Iucundus. Sie ist auf dem Weg zu einem ihrer Landhäuser, einer *villa rustica*, wie der Römer das nennt: eine Villa, die gleichzeitig Gutshof ist.

Die Kutsche verlässt Pompeji durch die Porta Ercolano. Die massive Stadtmauer stammt noch aus samnitischer Zeit und erinnert die Bürger Pompejis an den einstigen Kampf der Pompejaner, die damals meist Oskisch sprachen, gegen Sulla und seine schrecklichen Kriegsmaschinen. An einigen Stellen der Stadtmauer von Pompeji kann man noch heute die oskischen Inschriften der Soldaten lesen, die dort ihre Runden drehten.

Die Porta Ercolano ist eines von sieben Stadttoren in Pompeji und führt direkt auf die Straße nach Herculaneum, Oplontis (das als Vorstadt von Pompeji gilt und heute »Torre Annunziata« heißt) und zu den Salzfeldern. Dann mündet der Weg in die Küstenstraße nach Neapolis.

Im Norden liegt die Porta Vesuvio, die zum Mons Vesuvius führte, dem Vulkan, der sich hinter dem Beiwort »Berg« versteckte, und dann weiter nach Terzigno und Ottaviano. Im Osten verlässt man die Stadt durch die Porta di Nola und die Porta di Sarno (durch die man zum Sarno und ins Binnenland gelangt). Die Porta Stabia und Porta Nocera im Süden führen auf die Straße nach Nuceria und zu den Stabianer Villen. Von der Porta di Marina im Westen gelangt man zum Hafen von Pompeji, zum Strand von Stabiae und Surrentum.

Pompeji hatte also »Notausgänge« in alle Himmelsrichtungen. Während der Eruption sind fünf davon (die vom Vulkan wegführen, also nach Süden, Osten und Westen) von Menschen verstopft, die vor dem Vulkan fliehen. Die Porta Ercolano dagegen und die Porta Vesuvia werden von den Landbewohnern überrannt, die ihr Heil in der Stadt suchen. Im Moment jedoch herrscht noch die Ruhe vor der Eruption.

Die Kutsche rollt weiter. Sie lässt Pompeji hinter sich, dann mehrere Villen, unter anderem die wunderschöne Mysterienvilla, und kommt immer mehr in ländliche Gegenden. Wir sind im *pagus* angekommen, den landwirtschaftlichen Nutzflächen rund um die Stadt. Diese Zone hat meist einen *vicus* als »Hauptstadt«, eine Ansammlung von Häusern, einen Weiler, wie man heute sagen würde.

Der Begriff des *pagus* ist uns im Fremdwort »pagan« erhalten geblieben, das »heidnisch« bedeutet. Das erklärt sich daher, dass die vorchristlichen Kulte in römischer Zeit auf dem Land noch lange lebendig blieben, obwohl in den Städten längst das Christentum dominierte. Das Phänomen, dass heidnische Inhalte im Volksglauben der Landbevölkerung länger überleben, findet man übrigens auch heute noch.

Die Landschaft, durch die die Matrone fährt, gibt uns zahlreiche Hinweise darauf, wie man in und um Pompeji und allgemein in römischer Zeit lebte.

Wir werden uns hier nicht mit der komplizierten Aufteilung der Ländereien befassen, die häufig nach dem System der *limitatio* erfolgte. Die *limitatio* war eine kultische Handlung, bei der das Land in Gegenwart eines Priesters vermessen wurde. Hierbei wurden die Hauptachsen festgelegt: der *decumanus*, der in Ost-West-Richtung verlief; und der *cardo*, der rechtwinklig dazu die Nord-Süd-Achse bezeichnete. Das ergab ein Schachbrettmuster, das sich auch heute noch auf Luftaufnahmen ehemaliger römischer Siedlungen erkennen lässt. In diesem speziellen Fall ergab die Aufteilung vergleichsweise kleinräumige »Felder« im Süden und Osten, Richtung Nuceria, und ausgedehntere im Norden, zum Vesuvius hin.

Uns fällt auf, dass die Landschaft sehr vielfältig ist. Anders als heute lagern sich um Pompeji herum die unterschiedlichen Ökosysteme an, die der Stadt alles liefern, was sie braucht: das Meer im Westen, im Norden der Vulkan (den alle damals ja für einen Berg mit äußerst fruchtbaren Hängen halten), im Süden der Mons Lactarius und schließlich im Osten eine weite Ebene, die der Sarno durchschneidet. Am östlichen Horizont zeichnen sich die Sarno-Berge ab.

Während die Kutsche der Bankiersfrau immer weiter ins Land vordringt, sehen wir uns um. Schließlich gilt Pompeji seit jeher als »vom Glück begünstigt« (natürlich *vor* den Erdbeben und dem Vulkanausbruch), und wir wollen herausfinden, warum.

Das Meer um Pompeji war sehr fischreich. Das lässt sich allein schon aus den Mosaiken in den dortigen Villen ablesen, zum Beispiel im Haus des Fauns: Da finden wir Hummer, Wolfsbarsche, Meerbarben, Tintenfische, Zahnbrassen, Muränen, Krabben, Doraden, Meeräschen und Goldbrassen. Von den Meeresfrüchten ganz zu schweigen: von den Dattelmuscheln über die Napfschnecken hin zu den Muscheln und Austern, die in den Farmen an der Küste gezogen wurden. Dazu kamen noch Seeigel, Jakobsmuscheln, Meermandeln (die Meeresfrüchte der weniger wohlhabenden Pompejaner, die mitunter auch heute noch als »Sklavenmuscheln« bezeichnet werden).

Noch eine Anmerkung am Rande: Kein Pompejaner ging je an den

Strand, um sich dort zu bräunen. Tatsächlich konnten nur wenige Römer überhaupt schwimmen. Das Mittelmeer mit seinen trügerischen Untiefen und Strudeln war sozusagen vollständig *off limits.* Stattdessen lustwandelte man am Sandstrand, wie man das heute noch in den Küstenstädten tut. Die Kinder sprangen manchmal von der Mole ins Wasser, hin und wieder saß dort auch ein Angler. Da und dort sah man Karren ans Ufer rollen und Sklaven, die Meerwasser in große Behälter abfüllten und aufluden. Denn man wusch damit die Weinamphoren.

Der Sand an den Stränden von Herculaneum und Pompeji war recht dunkel, weil er viele Lavabestandteile enthielt. Nach dem Sandstreifen zogen sich kilometerweit die Salzfelder hin. Dahinter begann die typische Küstenvegetation, wo neben Rosmarin und anderen aromatischen Sträuchern vor allem Pinien wuchsen: Die klassische Schirmkiefer grüßt heute von allen Postkarten mit dem Panorama des Golfs von Neapel. Sie liefert die beliebten Pinienkerne, die in der Küche Verwendung finden, aber auch wichtige Harze, aus denen man Terpentin und Pech zum Kalfatern der Schiffe gewinnt: Die Ritzen im Schiffsbauch wurden zuerst mit Werg ausgestopft und dann mit Pech überstrichen, um sie abzudichten. Außerdem ließ sich mit Pinienzapfen leicht ein Feuer machen, während die Nadeln für Bürsten und Handbesen verwendet wurden.

Ganz anders lagen die Dinge im Flusstal des Sarno, dessen Delta eine ausgeprägte Sumpflandschaft war. Dort gab es Wasservögel, die man jagte, aber auch Schilfrohr, aus dem Körbe geflochten und Pflanzstäbe gemacht wurden. Darüber hinaus stellte man daraus auch Trennwände her. Die Pollensorten, die bei einzelnen Ausgrabungen gefunden wurden, zeigen, dass in dieser Gegend auch Weiden wuchsen. Deren Ruten verwendeten die Bauern ebenfalls zum Korbflechten und zum Aufbinden von Weinranken.

Lästigerweise hatte dort auch ein anderes Tierchen seine Heimat, das den Pompejanern ziemlich zusetzte: die Mücke. (Wir wissen nicht, ob sie schon damals ein Malariaüberträger war.) Auf jeden Fall versuchten die Pompejaner, die Sümpfe zu entwässern, indem sie Zypressen anpflanzten. Mit Flechtwerk aus ihren Zweigen, Erde und Laub war man bemüht, schichtweise die stagnierenden Gewässer abzudecken.

Im Süden erstreckt sich der Mons Lactarius. Dort wurden die Oliven angebaut, aus denen die Pompejaner ihr Öl gewannen. Seinen Namen (»Milchberg«) hat der Berg aber von den zahllosen Ziegen- und Schafherden, die dort weideten und Pompeji Milch, Käse, Wolle, Leder, Sehnen und natürlich Fleisch lieferten. (Berühmt waren damals die Zicklein nach Art der Parther. Die nur wenige Wochen alten Tiere wurden mit einer Füllung aus Garum, Öl und Pflaumen aus Damaskus zubereitet.)

Der Vesuvius im Norden wiederum hielt wieder andere Rohstoffe bereit. Das Klima war damals viel frischer und regenreicher, als es heute ist. Auf dem Vesuvius wuchsen bekanntermaßen Buchenwälder, in denen Rehe und Hirsche gejagt wurden. Weiter oben wuchsen sogar Weißtannen. Und natürlich Eichenwälder, wo die Pompejaner auf Jagd nach Wildschweinen gingen, die dann in den Metzgereien der Stadt verkauft wurden.

Doch damit nicht genug. Die Kutsche der Bankiersgattin rollt nämlich soeben durch ein Wäldchen aus Ulmen und Erlen, von denen es nach Nuceria hin viele gibt. Ulmenholz wird zum Bau von Schiffen verwendet und, da es so widerstandsfähig ist, auch beim Brückenbau.

Wir sehen, dass Pompeji von einem regelrechten Großmarkt der Natur umgeben ist, der die verschiedenen Wirtschaftszweige der Stadt mit den nötigen Rohstoffen versorgt: Lebensmittelhändler, Handwerker, Bauleute et cetera.

Nun ist es nicht mehr weit. Immer mehr Landhäuser tauchen auf, um die herum Getreide, Hülsenfrüchte und vor allem jener Wein angebaut wird, der Pompeji im ganzen Imperium berühmt gemacht hat. Die Weinstöcke werden auf Lattengerüsten gezogen, sodass die Trauben nicht auf der Erde aufliegen, geschützt vor der Bodenfeuchtigkeit und beschienen von der Sonne.

Die Kutsche hält unvermittelt. Vor ihr ist das Erdreich stufenförmig aufgeworfen, der Weg unpassierbar. Die Matrone steigt aus. Ihre hellen Augen betrachten die Verwerfungen, eine Wunde in der Erde, die sich gut hundert Meter weit zieht. Auch Steinblöcke sind vom Hang des Bergs gerollt und haben einige Weinstöcke zerstört (die »glücklicherweise« dem Nachbarn gehören …).

Diese Erdrutsche, bei denen auch Felsen locker werden, gelten heute als klassisches Anzeichen für einen bevorstehenden Vulkanausbruch, bei dem die Lava nicht allmählich entweicht, sondern einen Pfropfen vom Vulkanschlot absprengt, sodass der Vulkan förmlich explodiert. Die Erdbewegungen werden dadurch verursacht, dass sich der Neigungswinkel des Vulkanhanges über der sich immer mehr füllenden Magmakammer verändert. Dabei werden ganze Felsbänke gelockert: Es kommt zu einer Flächenausdehnung (bis zu mehreren hundert, aber nie mehr als tausend Meter). Für den Oktober des Jahres 79 n. Chr. ist nicht auszuschließen, dass dies der eigentliche Grund für die Schäden an den Wasserleitungen in jener Region war.

Die Bankiersgattin muss zu Fuß weiter. Glücklicherweise ist die Villa della Pisanella, wie man sie heute nennt, nicht weit.

Ein Landgut in Pompeji

Die Herrin hält trotz ihres Alters zügigen Schrittes auf ihr Landgut zu, wo die Haussklaven sie empfangen. Mit ihnen wartet auch der Freigelassene, der sich hier um die gesamte Verwaltung kümmert. Die Villa ist wirklich beeindruckend. Von außen wirkt sie wie ein rechteckiger Trutzbau, im Innern aber birgt sie den üblichen weitläufigen Innenhof. Die Dame tritt durch das große zweiflügelige Eingangstor und fühlt sich sofort »daheim«. Sie ist gern hier, weitab vom geschäftigen Treiben der Stadt, der Menschenmenge und dem Klatsch. Hier findet sie noch wahre Werte, der beständige Rhythmus der Arbeit auf den Feldern, Stille und vor allem innere Ruhe.

Die Villa della Pisanella ist eine klassische *villa rustica*, ein kleiner landwirtschaftlicher Betrieb. Für die Römer muss das Landhaus nämlich etwas abwerfen. Daher baut man dort Wein an oder zieht Fische. Dass das Landhaus für die Sommerfrische nur Kosten verursacht, ist nicht denkbar.

Um zu verstehen, was ein solches Landhaus in römischer Zeit war, müssen wir nur an die großen Villen in den amerikanischen Südstaaten vor der Revolution denken, die ebenfalls ihre Feldsklaven hatten und große Plantagen bewirtschafteten. Versetzen Sie sich mal in einen Film wie *Vom Winde verweht*.

Die Villa teilt sich in zwei Bereiche: die landwirtschaftlichen Nutzräume und die Wohnräume der Eigentümer. In der sogenannten *pars urbana*, die den Besitzern vorbehalten ist, sind Schlafzimmer, Küchen und Esszimmer untergebracht, die mit Fresken im Dritten Stil geschmückt sind. Manche dieser Villen haben sogar private Thermen. Die *pars rustica* hingegen beherbergt alles, was für die Landwirtschaft benötigt wird: eine Ölmühle, einen Heustadel *(nubilarium)*, einen Speicher, Keller zum Auspressen der Weintrauben, zwei Weinkeltern *(torcularia)*, einen Stall, eine Tenne, auf der das Getreide gedroschen wird, und so fort. Und natürlich Lagerräume für Wein, Öl und Getreide. Dazu kommen noch andere Lagerräume sowie die Wohnräume für die Sklaven. Eine kleine Stadt für sich also: Es gibt sogar einen Brotbäcker mit eigener Mühle, damit man jeden Tag frisches Brot zu essen hat.

Die Villa della Pisanella ist Herzstück eines großen Gutes, das die Forscher aufgrund der Größe von Lagern und anderen Wirtschaftsräumen auf circa vierundzwanzig Hektar schätzen. Größer also als Herculaneum, das nur zwanzig Hektar umfasst.

Ein Römer hätte die Größe seines Landes anders angegeben. Er hätte wohl von »hundert Morgen« gesprochen. Ein Morgen war die Fläche, die ein Ochsenpaar an einem Tag pflügen konnte. Welche Fläche das war, das hing davon ab, wie schwer oder wie leicht dieses Stück Land zu bearbeiten war: Ein Morgen in der Ebene war also größer als an den Hängen eines Berges.

Die Bankiersgattin hat sich in der *pars urbana* ausgeruht und ein paar Erfrischungen zu sich genommen. Nun steht sie auf, um sich ins Allerheiligste des Landguts zu begeben, von dem ein großer Teil des Reichtums der Familie abhängt: den Weinkeller. Auf dem Weg dorthin begrüßt sie das Muhen einer Kuh. Das aufgeregte Tschilpen der Küken, von den stets wachsamen Glucken nicht einen Moment aus den Augen gelassen, entlockt ihr ein Lächeln. Doch der Römer kennt diesbezüglich keine Sentimentalität. Er sieht die Küken als künftige Eierproduzenten beziehungsweise Mahlzeit – ganz wie die Siebenschläfer, die man in kleinen Terrakottabehältern heranzieht. Diese Gefäße haben im Inneren eine Art Laufsteg, auf dem die Tiere auf und ab rennen können. Doch sie werden nicht etwa gezüchtet, um Kindern als Spielgefährten zu dienen. Nein, man mästet sie im Dunkeln, um sie bei Banketten dampfend aufzutragen – nach einem alten etruskischen Rezept.

Wir sind im Weinkeller angekommen. Gut hundertzwanzig *dolia* von über einem Meter Höhe sind hier bis zum Hals in den Boden eingelassen: ein echter Schatz von gut neunzigtausend Litern Wein (siehe Bildteil I, Seite 16).

Ein ganz ähnliches Bild muss sich den Archäologen geboten haben, als sie eine andere *villa rustica* entdeckten, die berühmte Villa Fanninus in Boscoreale, die nicht weit von hier entfernt liegt. Dort waren die *dolia* schon versiegelt und mit einem schützenden Deckel versehen. Der Wein hatte bereits angefangen zu gären, wie es für die meistgeschätzten Rebsäfte jener Gegend typisch war.

Die Matrone begutachtet zufrieden das Ergebnis. Sie fragt nach dem Wasserkrug, um den sie gebeten hatte. Der Verwalter, der sie begleitet, entschuldigt sich. Der Sklave muss das Wasser von außerhalb holen, da der Hauptbrunnen aus unerfindlichen Gründen seit dem Morgen kein Wasser mehr gibt. Der Wasserspiegel ist in den letzten Tagen immer mehr gesunken. Heute Morgen hat man dann entdeckt, dass der Brunnen versiegt ist.

Natürlich können die beiden es nicht wissen, doch auch dies ist das Werk des Vulkans, der das Wasser der Gegend »einatmet«. Ein weiteres Zeichen für den unmittelbar bevorstehenden Ausbruch.

»Auch die Kühe geben seit einigen Tagen weniger Milch als sonst«, berichtet ein anderer Freigelassener. Und es handelt sich nicht um das einzige merkwürdige Ereignis, das es zu berichten gilt. An manchen Stellen sind plötzlich Pflanzen vertrocknet, entweder aufgrund austretender Gase oder weil das Erdreich sich erwärmt. Doch wie sollen die beiden, die nun das Landgut abgehen, das ahnen?

Nun ja, auf dem Landgut wird viel angebaut, da fällt es nicht ins Gewicht, wenn ein paar Pflanzen eingehen. Denn die Weinstöcke und Obstbäume reichen bis an die Grenzmauern der Villa heran. Auf dem Gelände der Villa Fanninus in Boscoreale, die dieser hier ähnelt, konnte man die Löcher der verdorrten Pflanzen sogar mit Gips ausgießen. So ließ sich das Aussehen des Weinbergs mehr oder weniger rekonstruieren, die geraden Reihen der Weinstöcke ebenso wie die Fahrrillen, die das *plaustrum* gegraben hatte, eine Art Karren, der auf Landgütern zum Einsatz kam.

Ein Sklave kehrt mit einem Ochsen von einem der Felder zurück. Das Tier ist beschlagen: Es trägt eine Art Hufeisen, mit denen es sich auf dem Ackerboden besser bewegen kann. Kaum im Stall, nimmt ihm der Sklave die Eisen wieder ab. Doch es gibt noch mehr interessante Beobachtungen zu machen, was die Tiere auf dem Gutshof angeht. Einige der Schweine zum Beispiel sehen anders aus, als wir sie kennen. Man hat sie mit Wildschweinen gekreuzt. Die römischen Schweinehirten lassen sie gern in der Nähe von Wäldern weiden, vor allem, wenn es dort sumpfiges Gelände gibt. Dann muss man sie nicht füttern, weil sie hier massenhaft Eicheln und Wurzeln finden. Und Keiler, die sich mit den Sauen paaren. Das Fleisch dieser Schweine gilt als besonders aromatisch und ist heiß begehrt.

Nun lenkt unsere Bankiersgattin ihre Schritte zurück in die Villa, weil sie eine Arbeit überwachen muss, die ihr Mann Lucius Caecilius Iucundus ihrer besonderen Wachsamkeit empfohlen hat. Er hat nämlich einen ganz speziellen Familienschatz herschaffen lassen, damit er hier versteckt werden soll: ein silbernes Service mit hundertacht hervorragend gearbeiteten Teilen. Da finden sich Krüge, Kelche, Spiegel, Löffel und dergleichen mehr. Besonders auffällig sind zwei Kelche, in deren Mitte sich eine kleine Büste befindet. Das war ein witziger Spezialeffekt, denn je mehr man von der darin kredenzten Flüssigkeit trank, desto mehr wurde von den Abgebildeten sichtbar. Ein großer Teil dieser kostbaren Objekte, die von außergewöhnlicher Machart sind, wird heute in einer leider schlecht beleuchteten Vitrine im Louvre gezeigt.

Dazu kommen noch über tausend Goldmünzen und verschiedene Juwelen, alles fein säuberlich in Schatullen aus Holz verpackt. Von den Helfern weiß niemand, was sie enthalten. Sie haben nur den Befehl erhalten, die Kisten in einer Zisterne im Torcularium zu verstecken, also dort, wo die Weintrauben verarbeitet werden.

Dieses Detail aber liefert uns Nachgeborenen wertvolle Informationen, die bislang niemand mit dem Datum der Eruption in Verbindung brachte. Erstens: Wenn jemand Holzschatullen an einem Ort verstecken lässt, an dem während der Weinernte sicher Hochbetrieb herrscht, dann kann man daraus mit einigem Recht schließen, dass diese schon vorüber gewesen sein muss. Dieser Raum wird also frühestens erst wieder in einem Jahr gebraucht und kann in der Zwischenzeit abgeschlossen und möglicherweise auch versiegelt werden. Kein vernünftiger Mensch würde doch hier einen größeren Schatz verstecken, wenn er wüsste, dass er diesen Schatz anderswohin schaffen muss, weil bald die Weinernte beginnt. Außerdem sind dort vor und während der Kelter ständig Sklaven zugange, die Maschinen und Werkzeug säubern und fürs Keltern vorbereiten. Dieses Versteck wäre also alles andere als sicher.

Zweitens: Hier geht es um das Datum der letzten Erdstöße, die die Häuser, Thermen und den Aquädukt von Pompeji und Herculaneum getroffen und überall Wiederinstandsetzungsarbeiten notwendig gemacht haben, die zu der Zeit, als der Vulkan ausbrach, noch nicht abgeschlossen waren. Da die Weinlese bereits einen Monat zurücklag (wie die versiegelten *dolia* beweisen), kann man davon ausgehen, dass der Raum, in dem der Schatz versteckt wurde, seit etwa vier Wochen zur Verfügung stand, möglicherweise auch etwas weniger, da er vermutlich nach der Ernte erst einmal gereinigt werden musste. Es ist also gut möglich, dass sich das letzte starke Erdbeben in diesem Zeitraum ereignete (also einige Tage bis maximal drei oder vier Wochen nach der Ernte). Anderenfalls hätte man den Schatz sicher woanders untergebracht.

Während die Kostbarkeiten in ihrem unterirdischen Versteck lagen, wurden sie von einem Vertrauensmann des Bankiers überwacht: Lucius Caecilius Aphrodisius. Dieser stellte sogar sein Bett neben das Versteck in der Zisterne, zusammen mit einem Kandelaber, einer kleinen Bronzekommode und einer Truhe mit seinen persönlichen Sachen.

Er ist es, der seiner Herrin die Tür zum Torcularium öffnet, wo er sich mit dem Schatz eingeschlossen hat und haust wie ein Eremit. Sofort versichert er ihr, dass alles in bester Ordnung ist.

Eines aber bleibt noch zu tun. Die Dame dreht sich zu den beiden Freigelassenen um, die sie bis hierher begleitet haben. Ihre Namen zeigen, dass sie gleichsam zum »Inventar« der Villa gehörten, als der Bankier und seine Gattin das Landgut gekauft haben. Sie sind beide nicht mehr jung, einer hat sogar schon weißes Haar. Tiberius Claudius Amphius führt für den Bankier die Landwirtschaft hier.

Er trägt den Namen eines Kaisers. Dieser Mann ist also ein ehemaliger kaiserliche Sklave, der unter Tiberius oder Nero im Dienste der kaiserlichen Verwaltung stand, unter der Dynastie der Iulier-Claudier. Als der neue Kaiser Vespasian an die Macht kam, fand er die Kassen leer, weil Nero die kaiserliche Schatulle gnadenlos geplündert hatte. Um wieder in die schwarzen Zahlen zu kommen, verkaufte Vespasian viele Wertgegenstände der Familie, unter anderem dieses Landgut. Möglicherweise roch der Bankier ein gutes Geschäft und schlug zu, um einen Teil seiner Reichtümer hier zu investieren. Es kam ja nicht alle Tage vor, dass ein derart florierendes Gut auf den Markt geworfen wurde! Zum Inventar des Landguts gehörten aber auch sämtliche Sklaven und Freigelassenen der Villa, ihr »Personal« sozusagen, das en bloc auf den neuen Eigentümer überging. Tiberius Claudius Amphius gehörte dazu, ja, er war vielleicht sogar der wichtigste Mann, der *procurator*, also der Verwalter der Villa. Das ist so, als würden Sie ein Segelboot inklusive Besatzung kaufen.

Sein Name ist uns durch einen Ring überliefert, den die Archäologen fanden. Zusammen mit dem eines zweiten Freigelassenen: Lucius Brittus Eros.

Die beiden halten der Matrone Tontäfelchen hin, die das darauf Geschriebene genehmigen soll. Aufmerksam liest sie und streicht dabei gedankenverloren über ihre Ohrringe mit den drei gefassten Topasen.

Dann dreht sie ihren Ring mit dem außergewöhnlich schönen Steinskarabäus, der ihr als Siegel dient. Mit sicherer Bewegung drückt sie den Ring in die Wachsschicht der Tontafeln und nickt bekräftigend. Das war's: Der Freigelassene geht und springt auf einen Karren voller Amphoren, wo ihn schon ein massig gebauter Sklave erwartet. Ein kurzer Ruf, ein Peitschenknallen, und schon rollt der Karren auf Oplontis zu, das an der Küste liegt.

Wein fürs Imperium

Oplontis
23. Oktober 79 n. Chr., 17.30 Uhr
Noch 19 Stunden 30 Minuten bis zum Ausbruch

AVETE UTRES SUMUS
COT ESTIS ERE VOLUIMUS
QUANDO VENISTIS ERE EXIMUS
Hallo, wir sind Weinschläuche.
Was ihr seid, haben wir wegen des Geldes gewollt.
Als ihr gekommen seid, sind wir mit dem Geld fortgegangen.

Das Ziel ist schon recht nah, der Geruch nach Wiesen und Äckern weicht allmählich einer herben Meeresbrise und dem aromatischen Duft mediterraner Büsche. Wind hat sich erhoben und spielt mit den Locken von Lucius Brittius Eros, der raspelkurze Blondkopf des muskulösen Sklaven aus Germanien aber, der wortlos und mit starrem Blick neben dem Freigelassenen sitzt, widersetzt sich den Possen des Windgotts.

Die Gutshöfe haben den Prunkvillen Platz gemacht. Eine davon liegt genau auf unserem Weg. Heute ist sie als Villa von Oplontis bekannt wegen ihres außergewöhnlichen Freskenschmucks. Sie hat möglicherweise der Poppaea gehört, der zweiten Gattin Kaiser Neros. Wenn das so ist, stehen wir hier vor einem der Machtzentren jener Zeit, die viele als Gipfel der Dekadenz des Alten Roms betrachten. Sich vorzustellen, dass Nero hier war und diese Fresken betrachtet hat, dass sein Fuß über diese Mosaiken ging und seine (mitunter irrwitzigen) Befehle durch diese Hallen klangen, jagt einem noch heute Schauder über den Rücken.

Doch wer weiß, ob die alten Texte tatsächlich die Wahrheit sagen?

Denn uns sind nur die Schriften seiner Gegner überliefert, die sich leidenschaftlich bemühten, Nero der *damnatio memoriae* zu unterwerfen und sein Andenken auszulöschen. Denn eines ist sicher: Der Kaiser stand, bevor er sich in zerstörerische Allmachtsfantasien verstieg, auf der Seite des Volkes. Er beschnitt mit harter Hand die Macht der gut zwanzig Senatorenfamilien, die damals selbstherrlich in Rom schalteten und walteten. Wie bereits gesagt wurde, wandelte sich die römische Gesellschaft unter seiner Herrschaft. Sie öffnete sich für eine neue Klasse von »Reichen«, die Freigelassenen. Damit aber verpasste er der erstarrten römischen Gesellschaft eine bislang ungekannte Verjüngungskur (nämlich die Dynamik, die Existenzgründer ins wirtschaftliche Leben einfließen lassen).

Ein Ergebnis dieser Veränderungen ist in der sogenannten »Villa B« von Oplontis zu besichtigen, die zwar weniger bekannt, doch deswegen nicht minder bedeutend oder interessant ist als ihr prächtiges Gegenstück.

Der Name »Oplontis« scheint übrigens von *ob fontis* zu kommen, was auf eine Quelle in der Nähe hinweist. Das würde auch erklären, wieso es in jener Gegend Thermen gab. Oplontis blieb selbst nach dem Vulkanausbruch noch eine wichtige Etappe für all jene, die die große Straße von Norden nach Süden am Golf entlang nahmen, die von Neapolis nach Surrentum führte. Oplontis fand noch dreihundert Jahre nach dem Ausbruch auf der berühmten Karte des Römischen Reichs, der Tabula Peutingeriana, Erwähnung, und zwar als Thermalkurort.

Auf den ersten Blick wirken die beiden Villen wie ein kleines Dorf, denn sie sind von verschiedenen Läden und Wirtschaftsgebäuden umgeben.

Der Karren biegt von der Straße ab, durchquert einen Mauerbogen und biegt in die »Villa B« ein. Vor unseren Augen tut sich eine neue Welt auf, die wir in dieser Form und in dieser Zeit aus Pompeji nicht kennen.

Der Villenkomplex ist riesig, doch dient er nicht dem Müßiggang einer reichen Schicht. Aber es handelt sich auch nicht um eine *villa rustica.* Was wir hier vor uns haben, verweist vielmehr auf einen sehr modern wirkenden Aspekt der römischen Gesellschaft, nämlich auf den globalisierten Handel. Hier werden die landwirtschaftlichen Produkte von den umliegenden Landgütern umgeschlagen. Die Atmosphäre erinnert ein wenig an heutige Großmärkte. Gutshöfe liefern ihre Erzeugnisse an, man kauft en gros und verkauft weiter an andere Märkte.

Dieser Ort ist das getreue Spiegelbild seines Herrn, eines ehemaligen Sklaven voller Unternehmungsgeist. Ein Großhändler, der Pompeji durch den Handel mit Produkten »made in Pompeji« mit dem Rest des Imperiums vernetzt. Sein Name ist Lucius Crassius Tertius, und wir haben auch ihn auf Rectinas Bankett kennengelernt: ein massiger Mann mit buschigen Augenbrauen, groben Fingern und rustikalen Manieren, der gestern mit einem bewundernswerten Geschöpf unterwegs war, der Schauspielerin Novella Primigenia. Diese hat er mit seinem Vermögen betört und nicht etwa mit seinem Äußeren oder seiner fehlerhaften Ausdrucksweise. Ein Klischee, zugegeben, das so alt wie die Menschheit, aber auch heute noch quicklebendig ist und Stoff für die Klatschblättchen liefert.

Ein Feingeist darf man freilich nicht sein, wenn man mit Lucius Crassius Tertius Umgang pflegt. Doch umgekehrt gilt dasselbe. Novella Primigenia mag zwar eine ausgesprochene Schönheit sein, doch ihr einziges Ziel ist der gesellschaftliche Aufstieg in Pompeji, und zwar um jeden Preis: Und so lächelt sie jedem zu, hübsch oder hässlich. Hauptsache, er ist mächtiger als der bisherige Buhle.

Da rennt er ja schon schreiend und gestikulierend unter den Säulen dahin, umgeben von einem Schwarm Freigelassener, die kaum mit ihm Schritt halten können. Wir verstehen nicht genau, was da debattiert wird, aber offenkundig geht es um eine verspätete Auslieferung und ein Handelsschiff, das in den herbstlichen Stürmen gesunken ist. Da der Großhändler keine Konkurrenten hat, ist die Witterung sein größter Feind: Ein regnerisches Jahr verdirbt die Ernte und damit den Profit. Ein unerwarteter Sturm schickt seine Schiffe auf den Grund des Meeres. Und mit ihnen die Ware. Aus ebendiesem Grund tätigt man im Rom jener Zeit Handelsgeschäfte niemals als Einzelperson. Das Risiko wird auf mehrere Schultern verteilt: Die Beteiligung diverser Finanziers senkt die Kosten für den Einzelnen und begrenzt im Fall des Totalverlusts der Lieferung den Schaden. Allerdings fallen natürlich auch die Gewinne geringer aus.

Lucius Crassius Tertius ist, was das angeht, ein Schwergewicht: Er bezahlt alles aus eigener Tasche, selbst das Schiff gehört ihm allein. Und es transportiert nur seine Waren. Ein echter Spieler, der auf den glücklichen Ausgang all seiner Unternehmungen wettet. Manchmal geht es gut, und er nimmt eine Menge Geld ein, manchmal verliert er alles. Wie beim Glücksspiel. Aber meistens hat er den richtigen Riecher und das nötige Quäntchen Dusel. Und so hat er sich ein regelrechtes Imperium aufgebaut, das wir bewundern können, während der Freigelassene und der Sklave den Karren zu dem Platz lenken, wo sie ihre Amphoren abladen können.

Lucius Crassius kauft den Wein vom Bankier, um ihn dann teurer weiterzuverkaufen. Manchmal teilt er den Gewinn aber auch mit dem Produzenten. Dann wiederum kauft er Wein, füllt ihn selbst in Amphoren ab und verkauft ihn an der Küste, nach Rom oder ins Ausland, quasi als Eigenmarke.

Man kann ja so und so Handel treiben. Und ein Handelszentrum haben wir vor uns, eines der größten in Rom, wo hauptsächlich landwirtschaftliche Produkte umgeschlagen werden.

Der Freigelassene steigt ab. Er muss in eins der Büros, um die Zahlung entgegenzunehmen und zu quittieren. Nur der unerschütterliche Germane bleibt auf dem Karren sitzen. Lucius Brittius Eros aber muss fast bis ans andere Ende der Villa.

Dass diese Villa der Sitz eines Wirtschaftsunternehmens ist, erkennt man auf den ersten Blick. Im Vergleich zur Villa der Poppaea ist sie weniger luxuriös ausgestattet. Außerdem kann man hier auch vor

Ort einkaufen, was bedeutet, dass ein kleiner Markt abgehalten wird. Lucius marschiert unter den Arkaden dahin, die die Fläche vor den Lädchen beschatten. Dahinter sehen wir Waagen mit Marmor- oder Bleigewichten. Ganz am Ende des Portikus kommen wir an einem Raum vorbei, wo über vierhundert Amphoren gelagert werden. Sie finden Verwendung für den Transport von Wein und Öl. Einige tragen Siegel, andere elegante Bemalungen, die als Etikett dienen. Die Siegel enthalten den Namen des Töpfers, der die Amphore hergestellt hat, das Etikett den Namen des Winzers. In manchen Fällen ist es ein und dieselbe Person, gewöhnlich dann, wenn die Amphoren von einem großen Landgut stammen. Interessanterweise sind sie alle leer und stehen mit der Öffnung auf dem Boden, geputzt und gestriegelt sozusagen, um wieder befüllt zu werden.

Auch das ist wieder ein Indiz dafür, dass wir uns zeitlich im Herbst befinden. Die Weinernte ist vorüber. Alles wartet darauf, dass der Wein nach der Gärung entweder zur Lagerung in die im Boden eingelassenen *dolia* um- oder in Amphoren abgefüllt wird, damit er während des Transports und der Lagerung am Ankunftsort noch reifen kann.

In römischer Zeit kann die Reifung zwischen einem und mehreren Jahren dauern, aber auch junger Wein wird geschätzt. Es gibt viele verschiedene Qualitätsstufen, die mitunter den unseren ähneln, aber meistens ist der Wein dickflüssig wie Honig und hat einen ordentlichen Alkoholgehalt. Daher wird er im Winter mit warmem Wasser gestreckt (eine Art »Glühwein«) und im Sommer mit kaltem. Mitunter gießt man ihn gar aus eisgekühlten Karaffen ein. Sehr häufig werden auch Gewürze zugegeben, was allein schon erahnen lässt, welche Art von Bouquet die damals angebotenen Weine hatten.

Hier jedenfalls fehlt nichts, was zur Weinabfüllung vonnöten ist. Die Amphoren stehen bereit. Auf einem steinernen Herd köcheln in einem Topf Kiefernharze, mit denen die Amphoren abgedichtet werden, und erfüllen die Luft mit ihren Aromen. Da und dort liegen kleine Bronzetrichter. Schließlich soll der Wein ohne Verlust abgefüllt werden.

Auch diese Szene wird von der Eruption förmlich versiegelt werden, damit sie zweitausend Jahre später von den Archäologen wieder freigelegt werden kann.

Noch ein merkwürdiges Instrument liegt herum, das wir nicht gleich einordnen können. Es handelt sich um eine Art Korkenzieher für Amphoren, einen sogenannten Amphoriskos. Er sieht aus wie eine kleine Amphore mit einer außergewöhnlich großen Öffnung. Was die Verwendung dieser Amphoriskoi angeht, so wurden dazu verschiedene Hypothesen aufgestellt. Eine davon ist recht erstaunlich. Der spanische Archäologe und Historiker Emilio Rodríguez Almeida geht davon aus, dass man diese Mini-Amphoren quasi wie Saugnäpfe verwendete. Seiner Ansicht nach wurde auf den mit Korken oder Terrakotta verschlossenen Amphorendeckel eine Schicht kochenden Pechs aufgebracht. Dann stülpte man die Öffnung der kleineren Amphore auf. Das Pech wurde hart, der Amphoriskos war untrennbar mit dem Amphorendeckel verbunden. Die Luft im Amphoriskos erkaltete und zog sich dadurch zusammen. Dies führte zu einem Saugeffekt, mit dessen Hilfe man ohne große Mühe den mit Gips oder Mörtel versiegelten Amphorendeckel abheben konnte. Die Amphore wurde dabei kein bisschen beschädigt. Bestätigt wird diese These durch den Fund von Amphoriskoi in Castrum Novum (Santa Severa), die noch Spuren von Pech tragen.

Doch nun haben wir Lucius Brittius Eros aus den Augen verloren und müssen uns sputen, um ihn einzuholen. Er hat das Bürokratische abgewickelt und kommt jetzt mit einer kleinen Börse zurück, die er unter der Tunika verbirgt. Sie enthält einige Goldmünzen, die sein Herr für den Wein bekommt. Während er sich wieder auf die Suche nach seinem Karren macht, geht er an einer Ladung Nüsse und Walnusskerne vorbei, die zusammen mit Granatäpfeln auf Strohmatten zum Trocknen ausgebreitet sind. Er greift zu, doch die Granatapfelkerne schmecken sauer. Möglicherweise dienen sie auch zum Gerben von Häuten oder zu medizinischen Zwecken.

Die Villa umfasst viele andere Räume, in die wir diesmal keinen Blick werfen – so insgesamt vierzehn unterirdische Lagerräume und das Gemach im Oberstock, in dem Lucius Crassius Tertius lebt und sich buchstäblich *auf* seinen Schätzen ausruht.

Auf diesem Gut wimmelt es nur so von geschäftigen Menschen wie in einem Ameisenhaufen. Amphoren werden an uns vorbeigetragen, Sklaven mit großen Ballen Stoff oder Körben voller Käse auf dem Kopf gehen sicheren Schrittes an uns vorüber. Der Verwalter des Bankiers tritt mit seinem Karren den Heimweg an, dahinter macht sich schon ein anderer bereit, der zu den Salzfeldern von Pompeji unterwegs ist. Auf diesen steigen wir nun auf.

Das weiße Gold Pompejis

Der Karren nimmt eine abschüssige Straße. Offensichtlich sind wir in eine tiefer gelegene Gegend unterwegs. Man könnte meinen, die Pflanzen hier haben Angst, in die Höhe zu wachsen. Wir sehen nur niedrige Sträucher und ein paar seltsam gewundene Bäume. Die Küste öffnet sich zu einer Ebene, über der sich noch weitläufiger als sonst der blaue Himmel erstreckt. Wir lassen eine kleine Trockenmauer hinter uns, biegen um eine Kurve – und siehe da: Vor unserem Auge erstreckt sich eine Landschaft, die mit ihrem ganz eigenen Gepräge die ökologische Vielfalt am Golf erhöht. Überall rechteckige Wasserbecken, neben denen sich weiß schimmernde Berge erheben: Wir sind in den Salzfeldern angekommen.

Salz ist, wie wir heute wissen, für unseren Körper sehr wichtig. Auch in der Antike wird es hochgeschätzt, ja quasi mit Gold aufgewogen. Mit Salz bezahlte man sogar Soldaten. Und das geflügelte Wort von den »gesalzenen Preisen« hat in diesem Umstand ebenfalls seine Wurzeln. Die Straße, auf der das in Ostia Antica gewonnene Salz nach Norden transportiert wurde, nannte man nicht umsonst die »Salaria«.

ERHALTENE MEISTERWERKE: DIE MYSTERIENVILLA

Der tanzende Faun ist immer noch voller Leben.

ERHALTENE MEISTERWERKE

Das Fresko zeigt eine Frau, die ihrem Hobby frönt: der Malerei.

Ein Goldarmreif in Schlangenform mit Augen aus grünen Smaragden.

Grafische Rekonstruktion des Bildes, das sich den Pompejanern bei der Eruption bot: Die Rauchsäule steigt über dem Vesuvius auf. Wir sehen, dass der Vulkan selbst noch keinen Kegel bildete.

Boscoreale: Alles, was über die Bimssteinschicht hinausragte, wurde vom pyroklastischen Strom unbarmherzig niedergebeugt wie dieser Baumstamm.

NAHRUNGSMITTEL ...

Ein in Herculaneum gefundenes Brot, das immer noch das Siegel des Bäckers trägt.

Zweitausend Jahre alte Feigen.

Extrem gut erhaltene Walnüsse: ein weiteres Anzeichen dafür, dass der Ausbruch im Herbst stattfand.

Ein »Safe«, der heute im Museo Archeologico Nazionale von Neapel steht.

In Herculaneum fand man diesen Münzschatz, der zu einem Klumpen zusammengeschmolzen ist.

Ein wunderschöner Frauenkopf, dessen Farben erhalten geblieben sind – abgesehen vom Blond der Haare, das die Gluthitze in Rot hat umschlagen lassen.

DIE TRAGÖDIE VON HERCULANEUM

Herculaneum wurde von den vulkanischen Schlammlawinen vollständig überrollt und gleichsam versiegelt, wie man an der Tür der Thermen sehen kann.

Die Bootshäuser, in denen die Bewohner der Stadt vergeblich Zuflucht suchten.

Ein paar der Skelette, die man in den Bootshäusern gefunden hat.
Die Menschen starben innerhalb von Sekunden.

Der Mann starb in einem letzten verzweifelten Versuch, sich aufzurichten.

Auch dieses Mädchen verlor sein Leben in Sekundenbruchteilen

Die feine Asche legte sich über die Toten und bewahrte im Aushärten ihre Züge. Dieses Kind wurde im Haus des goldenen Armreifs gefunden. Für uns wird es immer fünf Jahre alt bleiben.

Der Gluthauch hat die Menschen in ihren letzten Momenten überrascht. Der Mann versucht das Gesicht seiner schwangeren Frau mit dem Zipfel seines Gewandes zu bedecken – ein Stein gewordener Liebesbeweis

Hier scheinen wir es mit einem Jugendlichen zu tun zu haben, der sich hinkauernd die Hände vors Gesicht schlug. In Wirklichkeit wurde die Gestalt seitlich auf der Erde liegend vorgefunden.

Mutterliebe: Die Mutter hält in ihren letzten Zügen das Kind im Arm, das sich zu befreien versucht. Das Brüderchen liegt gleich daneben im Haus des goldenen Armreifs.

Die pyroklastischen Ströme machen keinen Unterschied zwischen Mensch und Tier: Hier töten sie einen Hund, der noch sein Halsband trägt.

So fand man Gaius Iulius Polybius auf seinem Triklinium.

Bei der Porta Nuceria fand man eine Familie auf dem Boden liegen: unten die Mutter, oben Vater und Sohn.

DAS SCHÖNSTE GESICHT POMPEJIS

Eines der außergewöhnlichsten Fresken aus der Mysterienvilla, das durch seine modernen Züge beeindruckt.

Die abergläubische Idee, Salz zu verstreuen bringe Unglück, rührt daher, dass dies schlicht als Geldverschwendung empfunden wurde. Und wo uns der Knigge ermahnt, den Salzstreuer stets auf den Tisch zurückzustellen, statt ihn an unseren Nachbarn weiterzureichen, hallt ein uralter Brauch nach, mit dem der Hausherr den Salzverbrauch an seiner Tafel kontrollieren wollte. Heute wirkt das allerdings recht anachronistisch.

Die Salinen vor unseren Augen sind also sehr viel mehr als schlichte Lieferanten eines beliebten Gewürzes: Sie stellen wahrhaftig eine strategische Reserve für das Überleben der Stadt dar, eine wirtschaftliche Ressource höchsten Ranges, eine Art weißes Erdöl. Mit Salz füttert man Tiere und legt Lebensmittel ein. Vor allem aber verwendet man es für die Herstellung des Garums, und das Garum aus Pompeji gilt ja als eins der besten im ganzen Imperium. Was aber ist Garum gleich noch? Wir haben es bereits erklärt, aber wie hieß es doch einst so schön: *Repetita iuvant.* »Wiederholungen schaden nicht.« Es handelt sich um eine vorzügliche (zumindest nach römischem Geschmack) Würzsoße, die man zu allen möglichen Gerichten reicht. Im Wesentlichen schichtet man dabei in speziellen Fässern abwechselnd Fische (mit Eingeweiden oder ohne, ja nach Größe der Tiere), Kräuter und Salz übereinander und lässt das Ganze mehrere Wochen gären. Dann wird die Masse gefiltert, sodass sich die cremigen Bestandteile von den flüssigen trennen. Letztere ergeben eine teurere Garum-Sorte, Erstere das Garum für die Massen. Der Geschmack erinnert ein wenig an Sardellenpaste, nur sehr viel salziger. Denn die Römer stellten kein Salz auf den Tisch. Das Garum diente als aromatischer »Salzersatz«.

Man neigt in unseren Tagen dazu, über diese Usancen die Nase zu rümpfen, doch wenn man sich überlegt, wie häufig auch heute noch Würzsoßen wie Ketchup oder Sojasoße Verwendung finden, bekommt man vielleicht eine ungefähre Vorstellung von der Bedeutung des Garums.

Das Garum aus Pompeji jedenfalls ist wie gesagt von höchster

Qualität und wird ins ganze Reich exportiert. Es ist sehr teuer, man könnte seinen Wert wohl mit echtem Balsamico-Essig aus Modena vergleichen. Und all das nimmt hier seinen Anfang, in den Salzfeldern von Pompeji.

Bei Flut nämlich tritt Meerwasser in Kanäle ein, die die großen, nicht sehr tiefen Salzbecken speisen. Dieses Wasser verdunstet dann unter Sonneneinstrahlung, wodurch die Salzkonzentration des Wassers zunimmt. Dann lässt man es über verschiedene Schleusen in andere, kleinere Becken ab. Die Verdunstung sorgt dafür, dass sich Substanzen, die für unseren Organismus schädlich sind, am Boden absetzen. Erst ganz am Schluss, wenn die Salzkonzentration der Brühe schon enorm hoch ist, fällt auch das Salz aus. Sklaven mit Spaten, die eine perfekt aufeinander eingespielte Kette bilden, zerbrechen die harte Natriumchloridschicht. Andere ziehen mit langen Stangen die Salzblöcke ans Ufer, legen sie in Körbe und tragen sie auf dem Kopf fort. Mühsam balancieren sie über die schmalen »Raine«, die die unzähligen Becken voneinander trennen.

Aus der Ferne wirken die Sklaven wie Ameisen. An den Lagerplätzen häufen sie das Salz zu strahlend weißen Bergen auf, die man mit übereinandergeschichteten Ziegeln vor Regen schützt. Ein harter Job, schon wegen der permanenten Sonneneinstrahlung, aber auch wegen der schweren Körbe. Darüber hinaus muss man noch ständig darauf achten, kein Salz in die Augen oder in etwaige offene Wunden zu bekommen, was brennen und schmerzen würde.

Hin und wieder lassen sich hier sogar Flamingos blicken, die auf der Jagd nach den Salzkrebsen (Artemia salina) sind, die die Salinen bevölkern. Offensichtlich die einzige Lebensform, der es gelungen ist, in solch hohen Salzkonzentrationen zu überleben.

Noch eine Anmerkung: Sollten Arbeiter von der Eruption in den Salzfeldern überrascht und von Bimsstein und Asche verschüttet worden sein, sind ihre Körper höchstwahrscheinlich noch vollkommen erhalten – allerdings durch das Salz dehydriert.

Der Hafen von Pompeji

Unser Karren quält sich nun voll beladen mit Salzsäcken durch die tiefen Furchen im salzigen Erdreich Richtung Hafen. Und auch hier bleibt uns wieder vor Überraschung der Mund offen stehen, denn wir haben es mit einem Warenumschlagplatz zu tun, der es logistisch mit dem Verteilzentrum eines modernen Flughafens aufnehmen zu können scheint. Von hier aus erreicht man jede Stadt am Mittelmeer. Und nicht nur das. Am Hafen sammeln sich auch alle Lieferungen und Waren, die aus dem Landesinneren kommen. Der Sarno verbreitert sich nämlich stark, bevor er in einer Bucht ins Meer mündet. Ein natürlicher »Landeplatz« also, geschützt vor Winden und Strömung. Eben hier wurde der Hafen Pompejis errichtet, der Fluss- und Meerhafen zugleich ist.

Am Fluss landen Lastkähne an, die landwirtschaftliche Produkte und Holz aus dem Binnenland bringen. Diese kleinen, leichten Boote segeln dann wieder flussaufwärts, und wo das nicht möglich ist, werden sie von Ochsen oder Sklaven an langen Seilen gezogen.

Der Hafen besteht aus mehreren Steinmolen, die sich in die Bucht hinausschieben. Dort liegen die seetüchtigen Lastschiffe vor Anker. Lange Reihen von Lagerräumen enthalten alles, was für das Leben am Hafen von Bedeutung ist. An den Molen wiederum stehen unzählige Amphoren in geradlinigen Reihen wie Legionäre und warten darauf, verladen zu werden.

Auch zu dieser Stunde ist am Hafen noch einiges los. Wir sehen Sklaven, in Ballen verpackte Waren, die mit Netzen gesichert sind, Holzkisten, Säcke … Zwischen den Warenladungen spielen Kinder Verstecken. Ein alter Mann angelt am Pier. Einige Freigelassene stehen herum und zählen die gerade erhaltene Lieferung durch, um dann alles auf Wachstäfelchen festzuhalten.

Hier wird alles Mögliche ge- und entladen. Vor uns entsteigt eine Reihe von Sklaven an Ketten dem Bauch eines Schiffes. Sie werden vermutlich in eine der gut hundertfünfzig Prunkvillen rund um Pompeji »geliefert«. Weiter hinten laden andere Sklaven Amphoren ein. Die Prozedur ist immer gleich. Sie schlingen ein Seil durch die Henkel. Dieses wird an einer Stange befestigt, deren Ende die Sklaven dann auf die Schulter nehmen.

Nicht einmal die Form der Amphoren überlassen die Römer dem Zufall: Sie sind lang und schmal, sodass sie im Laderaum eng nebeneinandergestellt werden können. Die Spitze macht sie nicht nur bruchsicher, sondern hat auch im Laderaum eine spezielle Funktion. Man füllt den Laderaum mit Sand, dort stellt man die Amphoren mit der Spitze hinein und füllt den ganzen Raum aus. Alle weiteren werden dann mit der Spitze zwischen die »Schultern« der darunterliegenden Amphoren gesteckt. Die Henkel wiederum sitzen oben, damit man die Amphoren leicht herausziehen kann. Auf diese Weise finden in einem Lastschiff gut zehntausend Amphoren Platz – eine sehr moderne Form der Transportoptimierung also.

Doch die Molen hier haben schon bessere Zeiten gesehen. Tatsächlich erlebt der Weinbau um Pompeji gerade eine noch nie da gewesene Krise. Nach Jahrzehnten marktbeherrschender Stellung hat er nun Konkurrenz von den Weinen aus Gallien bekommen. Das Erdbeben vor siebzehn Jahren hat die Krise noch verschärft, weil die Produktion einige Zeit blockiert war. Rectina, Saturninus, Iulia Felix und der Besitzer der Villa der Papyri suchen ja gerade nach einer Lösung für dieses Problem.

An dem Karren, der uns bis hierher gebracht hat, geht nun ein Mann vorbei, den wir kennen. Er ist massig gebaut und hat ein eher fleischiges Gesicht. Er hat soeben die Verladung der Amphoren überwacht und besteigt nun ein sehr elegantes Schiff, das am Ende der Mole vertäut liegt. Seine Sklaven erwarten ihn schon. Es handelt sich um Pomponianus, den wir bei Rectina getroffen haben. Wild gestikulierend unterhält er sich mit ein paar Freigelassenen, genauso wie er es gestern beim Bankett gemacht hat. Er mag uns ein wenig lächerlich vorkommen, doch er gehört zu den mächtigsten Männern Pompejis. Er ist eng mit Plinius dem Älteren befreundet. Außerdem ist Pomponianus ungeheuer reich. Ihm gehört eine prächtige Villa in Stabiae, am anderen Ufer des Sarno.

Wir beschließen, mit ihm an Bord zu gehen. Kaum hat er das Schiff betreten, legt er sich unter dem leuchtend roten Sonnensegel nieder, wo ihn ein Liegebett mit zahlreichen Kissen erwartet. Auf sein Signal hin setzen sich die Ruderer in Bewegung.

Schon nach kurzer Zeit ist das Ziel erreicht. Das Schiff legt an einer anderen Anlegestelle an. Zwei Sklaven helfen dabei. Pomponianus ist zwar beleibt, doch er klettert geschickt über die Bordkante und begibt sich zu dem Haus am Ende der Mole. Dieses strahlt schon von Weitem Luxus aus.

Tatsächlich hat dieses Haus den Archäologen nicht wenige Rätsel aufgegeben. Zum einen hat es eine ungewöhnliche Form, da es sich um einen quadratischen Garten anordnet. Drei Flügel enthalten ausschließlich Räume für Bankette. Da, wo der vierte Flügel sein sollte, öffnet sich das Gebäude auf den Sarno hinaus, dessen Ufer nur wenige Meter entfernt liegt. Die Stille in dieser abgelegenen Villa wirkt beruhigend.

Im Oberstock befinden sich Räume zum Schlafen und zu anderen Nutzungszwecken. Darunter liegen sage und schreibe acht Bankettsäle. Aber wozu braucht jemand acht Bankettsäle?

Die Villa, die man in den fünfziger Jahren entdeckt, oberflächlich untersucht und dann wieder zugeschüttet hatte, wurde Ende der neunziger Jahre von Professor De Simone eingehend erforscht. Er sorgte dafür, dass sie wieder freigelegt wurde.

De Simones Arbeit hat uns mit einer weiteren Einrichtung des römischen Lebens in all ihrer Schönheit bekannt gemacht, einem *hospitium* für *negotiatores*, sozusagen ein Fluss»motel« für Geschäftsleute, die in Pompeji zu Gast waren.

In den verschiedenen Bankettsälen hielt man »Arbeitsessen« ab oder ließ sich nach einem anstrengenden Tag unterhalten. Pomponianus jedenfalls scheint sich hier gut auszukennen. Die Sklaven grüßen ihn ehrerbietig. Wann immer er in einen der Bankettsäle blickt, hellen sich die Mienen der Anwesenden unwillkürlich auf. Er ist an diesem Ort, den wir heute unter dem Namen »Murecine« kennen, ein gern gesehener Gast. Dort hat er schon alle möglichen Geschäfte gemacht, ob mit Grundbesitzern, Kaufleuten oder Aristokraten aus Rom. Und tatsächlich scheint die Villa der Bedeutung dieser Transaktionen angemessen, denn sie umfasst über neunhundertfünfzig Quadratmeter und ist sehr luxuriös ausgestattet (siehe Bildteil I, Seite 10).

Jeder Bankettsaal ist mit Fresken geschmückt, die zu den schönsten in der Region gehören. Die Wände des Raumes, den Pomponianus gerade betritt, leuchten in warmem Rot. Apollo mit der Kithara begrüßt uns, begleitet von den Musen. Die Gestalten schweben förmlich über den munter Tafelnden.

Die Speisegäste haben sich auf Liegesofas gebettet, die hufeisenförmig aneinandergestellt wurden. Mitten im Raum plätschert ein Brünnlein. Das Wasser fließt von der Brunnenschale aus in eine Rinne am Boden, die an jedem einzelnen Bett vorbeiführt. So können die Gäste sich die Hände waschen, ohne sich erheben zu müssen. In der Mitte des Raumes steht ein Marmorzylinder, aus dem sich ein feiner Wasserstrahl erhebt.

Obwohl die gesamte Villa im Moment umgebaut wird, hat Pomponianus die beiden Brüder, denen sie gehört, dazu gebracht, ihm einen kurzen Aufenthalt in dieser Oase der Ruhe zu gewähren. Gaius Sulpicius Faustus und Gaius Sulpicius Onirus wollen die Villa erweitern, daher steht zurzeit alles voller Ziegel und Marmorplatten, die die Archäologen später finden werden.

In einem der Bankettsäle findet man sogar ein Boot mit einem eisernen Anker, das vermutlich während der Eruption an Land gezogen wurde, damit es nicht im Sarno untergeht. Denn auch dieser Ort wurde vom Bimssteinregen heimgesucht. Außerdem führte der Sarno vermutlich allerhand Schlacken mit sich. Auch dies ein Anzeichen, dass alle nur auf das Ende des vulkanischen Steinhagels warteten, um sich in Sicherheit zu bringen. Doch ebendieses Warten verurteilte sie zum Tode.

Das Gespräch, das nun folgt, ist ein wenig heikel. Daher schnippt Pomponianus, dem die Sklaven die Sandalen ausgezogen sowie Hände und Füße gewaschen haben, mit den Fingern. Die Diener verlassen den Raum und schließen die Schiebetüren. Die Diskussion kann beginnen.

Auf dem Menü, das in einer Großküche in den hinteren Räumen zubereitet wird, stehen unter anderem Schneckeneier. Diese werden auf Tellern in kleinen Schälchen serviert. Dazu gibt es Fischpudding, der die Form eines Hasen hat, Rebhühner, Hummer, Muränen, Zicklein nach Parther Art und am Ende Granatäpfel, getrocknete Feigen in hauchdünnen Glasschalen und sogar eine Art Cassata. Der Name dieser berühmten sizilianischen Spezialität kommt vom lateinischen *caseus* für »Käse«, eben weil sie aus gezuckertem Ricotta besteht, einem Frischkäse aus Schafsmilch.

Nur einer der Anwesenden bemerkt das seltsame Klingeln zweier Glaskrüge, die nebeneinander auf einem runden Tischchen stehen. Sein Blick richtet sich auf die konzentrischen Kreise, die immer wieder in den Weinkelchen sichtbar werden. Dann aber wendet er sich erneut den lebhaft debattierenden Gästen zu und bricht in lautes Gelächter aus.

Spielhallen, Sex und Bordelle

Pompeji
23. Oktober 79 n. Chr., 18.00 Uhr
Noch 19 Stunden bis zum Ausbruch

SUM TUA AERE
Für eine kleine Münze bin ich die Deine.

Flavius Chrestus, ein weiterer Gast bei Rectinas Bankett, ist nun schon eine gute Stunde unterwegs. Er ist ein Freigelassener griechischer Herkunft und hat sich mit dem Seehandel einen Namen gemacht. Im Moment lebt er in einer luxuriösen Villa von fast zwanzigtausend Quadratmetern Wohnfläche in der Nähe von Stabiae, etwa sieben Kilometer südlich von Pompeji. Doch am Ende dieses anstrengenden Tages hat er sich für ein paar Stunden frei gemacht und will sich amüsieren, denn Pompeji bietet des Nachts allerlei Vergnügungen. Wer von Stabiae aus nach Pompeji will, muss den Sarno überqueren. Glücklicherweise gibt es da zwei Brücken. Eine ist aus Mauerwerk und liegt weiter flussaufwärts. Die Holzbrücke hingegen liegt näher am Hafen. Flavius Chrestus hat sie überquert, ohne zu ahnen, dass diese Brücke in wenigen Stunden über Leben und Tod Tausender Menschen entscheiden wird. Er hatte noch etwas am Hafen zu erledigen. Jetzt aber ist er frei und will den Abend genießen.

Er beschleunigt seine Schritte, schließlich will er noch vor Sonnenuntergang ankommen. Dann nämlich ist in Pompeji alles dunkel. Tatsächlich wird die Nacht bald hereinbrechen. Und so hält er auf die Porta Marina zu, das Stadttor, das am Hafen liegt. Sein Schatten läuft vor ihm her, als wollte er vor ihm ankommen. Natürlich, wenn die Sonne tief steht, werden die Schatten länger. Und Flavius hat dieses Schauspiel immer schon gemocht. Tatsächlich scheint er zum Riesen zu werden. Sein Schatten ist bereits an den Arkaden angekommen, eigentlich durchmisst er längst das Stadttor. Bevor er in dessen Schatten eintaucht, dreht der Mann sich aber noch einmal um und richtet den Blick aufs Meer. Die Sonne liegt wie ein orangefarbener Ball auf dem Horizont, bereit, in die Unterwelt einzutauchen.

In exakt demselben Moment legt sich der Blick einer anderen Protagonistin unserer Erzählung ebenfalls auf die leuchtende Sonnenkugel, die Pompeji den Abschiedskuss gibt. Rectina stützt sich auf die Balustrade ihrer Terrasse. Ein leichter Windstoß zerzaust ihr Haar. Ihr Gesicht wird von dem Gestirn erleuchtet, das das Schicksal der Betroffenen zu kennen scheint und ihnen noch ein letztes Lächeln schenkt.

Dann taucht es hinab ins Meer. Der letzte Lichtschein erlischt. Ein Schauder huscht dem Betrachter über den Rücken. Nun wenden sich beide ab: Rectina tritt in die laue Wärme der freskengeschmückten Wände ihrer Villa, der Mann betritt durch das meernahe Stadttor Pompeji …

Flavius strömt eine Menschenmenge entgegen, die vom Forum kommt. Zum Großteil Theaterbesucher, das Spektakel ist nämlich gerade zu Ende gegangen, ein wenig später als geplant, denn der Auftritt des Stars hat lange Beifallsbekundungen ausgelöst – Novella Primigenia! Die *mima* (Schauspielerin) aus Nuceria arbeitet mit einer Truppe von Schauspielern zusammen, die in allen Theatern der Vesuviusregion auftritt. Und, wie alle großen *mimae*, auch im Haus mächtiger Männer: Selbstverständlich ist sie bei den Herren sehr beliebt. An der Porta Nocera hat einer ihrer Verehrer gar eine Inschrift hinterlassen, die wie ein Schmachtfetzen klingt: »Eine einzige Stunde nur möchte ich dein …« Genauer gesagt schreibt er, dass er nur eine Stunde lang der kostbare Edelstein im Ring der Schauspielerin sein möchte, den diese mit ihren Lippen befeuchtet, bevor sie ihn als Siegel verwendet: *Primigeniae nucer(inae) sal(utem). Vellem essem gemma ora non amplius una, ut tibi signanti oscula pressa darem.* Ein Graffito voller Leidenschaft für eine Frau, die das möglicherweise nicht verdient. Aber da ist sie ja endlich.

Novella Primigenia ruht in einer Sänfte neben einem dicken, kahlköpfigen Mann. In jeder Kurve, bei jedem Stolperstein brechen die beiden in Gelächter aus. Er ist ein wichtiger Mann aus Rom, der zu Besuch in Pompeji ist. Noch kein Senator, aber Novella ist da jetzt schon recht nah dran. Lucius Crassius Tertius hat sie schon vergessen, und auch alle, die vor ihm kamen. Nun hängt sie sich an den uns unbekannten Mann an ihrer Seite, der sicher viel Macht und Einfluss besitzt.

Doch wir sollten nicht voreilig den Stab über Novella brechen. Als Schauspielerin ist sie ein winziges Rädchen in der Pompejaner Gesellschaft, ja, man stellt sie auf eine Stufe mit Dirnen. Menschen wie sie, ob nun Sklaven oder Exsklaven, haben nur eine Möglichkeit, sich aus dieser schrecklichen Situation zu befreien: Sie müssen während der Aufführungen irgendeinen reichen Mann betören, der sie ihrem vorgezeichneten Lebensweg der Armut und Mühsal entreißt.

Jetzt bedeckt sie den Mann an ihrer Seite mit sinnlichen Küssen, die allerdings weniger von Leidenschaft zeugen als von Verzweiflung.

Die Sänfte wird von einer kleinen Schar ihrer Anhänger verfolgt und von ein paar Freigelassenen, die zum Schutz ihres Herrn hier sind. Sie biegt um die Ecke, und schon ist sie unserem Blick entschwunden. Wer weiß, wohin?

Wird Novella Primigenia davonkommen? Unser Instinkt sagt uns: ja. Sie ist einfach der Typ, der immer wieder auf die Füße fällt.

Flavius Chrestus hat sie erkannt, aber sie hat getan, als sähe sie ihn nicht. Der Mann lächelt und geht kopfschüttelnd weiter.

Mittlerweile leeren sich die Straßen von Pompeji. Aus den Häusern klingt noch da und dort ein wenig Lärm, doch die Passanten sind nur mehr Schatten, die über die Wände streichen. Flavius steuert auf eine der Laternen am Ende der Straße zu. Dort findet er eine *taberna lusoria*, eine Spielhalle.

Dazu muss er die ganze Via Stabiana hinauf, die an einem bestimmten Punkt den Namen ändert und zur Via Vesuvio wird, weil sie zum gleichnamigen Tor führt. Mittlerweile finden wir uns ja schon ganz gut zurecht. Tatsächlich, die *taberna lusoria* liegt in der Nähe des

Castellum aquae, des Wasserwerks, das wir heute Morgen mit Titus Suedius Clemens und dem »Quintilian« Pompejis aufgesucht haben.

Wir gehen dieselbe Straße entlang, die wir heute mit unseren Leitungsinspektoren in gegenläufiger Richtung durchmessen haben. Genau, dort ist das Haus des Bankiers Lucius Caecilius Iucundus. Wie klein die Welt doch ist! Wir kommen also wieder an seiner *domus* vorüber. Zu dieser Stunde ist der Bankier sicher noch wach und prüft einige Verträge oder Abrechnungen. Seine Frau hingegen nächtigt in der *villa rustica* der Familie. Die beiden wissen nicht, dass sie sich nie mehr wiedersehen werden.

Flavius Chrestus ist in seiner Spielhalle angekommen, ein richtiges kleines Casino, übrigens. Leider wissen wir nicht, wem diese *taberna*, die im Jahr 1943 von englischen Bombern zerstört werden wird, gehörte. Doch ihre Funktion konnte zweifelsfrei geklärt werden, weil vor dem Lokal einige Wahlslogans von Würfelspielern *(alearii)* sprechen. Aber auch das Ladenschild ist deutlich: ein kleines Tuffsteinquadrat, auf dem ein Würfelbecher prangt – neben vier Phalli, die Glück bringen sollen.

Flavius wirft einen Blick auf das Schild und lächelt wieder. Drinnen riecht es nach Wein und Schweiß. Kein Rauch übrigens. Der Tabak kommt erst mit Christoph Columbus nach Europa. Und keine Frauen, zumindest auf den ersten Blick. Es sitzen nur Männer an den Tischen und schreien, während sie die Würfel rollen lassen. Im Hauptraum einige Fresken, zwei davon stellen Bacchus und Merkur dar, die Schutzgottheiten des Weines und der guten Geschäfte, aber auch der Diebe und Würfelspieler.

Im Oberstock lebt der Hausherr, im unteren Stock finden sich im rückwärtigen Teil ein paar Zimmer mit Hinterausgang. Möglicherweise, um den Spielern schnell unbemerktes Verschwinden zu ermöglichen, falls ein allzu eifriger Ädil auftaucht. Das Würfelspiel ist nämlich verboten. Aber wie überall, so drückt man auch hier meist ein Auge zu. Mittlerweile ist es ohnehin in alle Gesellschaftsschichten vorgedrungen: Selbst Augustus würfelte leidenschaftlich gern.

Flavius setzt sich an einen Tisch: Man spielt gewöhnlich mit zwei Würfeln. Der höchste Punktwert nennt sich »Venus« (die Doppelsechs), der niedrigste (Doppeleins) »Hund«. Leider sind die Würfel sehr oft manipuliert. Man bohrt ein Loch und befestigt darunter mit Kleber ein Bleigewicht. Dann verschließt man den Würfel wieder wie vorher – und siehe da, schon fällt er beim Spiel häufig auf die beschwerte Seite. In den ohnehin recht dunklen Kneipen erkennt man die Manipulation am Würfel meistens nicht.

Während die Männer weiterwürfeln, sieht Flavius sich um. Und entdeckt tatsächlich eine Frau im Gewühl. Denn gleich neben dem Eingang ist das »Sexzimmer«, die *cella meretricia*, in der eine einschlägige Dame ihre Dienste anbietet. Zur Anregung der Fantasie dient ein quadratisches Fresko, das eine auf einem Bett liegende Frau zeigt. Doch da ist noch eine zweite Frau, die von Spielern gehasst, aber auch geliebt wird ...

Sie heißt Faustilla und ist Wucherin *(foeneratrix):* Sie verleiht Geld, aber nur zu unglaublich hohen Zinsen. Auch darüber haben uns die Graffiti an den Wänden Auskunft gegeben. Auf einer Wand des Etablissements hat Faustilla nämlich Buch geführt: *Nonis Februariis (Vettia accepit) a Faustilla (denarios) xv: usura asses viii.* Oder: »Am 5. Februar hat Vettia von Faustilla fünfzehn Denare erhalten mit einem Zins von acht Assen monatlich.« Das entspricht einem Jahreszins von vierzig Prozent!

Interessant, dass sie einer anderen Frau, die in dieser Taberna verkehrte, Geld geliehen hat: Vielleicht arbeitete Vettia ja als Prostituierte dort. Was im Übrigen auch auf Faustilla zutreffen kann. Denn ihr Name taucht auch in einer anderen Inschrift auf, die sich in der Taberna eines gewissen A. Granius Romanus findet: *Idibus Iul(i)s inaures postas ad Faustilla(m) pro (denariis) (duobus) usura(m) deduxit aeris a(ssem) ex sum(ma).* »Am 15. Juli habe ich Faustilla Ohrringe für zwei Denare als Pfand gegeben. Davon hat sie ein Bronze-Ass als Zinsen abgezogen, was ein Dreißigstel dieser Summe ausmacht.« Geschrieben hat dies wohl ebenjener A. Granius Romanus (oder seine Frau), der einige Wertsachen verpfänden musste, um über eine schwierige Zeit zu kommen.

Ein Aufschrei, die Hocker fliegen, als plötzlich in der Kneipe Streit ausbricht. Man hat einen Betrüger entdeckt, und nun fliegen die Fäuste. Flavius verlässt eilig das Lokal und taucht in die dunklen Straßen Pompejis ein, die ihn mit Stille empfangen.

Sex in Pompeji

Ein paar Meter weiter fällt unserem Mann ein weiteres Ladenschild ins Auge. Ja, Sie ahnen es: Wir stehen erneut vor dem bekanntesten Bordell Pompejis, einem sogenannten Lupanar, von denen es in der Stadt um die dreißig gibt. Diese bestehen meistens aus einem einzigen Raum, der *cella meretricia*, wie wir sie eben auch in der Spielhalle gesehen haben. Wer dort eintritt, zieht hinter sich den Vorhang zu, und schon geht's zur Sache. Manchmal befinden sich diese »Sexzimmer« auch im Oberstock von Restaurants oder Kneipen.

Mitunter haben die Prostituierten keinen eigenen Raum. Dann gabeln sie die Leute auf der Straße auf und suchen sich irgendwo einen Unterschlupf. Im Grunde erinnert uns das an die »Professionellen« in unseren Städten, die auf dem Straßenstrich arbeiten. Viele erwarten ihre Kunden auch hinter den Stadttoren und verrichten ihre Dienste dann auf dem Friedhof, der ebenfalls außerhalb liegt, zum Beispiel hinter der Porta Nocera.

Dort treffen sich allerdings auch »nichtgewerbliche Paare«. So findet sich unter dem Bogen eines Mausoleums noch heute eine Inschrift, mit der wahrscheinlich ein Rivale einen gehörnten Ehemann verspottet: *(H)ygino salutem. Edone Piladi fellat.* Oder: »Lieber Hyginus. Deine Hedoné hat dem Pilades einen geblasen.«

Aber kehren wir doch zu Flavius zurück, der vor dem berühmtesten Lupanar Pompejis steht. Es befindet sich an der Ecke zwischen zwei Straßen und hat zwei Eingänge. Für Bordelle ist das so üblich, so lässt sich der Strom der Freier besser kanalisieren. Außerdem laufen sie sich so nicht dauernd über den Weg. Drinnen sehen wir einen Korridor, von dem fünf Zimmer abgehen (siehe Bildteil I, Seite 6). Die Betten sind gemauert und haben einen leicht erhöhten Rand, der die Strohmatratze hielt. Um wenigstens den Eindruck von Intimität zu vermitteln, zog man den Vorhang vor. Das war aber auch schon alles. Jeder hört zu, mitunter sieht man sogar, was passiert. Gegen Bezahlung durfte man Paaren beim Sex zusehen. An den Wänden finden sich diverse Graffiti, aber auch die Spuren von Schuhen hinter den Betten. Offensichtlich legten die Kunden ihr Schuhwerk nicht ab. Die Inschriften sind häufig Prahlereien wie: *Hic ego puellas multas futui:* »Hier habe ich viele Mädchen gefickt.« Außerdem konnte man wohl auch junge Männer für homosexuelle Dienstleistungen bestellen. (Tatsächlich beklagt einer der dort Tätigen den Tod seines Freundes, der »Prostituierter« gewesen sei wie er selbst.)

Und wer arbeitet nun in diesen Bordellen? Sklaven, denen man mit Vorliebe exotische Namen gibt, meist griechische. Mädchen, die bis zur totalen Erschöpfung »gebraucht« werden. Am Eingang zu den Zimmern zeigen kleine Fresken verschiedene Sexstellungen (siehe Bildteil I, Seite 8–9). In den Stadtführern werden sie meist als »Katalog sexueller Dienstleistungen« beschrieben, aber das wäre unsinnig, denn dann müssten ja irgendwo auch die Preise genannt sein. Wer sich an diese Orte begibt, weiß doch, was er erwarten darf …

Die erotischen Darstellungen sollen vielmehr für die richtige Atmosphäre sorgen: Sie zeigen die *figurae Veneris*, die in den kamasutraähnlichen Handbüchern jener Zeit kursieren. Die wurden übrigens häufig von ehemaligen Kurtisanen verfasst, die versprachen, die Geheimnisse ihres Erfolges zu enthüllen. Nebenbei bemerkt finden sich diese Darstellungen auch in den Villen der reichen Bürger, wo es ebenfalls eigene Kämmerchen für sexuelle Begegnungen gab.

Eine interessante Frage ist die nach den Verhütungsmitteln, die von den Männern angewandt wurden. Gab es vielleicht schon Präservative? Nein. In der römischen Welt war das Kondom unbekannt. Für einen Römer käme es einem Angriff auf seine Männlichkeit gleich, von ihm zu verlangen, seine Fähigkeit, Kinder zu zeugen, durch irgendwelche Hilfsmittel zu unterdrücken. Was machen die Mädchen in solchen Etablissements also, um nicht schwanger zu werden? Denn die damals sehr beliebten oralen oder anderen Kontakte sind nur ein Teil der Lösung. Tatsächlich kannten die Frauen jener Zeit etwas wie »die Pille«, genauer gesagt »die Pille ›danach‹«. Doch die Sklavinnen in den Bordellen hatten sicher nicht genügend Geld, um sich so etwas leisten zu können. Und so verwendeten sie, wie wir aus antiken Schriften wissen, meist Stoffbauschen, die sie mit irgendwelchen Flüssigkeiten wie zum Beispiel Zitronensaft tränkten. Ein Graffito aus Pompeji ist diesbezüglich allerdings recht aufschlussreich, denn es spricht von einer Frau, die als Callgirl offensichtlich recht angesehen war, »innen aber war sie ganz schlammig« – was ja schon im Kapitel über die Graffiti (»Alles, was ich dir nie gesagt habe ...«) angesprochen wurde. Diese Inschrift wird gern als Beleg für mangelnde Hygiene in diesem Gewerbe zitiert. Meiner Ansicht nach zeigt dies nur, dass die Dame eine Creme benutzte, die die Spermien abtöten sollte. Andere antike Schriften liefern hierfür diverse Rezepte, zum Beispiel: ranziges Olivenöl, Zedernharz oder Myrtenöl. Ich glaube, dass wir hier einen handfesten Beleg dafür haben, dass Frauen zu jener Zeit durchaus Verhütungsmittel anwandten.

An dieser Stelle ließen sich noch viele andere erotische Praktiken in römischer Zeit beschreiben, bei denen Spiegel, Dildos, erotische Bücher und sogar Vorläufer des Pornofilms zum Einsatz kamen: Ein Sklave zeigte durch ein winziges Fenster in einem der Sexzimmer ständig neue Bilder aus erotischen Büchern, die die Liebenden nachahmen mussten. Dafür finden sich zum Beispiel Belege im Haus der Hundertjahrfeier.

Doch die Atmosphäre in den Lupanaren war nicht wirklich anregend. Die Mädchen waren Sklavinnen, die ihre Dienste zwangsweise anboten, und die Kunden keineswegs reiche Römer, die nach den

Thermen auf einen Abstecher ins Lupanar gingen. Hierher kamen Sklaven, und wenn es hochkommt, da und dort ein arm gebliebener Freigelassener. Einfache Leute also, die zu den Ärmsten der Gesellschaft gehörten. Reiche und wohlhabende Bürger kamen nicht hierher. Sie ließen sich die Prostituierten ins Haus kommen und hatten mit Damen zu tun, die einer anderen Schicht angehörten als die armen Frauen im Lupanar.

Die Vertreter höherer Klassen hatten nicht nur mit ihren Ehefrauen Sex, sondern auch mit ihren Konkubinen und den Haussklavinnen. Von den homosexuellen Begegnungen, die im Römischen Reich weit verbreitet waren, mal ganz abgesehen.

Doch auch dabei gab es Regeln zu beachten. Der römische Mann durfte tatsächlich nur Sex mit jemandem haben, der ihm unterlegen war. Wie gesagt musste er der aktive Teil sein, außer beim Oralsex, wo er passiv zu sein hatte. Das waren die Regeln, die im Sexleben der Römer eingehalten werden mussten. Was tatsächlich unter den Laken geschah, war eine andere Sache ...

Trotz der lockenden Rufe der Mädchen am Eingang des Lupanars, die sich von dem bekannten und wohlhabenden Freigelassenen substanzielle Trinkgelder erhofften, entscheidet Flavius sich weiterzugehen.

Die letzte Nacht ist angebrochen. Pompeji wird keine weitere mehr erleben. Die Sterne über der Stadt scheinen zum letzten Mal auf seine Straßen, Gärten, Dächer und Fresken.

Am Nachthimmel vom 23. Oktober 79 n. Chr. zeigt sich das Sternbild des Skorpions mit dem Roten Riesen Antares. Der eine oder andere mag seinen Blick dort hinaufrichten und sich an dem hellen Licht freuen, nicht ahnend, dass er ihn über Pompeji nie wieder sehen wird. Das Schicksal verschlingt die Stadt wie ein schwarzes Meer und beendet ihre Geschichte. Tausende Pompejaner schlafen jetzt ruhig, manche haben Pläne für den nächsten Tag gemacht, für eine Zukunft, die nie kommen wird.

Jemand hat eine Venusstatue zur Restaurierung von ihrem Sockel genommen und an die Balustrade einer Terrasse gelehnt, um sie dann dort zu vergessen. Der Mond verlängert ihren Schatten, der den Basalt zu umarmen scheint. Doch da geschieht es: Der Schatten fängt an zu zittern. Nach einigen Sekunden taucht er ganz ab. Die Statue fällt auf die Straße hinab und zerschellt dort in tausend Stücke. Der dumpfe Klang des zersplitternden Marmors auf den stillen Straßen ist Vorbote eines düsteren Schicksals.

Der Anfang vom Ende

24. Oktober 79 n. Chr., 6.57 bis 12.59 Uhr
6 Stunden und 3 Minuten bis 1 Minute vor dem Ausbruch

VENIT SUMMA
Der letzte Tag bricht an.

Die Sonne geht zum letzten Mal über den Bergen im Osten Pompejis auf. Ihr erster Strahl setzt sich wie jeden Tag auf die nackten Felsen des Monte Somma, die Überreste weit zurückliegender Eruptionen. Als wollte sie noch ein letztes Mal auf die tödliche Gefahr verweisen, die den Pompejanern droht – wie ein Stummer, der versucht, auf das kommende Unheil hinzudeuten. Doch die Mahnung und der Rat, sich so schnell wie möglich in Sicherheit zu bringen, verhallen ungehört. Niemand versteht sie, niemand ahnt auch nur etwas. Das Leben nimmt wie immer seinen gewohnten Gang. Pompeji erwacht mit dem üblichen Getriebe, mit all seinen Hoffnungen und Träumen, die in Kürze für immer verlöschen werden.

Von den Stunden vor dem Ausbruch liefern uns die Ausgrabungen ein recht gutes Bild. Der Bäcker Modestus ist in seiner Backstube in der Via degli Augustali in der Nähe des Lupanars schon am Werk. Jeder kennt das Schild mit dem glückverheißenden Phallus vor seinem Laden. In diesem Augenblick dreht Modestus die runden Brötchen, die er dann mit einer langen Holzschaufel in den Ofen schieben wird. Er wird die Backofentür ordnungsgemäß verschließen, nicht ahnend, dass sie erst zweitausend Jahre später von den Archäologen wieder geöffnet wird. Drinnen liegen die einundachtzig runden Laibe, die sich, wenn auch verkohlt, erhalten haben. Modestus konnte sie nicht mehr herausholen. Was zeigt, wie unerwartet die Katastrophe kam.

Und noch ein interessantes Faktum verrät uns die Bäckerei. Wenn sich die Eruption erst um 13.00 Uhr ereignete – wie wir aus antiken Zeugnissen wissen –, dann fragt man sich doch, wieso um diese Zeit noch Brot gebacken wurde. Doch die Anzahl der gefundenen Laibe lässt vermuten, dass diese nicht für den Einzelverkauf gedacht waren, sondern für die großen Lieferungen an die *popinae, cauponae*, Privathäuser und fliegenden Händler. Brot also, das für das Mittagessen gebraucht wurde.

Brot zu liefern nimmt Zeit in Anspruch, daher ist es nur logisch, die Laibe am Vormittag zu backen. Es muss also etwas passiert sein, während sie im Ofen waren. Etwas so Dramatisches, dass Modestus und seine Sklaven die Brote buchstäblich vergaßen. Nur was?

Viele Vulkanologen sind der Ansicht, dass die ersten Explosionen schon am Vormittag geschahen und innerhalb weniger Stunden den Weg für die große Eruption frei machten. Die Brote des Modestus bestätigen in gewisser Hinsicht diese These. Aber man könnte natürlich auch annehmen, dass das Brot für ein abendliches Bankett gedacht war und darum erst später in den Ofen geschoben wurde.

Ernesto De Carolis meint, dass das Bild von der Eruption, das uns Plinius der Jüngere lieferte – eine gewaltige Säule aus vulkanischem Material, die hoch in den Himmel aufstieg (siehe Bildteil II, Seite 3) –, sich vor allem jenen bot, die dem Ausbruch aus einer gewissen Entfernung zusahen. Plinius war schließlich in Misenum geblieben, das etwa dreißig Kilometer vom Vesuvius entfernt lag. Er hätte also die Vorläufer des Ausbruchs gar nicht mitbekommen.

Was könnte da also passiert sein? Die gewaltige Eruption, die Tausende von Menschen tötete, war das Produkt aus dem im Vulkanschlot aufsteigenden Magma und dem Wasser im Erdreich. Wenn Sie Wasser in ein offenes Feuer schütten, explodiert es förmlich, weil das Wasser schlagartig verdampft. Nun stellen Sie sich vor, was passiert, wenn dieses Feuer Magma ist und das Wasser von den Hängen des Vesuvius kommt. Auch ohne direkten Kontakt erhitzt dieses Wasser sämtliche Quellen und Wasserläufe in dieser Region. Und der Wassergehalt der tiefliegenden Wasseradern dürfte hoch gewesen sein, sammeln sich doch sämtliche Niederschläge, die dort je niedergegangen sind, in dem hydrogeografischen Becken, das von den Rändern des einstigen Somma begrenzt wird. Das Wasser erhitzt sich also immer mehr, bis es schließlich zu Wasserdampf wird und sich ausdehnt. Dadurch verstärkt sich der Druck auf die Felsen, sodass sie abgesprengt werden.

So fing vermutlich alles an am 24. Oktober 79 n. Chr. im Ground Zero des Vesuvius.

Der Morgen ist angebrochen, trotzdem lässt nicht ein einziger Vogel seinen Gesang erschallen. Merkwürdig ist das schon: Gestern sind fast sämtliche Vögel aus der Gegend verschwunden. Das merkt vor allem einer der Jäger, die in den Morgenstunden auf die Pirsch gehen. »Wo können sie nur hin sein?«, fragt er sich. Auch Hirsche und Rehe, die gewöhnlich um diese Stunde grasen, sind verschwunden. Es scheint, als stünde das ganze Leben still. Er überprüft einige Fallen, die er am Vortag aufgestellt hat: Sie funktionieren. Doch die Tierwelt des Vesuvius hat sich auf unerklärliche Weise in Luft aufgelöst. Was ist hier nur los? Als wäre ein Fluch über den Wald gesprochen worden. Der Jäger vernimmt nur seine eigenen Schritte, während er immer weiter auf die Caldera des Vulkans zugeht. Der Schwefelgestank wird immer stärker. Bäume und Büsche scheinen über Nacht verdorrt. Selbst das Gras ist braun geworden. Der Jäger zieht sich ein Tuch über den Mund. Er kann kaum noch atmen. Die Luft brennt in den Augen und in der Kehle. Außerdem hört er ständig ein Geräusch, als würde jemand lautstark atmen. Was das nur ist? Die Bäume sehen gespenstisch aus. Sie sind völlig vertrocknet und tragen weder Laub noch Nadeln. Auf den Zweigen hat sich eine Art heller Kruste gebildet.

Die Luft ist dick und ätzend. Der Jäger umklammert seinen Bogen. Nur noch ein paar Schritte … Aus den Dampfschwaden tritt die kahle, graue Fläche hervor, die im Herzen der alten Caldera liegt. Der Jäger war hier schon oft, doch heute ist alles anders: Er sieht kaum etwas. Alles ist von Nebelschwaden verhüllt. Vor ihm brechen Dampfsäulen aus der Erde, die hoch in den Himmel steigen wie Geysire. Da kommt also der Schwefelgeruch her. Die Felsen sind ganz von der schwefelgelben Kruste bedeckt. Vor den Augen des Jägers vollzieht sich ein infernalisches, apokalyptisches Szenario. Die Erde unter seinen Füßen bebt immer stärker. Die Erschütterungen scheinen tief aus dem Erdinneren zu kommen. Die Schwingungen setzen sich in der Luft fort, als würde eine gewaltige Trommel geschlagen. Einer der Erdstöße lässt ihn fast das Gleichgewicht verlieren. Später erinnert er sich nur noch daran, dass er angefangen hat zu laufen. Sein Überlebensinstinkt hat ihm das Richtige eingegeben.

Am Vormittag richtet sich der Blick der Menschen in den *villae rusticae* der Gegend auf den Berg. Die Menschen legen die Arbeit nieder und horchen besorgt auf das dunkle Grollen, das zu ihnen herüberschallt. Die Erde hat begonnen zu beben.

Dann folgt eine Serie kleinerer Explosionen. Es hört sich an, als risse man ein Laken auseinander. Die Bewohner der Gutshöfe und Villen horchen auf. Es klingt, als bräche der Berg auseinander. So mancher läuft in panischer Angst davon. Auch in Herculaneum, das nur wenige Kilometer entfernt liegt, macht sich allmählich die Angst breit.

11.00 Uhr: noch 2 Stunden bis zum Ausbruch

In Pompeji sehen Tausende die merkwürdige graue Wolke, die über dem Vesuvius hängt. Sie ist ganz anders als die Wolken, die man sonst kennt. Als hätte die Erde sie hervorgebracht und nicht der Himmel. Sie wird immer größer, windet sich, dreht sich. Dann fällt sie seltsamerweise in sich zusammen und scheint fast den Berghang hinunterzufließen. Dabei hinterlässt sie eine dünne Ascheschicht, die die Vulkanologen Jahrtausende später zwischen Terzigno und Palma

Campania finden. Die erste Schicht in einer langen und tödlichen Serie, die letztlich alle umbringen wird. Dieser erste Aschestrom ist von niedriger Temperatur und enthält noch viel Wasserdampf. Daher bilden sich darin kleine runde Körner, die man »Pisoide« nennt.

Von Weitem sieht es aus wie eine Staubwalze, die den ganzen unteren Teil des Abhangs grau färbt, Gutshöfe, Villen und Felder gleichermaßen. In der Stadt werden die Menschen immer ängstlicher. In Herculaneum allerdings ist die Lage schlimmer.

In Pompeji scheint die Gefahr zwar greifbar, aber immer noch weit genug entfernt. Die Wolke vulkanischer Emissionen geht ja doch in einiger Entfernung nieder. Was die Pompejaner nicht wissen, ist, dass diese Deflagration, die durch das Aufeinandertreffen von Magma und Wasser hervorgerufen wurde, nur der Anfang ist. Denn diese kleinen Explosionen sind es, die den Pfropfen lockern, der auf dem Vulkanschlot sitzt.

12.00 Uhr

Inzwischen werden auch die Explosionen lauter und häufiger. In Pompeji hört es sich an, als ertönte aus der Ferne Kanonendonner. Mittlerweile ist in der Stadt jedermann in heller Aufregung. Die Pompejaner haben begriffen, dass die Lage zunehmend kritischer wird.

Viele Bürger sind zum Forum geeilt. Vielleicht ist ja dort etwas zu erfahren. Hier vernimmt man die ersten Geschichten von den Menschen, die zu Pferd aus dem Landesinneren geflohen sind. Sie verheißen nichts Gutes und verbreiten sich in Windeseile in der ganzen Stadt. So mancher stürzt eilig nach Hause, um die Familie nicht allein zu lassen. Andere kaufen noch Brot auf Vorrat. Viele Läden schließen früher als sonst. So mancher schwingt sich aufs Pferd und reitet zu einer der Villen in der Nähe des Vesuvius, um Angehörige zu retten.

Die Erdstöße sind mittlerweile so stark, dass das Glas in den Häusern der Reichen zerbricht. Was im Innern des Vulkans geschieht, ist schnell erklärt: Die ständigen Explosionen machen allmählich den Vulkanschlot frei und bewirken, dass die Felsen ausgespuckt werden, die ihn seit Jahrhunderten versperrt hatten. (Ein Vulkanologe würde sagen, dass die phreatomagmatische Phase des Ausbruchs begonnen hat.) Nun hat das Magma freie Bahn.

Die erste Phase der Eruption war laut, doch gefährlich war sie nur für diejenigen, die sich in unmittelbarer Nähe befanden. Jetzt aber ändern sich die Dinge, und zwar für alle Zeiten. Die Risse und Explosionen haben den Druck der Felsen auf das Magma verringert, das nun immer schneller aufsteigt. Dabei trifft es erneut auf Wasser, dieses verdampft, es kommt zur Explosion. Das Resultat ist eine tödliche Mischung aus Gasen, Wasserdampf, Asche und winzigen Magmakörnchen, die bald mit ungeheurer Energie explodieren wird.

Eine Sekunde bis zur Stunde null

Halten wir einen Augenblick die Zeit an, nur eine Sekunde lang. Vor unseren Augen liegt Pompeji noch unberührt da mit seinen Feldern und Häusern, seinem Hafen. Dasselbe gilt für Herculaneum, Oplontis, Stabiae, Boscoreale, Terzigno mit all ihren wunderbaren Fresken, Brunnen und Statuen.

Hier reden, lachen, scherzen und arbeiten Tausende von Menschen. Manche essen, andere steigen die Treppen hinunter oder unterschreiben Verträge. Irgendwo wird Liebe gemacht. Und in einer Sekunde wird dieses Leben brutal unterbrochen. In wenigen Stunden wird es zerstört werden, ausgelöscht, und jedes lebendige Geschöpf, das in diesen Straßen atmet, wird lebendig verbrannt oder erstickt sein.

Man hat ausgerechnet, dass die Menge an mechanischer und thermischer Energie, die beim Vesuviusausbruch frei wurde, etwa das Fünfzigfache der Atombombe beträgt, die Hiroshima getroffen hat. Mit dem Unterschied, dass die Energie der Atombombe in Sekundenbruchteilen freigesetzt wurde, die des Vesuvius über einen längeren Zeitraum.

In weniger als zwanzig Stunden wird der Vulkan mehr als zehn Milliarden Tonnen Magma in die Luft schleudern! Und er wird in Richtung Pompeji auf einer Strecke von circa dreizehn Kilometern jeden Quadratzentimeter Erde unter einer drei Meter dicken Schicht Bimsstein begraben.

Er wird Glutlawinen aus Asche, Stein und Gas produzieren, Surges und pyroklastische Ströme (ein komplexes Phänomen, das wir hier der besseren Anschaulichkeit halber als »Glutwolken« bezeichnen), die mit einer Geschwindigkeit von gut hundert Stundenkilometern und Temperaturen zwischen vier- und sechshundert Grad Celsius unterwegs sind. Er wird die Küstenlinie verändern, Herculaneum unter einer zwanzig Meter hohen vulkanischen Schlammschicht begraben und Pompeji unter einer sechs Meter hohen Schicht aus Bimsstein und Asche.

Tausende von Menschen werden versuchen zu fliehen, irgendwo Zuflucht suchen, die Götter anflehen, beten, doch sie werden trotzdem eines grausamen Todes sterben. Einige werden von den Archäologen ausgegraben werden, andere wischt der Zorn des Vulkans ein für alle Mal weg.

Die Gelehrten gehen davon aus, dass nur wenige Menschen sich retten können, im Grunde nur diejenigen, die schon bei den ersten Anzeichen geflohen sind. Wer dort blieb, den ereilte unweigerlich der Tod: Er wurde lebendig verbrannt, von den einstürzenden Häusern erschlagen oder in Sekundenbruchteilen von Gas- und Aschewolken erstickt.

All das wird unaufhaltsam geschehen. In einer Sekunde. Ein letzter Blick auf Pompeji, diese so dynamische römische Stadt. Und auf Herculaneum, die Perle am Golf. Ein letzter Atemzug…

Die Stunde null: Der Ausbruch beginnt

Pompeji, Herculaneum und Umgebung
24. Oktober 79 n. Chr., 13.00 Uhr
Der Countdown ist beendet

FELICES OMNES VA(LETE) FELICES
Adieu, ihr Glücklichen!

Wer überlebt hat, wird von der Stille berichten, in der sich all diese Ereignisse zutrugen. Und seine Augen werden leer werden dabei, als suchte er immer noch nach einem Grund für das Geschehene.

Plötzlich erhebt sich aus dem grauen Herzen des Vesuvius eine gewaltige dunkle Rauchsäule. Sie steigt mit der Geschwindigkeit einer Stichflamme zum Himmel. Niemand hat je etwas so Großes sich so schnell bewegen sehen. Eine unglaubliche Menge von Gasen, Wasserdampf und Magma steigt mit einer Geschwindigkeit von mehreren hundert Metern pro Sekunde auf.

Wie eine Lanze, die in den Himmel sticht. Unmittelbar unter der Speerspitze bildet sich eine Art weißer »Kragen« um die Säule, der augenblicklich wieder verschwindet. Was kann das sein?

Doch uns bleibt keine Zeit zum Nachhaken, denn gleich nach seinem Verschwinden formt sich am Himmel über der Säule ein seltsamer weißer Ring, eine kreisförmige Wolke, die aus dem Nichts zu kommen scheint. Sie breitet sich majestätisch über dem Vesuvius aus und ist bald größer als der Berg selbst. Die Pompejaner sehen fassungslos zu.

Die Rauchsäule steigt immer höher, wird heller und größer: Sie windet sich und wirft Blasen wie kochende Flüssigkeit, während sie immer weiter in den Himmel schießt. Nach einigen Sekunden ertönt ein dumpfer Knall.

Die Menschen auf dem Forum und in den Straßen fangen aufgeregt zu schreien an. Viele deuten zum Himmel. Dort sieht man riesige Felsbrocken, die seitlich aus der Rauchsäule herausfliegen und in einer weiten Flugbahn zu Boden fallen. Sie sind von gewaltiger Größe. Das sieht man auch aus mehreren Kilometern Entfernung. Einige müssen so groß sein wie ein ganzes Haus, andere haben vielleicht die Größe eines Karrens. Die schwersten fallen schon an den Hängen des Vesuvius nieder und schlagen donnernd auf. Die weniger großen haben eine noch tödlichere Wirkung, denn sie werden weit herausgeschleudert. Ihre Flugbahnen bilden einen todbringenden Hagel, der rund um den Vesuvius niedergeht. Manche werden bis ins Meer geschleudert und lassen dort gewaltige Wassersäulen aufsteigen. Wie ein Rudel wütender Hunde, die auf alles losgehen, was sich bewegt.

Über die ganze Länge des Berghangs entstehen durch den von der Säule verursachten Luftzug sowie die Erdstöße gewaltige Staubsäulen. Doch das Erschreckendste ist zweifellos die Stille, mit der sich alles vollzieht. Der Vulkan stößt keineswegs »ein tiefes Röhren« aus, wie es so gern heißt. Es gab nur diesen einen gewaltigen Knall ganz zu Anfang, dann ein paar kleinere und dazu die phreatischen Explosionen, sobald das Magma unterirdisch auf Wasser traf. Wie aber lassen sich die seltsamen Phänomene erklären, die wir bis jetzt beobachtet haben?

Viele Pompejaner sehen all diese Ereignisse als Wirken einer göttlichen Macht an, doch es gibt ganz »diesseitige« wissenschaftliche Erklärungen dafür. Im August 2014 hat ein Tourist zufällig den unvorhergesehenen Ausbruch des Vulkans Tavurvur auf Papua-Neuguinea gefilmt: Dessen Dynamik glich der des Vesuviusausbruchs. Obwohl die Tavurvur-Eruption nicht annähernd vergleichbare Ausmaße erreicht, zeigt der Film einige Details, die vermutlich auch 79 n. Chr. in Pompeji zu beobachten waren, vor allem, was die Entwicklung der sichtbaren beziehungsweise hörbaren Phänomene des Ausbruchs anbelangt.

Woher kommt der weiße »Kragen« rund um die Rauchsäule, die aus dem Vulkan austritt? Etwas Ähnliches geschieht beispielsweise, wenn Militärflugzeuge die Schallmauer durchbrechen. Die Säule aus Wasserdampf, Gas und kleinteiligem Magma, die vom Vesuvius mit einer anfänglichen Geschwindigkeit von dreihunderteinundvierzig Metern pro Sekunde in die Höhe steigt, hat vermutlich die Schallmauer durchbrochen und dieses Phänomen hervorgerufen.

Der weiße Ring, der sich wie eine kreisförmige Wolke bildet und sich schnell über den Himmel ausbreitet, ist von einer Schallwelle verursacht, die sich in konzentrischen Kreisen um den Vesuvius ausbreitet. Deren Auswirkungen sind am Berghang klar zu erkennen: Der Staub folgt einem Wellenmuster, das sich über die Hügel ergießt und in den Himmel aufwallt.

Sie müssen sich das so vorstellen, als würde ein Ball in einen Teich geworfen. Auch hier breiten die Wellen sich konzentrisch aus. Genauso verläuft die Schallwelle, wenn sie auf wasserdampfgesättigte Luft trifft.

Wenn die Rauchsäule im Aufsteigen die Schallmauer durchbrochen hat, dann war der Knall in Pompeji vierundzwanzig Sekunden später zu hören, in Herculaneum achtzehn Sekunden später. Das aber war der einzige laute Knall, der die Eruption begleitet hat.

Im Übrigen steigt die Eruptionssäule völlig geräuschlos auf, ganz anders also, als man das in Filmen gern darstellt. Gerade diese Stille und die gewaltige Höhe der Säule aber erschrecken die Pompejaner umso mehr. Der Knall jedoch war sicher extrem laut und hat alle aus den Häusern gelockt.

Die Schriften des Cassius Dio scheinen das zu bestätigen, auch wenn er sich auf Beschreibungen stützt, die heute verloren sind. Er schreibt:

> Dumpfes Grollen ließ sich dabei vernehmen, teils unter der Erde, und erinnerte an Donnerschläge (...) Sodann war plötzlich ein unheimliches Krachen zu vernehmen, als stürzten die Berge zusam-

> men; und zuerst wurden riesige Steine mit solcher Wucht emporgeschleudert, dass sie selbst die Bergeshöhen erreichten, hierauf folgte viel Feuer und Rauch in Massen.[4]

Was aber geschieht während dieser dramatischen Augenblicke auf den Straßen Pompejis?

Schreckensstarr

Pompeji
24. Oktober 79 n. Chr., 13.02 Uhr
2 Minuten nach dem Ausbruch

OPTIME MAXIME IUPITER DOM(IN)US OMNIPOTES
O Jupiter, du höchster, gewaltigster, allmächtiger Gott!

Alle Pompejaner stehen nach dem großen Knall wie zu Steinsäulen erstarrt – als wäre die Stadt von Statuen bevölkert. Stallianus, der Installateur, kniet, den Hammer in der Hand, in einer der Abflussröhren. Der Bäcker Modestus steht an seinem Ofen und starrt mit weit aufgerissenem Mund in den Himmel. Seine Sklaven tun es ihm nach. Modestus aber denkt nur noch an seine Frau und den gerade geborenen Sohn.

Gaius Iulius Polybius stürzt aus dem Triklinium. Nun steht er im Hof zwischen den duftenden Bäumen und beobachtet die aufsteigende Wolke. Er hat noch einen Silberlöffel in der Hand, den Mund voll würziger Soße. Hieran aber hat er zu schlucken. Seine Frau stützt sich ängstlich an einer Säule ab.

Der Bankier Lucius Caecilius Iucundus wirft einen Blick gen Himmel und kehrt dann in sein Büro zurück, um die wichtigsten Wachstafeln zusammenzuklauben und sich in Sicherheit zu bringen.

Die Vettii haben die Rauchsäule noch nicht einmal bemerkt. Sie prüfen ein paar Seidenmuster, weil sie ihr Triklinium umgestalten wollen.

In der Via dell'Abbondanza sind viele Menschen einfach stehen geblieben: Zosimus, der Terrakottahändler, steht neben Iulia Felix, die sich einen Seidenschal vors Gesicht zieht.

Ein wenig weiter steht Smyrina, eine der Asellinae, und drückt sich gegen die Wand ihrer Kneipe. Auch die Konkurrenz, Lucius Vetutius Placidus, beäugt misstrauisch das Monstrum, das sich in den Himmel schiebt, während seine Gattin sich furchtsam an seinen Arm klammert.

Die Freskenmaler aus dem Haus der keuschen Liebenden sind ebenfalls auf die Straße gelaufen. Sie haben alles stehen und liegen lassen: Die Archäologen werden später ihre Farbtöpfe und Werkzeuge finden. Wir können uns die Szene gut vorstellen. Sie sind auf die Straße gelaufen, weil sie sehen wollten, was los ist. Einer hatte gerade den Kalkputz aufgetragen und die Figuren angezeichnet. Er hat frischen Kalk darübergeworfen, um den Putz feucht zu halten, so überzeugt war er, dass er seine Arbeit gleich wieder fortsetzen würde. Ein weiteres Indiz dafür, dass niemand begriff, wie ernst die Lage war; denn auch der sorgfältige Arbeiter wird nicht mehr in die *domus* zurückkehren. Die Baustelle, die zweitausend Jahre später ausgegraben wird, liefert wertvolle Aufschlüsse über die Arbeitsweise von Freskenmalern in römischer Zeit.

Clodius, der Mantelhändler, hat seinen Laden gerade geschlossen. Auch er steht mit offenem Mund auf der Straße herum, starr vor Furcht. Er merkt nicht mal, dass Faustilla ihn überholt. Sie will noch ein Darlehen eintreiben, bevor alle aus der Stadt rennen.

Titus Suedius Clemens hat Pompeji schon weit hinter sich gelassen. Auf dem Weg nach Rom kommt er gerade durch Neapolis. Er lässt seine Kutsche anhalten und steigt aus, um das Schauspiel der aufsteigenden Eruptionssäule zu begutachten. Jetzt versteht er. Erdstöße und -beben, all die merkwürdigen Vorkommnisse, das Grundwasser, das sich so absenkt, dass die Brunnen trocken fallen: Für all das gab es einen Grund. Er gibt Befehl umzukehren. Er ist seit Jahren mit der Verwaltung der Stadt befasst, da will er sie jetzt, im Augenblick der Not, nicht im Stich lassen.

Der gleiche Gedanke geht Sabinus durch den Kopf, dem »Quintilian« Pompejis, der mit vielen anderen auf dem Forum steht. Im Bruchteil einer Sekunde wird ihm klar, dass die Welt, die er kannte, dass »sein Pompeji« den letzten Atemzug tat.

Und wie geht es anderenorts zu?

Wolken und Felsblöcke über Terzigno

In Terzigno stellt die Situation sich noch dramatischer dar. Die erste Eruptionswolke von heute Morgen hat sich über die Landschaft gesenkt und sie gleichsam ausradiert: Nicht nur, dass man das faszinierende Panorama von Pompeji nicht mehr erkennen kann, den silbernen Lauf des Sarno und die Halbinsel von Surrentum, auch die Felder scheinen verschwunden zu sein. Über allem hängt eine warme, dichte Dunstglocke, in der sich ein starker Schwefelgeruch hält.

Die Sklaven kommen atemlos und hustend von den Feldern zurück und bitten um etwas zu trinken. Ein paar Reiter haben sich nach Pompeji aufgemacht, um Hilfe zu holen. Zurückgekommen ist keiner. Man wartet und sieht nichts mehr, nicht einmal mehr in den Innenhöfen der Villen und Gutshöfe. Sklaven und Herren haben sich im Licht der Öllampen in ihre Räume zurückgezogen. Und dann ist da noch dieses dumpfe Grollen in der Erde, begleitet von Erdstößen, und das dumpfe Krachen von Explosionen. Anders als in Pompeji sind diese hier klar und deutlich vernehmbar.

Dann bricht das Chaos aus: ein immenser Knall, eine Schallwelle, die sich anfühlt, als würde man mit der Faust aufs Ohr geschlagen. Und das Pfeifen in den Ohren, das seitdem nicht mehr aufhört. Zuerst ist da nur Mehl von einem Teller gerutscht, doch schon Sekundenbruchteile später reißt die Schallwelle Türen auf und zertrümmert die wenigen Fensterscheiben, stürzt Tische und Hocker um und zerreißt die Sonnensegel zwischen den Säulengängen. Viele Leute werden einfach umgerissen. Als sie wieder aufstehen, breitet sich rundum das Chaos aus: auf dem Boden zerbrochene Teller und

Krüge, Scherben überall. Dort, wo die Öllampen hingefallen sind, flackern kleine Feuer auf. Alles schreit und rennt herum. Und rundum die bekannten Gesichter sind kaum noch wiederzuerkennen unter all dem Staub. Die Haartracht der Frauen löst sich auf.

Doch es bleibt keine Zeit, der Ursache auf den Grund zu gehen, denn die Erde hat angefangen, immer stärker zu beben. Die Fresken zeigen immer tiefere Risse, der Putz fällt von der Decke. Gleichzeitig hat sich ein starker Wind erhoben. Der Sog der Eruptionssäule reißt alles an sich wie ein Sturm, der alles in Richtung Vulkan saugt, in die Feuerhölle. (Ein ähnliches Phänomen tritt auf, wenn ein Atompilz in die Höhe steigt.) Und zwischen den Erdstößen dieses merkwürdige Geräusch wie der schwere Atem eines Mannes, der den Erstickungstod stirbt. Andere haben es mit dem Rauschen eines gewaltigen Wasserfalls verglichen.

Wer je in der Nähe eines Vulkanschlundes war, kennt seinen »Atem«, ein stetes rhythmisches Prusten. Hier aber haben wir es mit einer Gas-Magma-Säule zu tun, die während einer der schlimmsten Eruptionen der Geschichte unaufhaltsam in den Himmel jagt. Vermutlich hört sich der Atem des Vulkans hier eher an wie heute das dunkle Fauchen eines überdimensionalen Düsenflugzeugs.

Während man sich noch gegenseitig wieder auf die Beine hilft, sich umsieht, ob die Angehörigen auch unverletzt sind, die kleinen Brandherde löscht, die die umgestürzten Öllampen verursacht haben, da versetzt schon wieder etwas anderes die Menschen in Aufregung. Der Boden bebt, die Säule saugt die Luft der Umgebung an und verursacht dadurch heftige Stürme, die Luft brennt in den Lungen, da hallen mit einem Mal dumpfe Laute durch die Luft wie die Schritte eines Riesen.

Der Regen der Felsbrocken hat begonnen. Anfangs hat man nur ein beständiges Klicken auf den Dächern vernommen, eine Art leichten Hagel, dann aber sausen Steine vom Himmel herab und schlagen tiefe Krater in den Boden. Auch hier entwickelt sich eine Druckwelle, die die Fensterläden gegen die Wand wirft. Ein Inferno. Schreie,

Seufzer, Beschwörungen der Götter – und die Hoffnung, dass sie das eigene Haus nicht treffen mögen. Man hört, wie etwas auf dem Pflaster des Innenhofs aufschlägt und klickernd dahinrollt. Ein Blick aus der Tür zeigt, dass es sich um rauchende schwarze Steine handelt. Dann wieder ein dumpfer Knall – offensichtlich ist ein Felsblock im Garten eingeschlagen.

Boscoreale, Villa della Pisanella, Herculaneum: weiter entfernt, aber keineswegs in Sicherheit

Rund um Pompeji hat man gut hundertfünfzig Villen und Gutshöfe entdeckt. Jedes dieser Gebäude hat seine eigene Geschichte zu erzählen.

Aus der Villa Regina in Boscoreale zum Beispiel sind alle Bewohner geflohen. Nachdem ganz in der Nähe zwei riesige Felsblöcke niedergegangen waren, beschloss der Eigentümer, es sei wohl besser, sich an einen sichereren Ort zu begeben und dort zu warten, bis das Schlimmste vorüber wäre. Im Gutshof blieb nur ein Mann zurück, der über den Wein in den achtzehn versiegelten *dolia* wachte wie ein Kapitän, der sein Schiff nicht verlässt. Dass sich alle in Sicherheit brachten, er aber nicht, zeigt deutlich, dass jeder damit rechnete, bald zurückzukommen, dass es sich nur um ein vorübergehendes Problem handelte und man früher oder später das gewohnte Leben wiederaufnehmen würde.

In der Villa della Pisanella stellt sich die Lage anders dar. Die Gemahlin des Bankiers Lucius Caecilius Iucundus hat hier die Nacht verbracht. Und ihre Entscheidung wird sie das Leben kosten: Sie ist weit weg vom scheinbar sicheren Pompeji und viel näher am Brennpunkt der Katastrophe.

Die Szenerie erinnert in gewisser Hinsicht an die Häuser in Terzigno, auch wenn hier alles weniger dramatisch erscheint. Die erste Wolke, die den Horizont verdunkelt hat, ist nicht bis hierher gekommen. Hier kann man noch ohne Mühe atmen, und auch die Sicht ist ungehindert. Nur ist dadurch natürlich auch der Blick auf die Eruptionssäule besser, was die Angst noch verstärkt. Doch die Gattin des Bankiers lässt sich nicht erschüttern. Hier kommt niemand raus: Die Eruption wird schon wieder aufhören. Sie hält alle dazu an, weiter ihren täglichen Verrichtungen nachzugehen wie gewohnt. Natürlich ist es nicht leicht, einfach unter diesen Umständen weiterzuarbeiten, als wäre nichts geschehen, doch immerhin war man in der Lage, eine weitere Lieferung von Amphoren nach Oplontis fertig zu machen. Diesmal aber steigt nicht Lucius Brittius Eros neben dem unerschütterlichen Germanen auf den Kutschbock, sondern ein anderer Freigelassener des Landgutes, der die gute Gelegenheit, sich in Sicherheit zu bringen, beim Schopf ergriffen hat.

Wie sieht es in Herculaneum aus? Dort ist die Situation eine andere. Niemand würde hier arbeiten wollen. Es herrscht die blanke Panik. Nach der Eruption haben alle die Säule gen Himmel schießen sehen und den lauten Knall gehört. Herculaneum ist ja nur sechs Kilometer entfernt. Die Menschen sind gleich zu Beginn der Eruption schreiend auf die Straße gelaufen. Flucht scheint jetzt das einzig Sinnvolle zu sein.

Bald darauf sausen riesige Steine vom Himmel, die die Säule mit nach oben getragen hat. Sobald der Auftrieb in der Säule nachlässt, werden sie herausgeschleudert und regnen nun auf die ganze Region nieder. So mancher hat die Pferde geschirrt, um davonzugaloppieren, so weit die Tiere laufen. Ein Vater ist gerade dabei, seine Tochter in den Sattel zu heben, als ein gewaltiger Stein Mann, Kind und Tier erschlägt. Das dauert nur wenige Sekunden. Saturninus wird Zeuge der Szene, da er gerade den *cardo III* hinaufläuft. Da liegen sie nun, leblose Körper, gemeinsam mit mehreren Pferden. Der Stein hat die Beine des Vaters glatt durchtrennt.

Die Archäologen gruben sie aus, wie sie waren, eine Momentaufnahme, die beredtes Zeugnis davon ablegt, dass niemand Zeit hatte, die toten Körper fortzuschaffen.

Jetzt herrscht überall Panik. Die Felsbrocken schlagen Dächer ein und zertrümmern den Boden. Die Menschen schreien wild durcheinander und suchen eine Zuflucht, doch es findet sich keine. Währenddessen steigt die Säule immer weiter auf. Die Erdstöße sorgen dafür, dass in den Häusern alles zu Boden fällt, was nicht niet- und nagelfest ist. Auch die Theken in den Kneipen stürzen ein.

Auf See ist die Situation nicht besser. Die herabsausenden Felsblöcke lösen gewaltige Wellen aus, die selbst noch Kähne zusammenstoßen lassen, die in einiger Entfernung von der Küste vor Anker liegen.

Felix – der Fischer, den wir gestern kennengelernt haben – lenkt sein Boot in den Hafen, nachdem er sich tagelang über einen außerordentlich guten Fang hat freuen dürfen. Zwei Riesenbrocken sind in seiner Nähe niedergegangen, von einem sind sogar Splitter durch die Gegend geflogen. Vor sich aber erblickt er eine apokalyptische Szenerie, die ihm die Haare zu Berge stehen lässt. Die Säule erhebt sich über den Vesuvius, die Menschen in seiner Stadt fliehen in alle Richtungen. Nicht wenige davon retten sich an den Strand. Instinktiv sucht Felix mit den Augen seinen Sohn. Da steht er, mitten auf der Mole, während eine Gruppe von Menschen an ihm vorbeirennt. Felix lenkt das Boot an die Mole, nimmt seinen Sohn an Bord und steuert wieder aufs offene Meer hinaus. Der Vater rudert mit der Kraft der Verzweiflung. Er hält geradewegs nach Norden und bleibt an der Küste. Das ist die richtige Entscheidung: Felix und sein Sohn überleben.

Die Szenen, die sich ihnen unterwegs darbieten, sind überall die gleichen, ob nun in kleinen Häusern oder riesigen Prunkvillen: Überall rennen die Menschen um ihr Leben.

Denn der Vesuvius ist nah …

Das ruhige Misenum

Die Eruptionssäule des Vesuv ist nun für alle sichtbar. Doch die Menschen, die nicht in unmittelbarer Nähe des Vulkans leben, haben noch gar nicht mitbekommen, was sich dort abspielt. Zum Beispiel in Misenum, wo die Flotte stationiert ist und mit ihr, wie wir wissen, Plinius der Ältere.

Der Brief, den Plinius der Jüngere später an Tacitus schickt, ist der außergewöhnliche Bericht eines Augenzeugen, der uns aber auch zeigt, dass die Menschen in zwanzig bis dreißig Kilometer Entfernung diese schrecklichen Momente ganz gelassen nahmen. Auch hier wurde die Katastrophe vollkommen unterschätzt. Der Oberkommandierende der Flotte wurde von seiner Schwester benachrichtigt, die die Eruptionssäule mehr oder weniger zufällig bemerkte. Es wurde also kein offizieller Alarm gegeben. Doch hören wir, was Plinius der Jüngere uns zu berichten hat:

> Mein lieber Tacitus,
> Du wünschst, dass ich Dir das Ende meines Onkels beschreibe, damit Du es der Nachwelt wahrheitsgetreuer überliefern kannst. (...) Er war in Misenum und befehligte persönlich die Flotte. Am ... (neunten Tag vor den Kalenden des November), etwa um ein Uhr nachmittags, meldet ihm meine Mutter, es zeige sich eine Wolke von ungewöhnlicher Größe und Gestalt. Er hatte ein Sonnenbad genommen, darauf kalt gebadet, liegend etwas gegessen und war eben in seine Studien vertieft. Er verlangt seine Schuhe, ersteigt eine Anhöhe, von wo er diese Wundererscheinung am besten betrachten konnte. Die Wolke erhob sich – für die von Weitem Schauenden war es undeutlich, von welchem Berg; dass es der Vesuv war, wurde erst später bekannt –, der Form nach einem Baum, und zwar am ehesten einer Pinie ähnlich. Denn sie wuchs wie auf einem sehr hohen Stamm empor und breitete gewissermaßen Äste aus. (...)

> Dies schien ihm, als einem wissensdurstigen Manne, wichtig und wert, näher betrachtet zu werden. Er befiehlt, einen Schnellsegler seefertig zu machen. Mir stellt er frei, mit ihm zu kommen. Ich gab ihm zur Antwort, ich wolle lieber arbeiten; und zufällig hatte er selbst mir etwas zum Schreiben gegeben.[5]

In Misenum, Neapolis und anderen Orten betrachtet man diese Wolke erst einmal als »Wunderzeichen«, als Spektakel der Natur, das jedoch wegen seiner Größe durchaus einen gewissen Respekt hervorruft: Die Entschuldigung des Neffen, er könne sich dem Onkel leider nicht anschließen, weil er arbeiten müsse, wirkt da wenig glaubhaft und hört sich eher nach einem Vorwand an. Allein der Anblick der gewaltigen Wolke scheint ihm Angst eingejagt zu haben. Ob nun aber aus Furcht oder Arbeitseifer, seine Entscheidung wird Plinius dem Jüngeren das Leben retten.

Anfangs erkennen die Menschen am Golf nicht, woher die Wolke kommt. (Ein weiterer Beleg dafür, dass man den Vesuvius damals als einen Berg wie jeden anderen ansah, da er ja keinen imposanten Kegel hatte wie heute.)

Der römische Admiral und Naturforscher aber will das Phänomen aus der Nähe studieren. Er ordnet an, dass eine Liburne bereitgehalten wird, dieselbe vielleicht, die Rectina vor zwei Tagen nach Hause gebracht hat.

Doch bevor Plinius noch in See stechen kann, kommt eine Nachricht an, die von ebenjener Dame stammt. Vernehmen wir, was der Neffe dazu schreibt:

> Er verließ das Haus; da bekommt er eine Botschaft von Rectina (...), die durch die drohende Gefahr erschreckt war – denn ihr Landhaus lag am Fuße des Berges, und sie konnte nur zu Schiff fliehen; er möge sie aus der bösen Lage befreien, lautete die Bitte. Er ändert seinen Plan, und was er als Gelehrter begonnen, dem geht er nun als Held entgegen. Er lässt Vierruderer ausfahren,

steigt selbst an Bord, nicht allein, um Rectina, sondern vielen anderen – die Küste war nämlich ihrer Lieblichkeit wegen stark besucht – Hilfe zu bringen.[6]

Der Admiral machte also aus seiner Ortsbesichtigung eine Rettungsmission. Der Wissenschaftler Flavio Russo nennt dies die erste Katastrophenschutzmaßnahme der Geschichte, denn hier wird Militärgerät eingesetzt, um die Zivilbevölkerung zu retten. Die Vierruderer oder Quadriremen sind große Kriegsschiffe, die bis zu vierhundert Soldaten fassen können. Die Absicht des Admirals ist klar: Er will damit so viele Menschen wie möglich in Sicherheit bringen.

Es ist nicht überliefert, was Rectina ihm signalisiert hat, aber offensichtlich fielen ihre Worte sehr überzeugend aus. Außerdem muss Plinius der Ältere sie sehr geschätzt haben. Ihre Botschaft ist es, die ihn das ganze Ausmaß der Katastrophe verstehen lässt. Und der Admiral reagiert augenblicklich und höchst »modern«. Wir wissen nicht, was er dachte, als er Rectinas Depesche in Händen hielt, die ihm ein Soldat der »Nachrichtenabteilung« überreichte. Doch als guter Kommandeur schätzte er in kürzester Zeit die Situation richtig ein und reagierte entschlossen, wie die Generäle des römischen Heeres dies im Allgemeinen taten.

Glücklicherweise sind die Quadriremen wegen eines Routinemanövers schon einsatzbereit. Der römische Militärapparat reagiert schnell. Innerhalb weniger Minuten ist die Mannschaft an Bord und legt ab. Da es sich um einen Notfall handelt, legt der Admiral vor allem auf Eile Wert und beschränkt sich auf das Allernötigste. Er will ja so schnell wie möglich vor Ort sein, so viele Leute wie möglich aufnehmen und sie nach Misenum oder woandershin in Sicherheit bringen.

Und Rectina? Wir müssen unsere Fantasie bemühen, um uns auszumalen, unter welchen Umständen sie die Botschaft sandte. Wir drehen die Uhr also um ein paar Stunden zurück.

Der Morgen beginnt mit den üblichen Pflichten einer Dame, die ein großes Gut zu verwalten hat. Doch bald nimmt Rectina das Grollen wahr, die dumpfen Explosionsgeräusche, die vom Vesuvius kommen, und lässt alles stehen und liegen.

Mittlerweile ist klar, dass dies kein Tag wie alle anderen sein kann. Da sie fürchtet, Teile des Hauses könnten einstürzen, nimmt sie nur eine leichte Mahlzeit auf der Terrasse ein, wo sie einen wunderbaren Blick aufs Meer hat. Sie ist gerade dabei, einen Brief an eine Tante in Rom zu diktieren, als der große Knall ertönt. Die Säule schießt in den Himmel mit der Hitze von tausend Sonnen. Der Schall brauchte nach Pompeji etwa vier- bis sechsundzwanzig Sekunden, nach Herculaneum, das nur sechs Kilometer vom Vesuvius entfernt liegt, braucht er nur etwa achtzehn Sekunden.

Rectina schießt auf und blickt wie gebannt auf die Säule, die sich immer mehr verdreht, je weiter sie nach oben steigt. Rectina steht wie zur Salzsäule erstarrt, bis ihr Vertrauenssklave Eutychus angelaufen kommt. Die Erde bebt, die Villa ist in Gefahr. Ein trockenes Krachen lässt beide herumfahren. Ein Teil der Marmorbalustrade ist abgebrochen und in die Tiefe gestürzt.

Ein Zischen lenkt ihre Blicke nach oben. Sie sehen eine Reihe schwarzer Punkte am Himmel näher kommen wie einen Bienenschwarm. Einige der Punkte werden immer größer.

Noch ein Krachen, diesmal von der benachbarten Villa, deren Dach soeben eingestürzt ist. Dann ein dumpfer Knall in etwa hundert Meter Entfernung. Und noch einer – und noch einer.

Im Freien ist es mittlerweile viel zu gefährlich. Der Sklave schreit Rectina zu, sie solle sich in Sicherheit bringen. Als seine Herrin immer noch unbewegt stehen bleibt, hebt er sie hoch und läuft mit ihr die Treppen hinunter zur nächsten Terrasse. Weiter unten gibt es ein paar Nischen, die in den Steilhang gehauen wurden. Eine gute Zuflucht, denn die Nischen öffnen sich aufs Meer, wo bislang noch keine Steine gefallen sind.

Eutychus rennt die Treppen hinunter und wirft nur manchmal

einen Blick zurück, um zu sehen, was die Wolke macht und die tödlichen Felsbrocken. Sobald die beiden in einer der Nischen in Sicherheit sind, sehen sie sich mit vor Entsetzen geweiteten Pupillen an. Der Blick aufs Meer hinaus zeigt eine weitere merkwürdige Erscheinung. Immer wieder bilden sich dort weiße Tupfen wie Margeriten, die sich öffnen.

Die beiden bleiben lange dort, ruhelos, denn die Gedanken jagen sich. Was ist da nur zu tun?

Sobald der Steinhagel aufhört, verlässt Eutychus die Nische und sieht sich um. Als er keine unmittelbare Gefahr mehr erkennt, gibt er Rectina ein Zeichen, ihm zu folgen.

Die Szenerie ist unwirklich, fast gespenstisch. Die Villa scheint weiter nicht beschädigt. Nur das Dach wurde an manchen Stellen getroffen, und eine Statue ist umgefallen, aber wohl mehr infolge der Erdstöße als wegen der großen Felsbrocken. Überall liegt Asche, vermischt mit kleinen schwarzen Steinen, die unter ihren Schritten knirschen. Vom Atrium her ist ein merkwürdiges Geräusch zu hören, eine Art Gurgeln. Es kommt aus dem *impluvium*, das einen intensiven Geruch verströmt. Die beiden treten vorsichtig näher. Im Wasserbecken liegt ein schwarzer Stein, der das Wasser förmlich zum Kochen bringt.

Auch die anderen Haussklaven kommen aus ihren Verstecken. Niemand ist verletzt. Nur ein Gärtner hat sich den Fuß vertreten, als er davonlief. Dann aber fängt die Villa wieder an zu zittern und zu beben. Alles stürzt hinaus und richtet den Blick gen Himmel in Erwartung weiterer Steinschläge.

Für alle, die wie Rectina nahe am Vulkan leben (buchstäblich »zu seinen Füßen«), ist die Lage höchst kritisch. Die Eruptionssäule verbreitet ein erschreckendes Geräusch. Ähnelt es in Terzigno einem Düsenflugzeug, so klingt es in Herculaneum wie ein Sturm, der das Meer aufpeitscht. Dazu noch die ständigen Explosionen.

Rectina erteilt ihren Sklaven den Befehl, sich in Sicherheit zu bringen. Sie selbst versucht, in einer eilig angespannten Kutsche zu fliehen. Die Flucht Richtung Neapolis aber ist sinnlos, dorthin ist der Weg durch Erdrisse und -rutsche versperrt. Es gibt schon viele Tote.

Natürlich könnte man nach Pompeji oder Stabiae fliehen, doch das wäre wohl keine Lösung, denn damit würde man geradewegs auf den dunklen Schatten zuhalten, der sich über die Landschaft legt. Den einzigen Ausweg scheint das Meer zu bieten. Rectina schickt einen Sklaven los, um die Lage zu prüfen, doch der kommt von oben bis unten durchnässt zurück. Der von der Rauchsäule aufgewirbelte Wind hat das Meer aufgewühlt. Auf den kleinen Booten, die in der Villa vor Anker liegen, wird man nicht weit kommen.

Von überall her kommen nun Menschen und klopfen ans Tor der Villa. Rectina hat Befehl gegeben, sie alle aufzunehmen. In dieser schweren Stunde handelt sie wie eine »Matrone« im wahrsten Sinne des Wortes. Sie ist die Herrin der umliegenden Ländereien, sie steht ihren *clientes* bei, den Menschen, die ihrem Haus durch vielfältigste Kontakte verbunden sind. Vor allem Frauen und Kinder kommen und lassen sich im Garten beziehungsweise unter den Säulengängen nieder. Manche weinen, andere flehen die Götter an. Wieder andere hinterlassen auf den Wänden sozusagen einen Abschiedsgruß. Die Lage verschlimmert sich zusehends: Die Erdstöße werden stärker, jedes Mal gefolgt von lautem Wehklagen. Immer mehr Menschen strömen in die Villa. Die Menschen, die aus Herculaneum kommen, erzählen, dass die Situation dort nicht besser ist. Die Bewohner seien verzweifelt.

Dann setzt sich der Steinhagel vom Vulkan her fort, und alle eilen in die Villa zurück, kauern sich auf dem Boden zusammen und fürchten das Schlimmste.

An diesem Punkt beschließt Rectina, zu ihrer letzten Zuflucht zu greifen: Sie will Plinius den Älteren um Hilfe bitten, damit er mit seinen Schiffen so viele Menschen wie nur irgend möglich rettet.

Sie läuft zum Signalturm, der auf ihrem Grund und Boden liegt, und wartet erst gar nicht, ob man sie einlässt. Sie rennt die Treppen hinauf, sehr zum Erstaunen der Soldaten, die plötzlich diese elegant gekleidete Dame vor sich sehen. Auch sie versuchen gerade, sich einen Reim auf die Situation zu machen. Überall liegen zerbrochene Terrakottagefäße herum, auf dem Tisch liegen Karten. Mit einem Anflug von Stolz bemerkt Rectina, dass die Soldaten nicht geflohen sind. Sie sind auf ihrem Posten geblieben, um die heliografische Kommunikation mit Misenum und den anderen Türmen aufrechterhalten zu können.

Dabei ist es nicht einfach, mitten in diesem Chaos ruhig Blut zu bewahren. Die Deckenbalken erzittern, wobei jedes Mal ein Schleier von Kalkstaub über den Raum niedergeht. In den Mauern bilden sich Risse, doch der Turm ist massiv gebaut wie alle römischen Militärtürme, die ja auch dem Ansturm des Feindes standhalten sollen.

Die befehlsgewohnte Rectina fordert, dass man in ihrem Namen einen Hilferuf an den Oberkommandierenden der Flotte schickt. Sie will, dass ihre Botschaft absolute Priorität hat. Die Soldaten wissen, dass sie mit Plinius dem Älteren eng befreundet ist, und so gehorchen sie widerspruchslos. Schließlich würden die Schiffe ja wohl auch sie an Bord nehmen.

Innerhalb weniger Sekunden wird die Botschaft mittels Spiegeln nach Misenum übertragen. Ein Soldat schreibt sie auf und drückt sie einem anderen in die Hand, der im Laufschritt zum Admiral eilt. Wie gesagt enthielt der Brief »eine Botschaft von Rectina (...), die durch die drohende Gefahr erschreckt war«.

In Misenum legen nun die Quadriremen ab, Meisterwerke der Schiffstechnik, schnell und robust, groß und leicht zugleich, elegant und tödlich. Massig wie Kampfhunde verlassen sie, eine nach der anderen, den Hafen. Plinius der Ältere steht am Bug der ersten und beobachtet unausgesetzt die schreckliche Wolke: Mit dem Blick sucht er Rectinas Villa, die dort irgendwo liegen muss. Er denkt an ihr süßes, sinnliches Lächeln und fleht innerlich die Götter an, sie möge überlebt haben.

Meilenweit entfernt sucht auch Rectina mit den Augen das Meer ab und wartet auf die Schiffe des Admirals. Nervös umklammert sie die Bronzebalustrade an der großen Terrasse über dem Meer, die mit doppelgesichtigen Bacchushäuptern geschmückt ist, von denen zumindest eines später von den Archäologen gefunden wird. Vielleicht ist es gerade dieses, das Rectina umklammert, um bei den stärkeren Erdstößen Halt zu finden. Sie spürt den Boden unter ihren Füßen erzittern. Eine tief verwurzelte Urangst steigt in ihr auf. Sie fühlt sich gefangen. Doch sie kann nichts tun außer warten und hoffen …

Diese immer höher steigende Wolke

Pompeji
24. Oktober 79 n. Chr., 13.30 Uhr
30 Minuten nach dem Ausbruch

VADE AGE NATE VOCAS ZEPIRIOS
Lauf, mein Sohn! Ruf die Zephire!

Es ist nur eine halbe Stunde vergangen, seit sich der »Pfropfen« vom Vesuvius gelöst hat und das Magma mit Überschallgeschwindigkeit durch den alten, versteinerten Schacht ausgetreten ist. So hat Plinius der Jüngere die Eruptionssäule beschrieben.

> Die Wolke erhob sich (...). Denn sie wuchs wie auf einem sehr hohen Stamm empor und breitete gewissermaßen Äste aus; wahrscheinlich weil sie durch einen frischen Luftzug hochgetragen wurde und dann, wenn dieser nachließ – vielleicht auch durch ihr Eigengewicht –, ihren Auftrieb verlor und sich in die Breite verflüchtigte. Bisweilen war sie weiß, bisweilen schmutzig und fleckig, je nachdem sie Erde oder Asche mit sich geführt hatte.[7]

Die Eruptionssäule ist eine dichte, heiße Mischung aus fragmentierter Lava, Felsen und vor allem Gasen (Wasserdampf ebenso wie Kohlendioxid). Während sie immer weiter in die Höhe steigt, saugt sie von allen Seiten, vor allem vom Boden, Luft an. Dadurch entstehen radiale Winde, die alles rundherum in Richtung Vulkan saugen.

Wer sich also zur Zeit des Ausbruchs an den Hängen befindet, wird wie in Terzigno von Winden unglaublicher Stärke gebeutelt, was man von Hiroshima, Nagasaki oder auch Hamburg kennt, das während des Zweiten Weltkriegs von einem Bombenteppich zerstört wurde. Dieser sogenannte »Kamineffekt« saugt unglaubliche Mengen Staub und anderes Material an, um es später wieder hinauszuschleudern.

Während die Eruptionssäule nach oben steigt, verliert sie an Dichte. Ab einer gewissen Höhe bewirken die Luftströme im Inneren, dass sie sich wie ein Schirm öffnet. In diesem Augenblick kann der Sog die festen Bestandteile der Säule wie kleine Steine, fragmentierte Lava und Bimssteine, die aus unter Lufteinschluss erkalteter Lava bestehen, nicht mehr halten. Sie fallen aus unglaublicher Höhe zu Boden.

In Pompeji sind fast alle nach Hause gelaufen, um ihren Angehörigen zu helfen. Einige Menschen aber sind auf dem Forum geblieben, wo es stets die neuesten Nachrichten gibt. Ein paar wollen Opfer bringen, um den Gott Vulcanus zu besänftigen. Andere hingegen tönen, dass das Ganze nur eine vorübergehende Sache sei und alles sich bald beruhigen werde. Man wendet sich um Rat an Sabinus, den »Quintilian« Pompejis. Sein Vorschlag ist vorsichtig, aber weise: Man solle die Stadt verlassen, vor allem die Frauen und Kinder. Er erinnert sich eben noch gut an das Erdbeben vor siebzehn Jahren ...

Dann wird es auf dem Forum und im Rest der Stadt plötzlich still: Das Licht nimmt ab wie bei einer Sonnenfinsternis. Tausende Augen richten sich gen Himmel: Die Eruptionssäule bewegt sich auf die Sonne zu wie eine Tintenwolke und löscht sie in wenigen Sekunden vollkommen aus. Keiner der Anwesenden wird sie je wieder scheinen sehen.

Eine Todesnacht hat sich über die Stadt gelegt. Jedem ihrer Einwohner läuft ein kalter Schauder über den Rücken. Sogar jetzt, im Halbdunkel der Sonnenfinsternis, beruhigt Sabinus seine Mitbürger. Da trifft ihn ein winziges Bimssteinfragment, das ihn nicht verletzt, aber zum Schweigen bringt. Es fällt zu Boden und bleibt zu seinen Füßen liegen. Sabinus bückt sich und hebt es auf. Es ist immer noch warm. Er merkt, dass seine Mitbürger ihn beobachten. Dann blicken die Menschen auf. Ein leichtes Prasseln ist zu hören, wie von einem

Regenschauer. Aber es ist kein Regen: Was da herniedergeht, ist vielmehr ein Hagel der besonderen Art: Vom Himmel fallen Myriaden kleiner Bimssteine. Leichte Steinchen wie Kork, die wieder abprallen, wenn sie auf dem Boden aufschlagen. Bald aber verändert sich das Geräusch, wird lauter und bedrohlicher. Jetzt hagelt es nämlich Steine, und zwar aus vierzehn Kilometern Höhe. Stellen Sie sich vor, mit welcher Energie diese auf dem Boden auftreffen!

Nun bricht eine Massenpanik aus. Das Forum leert sich innerhalb weniger Sekunden. Zwei Tote bleiben zurück. Die anderen verstecken sich unter den Säulengängen. Das mit strahlend weißem Marmor gepflasterte Forum verändert langsam die Farbe. Es wird immer dunkler. Pompeji geht in einem wahren Bimssteinregen unter.

Die Leute stürzen in Panik durch die Straßen. Unter ihnen ist auch Zosimus, der versucht, zu seinem Laden in der Via dell'Abbondanza zu gelangen, wo die Familie lebt. Er hält sich ganz nah an der Häuserwand, rund um ihn aber herrscht kollektives Chaos.

Da liegt ein Mann mit eingedrücktem Schädel auf der Straße, dort versucht ein anderer noch, sich auf den Gehsteig zu ziehen. Ein paar Leute haben sich in eine Kneipe geflüchtet. Eine Frau wird mitten auf der Straße von einem massigen Mann umgerannt, der unter dem nächsten Balkon Schutz sucht. Eine Hand greift nach Sachen, die sie brauchen kann. Und das Geräusch der auf den Dächern aufschlagenden Bimssteine wird immer lauter. Die Ziegeldächer werden von den größeren Steinen förmlich geknackt.

Mittlerweile ist es schon gefährlich, auch nur die Straße zu überqueren. Zosimus weiß das. Ihm ist klar, dass er nicht einfach loslaufen darf. Das wäre viel zu riskant. Gehsteig und Straßen sind inzwischen von einer dünnen Schicht runder Steine bedeckt, daher muss man aufpassen und keine zu langen oder schnellen Schritte wagen. Denn tatsächlich kostet vielen Menschen ihr unbezähmbarer Fluchtimpuls das Leben. Die Erde hört nicht auf zu beben. Jeder Erdstoß wird vom Scheppern zerbrechenden Geschirrs begleitet. Regale fallen um, Amphoren zerbrechen in Stücke.

Zosimus weiß davon noch nichts, aber dies ist der letzte Augenblick, in dem die Pompejaner sich als Gemeinschaft erleben. Von da an versucht jeder für sich zu überleben, oder man schließt sich zu Grüppchen zusammen wie Schiffbrüchige auf hoher See. Der Zusammenhalt, das Gemeinschaftsgefühl der Pompejaner, das sich seit Jahrhunderten ungebrochen gezeigt hat, löst sich binnen weniger Minuten in nichts auf.

Woher kommen denn all die Bimssteine, die auf die Stadt herniedergehen? Wie sind sie entstanden?

Auch wenn dieser Vergleich unangemessen erscheinen mag, könnte man den Ausbruch des Vesuvius mit dem Öffnen einer Sektflasche vergleichen. Wenn Sie den Korken herausziehen, liegt der Sekt in der Flasche in flüssiger Form vor. Je mehr er den langen Hals hinaufsteigt, desto mehr Schaum bildet sich, eine Mischung aus Wein und Luftbläschen. Im Vesuvius passiert etwas Vergleichbares. Im Innern der Magmakammer liegt das Magma bei hohem Druck in kompakter Form vor, das heißt ohne Luftblasen. Diese bilden sich dort, wo das Magma in der Kammer höher steigt. Je weiter es aufsteigt, desto mehr Luft mischt sich in die Masse. Und schließlich kommt es zur Fragmentation des Magmas, das in winzige Partikel zerfällt, die Bimssteine eben, die so leicht sind, weil sie Luftbläschen enthalten. Was schließlich in den Vulkanschlot gelangt, entspricht dem Schaum beim Sekt. Und wie dieser unter den entsprechenden Bedingungen mit Macht aus dem Hals der Flasche spritzt (denken Sie nur mal an die Formel-eins-Siegerehrungen), so sprudelt das Luft-Magma-Gemisch aus dem Vulkan hervor.

Die Eruptionssäule ist im Grunde nichts anderes als ein Schaumgemisch mit Überschallgeschwindigkeit: Daher werden die Bimssteine so hoch getragen. Daher fliegen sie so weit. Der Druck, mit dem das Gemisch aus dem Schlot gepresst wird, bewirkt, dass dieser sich immer stärker erweitert. Mit dem, was nun aufsteigt, wird die Eruptionssäule weiter gespeist.

Fundstücke beweisen, dass die Bimssteine bei der Eruption in Pompeji gut zweiundsiebzig Kilometer weit fliegen, bis ins heutige Agropoli. Unterwasserbohrungen im Ionischen Meer haben Schichten zutage gefördert, die Bimssteine von der Eruption 79 n. Chr. enthielten.

Und die Asche fliegt noch weiter – bis zu den Gletschern Grönlands!

Die Hölle im Himmel

Land und Villen in der Umgebung Pompejis
24. Oktober 79 n. Chr., 14.00 Uhr
Eine Stunde nach der Eruption

QUI IACEO ICTUS
Ich liege hier, getroffen.

Die Minuten verrinnen, eine ganze Stunde ist nun schon vergangen seit der Eruption, doch der Bimssteinregen hat immer noch nicht aufgehört. Die Eruptionssäule hat eine Höhe von zwanzig Kilometern erreicht und ist von erschreckender Kraft.

Über ihre gesamte Länge bilden sich Stürme und Blitze, die irrlichternde Girlanden um den gewaltigen Rumpf ziehen, in dem immer noch alles zu kochen scheint. Die Säule steigt weiterhin an.

Unmöglich, dabei nicht an Jupiter zu denken und vor Angst zu zittern. Schließlich ist man der Gnade der Götter und Naturgewalten hilflos ausgeliefert. Allein dieses Gefühl sorgt schon dafür, dass die Menschen der Antike, die an die Allmacht der Götter glauben, gar nicht erst versuchen, die Elemente unter Kontrolle zu bekommen. Viele Menschen beten vor dem Hausaltar zu Jupiter, Vulcanus oder zu den Laren, den Beschützern des Hauses. Sie ahnen nicht, dass sie damit nur kostbare Minuten verschenken, in denen sie sich in Sicherheit bringen könnten.

Mittlerweile hat sich Donnergrollen zum unheimlichen Atem des Vulkans gesellt, doch das bemerken nur die wenigsten. Von allen Seiten ist das Trommeln der herniederprasselnden Steine zu vernehmen, vom Einschlag der großen Felsbrocken ganz zu schweigen.

Auf dem Land ist die Situation dramatisch. Wer etwa auf den Feldern arbeitete oder Tiere weidete, ist im Laufschritt nach Hause zurückgekehrt oder hat sich irgendwo einen Unterschlupf gesucht, eine verlassene Hütte, einen hohlen Baum. Manche sind unter ihren Karren gekrochen – nur um erst zwei Jahrtausende später daraus befreit zu werden.

Doch kehren wir nach Pompeji zurück: In einer Villa gleich hinter der Stadtmauer, der Villa der Mosaiksäulen (deren namengebende Säulen aus Glaspastenmosaik heute im Museo Nazionale Archeologico von Neapel zu bewundern sind), spielt sich ein Drama ab, das ebenfalls erst zweitausend Jahre später aufgedeckt wird.

Dort ist ein Sklave mit massiven Eisenketten an einen Steinpfosten fixiert, die ihm tief ins Fleisch schneiden. Sein Los unterscheidet sich von dem der meisten Sklaven, die wir bislang kennengelernt haben. Denn wenn du als Sklave von jemandem gekauft wirst, der dich als Hausdiener braucht oder als Hilfe in einem Laden oder einer Kneipe, dann gibt es die reale Möglichkeit, dass du irgendwann einmal freigelassen wirst und ein neues Leben anfangen kannst. Wirst du aber als Sklave für die Feldarbeit gekauft, dann ist dein Schicksal besiegelt, denn du wirst misshandelt und ausgequetscht wie eine Zitrone, bis man auch das letzte bisschen Kraft für die schwersten Arbeiten aus dir herausgeholt hat und du nur noch ein menschliches Wrack bist. Als Feldsklave lebst du nicht lange!

Der Mann, den man in dieser Villa gefunden hat, war ein Mensch wie Sie und ich. Er hatte das Pech, versklavt und zur Feldarbeit gezwungen worden zu sein. Doch der nächste Schicksalsschlag sollte erst noch kommen.

Wir wissen nicht, was er angestellt hat, sodass man ihn in Ketten gelegt hat. Aber damit ist er verurteilt, beim Vulkanausbruch zu sterben. Die Archäologen werden sein Skelett finden mit dicken Eisenringen um Knöchel und Waden.

Sklaven in Ketten zu legen war eine verbreitete Strafe, zumindest in den Villen Pompejis. In der Villa Regina in Boscoreale zum Beispiel fand man einen Steinpfosten, an dem einige Eisenringe befestigt waren. Dort konnte man mehrere Sklaven zugleich in Ketten legen. Zu ihrem Glück hat man das nicht getan.

Die Eruption veränderte übrigens das Klima in jener Region. Die gewaltige Rauch-und-Asche-Säule mit ihren enormen Temperaturen schafft ungeheure Turbulenzen in der Atmosphäre. Neben den starken Aufwinden gibt es noch andere »Kollateralschäden«. Selbst das Meer beginnt zu schäumen, die Wellen türmen sich auf, die weißen Kämme werden immer mehr. Bald kann man von einem regelrechten Sturm sprechen.

Dazu kommen noch die Einflüsse der üblicherweise um diese Tages- und Jahreszeit vorherrschenden Winde. Das Schicksal will es, dass die Eruptionssäule von Höhenwinden geknickt wird, die in Richtung Südosten wehen. Daher fällt das Gesteinsmaterial, das durch die Eruption emporgeschleudert wurde, auch in ebendiese Richtung. (Die Säule leert sich keinesfalls gleichförmig in konzentrischen Kreisen.) Anders ausgedrückt: Pompeji liegt genau in der Richtung des vulkanischen Fallouts wie auch Stabiae, Oplontis, Terzigno, Boscoreale. Anderenorts merkt man hiervon überhaupt nichts: Herculaneum zum Beispiel wird von keinem einzigen Bimsstein getroffen. Nuceria, Nola, Neapolis und Puteolis werden machtlos zu Zeugen eines Dramas, das sie zu verschonen scheint. Zumindest fürs Erste.

Die Sonne ist verschwunden, es wird kalt. Ein heftiger Wind weht in Richtung Vulkan. Doch damit nicht genug. Der aufgestiegene Wasserdampf fällt als Regen aus, der mit Asche vermischt auf die Hänge des Vesuvius niedergeht, wahre Sturmfluten, die sich in die Zubringer der Flüsse ergießen. Bald führen diese eine dichte, mörderische Schlammschicht aus vulkanischer Asche mit sich. Dieser Regen ist meist sauer, was eine neue Frage aufwirft. Beeinträchtigen die Bimssteine, die im Augenblick in den *impluvia* der Häuser liegen, etwa die Wasserqualität?

Der Vulkanologe Giovanni Macedonio vom Istituto Nazionale di

Geofisica e Vulcanologia in Neapel geht davon aus, dass die Bimssteine die chemische Zusammensetzung des Wassers nicht beeinflussen. Doch sie können natürlich schädliche Substanzen enthalten, die sich darin lösen. Große Mengen von Bimsstein im Wasser machen es sauer, was aber für die Menschen, die es trinken, nicht tödlich ist. Und was ist mit all der Asche? Die gelangt ja schließlich auch ins Wasser. Vulkanasche kann Schadstoffe enthalten und damit Tränken und Aquädukte vergiften.

Und wo wir schon bei der Asche sind, können wir auch gleich wieder einen Blick auf Pompeji werfen.

Weglaufen oder sterben?
Die Schicksalspfade kreuzen sich

Pompeji
24. Oktober 79 n. Chr., 14.30 Uhr
90 Minuten nach dem Ausbruch

AUDE OMNIA
Habe den Mut, alles zu wagen!

In der Stadt will der Regen aus hellen Bimssteinen nicht aufhören. Eine dicke Schicht bedeckt mittlerweile Straßen, Gärten und Dächer. Der Niederschlag von Pyroklasten, also von Gesteinsfragmenten, hat hingegen deutlich abgenommen.

Alle haben sich mittlerweile einen sicheren Ort gesucht, der eine zu Hause, der andere unter einem Mauerbogen, der dritte in einem Laden oder einer Kneipe. Meist zusammen mit ihm unbekannten Menschen. Man hilft sich, macht sich Mut. In diesen Augenblicken wird klar, aus welchem Stoff der Einzelne gemacht ist. Große, breitschultrige Männer, die sonst immer das Kommando führen, sind plötzlich verstummt und wissen nicht, was tun, während ganz gewöhnliche Sterbliche mit einem Mal Führungsqualitäten zeigen und Ruhe bewahren.

Wer überhaupt wagt, die Straße zu überqueren, schützt seinen Kopf mit Kissen oder Töpfen. So wie es die Menschen in Kampanien beim Ausbruch des Vesuvs im Jahr 1906 tun werden.

Doch die Situation verschlimmert sich weiterhin, denn nun wird neben Bimsstein, Pyroklasten und Felsbrocken ein weiterer apokalyptischer Reiter losgelassen: die Asche, von der wir schon gehört haben. Pompeji wurde von Anfang an von einem Regen aus Bimssteinen und feiner Asche eingehüllt. Letztere legte sich wie ein Nebel über die

Stadt, die sie vor den Blicken der Beobachter ebenso verhüllt wie vor denen der Bewohner. Die Sichtweite beträgt höchstens einen Meter.

Doch der Nebel hat es in sich: Er bringt die Augen zum Tränen und benimmt den Atem. Wer kann, hält sich ein feuchtes Tuch vor den Mund. Jeder Atemzug führt zu Brennen in der Kehle und der Lunge. Das liegt daran, dass diese Asche aus mikroskopisch kleinen vulkanischen Fragmenten besteht, die die Atemwege reizen. Zu dem Geprassel des Steinhagels und den dumpfen Einschlägen der Felsbrocken tritt in der Stadt also noch ein anderes Geräusch hinzu: das keuchende Husten ihrer Bewohner.

Wenn wir uns an den Ausbruch des Mount St. Helens 1980 erinnern, der ähnliche pyroklastische Ströme und Ascheregen ausgelöst hat wie der Vesuvius 79 n.Chr., können wir uns vorstellen, was sich in den Straßen der antiken Stadt abspielt. Die Asche legt sich auf alles und jedes. Sie hüllt die Bäume ein wie Schnee. Das Gewicht lässt bald die Äste brechen. Manchmal knicken ganze Bäume um. Auch dies erzeugt schreckenerregende Geräusche, die sich durch den dichten Nebel verbreiten. Die Asche des Mount St. Helens legte die Scheibenwischer der Autos lahm. Daran lässt sich ermessen, wie es sich für die Pompejaner angefühlt haben muss, die mit Asche geschwängerte Luft einzuatmen.

Zosimus ist bei seinem Laden angelangt. Vor der Tür türmen sich die Lapilli, sodass er sie kaum aufbekommt. Er muss sie regelrecht frei schaufeln. Doch kaum ist er drinnen, handelt er klug und überlegt. Er ruft seine Frau und die beiden Söhne, setzt ihnen Kissen auf, nimmt Wasser mit und macht sich auf, mit ihnen die Stadt zu verlassen. Sie wenden sich Richtung Porta di Sarno. Irgendwelche Kostbarkeiten einzustecken hätte nur Zeit gekostet. Die Archäologen finden alles in seinem Laden. Die Familie ist ohne Rücksicht auf Verluste geflohen. Nur wohin?

Zosimus hat auf der Straße gehört, dass es am sichersten sei, Richtung Nuceria zu fliehen, das fünfzehn Kilometer entfernt liegt. Schon hinter der Sarnobrücke soll alles viel besser sein. Nur weg vom Vesuvius. Doch die Brücke ist weit, der Marsch wird ziemlich anstrengend werden. Glücklicherweise scheint sich der Aschenebel ein wenig zu lichten. Manchmal kann man sogar den Weg vor sich erkennen.

Kaum hat die kleine Familie die Porta di Sarno hinter sich gelassen, findet sie sich in einer Wüste wieder: Alles ist von einer hellen Schicht Asche und Bimsstein bedeckt, die das Gehen schwer macht. Die Gräber am Wegesrand scheinen weiße Skulpturen zu sein. Wir Heutigen würden wohl meinen, die Prigioni-Skulpturen Michelangelos vor uns zu haben. Das Schlimmste aber ist, dass man die Straßen kaum noch erkennt, ähnlich wie bei einem Schneesturm. In den kommenden Stunden werden sie den Blicken vollständig entzogen sein, was für die Fliehenden ein neues Problem darstellt. In Bergdörfern markiert man die Wege mit Stangen, damit man sie auch unter einer dicken Schneedecke noch wiederfindet. Doch natürlich gab es so etwas in Pompeji nicht. Man musste sich mehr oder weniger auf sein Gedächtnis verlassen.

Und damit sind der Probleme noch nicht genug. Zosimus und seine Familie sind ja nicht allein unterwegs. Sie treffen auf Smyrina, eine der Asinellae. Sie sitzt auf einem Pferd, das ein Mann durch den Ascheregen führt, offensichtlich eine jüngere Eroberung. Das Pferd kommt nur mühsam vorwärts, es schnauft schwer. Weiter vorn erkennen wir den Mantelhändler Clodius mit seiner Familie.

Alle kommen mehr schlecht als recht vorwärts und halten sich Stoffstücke vor Mund und Augen. Wie ein abrückendes Heer in einem Sandsturm. Sie kommen an einem Karren vorbei. Man hat ihn zurückgelassen, weil er – so dick, wie die Bimssteinschicht in den Straßen mittlerweile geworden ist – niemandem mehr nützlich ist.

Auf der Straße kommen sie noch an vielen weiteren Karren vorbei, die eine lange Reihe bilden. Sie wurden von ihren Eigentümern aufgegeben und werden in den nächsten Stunden im Bimssteinhagel untergehen. Vermutlich wird man auf den Straßen, die von Pompeji wegführen, auch noch menschliche Überreste finden. Doch dazu müssen sie erst einmal ganz freigelegt werden.

Zosimus, seine Frau und seine Söhne halten sich an der Hand. Sie stehen unter Schock. Keiner versteht, wie sich innerhalb kürzester Zeit das ganze Leben ändern konnte. Ihr Marsch wird lange dauern. Sie müssen sich immer wieder vor den herabfallenden Steinen schützen. Vor allem den Kindern geht irgendwann die Kraft aus. Dann sitzen sie am Straßenrand und bitten weinend darum, doch Rast zu machen.

Aber die Flüchtigen finden immer nur kurz Zuflucht in den *villae rusticae* auf ihrem Weg. Dort können sie einen Augenblick lang Atem schöpfen. Zosimus hingegen drängt unnachsichtig zur Eile: Sie dürfen nicht innehalten, das ist der einzige Weg zur Rettung. Dabei ist es ungeheuer anstrengend, auf der von Steinen bedeckten Straße durch den Aschenebel zu tappen. Die Steinschicht ist mittlerweile schon zwischen zwanzig und dreißig Zentimeter hoch und wird immer noch höher.

Zosimus kennt die Straße glücklicherweise wie seine Westentasche. Er ist sie zahllose Male entlanggefahren, um seine Ware auf die verschiedenen Märkte der Region zu bringen. Aus diesem Grund geht er auch nicht in der Mitte der Straße, sondern an den leicht erhöhten Rändern, wo der Untergrund stabiler ist.

Wie durch ein Wunder erreichen sie am Ende die Sarnobrücke. Sie ist etwa fünfzig Meter lang. Jenseits werden sie in Sicherheit sein. Aber was ist da los? An der Brücke haben sich schon einige Menschen versammelt. Sie gehen nicht weiter. Und sie haben allen Grund dazu.

Die Erdstöße haben die Brücke beschädigt. Und die Bimssteine tun ein Übriges. Die dicke Schicht Steine drückt auf die Brücke mit ihren gemauerten Bögen. Sie scheint die Grenze ihrer Tragfähigkeit erreicht zu haben. Außerdem schwemmt der Fluss die Bimssteine an, die flussaufwärts in sein Bett gerollt sind. Auch diese drücken nun gegen die Pfeiler. Die Steine selbst wären vielleicht ins Meer geschwemmt worden, doch Äste und Baumstämme, die der heftige Wind entwurzelt hat, bilden mittlerweile einen dichten Damm, an dem sich die Steine stauen. Der einzige Weg in die Freiheit scheint versperrt, denn auch der Fluss drückt nun mit aller Macht gegen den Damm. Die Flüchtigen sehen nicht ans andere Ende der Brücke. Die erschreckenden Geräusche, die aus dem Nebel kommen, verheißen nichts Gutes. Möglicherweise ist die Brücke auf der anderen Seite schon eingestürzt.

Zosimus aber ist fest entschlossen. Hier zu bleiben wäre der sichere Tod. Er sieht seine Frau an, und Tränen laufen ihm übers Gesicht. Doch er wird nicht hier stehen bleiben und seine Familie ihrem Schicksal überlassen. Er nimmt den jüngsten Sohn auf den Arm, den anderen an der Hand. Gemeinsam gehen er und seine Frau auf die Brücke zu.

Die Menge sieht die Familie nur im dichten Nebel entschwinden. Smyrina folgt ihnen. Ihr Galan hat sie mittlerweile verlassen. Ein paar andere folgen ihr. Jeder Schritt ist beschwerlich. An dem angeschwemmten Damm haben sich inzwischen zahllose Steine gesammelt. Entsetzt sieht Zosimus, wie wenig Wasser der Fluss flussabwärts noch führt. Grobe Stöße erschrecken die Flüchtigen, einige schreien in heller Panik auf.

Doch es ist kein Erdbeben. Die Brücke gibt nur allmählich nach. Nun läuft alles wie verrückt auf die andere Seite zu, aber das Vorwärtskommen ist durch die vielen Steine erschwert.

Zosimus nimmt all seine Kraft zusammen und schleppt sich mit seinen Kindern ans andere Ufer. Er setzt die Kleinen ab und kehrt zu seiner Frau zurück, die vollkommen erschöpft zurückgeblieben ist. Der Nebel hier ist nicht mehr ganz so dicht. Zosimus sieht sie vor sich. Dann ein harter Stoß. Zosimus fällt hin, als hätte ihm jemand den Boden unter den Füßen weggezogen. Er steht auf, doch da hat die Brücke schon angefangen, sich zu bewegen. Schreiend läuft er auf seine Frau zu, die in dem Meer von Bimssteinen zusammengesunken ist. Er ruft sie, sie sieht auf. Es fehlen nur wenige Schritte …

Zosimus springt verzweifelt auf sie zu, packt sie am Arm und versucht, sie hochzuziehen. Vergeblich. Er versucht es mit aller Kraft, aber es ist, als hielte irgendetwas sie von unten her fest. Währenddessen wird das Krachen immer lauter. Die Brücke bricht in der Mitte auseinander.

Zosimus beißt die Zähne zusammen und zieht. Nichts zu machen. Da spürt er, wie jemand ihm zu Hilfe eilt. Mehrere Arme greifen nach seiner Frau. Zwei Unbekannte schleppen die zu Tode Erschöpfte von der Brücke herunter. Am Ufer angekommen fallen alle zu Boden und ringen verzweifelt nach Luft. In ebendiesem Augenblick erhebt sich ein gewaltiges Getöse. Die Brücke bricht auseinander. Sie hat der Kraft des Wassers nichts mehr entgegenzusetzen. Schreie ertönen. Wer haltgemacht, wer gezögert hat, wer jetzt noch auf der Brücke ist, wird mitgerissen und ertrinkt.

Der einzige Weg in sicheres Gebiet ist nun zerstört. Wer immer zurückgeblieben ist, wird keine Rettung finden. Erst jetzt erkennt Zosimus die beiden Helfer, die müde am Sockel einer Statue lehnen. Es sind die Lehrer seiner Kinder. Niemand sagt ein Wort, dafür haben sie keine Kraft mehr. Nur zu atmen bedeutet schon Schwerstarbeit. Doch die Gesichter hinter der Aschemaske verziehen sich zu einem angedeuteten Lächeln.

Nach einer kurzen Rast erheben sich alle und marschieren entschlossen weiter. Langsam wird die Luft besser, man kann wieder durchatmen. Alle werden gerettet.

Auf der anderen Seite der Brücke hingegen herrscht Ratlosigkeit. Was nun? Der Bimssteinregen will keine Ende nehmen. Auch schwimmend den Fluss zu überqueren ist mittlerweile unmöglich. All das Treibgut ist viel zu gefährlich. Manche kehren einfach um. Andere überlassen sich der Verzweiflung oder marschieren zurück zu den Gutshöfen, um dort um Wasser und Zuflucht zu bitten. Immer wieder ist der Vorschlag zu hören, man solle doch flussabwärts gehen, Richtung Hafen, wo sich die hölzerne Brücke befindet, die auf den Weg nach Stabiae führt. Doch den meisten ist klar, dass eine Brücke aus Holz dem Fluss vermutlich noch weniger standhält als eine gemauerte.

In Wirklichkeit aber steht die Holzbrücke noch, wenn auch ihr Schicksal besiegelt ist. Erdstöße und Bimssteine haben sie beschädigt, doch der Todesstoß erfolgt erst, als nach dem Zusammenbruch der Brücke flussaufwärts eine unglaubliche Menge Treibgut gegen die Holzpfeiler prallt. Sie wird einfach mitgerissen und mit ihr alle, die sie gerade überqueren wollen. Zu ihnen gehört auch Faustilla, die Wucherin aus der *taberna lusoria:* Ihr Schritt ist verlangsamt durch den dicken Beutel mit Goldmünzen, den sie am Hals mit sich schleppt. Ein entscheidender Nachteil, der ihr den Tod bringt.

Unter den Menschen, die auf der anderen Flussseite zurückgeblieben sind, nur wenige Schritte von Zosimus und der Freiheit entfernt, sind auch Lucius Vetutius Placidus und Ascula, das Wirtsehepaar. Auch sie haben zuerst ihr Vermögen versteckt, bevor sie geflohen sind: in einer der *dolia* unter einer Schicht Trockenfrüchte. Sie werden nicht zurückkehren, um es zu holen. Sie werden in einem der Gutshöfe sterben, überwältigt von den pyroklastischen Strömen, die am nächsten Morgen aus dem Vulkan austreten werden. Die Archäologen werden den kleinen Schatz von 1385 Sesterzen (was ungefähr 8310 Euro ausmacht) später entdecken: ein wertvolles Zeugnis für die wirtschaftlichen Verhältnisse einer Kneipe jener Zeit.

Lucius Vetutius Placidus und Ascula sind nicht die Einzigen, die den Weg zurück einschlagen. Viele Menschen marschieren wieder zu ihren Karren und warten unter dem Sonnensegel, dass alles vorübergeht. Genau dort werden sie sterben.

Flucht unmöglich

Die Wissenschaftler haben die Dynamik des Ausbruchs von 79 n. Chr. eingehend studiert. Man konnte letztlich sogar sagen, welche Zeitspanne in Pompeji den Unterschied zwischen Leben und Tod ausmachte. Wer in den ersten zwei bis drei Stunden nach dem Ausbruch geflohen ist, hatte eine konkrete Chance zu überleben. Wer gezögert hat oder in der Stadt abwarten wollte, bis der Ausbruch aufhört, war dem Tod geweiht. Und manchmal entschieden auch ganz banale

Details darüber, wer am Leben blieb und wer nicht. Doch wenn man sich in die Menschen hineinversetzt, wird schnell klar, dass die meisten Grund hatten, zu bleiben und abzuwarten.

Ein großer Teil der Pompejaner hat wertvolle Zeit verloren, weil sie zuallererst ihre Angehörigen gesucht und mit ihnen besprochen haben, wie man sich am besten verhalten solle. Bis man sich dann zu handeln entschloss, hatte sich das Zeitfenster für die Flucht schon wieder geschlossen: Die Sichtverhältnisse waren deutlich schlechter. Der Bimssteinregen behinderte jedes Vorwärtskommen und machte die Straßen unkenntlich. Daher kamen viele Menschen zu dem Schluss, dass die Flucht zu beschwerlich war und man besser warten sollte, bis alles vorüber sei. Vor allem dann, wenn Kinder oder alte Menschen zur Familie gehörten. (Überlegen Sie mal: Was hätten Sie wohl getan?)

Eine weitere Gruppe, die nicht floh, waren all jene, die sich nicht von ihren Reichtümern trennen konnten: Ein Freigelassener, der gerade einen enormen sozialen Aufstieg hingelegt hatte, konnte sich vermutlich nur schlecht vorstellen, seine mühsam erworbenen Schätze hinter sich zu lassen (Goldmünzen, Silbergeschirr, Kunstwerke, Wachstafeln, die den Landbesitz und andere Finanztransaktionen belegten, vom eigenen luxuriös ausgestatteten Haus ganz zu schweigen).

Und dann waren da noch die Sklaven: Sie hielt wohl unter anderem auch die Angst, nach dem Ausbruch als Flüchtige festgenommen und dafür streng bestraft zu werden.

Ein Faktor hat im Besonderen verhindert, dass die Pompejaner ihr Heil so schnell wie möglich in der Flucht suchten: Niemand konnte sich auch nur annähernd vorstellen, was da kommen würde. Keiner wusste ja, ob der Stein-und-Asche-Regen bald aufhören oder noch länger anhalten würde. Alle – diejenigen, die blieben (der Wächter des Schatzes in der Villa von Boscoreale), und diejenigen, die ihre Vermögenswerte versteckten – waren überzeugt, dass die Katastrophe früher oder später vorüber sein würde und sie in ihre Häuser oder Läden zurückkehren könnten. Diesbezüglich legten die Pompejaner einen unerschütterlichen Glauben an die Zukunft an den Tag. Ihr

Optimismus war unter anderem deshalb so stark, weil die Stadt sich ja von zahllosen Erdbeben immer wieder erholt hatte.

Die Altertumswissenschaft geht jedenfalls davon aus, dass so viele Pompejaner den Tod fanden, weil sie sich nicht vorstellen konnten, dass ein Vulkanausbruch ihre Stadt auslöschen würde. Als sie es erkannten, war es bereits zu spät. Das zeigen die vielen Skelette, die man vor den Stadtmauern fand, als die Menschen, die in der Stadt geblieben waren, letztlich doch verzweifelt zu fliehen versuchten. Wer aber fliehen wollte, hatte nach den zwei entscheidenden Stunden auch ein anderes Problem: Wohin sollte man sich wenden?

Auf jeden Fall floh niemand nach Norden. Durch die Porta Ercolano oder Porta Vesuvio zu fliehen hätte bedeutet, direkt auf den Vulkan zuzugehen. Das wäre purer Selbstmord gewesen. Diese beiden Tore wurden nur von Menschen benutzt, die ihre Angehörigen in Gefahr wussten.

Die »beste« Lösung war es, Richtung Nuceria zu fliehen. Zumindest solange die Brücke über den Sarno hielt. Vermutlich wendeten sich vor allem die Bewohner der östlichen Viertel in diese Richtung, diejenigen zum Beispiel, die rund um die Via dell'Abbondanza lebten. Das zweite Stadttor im Osten war die Porta di Nola, für die mehr oder weniger dasselbe galt. Von dort gelangte man nach einem langen Marsch nach Nola und dann nach Capua und umging den Vesuvius sozusagen im Gegenuhrzeigersinn.

Viele Menschen machten sich auch auf dem Rücken eines Pferdes auf. Das zeigt schon die Tatsache, dass von diesen Tieren nur wenige Skelette gefunden wurden, zumindest im Vergleich mit Maultieren oder Eseln. Die Pferdeskelette, die man fand, hingen an Karren. Das wiederum verdeutlicht, dass der Entschluss zu fliehen zu spät erfolgte. Die Räder konnten sich auf den steinübersäten Straßen nicht mehr bewegen.

Ein anderer Fluchtweg, für den viele Menschen sich entschieden, führte nach Süden, Richtung Stabiae. Von dort aus konnte man die Halbinsel von Surrentum erreichen, den Hafen und die Schiffe.

Durch die Porta Stabia, Porta Nocera und Porta Marina sind vermutlich Abertausende in wilder Flucht gestürzt. Als die Holzbrücke über den Sarno einbrach und damit der Weg nach Stabiae versperrt war, schienen der Hafen und Murecine in den Augen der Flüchtenden wohl die einzige Rettung. Man kann sich die Verzweiflung vorstellen, als sie am Hafen ankamen und feststellen mussten, dass auch dieser Weg versperrt war.

Das Meer war wie gesagt durch die Eruption aufgewühlt. Und der Wind blies aus ungünstiger Richtung. Die Segelschiffe konnten also den Hafen nicht verlassen. Die Menschen mussten hier ihre Hölle erwarten. Wohl aus diesem Grund drängten sich so viele unter den Arkaden der Lagerhäuser zusammen oder in den Villen dieser Gegend. Dort fanden sie die Archäologen. Offensichtlich hatten sie darauf gewartet, dass der Wind umschlug, das Meer sich beruhigte und die Eruption endlich aufhörte.

Kurz zusammengefasst stellt sich die Situation so dar: Nach den ersten zwei bis drei Stunden war die Flucht aus Pompeji unmöglich geworden. Auf der einen Seite war da der Vulkan, auf den anderen das brodelnde Meer, die heftigen Winde und die zerstörten Brücken. Jeder Fluchtweg war abgeschnitten. Es blieb nur der sichere Tod. Darauf reagierten die Menschen ganz unterschiedlich.

Die Ausgrabungen bringen es unerbittlich ans Licht. Der Gemmarius, den wir gestern kennengelernt haben, ist verschwunden. Doch der Hausaltar in seiner *domus* zeigt, dass er noch Opfergaben dargebracht und bis zuletzt die Gnade der Götter erfleht hat. Dann aber floh auch er und ließ seinen Juwelenschatz im Stich.

Wir haben die These aufgestellt, dass Smyrina, die unverfrorenste der Prostituierten-Kellnerinnen, fliehen konnte. Was aus ihren Kolleginnen wurde, weiß niemand.

Es ist interessant, sich zu fragen, wie man wohl selbst gehandelt hätte. Welche Entscheidung hätten Sie getroffen?

In der Falle: Die ersten Häuser stürzen ein

Pompeji
24. Oktober 79 n. Chr., 17.00 Uhr
4 Stunden nach dem Ausbruch

SALUTEM ROGAMUS
Wir bitten um Rettung!

Das Haus des Menander ist eine wunderschöne Villa mit einem herrlichen Innengarten, der von Ziersträuchern in Formschnitt geschmückt wird. Das Haus verfügt sogar über eine kleine private Therme. Auf einer der Säulen im Peristyl hat eine Frau ein Liebesgedicht für eine andere Frau hinterlassen. In diesem Haus spielte sich ein Drama ab, das wir aus den dort vorgefundenen Indizien rekonstruieren können. Werfen wir erneut einen Blick zurück auf die entscheidenden Stunden nach dem Vulkanausbruch.

Der Garten ist mittlerweile zur Gänze unter Steinen begraben. Im Atrium hat sich die viereckige Regenöffnung, Inbegriff von Leben und Licht, zur Pforte des Todes gewandelt. Das *impluvium* ist angefüllt mit Steinen, die sich pyramidenförmig auftürmen und sich allmählich in Richtung anderer Räume vorschieben. Mittlerweile ist die Steinschicht in den Straßen so hoch geworden, dass man die Türen kaum noch öffnen kann.

In der Villa des Menander sitzen mehrere Menschen im Innern des Hauses fest. Im Schein der Öllampen versuchen Männer, Frauen und Kinder verzweifelt, ein Loch in die Wand zu schlagen. Sie müssen sich beeilen, denn das Dach über ihren Köpfen knarrt schon seit einiger Zeit gefährlich. Das Gewicht der Steine lastet schwer auf den

Dachbalken. Die Mauer hat bereits begonnen nachzugeben. Der Durchbruch ist da, er muss nur noch vergrößert werden. Gelegentlich legt sich ein Staubschleier, der von der Decke fällt, über den Raum und verdunkelt das Licht der Öllampen. Die Decke bricht wohl bald ein, doch die Menschen im Raum versuchen, nicht daran zu denken. Mit Ausnahme des kleinen Mädchens, das schluchzend das Gesichtchen in den Falten des mütterlichen Gewandes versteckt.

Dann der Knall – keine Zeit mehr, den Kopf zu schützen. Dachbalken und Ziegel krachen herunter und erschlagen alle auf der Stelle.

Und das ist nur ein Beispiel dafür, was in diesen Stunden in den Häusern Pompejis geschieht.

Die ersten Häuser stürzen ein, als die Schicht aus Bimsstein- und Pyroklasten-Lapilli etwa vierzig bis fünfzig Zentimeter dick auf den Dächern und Terrassen lastet. Nun hallt die ganze Stadt wider vom Getöse einstürzender Dächer, begleitet vom Klappern der zu Bruch gehenden Ziegel.

Auf einem Haus stehen drei Sklaven mitten im Steinhagel und versuchen, die Steine vom Dach zu schieben. Sie haben sich notdürftig ein paar Fetzen um den Kopf gebunden, um sich selbst zu schützen. Zum dritten Mal versuchen sie nun schon, die große Dachterrasse von Steinen frei zu räumen. Und sie sind nicht die Einzigen: Rundum versuchen die Menschen, die Dächer von ihrer Gesteinslast zu befreien, vor allem, seit man überall das Krachen einstürzender Dächer vernimmt.

Unten steht ein Mann, den wir kennen, und treibt die Sklaven mit schriller Stimme an. Es ist Gaius Cuspius Pansa, der junge Politiker mit dem verschlagenen Blick. Er steht im Atrium und versucht, sich von dort unten ein Bild der Lage zu machen. Auf dem Kopf trägt er einen Helm, der seinem Großvater gehörte, einem Soldaten, der ob seiner Tapferkeit vor dem Feind ausgezeichnet wurde. Doch diesen Mut hat der junge Politiker offensichtlich nicht geerbt. Er tobt wie verrückt, aber die Sklaven hören ihn nicht. Das Aufschlagen der

Steine macht zu viel Lärm. Da geschieht es. Der gesamte Rahmen des *compluviums* stürzt mit Getöse in die Tiefe. Die drei Sklaven blicken nach unten. Die Stimme von Gaius Cuspius Pansa ist verstummt. Sie sehen nichts weiter als eine Hand, die unter den Ziegeln und Steinen hervorsieht und noch zuckt. Daneben der Helm des Großvaters, verbeult und voller Blutspritzer.

Ähnliche Szenen spielen sich in vielen *domus* ab, auch im Haus des Fauns. Die elegante Besitzerin ist allein dort mit ihren Pfauen, ihre Sklaven sind geflohen. Ihre letzten verzweifelten Momente können aus den Funden der Archäologen klar rekonstruiert werden. Sie hat Gold und Schmuckstücke zusammengerafft und in eine Börse gesteckt, um damit durch das Hauptportal auf die Straße zu fliehen. Dort aber muss irgendetwas sie erschreckt haben. Vielleicht konnte sie die Tür nicht öffnen, oder Panik erfasste sie plötzlich. Jedenfalls hat sie im Atrium ihre Börse fallen lassen und ist dorthin gelaufen, wo sie sich am liebsten aufhielt, in den Raum mit der Schlacht bei Issos. Vielleicht suchte sie da unter dem Dach Schutz. Doch die Decke stürzte auf sie herab und tötete sie auf der Stelle. In den Ausgrabungsberichten steht, man habe sie mit ausgestreckten Händen gefunden, im verzweifelten Versuch, den Kopf vor den herunterstürzenden Steinen zu schützen.

Jede *domus* in Pompeji, jede *popina* oder *caupona* erzählt eine eigene Geschichte. Zum Beispiel das Haus von Romulus und Remus, das man so nannte, weil die Fresken dort die Gründungslegende der Stadt Rom erzählen. Hier sterben unter den herabfallenden Steinen zwei Erwachsene, ein Kind und zwei Hunde. Einer der Erwachsenen drückte sechzehn Goldmünzen an sich und zwei Ringe. Einer trägt die Initialen FA – H. Vielleicht nannte der Mann sich Fabius H., dann wird er dem mächtigen Geschlecht der Fabier angehört haben.

In einer *caupona* in der Regio VI, ganz nahe beim Haus der Vettii, hat der Einsturz den Wirt namens Salvius erwischt und einen Gast. Im unteren Stock kam eine Kette aus Glaspastensteinen zum Vorschein, die vermutlich einer Prostituierten gehörte, die jedoch fliehen konnte. Der Wirt und sein Freund haben wohl zu lange gewartet, bis die Schicht der Steine schon zu hoch war, um aus dem Untergeschoss entkommen zu können. Das wäre nur noch über die Fenster im Oberstock möglich gewesen, doch leider krachte in diesem Moment das Dach herunter. Salvius hielt in einer Hand seine ganzen Besitztümer, die auch recht erklecklich waren: dreihundertfünfzig Silbermünzen, sechs Goldmünzen und ein paar Schmuckstücke.

An den Wänden dieser Kneipe finden sich zahlreiche Graffiti und Zeichnungen, die uns zeigen, wie es dort zugegangen ist. Es gibt sogar eine Art »Comic-Vorläufer«, auf dem eine Kellnerin mit schwierigen Gästen fertigwerden muss: Einer der Kunden sagt zu ihr: *»Hoc!«* (»Her damit!«) Doch es mischt sich ein anderer ein: *»Non mia est!«* (»Nein, das ist für mich!«) Da antwortet die verzweifelte Frau: *»Qui volt sumat. Oceane, veni, bibe!«* (»Nehm es doch, wer will. Oceanus, komm, trink du's.«)

In einer anderen Szene würfeln zwei Männer, doch offensichtlich bricht gerade Streit zwischen ihnen aus. Der erste Würfelspieler – Ortus – hält den Becher in der Hand, da er gerade seinen Wurf gemacht hat. Er zählt die Augen und ruft aus: *»Exsi!«* (»Ich bin raus! Ich habe gewonnen!«) Der andere aber macht ihn darauf aufmerksam, dass der Würfel eine Zwei zeigt und er es ist, der gewonnen hat: *»Non trias, duas est!«* (»Das ist keine Drei, sondern eine Zwei.«) Ortus aber insistiert: *»Noxia me tangat! Trias! Ego fui victor!«* (»Betrüger! Ich habe drei geworfen! Ich habe gewonnen!«) Da wird der andere beleidigend: *»Orte fellator! Ego fui victor!«* (»Ortus, du Schwanzlutscher! Ich habe gewonnen!«) Auf dem folgenden Bild schlagen sich die beiden. Da greift der Wirt ein und jagt die zwei aus dem Lokal: *»Itis foras, rixatis!«* (»Streiten könnt ihr draußen!«) Diese kleine Welt liegt nun unter Steinen begraben.

Auch in den Tempeln schlägt der Tod erbarmungslos zu, im Isistempel zum Beispiel. Die Rekonstruktion durch die Archäologen ergibt, dass im Augenblick der Eruption Priester und Helfer ihre Mahlzeit einnahmen. Sie aßen im Hinterzimmer des Tempels Brot, Fisch und Eier. Ängstlich sammelten sie dann die heiligsten und kostbarsten Objekte im Tempel zusammen und legten sie in einen Sack. Offensichtlich warteten sie auf den günstigsten Augenblick, um aus dem Tempel und der Stadt zu fliehen. Doch kaum hatten sie ihn verlassen, stürzte der Hohepriester, der den Sack trug, und all die Kostbarkeiten fielen heraus auf die Erde. Die Gefährten halfen ihm auf. Dann begaben sie sich zum Forum Triangolare. Dort aber ließ ein Erdstoß den Säulengang einstürzen und begrub die Priester.

Die Archäologen haben die Heiligtümer vor dem Tempel verstreut gefunden. Andere Priester dagegen blieben in ihren Tempeln, wo sie bald eingeschlossen waren. Einige zum Beispiel starben unter einer Treppe hinter der Küche. Sie sind erstickt. Der Kräftigste hatte noch versucht, mit einer Axt die Zwischenwand einzuschlagen. Doch er stieß auf Mauerwerk und erstickte ebenso wie seine Gefährten.

Sehr beeindruckend sind auch die Funde im Haus des Schmieds Marcus Volusius Iuvencus. Dieses liegt nur wenige Schritte vom Haus des Menander entfernt. Es ist ein einfacher Bau, der dennoch mit einigen eleganten Fresken geschmückt ist (zum Beispiel Paris und Helena auf dem Berg Ida und der Flug des Ikarus). In seinem Haus fand man verschiedene Werkzeuge, ein paar Schlösser für Holzschatullen und einen *carrulus* für Kinder, einen kleinen vierrädrigen Karren. Offensichtlich kannte der Schmied sich auch mit Holzbearbeitung aus.

Seine Frau (oder Konkubine) ließ auf dem Tisch Parfümfläschchen und Schmuckstücke zurück. Eines davon ist eine Kette mit siebenundzwanzig Amuletten aus Bronze, Bein und Glaspaste, die verschiedene Gottheiten zeigten, unter anderem Isis. Die beiden haben sich ins Triklinium des Hauses geflüchtet, das sie für den sichersten Raum hielten. Die Archäologen fanden sie dort. Der Schmied hatte sich an den äußeren Rand eines Liegebetts geklammert. Er trug seine Sandalen noch, man fand sogar einen Nagel vom Schuh. Neben ihm lag zu Füßen desselben Liegebetts das Skelett der Frau, die ihre Arme unter den Kopf geschoben hatte. Die Beine waren lang auf dem Boden ausgestreckt. Bei ihnen fand man etwa hundert Silbersesterze.

All diese Szenen reden Klartext: Sie erzählen von einstürzenden Decken und Häusern, vom Luftmangel und von der Hoffnung, die sich als vergeblich erwies, weil sich kein Fluchtweg mehr fand. Mitunter kam es auch zu Bränden, weil die vulkanischen Auswürfe noch heiß waren oder Öllampen umstürzten. So geschehen beispielsweise in einem Haus in der Via dell'Abbondanza.

Hier stoßen wir auf eine andere rührende Geschichte. Es geht um Marcus Calidius Nasta, den fliegenden Händler mit seinen Heiligenfigürchen, von denen er eins an den Bankier verkaufte, bevor er hinter ihm spie. Normalerweise hat er seinen Verkaufsplatz unter dem gewaltigen Ehrenbogen der *gens Holconia*. Dort haben in diesen dramatischen Stunden viele Menschen Schutz gesucht, einige mit ihren Pferden. Schließlich wusste man ja noch nicht recht, was da überhaupt vor sich ging. Und wartete lieber noch. Zu lange.

Der Ehrenbogen brach an einem bestimmten Punkt einfach zusammen und tötete viele Menschen. Die Archäologen fanden die Skelette von mindestens drei Männern, aber noch etwas anderes: fünfzig Statuetten aus Bronze und Terrakotta (die möglicherweise in einem Sack verschlossen waren) mit dem Siegel des Verkäufers, also Marcus Calidius Nasta.

Daher wissen wir, wie unser Heiligenhändler hieß und wo er sein Gewerbe ausübte. Die Tatsache, dass der Sack nicht auf Höhe der Straße gefunden wurde, sondern quasi achtzig Zentimeter darüber, zeigt, dass der fliegende Händler auf der Flucht hier vorbeigekommen ist (vermutlich auf dem Weg zum Hafen oder zu den Sarnobrücken) und den Sack vermutlich weggeworfen hat, weil er ihn behinderte.

Der Höhe der Bimssteinschicht nach zu urteilen muss das so gegen zwanzig Uhr passiert sein. Lassen Sie die Szene nur mal vor Ihrem geistigen Auge entstehen: Mit einer Grimasse stellte er seinen schweren Sack nieder und marschierte dann weiter über die schon hohe

Bimssteinschicht dahin, in den Nebel und in die Dunkelheit. Von diesem Augenblick an wissen wir nichts mehr über ihn, auch nicht, ob ihm die Flucht gelungen ist.

Mittlerweile sind wohl alle der Überzeugung, dass das Ende der Welt gekommen ist. Und die Menschen verhalten sich so unterschiedlich, wie ihre Charaktere nun mal sind.

Der Dichter Caesius Bassus hätte sofort fliehen können. Cossius Libanus, der Besitzer des »Hotels«, in dem er logiert, hat die ersten Wolken über dem Berg gesehen und intuitiv begriffen, dass eine Katastrophe die Stadt treffen würde. Während andere noch auf dem Forum herauszufinden versuchten, was vor sich ging, hatte er genug Zeit, um drei Karren fertig zu machen. Schließlich gab es ganz in der Nähe, an der Porta Ercolano, einen Mietstall. In diesen drei Karren verließ er mit Familie, mit dem kostbarsten Hab und Gut und einigen Bekannten den Schauplatz der Katastrophe. Er hat dem Dichter einen Platz angeboten, aber der hat verzichtet. Die Dame, die er gestern erst kennengelernt hatte, spukte ihm noch im Kopf herum. Und während der letzte Karren davonrollte, ging Caesius Bassus in die Stadt zurück.

Kaum war er dort angekommen, explodierte der Vesuvius. Entsetzt sah der Dichter zu, wie die Rauchsäule sich immer höher in den Himmel schob. Er klopfte an das Tor seiner Bleibe, doch niemand öffnete ihm. Drinnen war längst die Panik ausgebrochen. Und so stand Caesius Bassus reglos auf der Straße, während um ihn herum das Chaos ausbrach. Sein Blick fiel auf ein Kind, das ebenso starr dastand wie er selbst.

Caesius Bassus nahm es auf den Arm und flüchtete mit ihm unter ein Dach. Er fragte es, wo es wohne und wer seine Eltern seien. Da es gut gekleidet war, musste es zu einer wohlhabenden Familie gehören. Doch das Kind sagte kein Wort, offensichtlich stand es unter Schock. Es zeigte nur auf den Körper einer Frau, die von einem herabfallenden Stein erschlagen worden war, und brachte kein Wort heraus. Die beiden hielten sich an der Hand und suchten sich einen Unterschlupf, bis der Steinhagel aufgehört hätte. Sie wollten zum Hafen. Sie kamen am Forum vorbei, und der Dichter hielt dem Kleinen die Hand vor Augen, wann immer sie an einem Toten vorüberkamen. Irgendwann aber war klar, dass das sinnlos war. Schließlich stiegen sie über den nächsten Toten einfach drüber. Es war ein älterer Herr, der ohne sichtbare Verletzungen und mit entspanntem Gesicht auf dem Boden lag.

Caesius Bassus erkannte den Mann nicht, der Junge schon. Er riss die Augen auf und klammerte sich eng an den Dichter. Es war sein Großvater, den alle in der Stadt kannten. Auch wir kennen ihn, wir haben ihn hier den »Quintilian« Pompejis genannt. Möglicherweise hatte er einen Infarkt erlitten. Und da war er vermutlich nicht der Einzige. Sicher haben in diesen tragischen Augenblicken auch Schlaganfälle und Herzinfarkte ihre Opfer gefordert, vor allem unter den alten Menschen.

Der Dichter setzte mit dem Kind an der Hand seine Flucht fort. Irgendwann machten sie in einer *popina* halt, wo man ihnen sogar etwas zu essen anbot. Dann gingen sie weiter, obwohl das Gehen schon recht beschwerlich geworden war. Einen Augenblick lang hielten sie beim Theater inne, das unter dem Steinhagel fast nicht mehr zu erkennen war. Untröstlich betrachtete Caesius Bassus die zerstörte Bühne. Da ertönte über ihm ein lautes Krachen.

Instinktiv stieß er das Kind von sich. Das herabfallende Dach traf ihn so, dass er sofort tot war. Das Kind blieb wie betäubt sitzen. Diese Stimme war nun erloschen. Nur der Fetzen einer grünen Toga sah unter den Steinen hervor. Da machte es sich allein auf durch den Steinhagel und verschwand im Nebel.

Vergebliches Harren

Rectinas Villa
24. Oktober 79 n. Chr., 17.30 Uhr
4 ½ Stunden nach dem Ausbruch

VIDE QUE PATEOR (...) ROGO
Sieh, wie ich leide (...) ich flehe dich an.

Und Rectina? Die schöne Frau hat sich nicht von der Stelle bewegt. Mittlerweile wird es empfindlich kühl. Sie hat sich ein Kohlebecken bringen lassen, und die Sklavinnen tragen heiße Getränke auf. Doch von Plinius keine Spur.

Das Meer brodelt noch immer. An jedem beliebigen anderen Tag wäre das ein aufregendes Spektakel gewesen, doch heute ist das Meer einer von mehreren Feinden. Hinter ihr spuckt der Vulkan immer noch mehr Asche in diese gewaltige Wolke, die sich turmhoch über die Landschaft geschraubt hat und die Stadt mit Blitzen und Aschenebel bedroht. Als hätte der Himmel längst den Vorhang fallen lassen über Pompeji. Von Rectinas Villa aus hingegen zeigt sich der Horizont noch klar. Die Luft ist kühl, vielleicht zu kühl, doch es weht schließlich ein heftiger Wind.

Rectina hat das Gefühl, in der Falle zu sitzen. Hinter ihr der Feuerschlund, vor ihr das aufgewühlte Meer. Wohin nur kann sie fliehen? Ihre einzige Hoffnung ist, dass Plinius zu ihrer Rettung herbeieilt, doch im Augenblick ist noch kein Schiff am Horizont zu entdecken. Rectina kann nicht mehr tun, als sich weiter an ihre Bronzebalustrade zu klammern.

Nun ruft ein Sklave plötzlich: »Da!« Tatsächlich schieben sich jetzt dunkle, lang gestreckte Schemen durch die hochschlagenden Wellen: die Quadriremen! Endlich. Trotz der schwierigen Witterungsverhältnisse halten sie mit geblähten Segeln auf die Küste zu. Ein erhebender Anblick, der Schönheit und Stärke zugleich verheißt. Und natürlich die lang ersehnte Hilfe. Vom nahen Turm werden regelmäßig Lichtsignale an die Schiffe weitergegeben.

Plinius der Ältere persönlich steht am Bug. Kaum vermag er die Augen von der gewaltigen Eruptionssäule zu lassen, die alles überragt. Auch die Seeleute blicken gebannt auf das blitzeschleudernde, schnaubende Monstrum, das einen Steinhagel auf Pompeji herunterschickt, der selbst vom Meer her zu erkennen ist. Plinius der Ältere verfolgt all diese Vorgänge aufmerksam und diktiert die Beobachtungen seinem Sekretär, der neben ihm sitzt. Der Mann hat sich ein Seil um die Hüften geschlungen, damit er die Hände zum Schreiben frei hat. (Vermutlich ist er eher tot als lebendig, entweder vor Angst oder weil er seekrank ist.) Und Plinius der Jüngere berichtet:

> Er eilt dorthin, woher die anderen fliehen, und steuert in geradem Kurs auf die Gefahr zu, so ganz frei von Furcht, dass er alle Veränderungen, alle Phasen dieses Unheils, wie er sie wahrnahm, diktierte und aufzeichnen ließ.[8]

In diesem Moment aber geschieht etwas Unerwartetes. Die Schiffe, die von der Küste noch weit entfernt sind, verlangsamen plötzlich ihre Fahrt. Sie befinden sich nun unmittelbar vor Herculaneum, doch bleiben sie draußen auf dem Meer liegen. Sie scheinen zu zögern. Die Minuten verstreichen. Irgendetwas wird an Bord nicht ordnungsgemäß verlaufen. Rectina versteht nicht, ihr Sklave schon. »Herrin, sie werden nicht kommen. Sie können nicht ankern. Die See ist zu unruhig!«

In Wahrheit aber ist es nicht das Meer, das Plinius aufhält. Plinius der Jüngere jedenfalls erklärt den Vorfall in seinen Briefen so: »Schon fiel Asche auf die Schiffe (...), schon zeigte sich plötzlich eine Untiefe, und durch einen Bergsturz wurden die Ufer unzugänglich.«[9] Die Leerung der Magmakammer hat dazu geführt, dass der Meeresboden sich hob, an einigen Stellen bis unmittelbar unter die Wasseroberfläche. Vom Meer her (so Plinius) sieht es aus, als hätte ein Bergsturz das Ufer aufgeschüttet. Für die Quadriremen wird es zu gefährlich, näher zu kommen.

Möglicherweise kratzte ein neu gebildetes vulkanisches Felsenriff am Schiffsrumpf. Das läge zumindest im Rahmen des Möglichen: 1983 registrierte man rund um Pozzuoli, wo die Phlegräischen Felder liegen, ein gewaltiges vulkanisches Feld mit hoher unterirdischer Aktivität, dass sich das Erdreich nach oben verschob. Nicht einmal die Fischerboote konnten sich der Küste noch nähern, weil sich der Meeresboden so stark gehoben hatte.

Das Dilemma des Admirals ist so simpel wie dramatisch: Hat es Sinn, den Schiffbruch der Quadriremen zu riskieren, um die Bewohner dieses Küstenabschnitts zu retten? Wäre es nicht besser, dort Menschen zu retten, wo der Zugang sicher ist?

Plinius der Ältere biss sich wohl auf die Lippen, dann aber beschloss er, es im Süden zu versuchen. Stabiae hat einen Hafen mit ausreichender Wassertiefe. Auf jeden Fall könnte man dort weiter draußen vor Anker gehen. Das bedeutet natürlich, Rectina ihrem Schicksal zu überlassen, doch der Admiral kann nicht anders handeln. Und so nehmen die Quadriremen wieder Fahrt auf – zur Bestürzung all jener, die an diesem Küstenabschnitt auf Rettung gehofft hatten. Plinius der Jüngere schreibt:

> Er zögerte einen Augenblick, ob er umkehren solle, dann sagte er dem Steuermann, der zur Umkehr riet: »Dem Mutigen hilft Gott! Vorwärts zu Pomponianus!« Dieser war in Stabiae, auf der anderen Seite des Golfes – denn ein sanft geschwungenes Gestade umfasst das Meer dort in einem Bogen.[10]

Plinius gibt keineswegs auf. Er befiehlt, auf Stabiae zuzuhalten. Viele an Bord werden diesen Befehl unter Flüchen aufgenommen haben.

Die Schiffe nehmen neuen Kurs und entschwinden nacheinander aus dem Sichtfeld Rectinas, deren Augen ihnen tränenverhangen nachblicken, während ständig neue Erdstöße die Villa erschüttern.

Die untergehende Sonne reißt das Leben mit sich

Küste am Vesuvius
24. Oktober 79 n. Chr., 18.00 Uhr
5 Stunden nach dem Ausbruch

OMNIBUS POMPEIANIS FELICITER
Glück den Pompejanern!

Rectina hat sich von dem Schrecken erholt. Die Schiffe können ihr nicht zu Hilfe eilen, es wird Zeit, dass sie ihre Rettung selbst in die Hand nimmt. Zwischen zwei Erdstößen ruft sie Eutychus und sagt ihm, dass sie beide hier wegmüssten.

Da Eutychus ein vorausschauender Mensch ist, hat er zwei Pferde anschirren lassen, denn das ist sicher der schnellste Weg, um herauszukommen. Doch als sie sich gerade anschicken, die Villa zu verlassen, klettert ein Mitglied der Prätorianergarde über die Umfriedungsmauer und verlangt, dass man das Tor öffnet. Warum? Titus Suedius Clemens ist gekommen, um Rectina von hier fortzubringen. Nach seiner überstürzten Abreise aus Neapolis ist dem Tribun klar geworden, dass er es nie rechtzeitig bis nach Pompeji schaffen würde. Doch wenigstens Rectina, die an den Hängen des Vulkans wohnt, kann er noch retten.

Die beiden umarmen sich lange. Die Dame macht kein Hehl daraus, wie sehr sie sich über den ihr angebotenen Schutz freut. Die breite Brust des Tribuns bietet sichere Zuflucht. Ein neuer Erdstoß holt sie beide in die Wirklichkeit zurück. In kürzester Zeit sind alle aufgesessen und reiten davon. Rectina dreht sich noch einmal um und sieht ihre Welt hinter der nächsten Biegung ein für alle Mal verschwinden.

Über die Brücke eines ausgetrockneten Kanals reiten sie hinein in die höher gelegenen Viertel von Herculaneum. Die Läden sind geschlossen, da und dort klafft eine offene Tür. Die Stadt ist Niemandsland und hängt am seidenen Faden zwischen Leben und Tod. Es gilt noch, eine zweite Brücke zu überqueren, dann haben sie auch Herculaneum hinter sich gelassen. Ein paar Augenblicke später lässt lautes Krachen die Pferde scheuen: Die Brücke, die sie gerade passiert haben, ist von einer hellgrauen Schlammlawine fortgerissen worden, die nun durch den Kanal aufs Meer zuschießt.

Es geschehen Dinge, wie sie noch nie jemand gesehen hat. Gewöhnlich sind die beiden Kanäle, die die Stadt umschließen, trocken. Die Brücken sollen nur einen schnelleren Übergang ermöglichen. Doch der Vesuvius stößt ja bei der Eruption Unmengen Wasserdampf aus. Das verursacht lokale Starkregengüsse, die die Asche aus der Luft auswaschen. Wasser und Asche ergießen sich in die Zubringer der Flüsse und verwandeln sie in gewaltige Schlammströme, die alles mit sich reißen. In diesem Fall auch die beiden Brücken über die Kanäle in Herculaneum.

Nun ist die Stadt von der Welt abgeschnitten. Der Weg, der innerhalb von zwei bis drei Stunden nach Norden und damit in die Sicherheit geführt hätte, ist versperrt.

Rectina und ihre Begleiter durchqueren jetzt ein Gebiet, das nicht mehr länger Teil des Römischen Reichs zu sein scheint. Hier stoßen sie nur auf verlassene Häuser und verwüstete Landstriche. Häufig zwingen Erdrutsche und eingestürzte Mauern sie, einen Umweg zu nehmen. Die großen Villen stehen leer. Nur hin und wieder beobachten sie Plünderer, die sich mit Gold und Silber beladen davonmachen. Längst haben sie aufgehört, die Toten am Straßenrand zu zählen.

Die Sonne hängt unmittelbar über dem Horizont und wird bald untergehen. Ihre schrägen Strahlen kämpfen sich durch die Luft und erleuchten das immer noch aufgewühlte Meer. Und die Eruptionssäule, die sich hinter ihnen auftürmt.

Was an der Küste immer noch ein malerischer Sonnenuntergang ist, bekommt in Pompeji unheimliche Dimensionen: Hier wirkt das Licht der Sonne gespenstisch. Kühl und blass, wie es ist, schenkt es den Menschen keinerlei Wärme mehr.

Der Bäcker Modestus hat sich in einen der Wehrtürme der Stadt geflüchtet. Sicher keine schlechte Idee, diese Türme wurden schließlich gebaut, um den Wurfgeschossen der Feinde standzuhalten. Die untergehende Sonne lockt ihn ans Fenster. Einen Moment lang reißt der Nebelschleier auf, und Pompeji liegt vor ihm. Voller Entsetzen stellt er fest, dass auch die Stadt untergeht.

Die Bimssteindecke ist mittlerweile mehr als einen Meter dick und hüllt die Stadt allmählich ein. Die roten Dächer sind nicht mehr sichtbar, das Grau der Steine verschlingt alles. Die Straßenbrunnen sind längst darunter verschwunden, auch die Gehsteige. Da und dort lodern Flammen auf, weil die einstürzenden Dächer die Öllampen zu Bruch gehen ließen, mit denen die Pompejaner die vulkanische Nacht zu vertreiben versuchten.

Modestus blickt zum Hafen. Dorthin wird er fliehen, sobald der Bimssteinregen aufgehört hat. Er weiß nicht, dass das mittlerweile sinnlos geworden ist. Selbst wenn Schiffe ablegen könnten, müsste er sich für einen Platz mit Hunderten anderen schlagen, die dieselbe Idee hatten.

Er sieht eine Kolonne von Flüchtlingen, die auf die Porta Ercolano zuhält. Die Landschaft, die sich dahinter auftut, ist ohne Leben: Die Felder sind von Asche bedeckt, die Bäume umgestürzt. Wer sich vor dem Steinhagel schützen wollte, indem er sich dort unterstellte, wurde unweigerlich erschlagen. Manche Straßen zeigen seltsame Erhebungen. Dort sind Altäre oder Statuen umgestürzt und wurden dann von Asche und Steinen zugedeckt. Alles ist wie mit Watte ausgekleidet. Selbst das düstere Heulen des Windes klingt nur matt durch.

Die Menschen, die in die Stadt kommen, sehen aus wie ein Heer Verdammter, das direkt aus der Hölle kommt. Sie sind ganz mit Asche bedeckt und gehen langsam und schweigend, die Gesichter völlig ausdruckslos. Wer hinfällt, gleicht bald einer der umgestürzten Statuen. Der einzige Unterschied? Das Weiß des Augapfels, wenn er bei einem neuen Erdstoß erschrocken die Augen aufreißt. Wenn …

Die letzte Fahrt des Admirals

Hafen von Stabiae
24. Oktober 79 n. Chr., 18.30 Uhr
5 ½ Stunden nach dem Ausbruch

QUI MEMINIT VITAE SCIT QUOD MORTI SIT HABENDUM
Wer über das Leben nachdenkt, weiß, was der Tod für ihn bereithält.

Auch Plinius der Ältere betrachtet den Sonnenuntergang mit Sorge. Sein rationaler Geist versucht immer noch, das Phänomen zu verstehen. Mittlerweile ist ihm klar, dass es sich um einen Vulkanausbruch handelt. Doch er ist ja Römer, daher sucht auch er die Botschaft hinter diesem kolossalen Unglück. Jeder Vogel, der tief über der Wasseroberfläche dahinzieht, jedes Stück Treibholz, alles an Bord wird gelesen und gedeutet, diesmal als böses Vorzeichen. Die Seeleute sind nun mal abergläubisch, damals wie heute.

Vom Meer aus ist klar zu erkennen, dass die Schiffe in den kleinen Häfen festsitzen. Auch die Lastkähne, die vor Herculaneum ankern, können nicht auslaufen. Das Meer ist immer noch viel zu stürmisch, der Wind will sich nicht drehen. Es ist unmöglich, aufs Meer hinauszufahren, um sich in Sicherheit zu bringen. Natürlich hat es der eine oder andere versucht, aber dabei ist er vermutlich untergegangen, unter den entsetzten Blicken der Zurückgebliebenen für immer verschlungen von den aufgepeitschten Wellen.

Nur große Schiffe wie die Quadriremen, deren Mannschaft geschult und erfahren ist, können sich unter solchen Bedingungen auf dem Meer bewegen: Und die Seeleute unter Plinius' Kommando sind die besten im Imperium. Der Admiral versteht wie kein anderer die Gefühle der Menschen an den Molen, vor allem beim Anblick der Quadriremen. Nach römischer Denkungsart müssten sie anlegen, müssten vor allem die Reichen retten, die Aristokraten, alle, die zur öffentlichen Verwaltung gehören. Erst dann dürften die einfachen Bürger an Bord – zumindest theoretisch. Denn zwei Quadriremen hätten völlig ausgereicht, um alle Menschen zu retten, die am Strand von Herculaneum Schutz gesucht hatten und auf Rettung warteten.

Als sie an Herculaneum vorbeikommen, verlangsamt die Flotte ihre Fahrt. Man macht sich fertig fürs Anlegen. Schließlich sind die Menschen am Ufer nicht zu übersehen. Sie haben sich ja eben dorthin geflüchtet in der Hoffnung, auf ein Schiff gehen zu können. Hinter ihnen türmt sich die Aschewolke mit ihren Blitzen auf wie ein apokalyptisches Ungeheuer. Doch wie Rectina müssen auch sie erleben, dass eine Rettung vom Meer aus nicht möglich ist, weil sich der Meeresboden gerade unvorhersehbar verformt.

Näher zu kommen ist einfach nicht möglich, wenn aus den Rettern keine Opfer werden sollen. Versetzen wir uns nur mal in Plinius' Lage: Natürlich quält ihn, was er sieht, doch er kann gar nicht anders handeln. Die Sonne geht gerade unter, das Meer schäumt. Die Kälte kriecht den Seeleuten allmählich unter die Haut. Das hat so keinen Sinn. Der Oberkommandierende muss mit den Quadriremen einen sicheren Hafen anlaufen, bevor die Nacht jedes Manövrieren unmöglich macht.

Während die Schiffe sich nach Stabiae wenden und Herculaneum seinem Schicksal überlassen, kämpfen viele Seeleute mit den Tränen. Ihre Angehörigen leben in Herculaneum.

Am Strand ist die Enttäuschung groß, ebenso wie in Rectinas Villa wenige Stunden zuvor. Im Stich gelassen zu werden, wenn die Hilfe so nah scheint, ist erschütternd. Viele Menschen lassen sich verzweifelt in den Sand sinken und brechen in Tränen aus.

Die kleine Flotte hat die Segel gesetzt und taucht nun in den »Kegel« der vulkanischen Niederschläge ein, die östlich vom Vesuv niedergehen. Die Sicht wird zunehmend schlechter. Bei allen macht sich die Erkenntnis breit, dass man sich nun dem Ort der Katastrophe nähert. Die Winde blasen ohnehin nur in diese Richtung. Es wäre auch unmöglich, zur Basis zurückzukehren. »Wir sitzen in der Falle«, dürfte sich wohl mehr als einer der Seemänner gedacht haben.

Die Schiffe auf Kurs zu halten wird schwieriger. Das Meer ist bedeckt von unzähligen Bimssteininseln, denen der Steuermann ausweicht, wo er kann. Wo nicht, ziehen diese fast weißen, schwimmenden Steine alle Augen auf sich. Da und dort sieht man auch große, schwarze Felsbrocken treiben, die noch rauchen. Die Seeleute sind erstaunt: Felsbrocken, die auf dem Meer tanzen wie Kork. In Wirklichkeit aber sind diese Felsbrocken äußerst porös. Was sie an der Wasseroberfläche hält, sind die darin eingeschlossenen Gase.

Ein anderes Phänomen, das alle verstört, ist der sich ausbreitende Geruch: Die typische Note der Meeresluft verbindet sich mit dem Gestank von Schwefel zu einer Mischung, die man nicht mehr vergisst. (Als ich mit einer Filmcrew auf Hawaii war, wo wir ins Meer fließende Lavaströme aufnahmen, konnte ich diesen eigenartigen olfaktorischen Eindruck gewinnen. Ich kann Ihnen versichern, dass sich so etwas auf ewig einbrennt.) Doch die Quadriremen haben es nicht nur mit treibenden Lapilli zu tun:

> Schon fiel Asche auf die Schiffe – je näher sie herankamen, desto heißer und dichter –, schon fielen auch Bimssteine und schwarze, halbverbrannte und von der Hitze geborstene Steine (... an diesem Punkt setzten die Seeleute vermutlich ihre Helme auf).[11]

Wenn solche Steine aufs Schiff fallen, schüttet man sofort Wasser darauf, das zischend verdampft. Oder man befördert sie mit einem schnellen Fußtritt zurück ins Meer. Der Aschenebel wird immer undurchdringlicher, die Seeleute beginnen zu husten. Was dem Blick zunächst wie eine Landzunge scheint, entpuppt sich bei näherem Hinsehen als gewaltige Bimssteininsel, die auf dem Meer treibt. Die Schiffe passieren den Hafen von Pompeji oder besser gesagt den Ort, wo er sich befinden müsste, denn mittlerweile ist alles von einem dichten Aschenebel verhüllt. Man kommt nur langsam voran, ein Anlegen ist unmöglich. Die starken Quadriremen bleiben weit draußen liegen, vielleicht an der Stelle, wo heute das Inselchen Scoglio di Rovigliano liegt. Weiterzusegeln wäre unvorsichtig.

Plinius, der das Kommando über die Schiffe dem höchsten Offizier an Deck übergibt, besteigt eines der Boote und lässt sich in den Hafen von Stabiae rudern, der unter dem Varanohügel liegt. Die Situation dort ist ebenfalls dramatisch. Auf den kleinen Molen drängen sich zahllose Menschen, die unbedingt gerettet werden wollen. Die Verwirrung ist unbeschreiblich. Einige versuchen, mit übervollen Booten hinaus aufs Meer zu rudern, dabei sind die Boote nicht dafür gebaut, unter diesen Witterungsbedingungen dem Meer zu trotzen. Selbst auf das Boot des Admirals stürzen sich Menschen, doch die Soldaten stoßen die Heraufkletternden unnachsichtig zurück. Man kann die Verzweiflung verstehen. Auch in Stabiae ist niemand, der nicht schon mindestens einen Angehörigen verloren hat.

Plinius redet mit den Leuten und versucht, sie zu beruhigen, doch letztlich ist es der Wind, der über Leben oder Sterben entscheidet. Und er weht immer noch aus der falschen Richtung. Endlich entdeckt der Admiral seinen alten Freund Pomponianus, der auch bei Rectinas Bankett zugegen war. Doch hören wir, was Plinius der Jüngere darüber zu sagen weiß:

> Obschon die Gefahr dort noch nicht unmittelbar drohte, war sie doch sichtbar, und wenn sie sich steigerte, sehr nahe; Pomponianus hatte deshalb sein Gepäck auf Schiffe verladen lassen, zur Flucht entschlossen, wenn sich der Gegenwind gelegt hätte. Dieser Wind war für die Fahrt meines Onkels sehr günstig; er umarmt den Ängstlichen, tröstet ihn, muntert ihn auf (...).[12]

Plinius ist ganz von Asche und Staub bedeckt. Er hat seit Stunden nichts gegessen und ist völlig erschöpft. Daher bittet er den Freund, doch mit ihm in sein Haus zu gehen, um einen Happen zu essen und ein schönes Bad zu genießen. Vermutlich hat Pomponianus diesen Vorschlag nur widerwillig akzeptiert, doch das Meer lässt ihm keine Wahl. Bald darauf tafeln die beiden also im luxuriösen Haus des Gastgebers.

Der Neffe berichtet weiter. Was er erzählt, haben Augenzeugen ihm berichtet, zu denen vermutlich auch Pomponianus gehörte:

> (Plinius der Ältere) lässt sich, um dessen (des Pomponianus) Furcht durch seine eigene Sorglosigkeit zu beheben, (...) ins Bad tragen; nach dem Bad liegt er zu Tisch und speist frohgemut oder, was gleich groß ist, tut, als sei er frohgemut.[13]

Plinius der Ältere weiß im Herzen, welch hoher Gefahr die Menschen um ihn herum ausgesetzt sind. Doch eben die Tatsache, dass der Admiral Ruhe an den Tag legt, ist ein klares Signal, dass er – möglicherweise besser als alle anderen – verstanden hat, dass im Augenblick nichts zu tun ist. Man kann nur warten und hoffen, dass alles sich zum Besten wendet. In gewisser Hinsicht geben uns diese Zeilen Einblick in das, was im Moment wohl Tausende bewegt, die in ihren Häusern oder in provisorischen Unterkünften eingepfercht sind.

Die Sonne ist im aufgepeitschten Meer untergegangen. Ihr Licht wird Stabiae und das gemarterte Land rundherum erst wieder in drei Tagen erhellen.

Was aber macht in der Zwischenzeit der Vesuvius?

Die ersten Todeswolken

Vesuvius
24. Oktober 79 n. Chr., 20.00 Uhr
7 Stunden nach dem Ausbruch

(VENIMUS H)UC CUPIDI MULTO MAGIS IRE CUPIMUS
Voller Verlangen sind wir gekommen, doch noch viel lieber würden wir wieder gehen.

Die Eruptionssäule hat mittlerweile etwa sechsundzwanzig Kilometer Höhe erreicht. Siebzig Millionen Kilo Lava werden pro Sekunde aus dem Vesuvius geblasen. Seit Stunden gelangt kein Wasser (vom Grundwasserspiegel oder vom Meer) mehr in den Vulkanschlot. Fachsprachlich ausgedrückt ist der Ausbruch von der phreatischen in die magmatische Phase übergegangen. Gab es vorher noch Explosionen, weil ständig Wasser in den Auswurf gelangte, so ist es nun das Magma, das den Ablauf der Eruption bestimmt.

Seit ihrem Beginn ist gut ein Kubikkilometer Magma aus dem Schlot geschleudert worden. Dadurch hat sich die Magmakammer oben teilweise geleert. Dort lagert das Magma nun Gasbläschen ein. Etwa zwanzig Prozent des Volumens bestehen jetzt aus solchen Gasbläschen.

Die glühende Masse hat sich zum größten Teil in weißen Bimsstein verwandelt. Vier Kubikkilometer Bimsstein regnen auf die Landschaft südöstlich des Vesuvius herab. Man rechnet, dass allein auf Pompeji so viel Bimsstein niederging, dass die Stadt bis zur Höhe von einem Meter vierzig davon bedeckt war.

Da ein Kubikmeter Bimsstein mehr als eine halbe Tonne wiegt, ist es nur zu verständlich, dass die Dächer einstürzen: Das ist so, als würden auf jedem Quadratmeter Dach sechs ausgewachsene Männer stehen. Achtunddreißig Prozent der bislang gefundenen Opfer wurden von einstürzenden Bauten getötet und nicht von Gasen oder Glutwolken. Das ist mehr als ein Drittel aller Toten.

Wenn man die Karten studiert, auf denen die Geologen den Steinschlag nach dem Ausbruch eingezeichnet haben, sieht man sofort, dass in Stabiae weniger Steine niedergingen (eine Schicht von etwa fünfzig bis hundert Zentimetern). Noch weniger waren es in Oplontis, obwohl es dem Vesuvius am nächsten war. Das unglückliche Pompeji aber lag eben dort, wo der Steinhagel am dichtesten war.

Doch nun geschieht etwas im Inneren des Vulkans. Die Gasbläschen, die sich vorher im oberen Teil der Magmakammer ins Magma eingelagert hatten, dringen nun, wo die Kammer teilweise geleert ist, auch nach unten vor. In der Folge bildet sich ein Gemisch aus Materialien unterschiedlichster Temperatur und chemischer Zusammensetzung beziehungsweise physikalischer Form. Das aber hat für die Menschen, die an den Hängen des Vulkans leben, schlimme Folgen.

Die Bimssteine, die nun aus dem Vulkanschlot ausgeworfen werden, sind dunkler. (Den Unterschied sieht man heute noch deutlich in den Ruinen von Pompeji.) Sie sind aber auch größer, dichter und schwerer.

Natürlich denken wir sofort an die Häuser Pompejis. Doch es stürzen nicht nur die Dächer ein: Nun kollabiert die gesamte Eruptionssäule! Diese enthält immer mehr schwere Partikel und immer weniger Gas, Wasserdampf und andere flüchtige Substanzen. Die Säule wiegt also mehr und kann sich ab einem bestimmten Moment nicht mehr in die Höhe schrauben. Sie fällt vielmehr in sich zusammen und stürzt als vulkanische Glutwolke die Hänge des Berges hinab.

Die Sedimentanalyse durch die Archäologen ergab, dass das zweimal geschah. Es formten sich also in kurzer Folge zwei pyroklastische Ströme mit einer Temperatur von mehreren hundert Grad Celsius, die Villen und Landgüter in der Nähe einfach wegbrannten. So geschehen zum Beispiel in Terzigno, wo innerhalb weniger Sekunden alles Lebendige, was sich in seinen Mauern aufhielt, den Tod fand.

In der sogenannten »Villa 2« beziehungsweise »Villa 6« finden die Archäologen zwölf Skelette. Die genaue Abfolge der Ereignisse lässt sich vor allem aus den Funden in Villa 2 ablesen. Zwei Hunde und fünf Menschen hatten sich ins Triklinium geflüchtet, eine Person war nah am Eingang geblieben. Der pyroklastische Strom hat sie in Sekundenbruchteilen getötet, dann ist die Decke eingestürzt. Eine Frau, vielleicht die Besitzerin, hat versucht, mit ihrem Sklaven zu fliehen, als sie die Glutwolke heranrasen sah. Sie trug in einem Sack Silberwaren mit sich, doch diesen verlor sie auf der Flucht in dem Säulengang, auf den das Triklinium hinausging. Eine völlig sinnlose Flucht, denn die Glutwolke wälzte sich an der Eingangsseite entlang und hatte sie in kürzester Zeit eingeholt. Dort fand man auch ihre Gebeine.

Die Villen in Terzigno sind zerstört: Das grausame Schicksal der Menschen dort bleibt im Namen des Ortes erhalten. Dieser kommt vom lateinischen *terra ignita* (»verbranntes Land«) oder von *ter ignis*, was eine Verkürzung von *oppidum ter igne ustum* ist und »Gegend, die dreimal vom Feuer verbrannt wurde« bedeutet.

Wie aber sieht es anderenorts aus? In Oplontis haben die Unmengen Asche die Dächer und Säulengänge der sogenannten Villa der Poppaea einstürzen lassen. Die Menschen, die dort Zuflucht gesucht hatten, flüchteten eilig ins angrenzende Haus, die »Villa B«, die wir als Großhandelszentrum identifiziert haben.

In Pompeji schlägt währenddessen die Stunde der Vettii, die wir hier hypothetisch nachstellen. Die beiden haben viel zu lange gewartet, weil sie ihr kostbares Hab und Gut nicht im Stich lassen wollten. Nun geht ihnen ein Freigelassener voran, rundherum aber sind sie umringt von Sklaven mit Öllampen, die ihnen helfen, die mittlerweile gut anderthalb Meter hohen Bimssteinhaufen zu überwinden. Sie wollen zu einer Anlegestelle, wo ein Ruderboot auf sie wartet. Der Freigelassene versichert ihnen, dieses werde sie in Sicherheit bringen. Das Boot liegt an der privaten Mole von Fabius Rufus an, dem Besitzer eines der schönsten Häuser an den Stadtmauern von Pompeji. Von diesem selbst keine Spur. Es heißt, er habe die Stadt verlassen. Andere behaupten wieder, er sei längst tot. Doch das Boot ist unbeschadet und wartet nur darauf, in See zu stechen – natürlich gegen einen schönen Batzen Geld.

Der Freigelassene ist offensichtlich ein durch und durch skrupelloser Mensch, der versucht, Profit aus der Tragödie zu schlagen. Natürlich wird sich im allgemeinen Chaos niemand über ein gestohlenes Boot aufregen. (Das man ja, wie er behauptet, ohnehin nur »ausleihen« wolle.) Die Vettii haben dafür eine Summe lockergemacht, die nur wenige in der Stadt überhaupt aufbringen könnten. Auch diese Form der »Überlebensökonomie« gehört zur Tragödie von Pompeji.

Das Meer allerdings schäumt immer noch wild. Die Winde haben nicht gedreht, doch der Freigelassene behauptet, dass man ja nur bis zur Halbinsel von Surrentum rudern müsse, um sicher zu sein. Er hat eine kleine Schar von Komplizen zusammengeholt (die natürlich selbst auch auf schnellstem Wege die Stadt verlassen möchten). Im Augenblick verwehren sie jedem Menschen den Zugang zu dem eleganten Boot.

Die Vettii wurden zum Schutz vor den fallenden Steinen auf Schleichwegen durch den Aschenebel, unter noch heilen Säulengängen und durch verlassene Häuser, bis hierher gelotst. Erleichtert lassen sie sich unter dem schön verzierten Dach in die Liegebetten am Heck sinken. Die Bimssteine prasseln immer noch darauf hernieder.

Nun legen sich die Ruderer ins Zeug. In diesem Nebel sieht es aus, als navigierte Charon persönlich, der den Totenfluss Acheron überquert. Und der Vergleich ist gar nicht so weit hergeholt, denn die Vettii haben für die Überfahrt auch ihren Obolus entrichtet. Sie allerdings hoffen, dass sie sich auf diesem Wege das Leben erkaufen. In Anbetracht der Unerfahrenheit der Besatzung und der Wellen, die sich draußen auf dem Meer auftürmen (was die Ruderer mangels ausreichender Sicht noch nicht bemerkt haben), ist eher anzunehmen, dass sie am Ende doch im Reich der Toten landen. Die Vettii verschwinden im Nebel, und man hört nie wieder von ihnen.

In Stabiae weiß keiner, was in den Städten rundherum passiert. Man sieht nur, dass auf den Hängen des Vesuvius Flammen lodern. Sie sind die züngelnden Spuren, welche die Glutwolke in den Villen von Terzigno hinterlassen hat. Plinius hat auch dafür eine beruhigende Erklärung:

> Unterdessen leuchteten aus dem Vesuv an verschiedenen Orten sehr breite Feuergarben und hohe Feuersäulen auf, deren Glanz und Helligkeit durch das Dunkel der Nacht noch gesteigert wurde. Mein Onkel sagte zur Beschwichtigung der Angst immer wieder, das seien Herdfeuer, die die Bauern in ihrer Aufregung nicht gelöscht hätten, und verlassene Landhäuser, die jetzt leer daständen und brennten. Dann begab er sich zur Ruhe und schlief wirklich tief ein. Denn sein Atemholen, das bei ihm wegen seiner Körperfülle schwer und mit Schnarchen verbunden war, wurde von denen, die sich vor seiner Tür befanden, gehört.[14]

Er liefert uns auch eine anschauliche Beschreibung dessen, was sich in der Zwischenzeit in Misenum abspielte, also dreißig Kilometer entfernt. Obwohl man weit weg vom Vesuvius ist, wird die Tragödie auch hier spürbar:

> Nach der Abfahrt meines Onkels verbrachte ich die restliche Zeit mit Arbeiten – deswegen war ich ja zurückgeblieben; später badete ich, aß zur Nacht und schlief unruhig und kurz.[15]

Wie gesagt: Auch Herculaneum war vom Bimssteinhagel nicht betroffen. Doch seine Bewohner sind, anders als die von Misenum, verängstigt, weil die Erde dort heftig bebt und vom Vulkan her immer wieder dumpfe Explosionen zu vernehmen sind. Man hat den deutlichen Eindruck, dass eine Katastrophe unmittelbar bevorsteht und die Stadt diese nicht überleben wird. Daher flieht, wer kann.

Herculaneum: Wo sind deine Bewohner?

Herculaneum
25. Oktober 79 n. Chr., Mitternacht
11 Stunden nach dem Ausbruch

VICINOS FUGITIVOS
Die Nachbarn sind weggelaufen.

Wir sind nur sechs Kilometer vom Vulkan entfernt. Zur Angst, die allein schon das Wüten des Vulkans auslöst, gesellt sich nun noch das Entsetzen über das, was die wenigen Flüchtlinge berichten, die es bis in die Stadt geschafft haben.

Wir stehen auf der Hauptstraße von Herculaneum, dem *decumanus maximus*, der die Stadt in ost-westlicher Richtung teilt. Die *cardo* genannten Nord-Süd-Achsen führen alle direkt zum Hafen. Der *decumanus maximus* hingegen verläuft parallel zur Küste und ist so breit, dass dort der Markt abgehalten wird. Normalerweise wimmelt es hier nur so von Menschen, heute ist alles leer und verlassen. Die Stille ist beängstigend. Fenster und Ladentüren sind alle verrammelt. Auch heute kann man hier noch bewundern, wie die Ladentüren der Römer gebaut waren: Tafeln, die perfekt ineinandergefügt werden wie die Bretter eines Parkettbodens. Die »Feder« an der einen Tafel passt genau in die »Nut« der anderen. Unten haben sie ausgefräste Rillen, sodass sie auf dem steinernen Sockel problemlos verschoben werden können.

Wir wollen die Stadt noch einmal in Augenschein nehmen. Sie ist zur Gänze verlassen. Nur über uns ertönt das dunkle Grollen des Vulkans, das sich vermischt mit dem Tosen der heranbrandenden Wellen. Der Wind spielt mit einem offenen Fensterladen. Wir werfen einen Blick ins Haus. Drinnen ist alles ordentlich, was noch gespenstischer wirkt. Kein Zeichen einer übereilten Flucht, ganz im Gegenteil.

Wir marschieren ins Kollegium der Augustalen, jener Priester, denen die kultische Verehrung von Kaiser Augustus obliegt. Der Kaiser wurde ja nach seinem Tod in den Rang eines Gottes erhoben und als solcher verehrt. Man errichtete ihm Tempel, vollführte eigens für ihn ersonnene Riten, und natürlich hatte er auch seine eigene Priesterschaft. In dem heiligen Bezirk am Ende des Raumes entdecken wir zwei exzellent ausgeführte Herkulesfresken, die wir bewundernd betrachten. Da hören wir jemanden geräuschvoll atmen. Ist es möglich, dass man in einer solchen Nacht Schlaf findet?

Wir spähen hinter die Tür des Verschlags. Tatsächlich liegt dort ein Mann und schnarcht! Wer kann das sein? Möglicherweise ein Wächter, der das Kollegium bewachen soll. Wie bereits gesagt gehen die Römer früh zu Bett und stehen früh wieder auf. Auch wenn es kaum vorstellbar erscheint, dass jemand in einer Nacht wie dieser, die das Ende der Welt zu verkünden scheint, Schlaf finden kann. Möglicherweise ist der Mann auch einfach krank. Wir werden es nie erfahren.

Wir treten aus dem Kollegium heraus und gehen einen der *cardi* hinunter zum Strand, wobei jeder Schritt von den Wänden widerhallt. Wir befinden uns tatsächlich in einer Geisterstadt. Als wir die Treppen zum Ufer hinunter betreten wollen, hören wir das Weinen eines Kindes. Es dringt aus einem Haus oberhalb der suburbanen Thermen, die über dem Strand thronen.

Wir schauen ins Haus hinein und werden Zeugen einer Szene, die der Weihnachtsgeschichte entnommen scheint: Eine Frau wiegt ein Neugeborenes in den Schlaf. Neben den beiden sitzt mit abwesendem Blick der Vater. Er trägt einen Ring mit einem in den Stein geschnittenen Skorpion. Vielleicht ist er ein Prätorianer »auf Urlaub«.

Wir setzen unseren Weg fort. Endlich hören wir wieder menschliche Stimmen, ein Summen wie aus tausend Kehlen. Wir gehen die Treppe zum Strand hinunter, überqueren den kleinen Platz vor den

Thermen, auf dem die Reiterstatue von Marcus Nonius Balbo steht, dem Wohltäter von Herculaneum.

Noch eine Treppe und ...

Der Strand ist voll von Menschen: Da also sind alle Herculaneer! Am Strand, entlang der Küste, dort, wo sie am weitesten entfernt sind vom Vulkan, dort, wo sie sich Hilfe erhoffen. Auch die Eltern des Neugeborenen in der Wiege haben eine durchaus kluge strategische Entscheidung getroffen. Sie müssen sich nicht unter die Menge mischen, doch falls ein Schiff kommen sollte, sind sie schnell an der Anlegestelle.

Boote gibt es allerdings keine mehr. Eines liegt am Strand, seine Flanke wurde von den Wellen aufgerissen. Es liegt da gleichsam als Mahnung an jeden, der meint, hinauszurudern sei die beste Lösung. Zweihundertsechsundneunzig Personen haben sich hier am Hafen versammelt, doch es ist wahrscheinlich, dass es noch sehr viel mehr waren, die in den Seitenstraßen standen. Professor Antonio De Simone meint, alle Einwohner von Herculaneum hätten sich in diesen Stunden vermutlich an der Küste gesammelt. Und das sind zwischen drei- und viertausend Menschen.

Da es kalt und feucht ist – schließlich peitscht der Wind immer noch die Wellen auf –, haben die meisten sich in die Bootshäuser zurückgezogen (siehe Bildteil II, Seite 8). Unter den Arkaden sehen wir viele Menschen sitzen. Sie unterhalten sich ganz normal, noch ist hier niemand hysterisch vor Panik.

Die Bewohner von Herculaneum haben versucht, ihre Flucht klug zu organisieren. Zwölf Stunden zuvor, als die Eruption anfing, waren sie alle voller Angst und wollten entkommen. Doch wie wir bei Rectinas Flucht gesehen haben, waren die Straßen nach Neapolis bald nicht mehr passierbar. (Sie waren von vulkanischem Auswurf bedeckt, an manchen Abschnitten hatte es Erdrutsche gegeben, die Brücken über die Herculaneum flankierenden Kanäle sind zusammengebrochen.) Der zweite Fluchtweg war das Meer, aber auch hier gab es zwei Probleme: Erstens war die See extrem unruhig, zweitens hätten die Winde jedes Boot, das es bis auf die offene See geschafft hätte, sofort nach Pompeji getrieben, in den sicheren Tod also. Die Menschen aus Herculaneum sitzen somit fest. Nur wer sofort geflohen ist, hatte eine Chance auf Rettung. Wer Kinder oder alte Menschen betreuen musste, hingegen nicht.

Dramatisch wurde die Situation am Nachmittag, als die Eruptionssäule die Sonne verschlang. (Man hätte meinen können, sie stürze sich auch auf die Stadt und sauge sie förmlich ein.) Anders als die Pompejaner haben nun alle Bewohner Herculaneums die Häuser verlassen. Einerseits gab es hier nicht diesen massiven Bimssteinhagel, andererseits waren die Erdstöße relativ stark, weswegen die Gefahr bestand, dass die Häuser einstürzten. Daher haben sich alle an den Strand, ins Freie geflüchtet.

Dass sich dort auch Kinder, Frauen und alte Menschen aufhielten, zeigt, dass die Flucht nicht ungeordnet vonstattengegangen war. Man hatte auch die »Besetzung« der Bootshäuser gut organisiert, denn wenn man genauer untersucht, wer sich dort aufhielt, erinnert das ein wenig an die Rettungsboote der »Titanic«: vor allem Frauen und Kinder. Am Strand hingegen hielten sich die Männer auf.

Dort warten alle auf den neuen Tag, darauf, dass sich vielleicht endlich das Meer beruhigt und ein Schiff vorbeikommt, um sie aufzunehmen.

Ganz in der Nähe liegt die imposante Villa der Papyri über dem Meer. Auch hier setzt man alle Hebel in Bewegung, aber das Ziel ist nicht etwa die Rettung der Menschen, sondern die der Bücher. Ein Boot wartet am privaten Anlegesteg, doch wie bereits gesagt, ist das Meer noch zu aufgewühlt, als dass man in See stechen könnte.

In der Villa ist die Situation eher angespannt. In den Haupträumen liegen überall Papyri am Boden. Man sieht tragbare »Schränke«, Truhen mit Tragegriffen, in denen weitere Papyri liegen.

Folgt man dieser »Krümelspur«, merkt man schnell, dass sie nach unten führt, in die darunterliegenden Räume. Professor De Simone, der die letzten Ausgrabungsarbeiten an der Villa durchgeführt hat, geht davon aus, dass es unterhalb des bereits freigelegten noch drei Stockwerke gibt, die vom Strand aus zugänglich waren.

Diesen Weg nehmen vermutlich der Herr und seine Sklaven, um so viele Truhen wie möglich in Sicherheit zu bringen. Er selbst presst einige der kostbarsten Schriften an die Brust und rennt die Treppen hinunter, seine Sklaven mit den schweren Truhen hinterher.

Über dem Strand thront ein kleiner Pavillon mit weiten Fenstern (ein Anzeichen großen Reichtums), in dem vier nahezu vollkommene Statuen stehen. Wir waren mit den Kameras dabei, als dieser Teil der Villa freigelegt wurde. Ich erinnere mich noch gut an das Stück dunklen Stoffs, das wir feucht aus der Asche gezogen haben, ein grober Stoff, wie ein durchnässter Jutesack. Obwohl fast zweitausend Jahre vergangen waren, war er immer noch weich, als wäre er erst am Vortag vergraben worden.

Doch kehren wir zurück in die schicksalhafte Zeit elf Stunden nach dem Ausbruch: Den Eigentümer der Villa überfällt allmählich die Verzweiflung. Ihm wird klar, dass er sein kostbares geistiges Erbe wohl nicht in seiner Gesamtheit wird retten können. Er weiß noch nicht, dass das Schicksal für ihn noch viel Schlimmeres bereithält ...

Ein Todesengel – schweigend und feurig

Herculaneum
25. Oktober 79 n. Chr., 1.00 Uhr
12 Stunden nach dem Ausbruch

CONTIQUERE OMNES
Alle verstummten.

Die Eruptionssäule ist mittlerweile dreißig Kilometer hoch. Jede Sekunde werden zweihunderttausend Tonnen fein fragmentiertes Magma in die Luft geschleudert. Die Magmakammer ist nun gut zur Hälfte mit Gasbläschen gefüllt. In dieser Phase gibt es zwei Möglichkeiten, wie die Eruptionssäule sich verhalten kann: Entweder enthält sie genug Luft und bewahrt ein labiles Gleichgewicht, weil sie leicht ist wie eine Zeitung, die vom Luftstrom nach oben gewirbelt wird. Oder sie nimmt nicht genug Luft auf und kollabiert allmählich, wodurch es in der Folge zur Ausbildung von rasend schnellen Glutwolken kommt, die innerhalb kürzester Zeit Tausende von Menschen töten können. Stundenlang oszilliert das Magma im Vulkan zwischen diesen beiden Zuständen: Es steigt auf, nur um dann wieder zu kollabieren, und dies mehrmals hintereinander.

Als sie das erste Mal kollabiert, verliert die Eruptionswolke zehn Kilometer an Höhe. Was das bedeutet, kann man sich am besten vorstellen, wenn man sich die Bilder vom Einsturz der Zwillingstürme des World Trade Center ins Gedächtnis ruft. Auch hier entstanden Staubwalzen, die mit großer Geschwindigkeit durch die Straßen New Yorks fegten.

Nun also rast vom Vesuvius eine Killerlawine herab (die Vulkanologen werden sie »Surge 1« nennen) und stürzt auf Herculaneum zu. Sie bewegt sich mit einer Geschwindigkeit von etwa hundert Stundenkilometern vorwärts, die Temperatur im Innern der Wolke liegt zwischen fünf- und sechshundert Grad Celsius. Das Erstaunlichste an dieser Wolke aber ist, dass sie sich nahezu lautlos anschleicht. Wie ein Todesengel eben.

Im Dunkel der Nacht merkt keiner, dass sie anrollt: Vielleicht sieht jemand im letzten Moment einen roten Feuerschein aufblitzen, doch da ist es schon zu spät. Sie braucht zwei, höchstens drei Sekunden, um die Stadt zu durchqueren. Die *cardi*, die alle geradewegs aufs Meer zuführen, lenken sie direkt zum Strand: ein Gluthauch, dessen Zerstörungskraft allein in seiner Temperatur liegt, setzt die Lawine sich doch in erster Linie aus Asche und glühendem Gas zusammen. Sie hat nicht genügend Kraft, um Gegenstände oder Menschen mit sich fortzureißen, sondern streckt die Lebenden im Vorübergehen nieder und lässt sie an Ort und Stelle tot liegen.

Die Lawine wälzt sich zu Tal. Doch ehe sie den Strand erreicht, tötet sie die wenigen, die in ihren Häusern geblieben sind. Die Archäologen finden zweiunddreißig Menschen in den verschiedenen Gebäuden (weniger als ein Prozent der Bevölkerung also). Unter diesen ist auch der Wächter des Augustalen-Kollegiums, der immer noch schläft. Er ist auf der Stelle tot, noch bevor das brennende Dach auf ihn herniederfällt und seinen Leichnam verkohlen lässt.

Dann ist die Reihe an den paar Leuten, die sich in die Männerumkleide der Forums-Thermen geflüchtet haben: drei Männer, eine Frau, ein Jugendlicher und ein Kind. Bei einer der Leichen ist nur die linke Körperhälfte verkohlt, bei den übrigen finden sich überhaupt keine Verbrennungsspuren. Der Grund? Die betreffende Person befand sich in der Nähe des Eingangs, als die Surge kam.

Das nächste Opfer ist ein armer, einfacher Mann, vielleicht ein Sklave, der von der Surge im ersten Stock eines Hauses überrascht wird, dem man später den sprechenden Namen »Haus des Skelettes« geben wird.

Mit jedem Meter tötet der pyroklastische Strom ein anderes Opfer: Der Nächste ist der Gehilfe eines Gemmarius, der sich auf das Schneiden von Karneolen und Siegelringen versteht. Er ist ungefähr fünfzehn Jahre alt. Vielleicht hat der Gemmarius ihn zurückgeschickt, um ein paar Edelsteine in Sicherheit zu bringen. Die Archäologen finden sein Skelett in einem kleinen Durchgang zwischen Laden und Küche. Er hat den Kopf unters Bett gesteckt in einem letzten verzweifelten Versuch, sich zu schützen.

Dann sind das Kind in der Wiege und seine Familie an der Reihe. Außer den Eltern befinden sich noch andere Verwandte im Haus des Marcus Pilius Primigenius Granianus: Insgesamt sieben Skelette werden später gefunden.

Interessant ist, dass die Surge bei ihrem todbringenden Sturm durch die Stadt nicht nur die Lebenden tötet, sondern auch die Farben verändert! In vielen Häusern werden gelbe Wände plötzlich rot! Das ist eine typische Reaktion auf extrem hohe Temperaturen. Auch die Statuen oder blondes Haar werden in wenigen Sekundenbruchteilen rot (siehe Bildteil II, Seite 7).

An manchen Wänden hat die glühend heiße Luft rote »Voluten« auf den gelbtonigen Fresken hinterlassen. Da wir auf die Gründe an dieser Stelle nicht näher eingehen wollen, nur so viel: Das Erz Limonit (Gelb) wird durch die Hitze zu Hämatit (Rot) umgewandelt.

Dieses Phänomen hat einige Forscher zu der Annahme verleitet, es habe das klassische Rot Pompejis nie gegeben, sondern es sei von der Eruption geschaffen worden. Doch diese These steht auf wackligen Füßen, denn das »pompejanisch Rot« findet sich auch in Gebäuden, die von diesem Gluthauch verschont blieben (zum Beispiel in den unter einer Bimssteinschicht liegenden Teilen von Pompeji, aber auch an anderen Orten der Vesuviusregion und im ganzen Imperium, Rom eingeschlossen).

Die Glutwolke führte übrigens Reste verbrannter Weinstöcke mit sich, die sie in die Stadt verfrachtete.

Schließlich ergoss sich der pyroklastische Strom über den Hafen von Herculaneum und tötete alle, die sich dort aufhielten, in Sekundenbruchteilen.

Versuchen wir, uns vor Augen zu führen, was in diesen Augenblicken am Strand vorging. Wir können uns ja beispielsweise einen Legionär vorstellen: Sein Blick streift immer wieder über die Menschen in den Bootshäusern, die selbst angesichts der Katastrophe noch Ruhe und Würde bewahren. Das Licht der wenigen Öllampen erhellt da oder dort ein Gesicht. Ein paar Leute unterhalten sich leise, andere drücken ihre Kinder an die Brust oder versuchen, verzagten Angehörigen Mut zu machen.

Das Meer ist selbst jetzt nachts noch wild und ungezähmt. Die Wellen schlagen hoch an den Strand. Darüber zerreißen Blitze die Nacht und geben für einen kurzen Moment den Blick auf die Eruptionssäule frei, die immer höher aufsteigt. Mittlerweile scheint sie den ganzen Himmel einzunehmen. Im unteren Teil, der unmittelbar über dem Vesuvius schwebt, zeichnen sich rote Adern ab, die tagsüber kaum auffallen, in der Nacht aber hell leuchten. Tatsächlich könnte man meinen, man blicke in die Esse einer riesigen Schmiede.

Plötzlich hört der Legionär etwas. Er wendet sich um, blickt zum Vesuvius, doch dieser scheint mit einem Mal verschwunden! Und mit ihm die Eruptionssäule. Nur das Dunkel der Nacht ist noch sichtbar und da oder dort ein merkwürdig rötlicher Schein, der sich allmählich über die ganze Stadt zu legen scheint. Fensterläden schlagen, Scheiben gehen zu Bruch. All das vereint sich zu einem infernalischen Chor, der selbst das wilde Rauschen des Meeres übertönt. Dann geht alles sehr schnell: Ein heißer Wind wirft ihn nieder. Das Letzte, was er spürt, ist eine Art glühender Aufprall auf der Haut, eine schmerzhafte Hitze in Augen und Körper. Ein Stich im Kopf – dann ist es vorbei.

Draußen auf See hält ein Seemann auf einem der Lastkähne Wache. Er beobachtet die gleiche Szene, doch aus einer anderen Perspektive: Die Stadt verschwindet plötzlich, als hätte sie jemand in eine schwarze Tintenwolke getaucht. In dieser schwarzen Wolke aber scheinen rote Glühwürmchen zu zittern, wie sie für einen pyroklastischen Strom typisch sind. Der Mann reißt die Augen auf, aber vergeblich: Die Stadt bleibt verschwunden. Nun scheint sich die Lawine auf ihn zuzuwälzen, die weißen Wellenkämme verschwinden, die Glühwürmchen kommen näher und breiten sich fächerförmig ins Meer aus. Er spürt den heißen Dampf, der aufsteigt. Eine unglaubliche Wärme ist das Letzte, was sein Körper wahrnimmt. Die Segel fangen Feuer, das Holz verkohlt, das Öl in den Amphoren entzündet sich und macht aus dem Lastkahn einen Scheiterhaufen mitten auf dem Meer.

Das Schiff tanzt in diesem merkwürdigen Machtkampf zwischen der heißen Glutwolke und dem kalten Wasser auf den Wogen auf und ab wie eine Fackel. Dann versinkt es rauchend.

Was ist in der Zwischenzeit am Strand geschehen? Was hat die Wolke übrig gelassen? Die Bootshäuser mit den vielen Skeletten darin sind ein ganz besonders erschütternder Anblick (siehe Bildteil II, Seite 9). Auch wenn es sich nur um Abgüsse handelt (die Originale sind in den Depots sicher aufbewahrt), zeigen sie doch, wie schnell der schreckliche Tod die Anwesenden überfiel.

Neben den Skeletten haben die Archäologen eine ganze Reihe von Objekten gefunden, die uns zum Teil anrührende Geschichten über ihre Besitzer erzählen. Da sind Hausschlüssel, Ringe, andere Schmuckstücke, Glasfläschchen voller Parfüm, Börsen voller Silber- oder Bronzemünzen, die zusammengeschmolzen sind. Da finden sich die Reste einer Wollmütze, eine Sparbüchse mit den paar Münzen eines Kindes, eine Schatulle mit chirurgischen Instrumenten, eine kleine Plakette mit dem Namen eines Sklaven (nicht unähnlich den heutigen Hundemarken).

Und natürlich das Langschwert und das Kurzschwert unseres Legionärs. Auch dies eine interessante Tatsache: Von fast dreihundert Personen war nur eine bewaffnet. Trotz der offenkundigen Notlage dachte wohl niemand daran, sich zu bewaffnen. Tatsächlich war das Tragen von Waffen seit den Gräueln der Bürgerkriege verboten.

Im Übrigen ist die römische Welt sehr viel weniger gewalttätig als das Mittelalter oder die Renaissance (wo man schnell mal zum Messer greifen wird). Man hat einen fest verwurzelten Sinn für Recht und Gesetz. Und das ist ausgesprochen modern, obwohl wir uns in der Antike befinden.

Doch kehren wir nach Herculaneum zurück, in die Zeit unmittelbar nach dem pyroklastischen Strom. Natürlich ist es schrecklich, was hier geschah. Wer sich am Strand aufhielt, wurde bei lebendigem Leibe verbrannt. Die Menschen in den Bootshäusern starben einen ebenso schnellen Tod, weil die ungeheure Hitze einen thermischen Schock auslöste. In wenigen Sekunden verwandelten lebendige Menschen sich in Skelette. In manchen Fällen fing das Gehirn zu kochen an und sprengte die Schädeldecke, was sich furchtbar angehört haben muss. Die Tatsache, dass die Schädelknochen außen wie innen geschwärzt waren, beweist eindeutig, dass das Gehirn zu kochen begann. Die Verbrennungsspuren auf den Knochen lassen auf eine Temperatur um die fünfhundert Grad Celsius schließen, ähnlich wie in einem Krematorium.

Der Soldat am Strand wurde einfach ausgelöscht wie eine Kerze und kippte nach vorn. Wie bei einem Schleudertrauma wurde den Menschen, die an der Wand der Bootshäuser saßen und sich unterhielten, der Schädel ins Genick gedrückt. In dieser Haltung wurden ihre Überreste bewahrt, bis man sie fast zweitausend Jahre später fand.

Unter den untersuchten Skeletten war so manche Mutter, die den Kopf ihres Kindes an die Brust drückte. Jugendliche suchten instinktiv Schutz hinter einem Erwachsenen, vermutlich einem Elternteil. Wer stand, sank erst in die Knie und fiel dann nach vorn. (Und wird später so gefunden.) Manche sind einfach mit aufgerissenem Mund zusammengesackt.

Die Toten von Herculaneum unterscheiden sich schon auf den ersten Blick von den Vulkanopfern, die man in Pompeji findet. Ich bin nun seit mehr als zwanzig Jahren mit der Kamera an Orten wie diesen unterwegs, doch offensichtlich gibt es Unterschiede in der Art und Weise, wie Pompejaner beziehungsweise Herculaneer den Tod fanden. Wo man in Pompeji ganz offensichtlich ums Überleben gekämpft hat (worum es im nächsten Kapitel gehen wird), wirken die Toten in Herculaneum so, als hätte man ihnen »einfach den Stecker herausgezogen«. Das liegt natürlich an dem Sekundentod, den eine solche Glutwolke mit sich bringt.

Sieht man die Toten in Herculaneum, meint man, immer noch ihre Gespräche zu hören, die Worte, die plötzlich erstarben, die Atemzüge zu spüren, die sie nicht mehr tun konnten, die Gedanken zu erhaschen, die so urplötzlich unterbrochen wurden.

Sie haben nicht gemerkt, was auf sie zukam. Wie bereits gesagt: Wer am Strand geblieben war, hörte irgendwelche Geräusche und sah vielleicht einen rötlichen Feuerschein, doch auch das erst im allerletzten Moment. Sie mögen die Hitze gespürt haben, die allmählich zunahm, doch dürfen wir nicht vergessen: Die Glutlawine hat nicht mehr als zwei bis drei Sekunden gebraucht, um von einem Ende der Stadt zum anderen zu gelangen.

Auch für die Menschen in den Bootshäusern kam der Tod ohne Vorwarnung. Anders als die am Strand Gebliebenen hatten sie vielleicht noch Zeit für einen Atemzug, für die eine oder andere schützende Geste, für mehr aber nicht.

Die Wände der Bootshäuser wirkten wie ein Ofen und sorgten dafür, dass die Hitze drinnen noch zunahm, da sie ja nirgendwo entweichen konnte. Andererseits hat die Feuchtigkeit der Körper die Glutwolke örtlich abgekühlt. Anders sind einige seltsame Funde nicht zu erklären. Da verdampfen Gehirne und Körpergewebe, und gleich daneben wird der Rest einer Wollmütze gefunden. Vielleicht hat die Glutwolke in den Bootshäusern punktuell zugeschlagen. Nur Katastrophen wie die von Hiroshima und Nagasaki kommen dem gleich, was in Herculaneum passiert ist. Vor allem wenn man bedenkt, wie schnell der Tod auch dort zuschlug.

Viele Wissenschaftler gehen davon aus, dass die Toten in den

Bootshäusern und am Strand nur einen kleinen Teil der Opfer aus Herculaneum ausmachen. Die nur sporadisch erfolgten Grabungen unter den Bourbonen und beim Anlegen von Brunnen sind der Grund, warum bisher nicht mehr Skelette gefunden wurden. Daher nimmt man an, dass ein sehr viel größerer Teil der Bewohner von Herculaneum beim Vulkanausbruch umkam (nicht nur zehn Prozent, was den dreihundert Opfern am Strand entspräche, sondern fünfzig Prozent oder mehr). Viele mögen sich noch unter den vulkanischen Schichten begraben finden, vielleicht ein wenig weiter weg, möglicherweise im Meer. Damit aber müsste die Zahl der Opfer deutlich nach oben korrigiert werden. Man schätzt, dass mindestens zweitausend Personen starben, was etwa fünfzig Prozent der Einwohnerschaft entspräche.

Stellen wir uns nun einmal vor, wie Herculaneum aussieht, nachdem der pyroklastische Strom mit seinem Ascheregen im Meer erstorben ist.

Die »Skyline« der Stadt bietet ein Bild des Grauens. Die Fassaden glühen, die Wände sind heiß. Arkaden und Fenster wirken aus der Ferne wie schwarze Löcher in nackten Schädeln. Innerhalb weniger Sekunden ist Herculaneum zu einer verlassenen Stadt geworden. In den Häusern flackert noch so manches Feuer. Eine dichte weiße Rauchsäule steigt über der Stadt auf. Sie wirkt wie Wasserdampf oder wie ein dichter Nebel, aus dem da und dort die höchsten Häuser ragen. Wie die Villa der Papyri. Ihr Eigentümer ist über einer Truhe mit kostbaren Schriftstücken gestorben. Sein Skelett ist noch da und wartet seit Jahrhunderten darauf, entdeckt zu werden.

Herculaneum wirkt wie ein Wald nach einem vernichtenden Feuer. Man kann sich vorstellen, wie es dort nach verbranntem Holz und verkohlten Körpern riecht. Das Leben ist aus der Stadt verschwunden und mit ihm alle Farben. Alles ist nur noch grau in grau.

Die Szene wirkt umso gespenstischer, als vollkommene Stille über der Stadt liegt. Nur das Rauschen des Meeres ist noch zu hören.

Herculaneum aber ist verstummt wie ein Theater, nachdem die Zuschauer es verlassen haben. Die Vorstellungen des täglichen Lebens sind für ewig vom Spielplan abgesetzt.

Doch die Eruption ist immer noch nicht erloschen. Schon wenige Minuten nach der ersten Wolke stürzt der nächste pyroklastische Strom auf die Stadt herein. Der erste war ein tödlicher Gluthauch, der zwar Fensterscheiben zum Zerspringen brachte, aber die Wände stehen und die Toten an Ort und Stelle liegen ließ (wie es nur eine Wolke aus Gasen hoher Temperatur, Asche und wenigen anderen Partikeln tut). Die zweite Surge aber ist sehr viel dichter und entfaltet daher mehr zerstörerische Kraft.

Den Beweis dafür finden wir in den suburbanen Thermen: Dort drang das Material der zweiten Surge durch ein zerstörtes Fenster ins *caldarium* ein und hob ein schweres Marmorbecken an, als wäre es aus Schaumstoff, um es sodann in die gegenüberliegende Wand zu rammen, wo sein »Abdruck« im vulkanischen Schlamm noch heute sichtbar ist.

Nun haben wir es mit einer Feststofflawine zu tun, die Bäume entwurzelt, Mauerstücke mitreißt und Ablagerungen von anderthalb Metern Dicke hinterlässt (im Gegensatz zur ersten Surge, die nur circa fünfzig Zentimeter Sediment hinterließ).

Es folgen weitere pyroklastische Ströme, die sich über die ersten beiden lagern. Am Ende wird Herculaneum unter dreiundzwanzig Metern vulkanischen Schlamms begraben! Die Schlammmassen schieben die Küstenlinie vierhundert Meter weiter ins Meer hinaus.

Dieses Schlammgrab versiegelt alles luftdicht unter seiner Oberfläche. Bakterien haben keine Chance mehr und können daher auch wenig beständige organische Materialien wie Holz oder Stoff nicht zersetzen. Aus diesem Grund sehen wir heute in Herculaneum Treppen, Betten, Hausaltäre, Balken, Türen, Fensterläden aus Holz. Wir finden dort Seile, Gestelle für Amphoren, fein gearbeitete Trennwände für das Separee in den Läden, Kassettendecken (mit farbigen und geometrischen Mustern) – und eine Wiege.

Natürlich kann niemand tatsächlich nachzeichnen, was sich in den Momenten, als der Gluthauch Herculaneum traf, am Strand und in den Bootshäusern abgespielt hat. Wir haben unsere Rekonstruktion (zum Beispiel bei dem untergegangenen Schiff) auf Erfahrungen aus einem anderen Vulkanausbruch gestützt: die schreckliche Eruption, die am 8. Mai 1902 die Stadt Saint-Pierre auf Martinique auslöschte.

Ein pyroklastischer Strom von enormer Zerstörungskraft (der Begriff »Glutwolke« wurde zu dieser Zeit geprägt, wird aber trotz seiner Anschaulichkeit von Vulkanologen nicht benutzt) fegte damals durch die Stadt an der Küste, die etwa sieben Kilometer vom Vulkan entfernt lag und damit in einer ähnlichen Distanz wie Herculaneum vom Vesuvius. Damals starben innerhalb kürzester Zeit vierundzwanzigtausend Menschen. In drei Minuten wurde Saint-Pierre das »Pompeji der Tropen«. Stehen blieben lediglich die Mauern, die parallel zur Richtung verliefen, die die Glutwolke nahm.

Nur vier Menschen haben damals überlebt, zwei von ihnen sind in den Stunden nach dem Ausbruch gestorben. Nur damit Sie sehen, welch tödliche Energie ein pyroklastischer Strom entfalten kann. Die Chance auf Rettung liegt bei eins zu vierundzwanzigtausend. Selbst Schiffe, die ganz am Ende der Bucht ankerten, wurden von der Glutwolke erreicht und in Brand gesteckt.

Wenn Sie den Bericht der Augenzeugen lesen und sich die Fotos ansehen, die damals geschossen wurden, können Sie sich vermutlich ein gutes Bild davon machen, was in Pompeji und Herculaneum passierte. Wobei man trotz allem im Hinterkopf behalten sollte, dass keine Eruption je der anderen gleicht.

Anatomie eines Killers: Oplontis und Boscoreale

»Surge 1« nennen Vulkanologen wie gesagt den Gluthauch, der Herculaneum als Erstes traf. Was aber muss man sich unter einer solchen »Glutwolke« vorstellen? Erstens: Glutwolke ist nicht gleich Glutwolke. Manche sind leichter, dann nämlich, wenn sie vor allem aus heißen Gasen, Asche und nur wenigen schweren Teilchen bestehen. Enthält die Wolke hingegen mehr schwere Partikel, dann wird sie insgesamt schwerer und trifft Häuser, Wände und Menschen wie ein Fausthieb. Sie wälzt alles nieder und reißt Balken, Ziegel und Steine mit sich. Manchmal teilt sich solch eine Glutlawine auch in zwei Ströme auf: unten der schwerere (mitunter sogar mit Felsbrocken), oben der leichtere, der sich zu einer rasenden Glutwand entwickelt. Die Bilder dieser gewaltigen Glutlawinen, die sich zur Welle aufbauen und dabei alles mitreißen, was ihnen im Weg steht, gehen bei Vulkanausbrüchen meist um die ganze Welt. Man muss sich das vorstellen wie einen Feuersturm, der jedes Leben auslöscht. Selbst heute wissen wir noch nicht mehr über die Dynamik im Innern dieses Phänomens. Ein Begriff wie »Glutorkan« macht vielleicht noch am ehesten deutlich, was sich hier abspielt.

Denn die Auswirkungen sind wohlbekannt. Wie der Vulkanologe Giovanni Macedonio erklärt, besteht eine solche Surge aus heißen Gasen und feinsten Aschepartikeln. Diese legen sich auf die Haut und bewirken einen blitzartigen thermischen Austausch, der sofort zum Tod führt. Todesursache ist ein thermischer Schock: Das gesamte Wasser im Körper verdampft auf der Stelle, wobei der rote Blutfarbstoff (genauer gesagt: das Eisenion, das im Hämoglobin gebunden ist) in der Asche rund um den toten Körper Spuren hinterlässt.

Auch auf den Knochen sind Flecken von der Oxidation des körpereigenen Eisens zu beobachten. Haut, Muskeln und Organe lösen sich auf. (Daher kann man von diesen Körpern auch keine Abgüsse machen. Die Asche brennt sich ihren Weg bis zu den Knochen.) Die langen Knochen brechen, die Zähne zerspringen, die Schädel infolge der kochenden Hirnmasse ebenfalls. Die Finger verkrümmen sich hakenförmig, weil sich aufgrund der enormen Hitze Sehnen und Muskeln stark zusammenziehen.

Die Farbe der Knochen gibt Hinweise auf die Temperatur des pyroklastischen Stroms: Zwischen zweihundertfünfundachtzig und vierhundert Grad Celsius werden die Knochen rötlich braun. Zwischen vier- und neunhundert Grad schwarz. Oberhalb dieser Schwelle werden die Knochen ganz weiß, weil die Kalzinierung abgeschlossen und nur noch das mineralische Gerüst der Knochen übrig ist.

Surge 1, die innerhalb weniger Sekunden ganz Herculaneum ausgelöscht hat, fordert später noch andere Opfer. Diese Glutwolke hat sich vom Vulkan her fächerförmig über das Land verteilt. Die Küstenstadt war die erste, die getroffen wurde, weil sie am nächsten lag. Nun wandert die Wolke weiter nach Oplontis und zu den *villae rusticae* zwischen dem Vulkan und Pompeji.

Die Villa Regina in Boscoreale liegt einen Kilometer vor Pompeji und seiner Vorstadt. Sie wird von der Glutwolke voll getroffen. Dabei bleibt der in die großen *dolia* abgefüllte und versiegelte Wein unverändert, weil er bereits unter einer hohen Schicht Bimssteinen liegt, die zwölf Stunden lang auf die Villa herniederregneten. Und es wird Jahrhunderte dauern, bis die Archäologen ihn entdecken. Allein der obere Teil der Villa ragt noch aus der Bimssteinschicht heraus und die Wipfel der Obstbäume. Hitze und Druck des pyroklastischen Stroms (und der weiteren, die noch folgen werden) beugen die Stämme. Als Tourist können Sie heute die Abgüsse der L-förmig verbogenen Bäume studieren, die belegen, mit welcher Gewalt die Glutwolke über die Villa hinwegfegte.

Der letzte verbliebene Diener findet unter dem einstürzenden Dach den Tod. Das einzige noch lebende Wesen im Haus ist ein kleines Schwein, das sich woanders versteckt hat. Es wird von der Surge quasi »gegrillt«. Die Archäologen haben einen Abguss gefertigt, der heute im kleinen Museum der Villa ausgestellt ist. Dort erhalten Sie anhand von Nahrungsmitteln und Werkzeugen, die man auf den

Gutshöfen gefunden hat, Einblick in antike landwirtschaftliche Produktionsweisen um Pompeji.

Surge 1 aber rast weiter durch die Nacht. Das nächste Opfer ist eine andere *villa rustica*, die wir gestern besucht haben, die Villa della Pisanella, wo sich die Frau des Bankiers aufhält. Sie liebt die Natur und ist über Nacht auf dem Land geblieben. Diese Entscheidung sollte ihr zum Verhängnis werden, denn die »Natur« raubt ihr nun das Leben.

Die Frau hat sich mit drei vertrauenswürdigen Freigelassenen in dem Raum eingeschlossen, wo gewöhnlich die Trauben gekeltert werden, dem Torcularium. Neben der gewaltigen Kelteranlage befindet sich dort, wie wir wissen, auch der versteckte Schatz, gehütet von einem Wächter, der ein Bett, einen Tisch, einen Kerzenleuchter und sogar eine Truhe für seine Kleider hierhingeschafft hat.

Natürlich schläft im Moment die Herrin in diesem Bett, doch sie findet keine Ruhe. Die Asche reizt die Kehle, sie hustet. Die Archäologen, die einen Abguss ihres Leichnams gemacht haben, stellten fest, dass sie einen Schal um den Kopf geschlungen hatte und ein Tuch vor dem Mund, um besser atmen zu können.

Doch wir können die letzten Minuten der vier Menschen im Torcularium mit minuziöser Genauigkeit rekonstruieren wie bei einer polizeilichen Untersuchung.

In Herculaneum hat das Tosen der Wellen das Geräusch der anrückenden Glutwolke verschluckt. Hier auf dem Land ist das anders. Die Wolke kündigt sich – zumindest auf den letzten Metern – zuverlässig an. Möglicherweise saugt sie die Bimssteine ein, die in den letzten zwölf Stunden auf die Villa niedergegangen sind. Vielleicht haben die Eingeschlossenen anfangs nur ein seltsames Scharren gehört, als ginge jemand auf Kies, das jedoch immer schneller wurde.

Vermutlich trafen sich in diesem Augenblick ihre Augen im Licht der Öllampen, das den Aschenebel erhellte. Im letzten Moment haben Lucius Brittius Eros und Tiberius Claudius Amphius sich um ihre Herrin gestellt, um sie oder sich zu schützen: Sie starben alle drei sofort. Von der Tür, vom Fenster und möglicherweise auch vom Dach drangen die Ausläufer der Glutwolke ein und töteten sie mit ihren brennend heißen Armen.

Die Archäologen haben ihre Körper übereinanderliegend gefunden, darüber eine enorme Schicht Asche, die die heiße Wolke hinterlassen hatte. Man hat versucht, einen Abguss anzufertigen, doch da die drei so ineinander verschlungen waren, konnte nur einer vom Gesicht der Bankiersgemahlin angefertigt werden. Dieser allerdings ist so gelungen, dass man sogar das Stoffstück, das sie vor den Mund gehalten hat, in allen Einzelheiten erkennen kann. Und auch den Haarknoten am Hinterkopf.

Die Überreste des dritten Freigelassenen mit Namen Lucius Caecilius Aphrodisius bieten einen eher merkwürdigen Anblick. Er hatte Zuflucht in der Zisterne mit dem Schatz gesucht. Man fand ihn halb drinnen, halb draußen, über dem Silberschatz liegend. Daher hatte man zuerst angenommen, er sei ein Dieb, der versucht habe, den Schatz zu stehlen.

Natürlich entdeckte man auch Überreste von Pferden, Hühnern und Hunden (von denen einer noch angekettet war). Seltsam ist, dass man ebenso Reittiere fand, denn die meisten Menschen haben doch versucht, sich auf ihrem Rücken in Sicherheit zu bringen. Vermutlich waren die vier Menschen vor allem wegen des Schatzes geblieben, den sie nicht unbewacht lassen sollten. Und möglicherweise war dies sogar auf Anordnung der Herrin geschehen.

Die Glutwolke erreichte auch Oplontis, wo wir gestern noch einem Karren nachblickten, der Wein irgendwo ins Imperium liefern sollte. Auch hier haben die Archäologen Zeugnisse dramatischer Szenen entdeckt. Die »Villa A«, die man auch »Villa der Poppaea« nennt, wurde überstürzt verlassen, weil Mauern und Dächer einstürzten, in »Villa B« hingegen hatten sich viele Flüchtende versammelt. Wir wissen ja bereits, wie das Leben in diesem Großhandelszentrum ablief. Sein Besitzer Lucius Crassius Tertius sollte bei der Eruption sterben, auch er neben seinem Schatz.

Bei den Ausgrabungen in den halb unterirdisch gelegenen Kellerräumen fand man tatsächlich vierundfünfzig Skelette! Diese Menschen hatten sich in zwei Gruppen aufgeteilt. Die größere Gruppe suchte ganz hinten in einem der Lagerräume Schutz: Offensichtlich handelte es sich bei ihnen um Sklaven. Die andere hielt sich am zum Peristyl hin gelegenen Ausgang auf. Das waren sicher die Besitzer beziehungsweise eher wohlhabende Leute, denn sie hatten viel Schmuck und Geld bei sich. Die medizinische Untersuchung der Skelette hat ergeben, dass beide Gruppen einigermaßen gut genährt waren, ob es sich nun um Sklaven oder Herren handelte. Aufsehen erregte die Entdeckung, dass zwei Kinder, ein Zwillingspaar, angeborene Syphilis hatten. Das belegt, dass diese Krankheit in Europa auch schon vor der Entdeckung Amerikas verbreitet war (wenn auch in einer weniger schweren Form).

Unter den Schmuckstücken waren zwei goldene Ohrringe in Form von »Knoblauchzehen«, die mit Edelsteinen und hängenden Perlen geschmückt waren. Daneben Armreife in Form von Schlangen, Smaragdketten und ein Ring mit einer Gemme, die Venus mit einer Amorette zeigt.

Sehr interessant ist außerdem ein antikes »Beautycase«, in dem man verschiedene Salbenfläschchen, ein Make-up aus mit Honig vermischtem Bleiweiß, verschiedene Lidschatten, Zahnpasta et cetera fand. Sogar einen Vorläufer unseres Deodorants für die Achselhöhlen enthielt es. Dieses war aus gekochtem Heu hergestellt worden.

Ein gewaltiger Tresor, der schönste aus römischer Zeit, war zu Beginn der Eruption offensichtlich auf Befehl des Besitzers hier heruntergeschafft worden. Er enthielt hundertsiebzig Münzen, weitere Salbenfläschchen und einige andere Objekte. Der eigentliche Schatz aber wurde bei einem Skelett gefunden, das die Archäologen für die sterblichen Überreste von Lucius Crassius Tertius halten: sage und schreibe 10 952 Sesterze!

Diese hohe Summe war auf zwei verschiedene Behälter verteilt: In einer Holzschatulle, die sicher das Familienerbe enthielt, lagen 2204

Sesterze. Der größere Teil aber war in einer Börse enthalten, die der Mann eng an die Brust drückte und die sich bei der Hitze aufgelöst hatte: sechsundachtzig Goldmünzen und siebenunddreißig Silbermünzen, die zusammen einen Wert von 8748 Sesterzen hatten.

Auch sein Reichtum hat dem Mann am Ende nichts genützt. Der pyroklastische Strom machte keinen Unterschied zwischen Arm und Reich. Er hat alle zusammen überrascht und innerhalb von Sekunden dahingerafft.

Ein gelebter Albtraum

Pompeji
25. Oktober 79 n. Chr., 1.00 bis 6.00 Uhr
12 bis 17 Stunden nach dem Ausbruch

HOMNES NEGO DEOS
Ich leugne die Existenz aller Götter.

Diese Nacht ist für alle der reinste Albtraum. Die Eruptionssäule steigt nämlich erneut auf, wird schneller und erreicht gegen ein Uhr nachts die erschreckende Höhe von zweiunddreißig Kilometern! Das ist dreimal so hoch wie die Flughöhe eines der Linienflugzeuge, die wir häufig am Himmel beobachten können. In diesem Augenblick erreicht sie ihre maximale Höhe. Aus dem Krater treten nun zweihundert Millionen Kilo Magma pro Sekunde aus.

Im Verlauf dieser Stunden fällt die Säule mehrfach in sich zusammen, nur um sich neuerlich zu erheben. Sie pulsiert, und jedes Kollabieren ruft einen neuen pyroklastischen Strom hervor, die schließlich Herculaneum und Oplontis zur Gänze unter sich begraben.

Zur Instabilität der Eruptionssäule kommen noch gewaltige Erdstöße, die die gesamte Vesuviusregion erbeben lassen. Selbst Plinius der Jüngere, der sich dreißig Kilometer vom Vulkan entfernt aufhält, bekommt es allmählich mit der Angst zu tun. Seine Worte machen deutlich, dass mittlerweile allenthalben nur noch Angst herrscht:

> Während vieler Tage waren Erdstöße vorausgegangen, die nicht allzu besorgniserregend wirkten, da man diese in Kampanien gewöhnt ist. In jener Nacht wurden sie aber so heftig, dass alles nicht bloß sich zu bewegen, sondern umzudrehen schien.[16]

In dieser Höllennacht löst sich eine neue Lawine vom Vulkan und legt sich über die »ersten Opfer« des Vesuvius, die Villen in Terzigno. Dieser Strom, den die Vulkanologen »Surge 2« nennen, wütet aber nur noch gegen Leichen und bereits zerstörte Häuser, die er mit einer Schicht vulkanischen Schlamms bedeckt.

Doch kehren wir nun nach Pompeji zurück. Was geschieht in der Stadt am Golf? Anders als Herculaneum, Oplontis und Terzigno hat Pompeji nicht mit dem plötzlichen Ansturm pyroklastischer Ströme zu kämpfen. Aber die Lage hat sich auch dort verschlimmert. Immer noch fallen Bimssteine vom Himmel. Mittlerweile liegen sie zweieinhalb Meter hoch und haben den ersten Stock der Häuser erreicht: Das Erdgeschoss ist endgültig blockiert.

Wenn Sie heute Pompeji besuchen und durch seine Straßen schlendern können, liegt das an ebendiesen Steinen. Was Sie dort sehen, lag damals unter dem Steinhagel vergraben: Straßen, Brunnen, das Erdgeschoss der Häuser … Höher gelegene Stockwerke sind nur selten erhalten geblieben, denn was nicht unter den Bimssteinen begraben lag, wurde von späteren pyroklastischen Strömen zerstört. Aus diesem Grund ist von den Häusern Pompejis hauptsächlich das Erdgeschoss zu sehen.

Versuchen Sie, sich nur mal kurz vorzustellen, welche Atmosphäre in dieser Stadt geherrscht haben muss, die fast schon drei Meter hoch unter Steinen begraben lag. Die Türen gehen nicht mehr auf, die Menschen können nicht mehr auf die Straße. Ohnehin würden sie dort nur von einer Steinlawine mitgerissen. Die Portale der *domus* (die immer nach innen aufgehen, weil es per Gesetz untersagt ist, einen öffentlichen Raum – wie eine Straße – für private Zwecke zu nutzen) werden verrammelt, damit sie nicht eingedrückt werden. Doch es ist sinnlos, die Bimssteinlawine draußen halten zu wollen. Die Steine kommen durch die Dächer, durch das *compluvium*, durch den eingedrückten Speicher. In den Gärten und im Atrium bilden sich gewaltige Bimssteinhaufen, die an den Seiten ausfransen und ihre Steine durchs ganze Haus rollen lassen. Die Steine schieben sich in die Flure vor, wo man ihre diagonale Schichtung gut erkennt an der schrägen Linie, die sich an der Wand entlangzieht.

Die Häuser sind wie Segelschiffe, die in einem Bimssteinmeer versinken. Das »Wasser« dringt von allen Seiten ein. Die Menschen im Inneren stehen unter Schock. Sie ziehen sich in die oberen Stockwerke zurück, doch wie wir schon gesehen haben, sind sie auch dort nicht sicher. Immer mehr Dächer brechen ein und schicken einen neuen Bimssteinregen nach unten.

Es ist ein Dilemma: Geht man hinaus, wird man vom Steinhagel erschlagen. Außerdem sind da immer noch die Felsbrocken, die aus zweiunddreißig Kilometer Höhe auf die Stadt stürzen. Man kann kaum noch atmen, der Aschenebel erschwert es, einen Fluchtweg zu finden. Man weiß ja nicht, wohin, und die Asche ist so fein, dass sie sofort am Körper festklebt. Will man sich in die oberen Stockwerke »retten«, besteht die Gefahr, dass das Dach einstürzt. Im Erdgeschoss aber kann man von der Steinflut in einem der Räume eingeschlossen werden. Und natürlich kann man auch hier von der einstürzenden Decke erdrückt werden. Dazu brennt die schlechte Luft in Augen und Kehle – und die Erdbeben erschüttern das Haus mehr als einmal. Es kommt immer wieder zu Einstürzen, wenn Dachböden und Dächer unter dem Gewicht der Bimssteine einbrechen … Kein Wunder also, dass die Pompejaner unter Schock stehen.

Die Archäologen haben die verschiedenen Rettungsstrategien der Menschen in den Häusern rekonstruiert, doch so gut wie alle haben einen tödlichen Ausgang genommen. Wer in den Oberstock flüchtete, wurde vom Dach erschlagen. Wer unten blieb, wurde von einstürzenden Decken erdrückt oder von der Steinlawine eingeschlossen. Wer hingegen auf die Straße hinauslief, wurde von den pyroklastischen Strömen getötet. Denn auch diese werden Pompeji früher oder später erreichen …

Das Schicksal Pompejis ist ein Drama, das auf seine Weise einzigartig ist, ein Unglück, dem vielleicht keine andere Stadt je mit dieser Macht ausgesetzt war.

Es geht einem unweigerlich nahe, was die Menschen dieser Stadt in ihren letzten Minuten vor dem sicheren Tod durchgemacht haben. Daher sollten wir, wann immer wir vor ihren sterblichen Überresten stehen (die von Touristen meist mit unbeteiligtem Blick betrachtet werden), Mitgefühl empfinden und Achtung vor ihrem Schmerz.

Nach Stunden, in denen die Hölle selbst Pompeji zu verschlingen schien, lässt nun der Steinhagel endlich nach. Das verlockt viele, aus der Falle ihrer Häuser auszubrechen. Kleine Gruppen bilden sich (meist ganze Familien) und ziehen in den südlichen Teil der Stadt. So weit weg wie möglich vom Vulkan, hin zum Meer, hin zu anderen Orten. Die Menschen klettern wie fremdgesteuert über die Schichten aus Stein und Asche, vor sich eine aschegraue Mondlandschaft unter dem dunklen Himmel. Wo sind nur die Sonne hin, der Himmel, das Grün der Berge, das Blau des Meeres, die mit Händen greifbare Heiterkeit der Tage in Pompeji?

Surge 3: Der Tod umzüngelt Pompeji

Pompejis Vorstädte
25. Oktober 79 n. Chr., 6.30 Uhr
17½ Stunden nach dem Ausbruch

VENTUS
Wind ...

Das Erschreckendste in diesen Stunden sind ganz sicher die Erdbeben. Wer weiß, ob die Steinschicht Mauern und Häuser nicht sogar stützte und weitere Einstürze verhinderte? Auf jeden Fall sind die neuen Erdstöße außergewöhnlich stark, sodass viele Menschen sich lieber ins Freie flüchten. Auch der Admiral.

Doch hören wir, was sein Neffe über die Ereignisse in Stabiae berichtet (Plinius der Ältere hat sich wie gesagt in der Villa des Pomponianus zur Ruhe begeben):

> Aber der Hof, durch den man zu seinem Zimmer gelangte, war bereits so hoch mit Asche und Bimssteinen angefüllt, dass ihm bei längerem Verweilen im Schlafgemach der Ausgang verwehrt worden wäre. Man weckt ihn, er steht auf und begibt sich zu Pomponianus und den anderen, die wach geblieben waren. Sie beraten gemeinsam, ob sie im Hause bleiben oder sich im Freien aufhalten sollten. Denn infolge häufiger und heftiger Beben begannen die Häuser zu schwanken und schienen, gleichsam aus ihren Fundamenten gehoben, sich bald hierhin, bald dorthin zu bewegen. Unter freiem Himmel andererseits war das Herabfallen der wenn auch leichten und vom Feuer angefressenen Bimssteine zu fürchten. Man entschloss sich nach einem Vergleich der Gefahren doch zu dieser Lösung. Bei meinem Onkel allerdings trug ein Vernunft-

grund über den anderen den Sieg davon, bei den Übrigen eine Furcht über die andere. Sie legen Kissen auf den Kopf und binden sie mit leinenen Tüchern fest. Dies war ihr Schutz gegen die herabfallenden Steine.[17]

Wer weiß, wie viele Menschen damals vor derselben Entscheidung standen. Wer die Hänge des Vulkans vom Meer her betrachtete, hätte unschwer feststellen können, wie sehr die Eruption die Natur dort verwandelt hatte. Oberhalb von Herculaneum gibt es keinen Wald mehr, sondern nur noch eine tote, graue Ebene mit wenigen Bäumen, die ohne Rinde ihre weißen Äste in die Luft recken. Alle anderen waren zu Boden gedrückt, als wäre ein riesiger Kamm über den Vesuvius geglitten.

Der Vulkan hat sich teilweise entleert, doch er speist immer noch die gewaltige Rauchsäule, die mehrfach in sich zusammenfällt. Nun kommt es zu einem tödlichen pyroklastischen Strom, der sich auf Pompeji zubewegt, der erste »Direktangriff« auf die Stadt.

Diese Glutwolke wird von den Vulkanologen als »Surge 3« bezeichnet und wälzt sich im Morgengrauen auf Pompeji zu. Diesmal aber ist ihr Kommen deutlich zu hören, weil die Glutlawine die Bimssteinschicht aufwirbelt. Sie rast auf Pompeji zu wie ein Tsunami, und man möchte fast annehmen, die Stadt würde dasselbe Schicksal ereilen wie Herculaneum, doch Surge 3 macht kurz vor den Stadtmauern halt. Als die Glutwolke sich auflöst, hinterlässt sie eine ganze Reihe Toter.

Vor dem Hotel von Cossius Libanus findet man die Leiber einer reich geschmückten Matrone und ihrer drei Mägde. Das Sträßchen, das von der Porta Ercolano wegführt, ist auf beiden Seiten von Gräbern gesäumt. (In römischer Zeit ist es verboten, die Toten in der Stadt zu beerdigen.) In einer Grabmalsnische hat offensichtlich ein Mann vergeblich Zuflucht gesucht. Der Fund dieses Skeletts brachte eine Legende hervor, die im 19. Jahrhundert zum beliebten Motiv der Geschichten rund um Pompeji wurde. Angeblich sei der Mann ein

Legionär gewesen, der bis zuletzt auf seinem Posten ausharrte. Mark Twain, der in seiner Eigenschaft als Journalist 1867 auch Pompeji besuchte, berichtet davon in seinem Artikel über die Ausgrabungen.

Wir klettern weiter über die Steine und finden vor der Villa des Diomedes den leblosen Körper einer Frau, die ihr Baby an die Brust drückt. Neben ihr liegen die Leichen zweier Mädchen. Die Gruppe kam wahrscheinlich von einem der Landgüter in die Stadt.

Ein wenig weiter weg liegt die Mysterienvilla, die wegen ihrer Fresken weltberühmt ist (siehe Bildteil II, Seite 1 und 16). Diese zeigen die Einweihung einer Frau in den Mysterienkult des Dionysos. Dort werden neun Leichen gefunden, darunter ein sehr großer, hagerer Sklave, der offensichtlich den Eingang zu den Räumen seines Herrn bewachen sollte. Er hat fünf Bronzemünzen bei sich, die wahrscheinlich sein gesamtes Erspartes darstellen. Auch den Leichnam eines kleinen Mädchens findet man dort. Von den Eigentümern, die wohl zum Geschlecht der Istacidia gehörten, hingegen keine Spur. Die Villa wird instandgesetzt, vielleicht war die Herrschaft ja aus diesem Grund woanders. Gestorben sind dort die Handwerker. Im Kryptoportikus, dem geschlossenen Gewölbegang, hat man vier Skelette in der Nähe eines Mauerspalts gefunden. Sie hatten unter einer der Arkaden Schutz gesucht und trugen Terrakottageschirr mit Nahrungsmitteln bei sich sowie Behälter für Getränke. Offensichtlich wollten sie unter den Arkaden den richtigen Moment abwarten, um weiterzugehen, doch die Wolke hat sich angeschlichen und sie überrascht.

In der Villa des Diomedes hat man im Jahr 1772 zwanzig Tote gefunden. Unter dem Säulengang im Garten kam das Skelett des Eigentümers zum Vorschein, der dreizehnhundert Sesterze und einen Silberring bei sich hatte (der auch als Schlüssel diente). Neben ihm lag ein Sklave. In einem überdachten Korridor, in dem mehrere gefüllte Weinamphoren lagerten, fand man achtzehn Leiber. Aufgrund der bei den Leichnamen gefundenen Gegenstände gehen die Archäologen davon aus, dass es sich um vierzehn Sklaven handelte, die zwei Frauen (möglicherweise Ehefrau und Tochter des Eigentümers) und deren zwei Kinder begleiten sollten. Bei den Ausgrabungen fand man sogar noch Reste von Kleidungsstücken bei den Sklaven. Ein Zeitzeuge erzählt, die Beine der Opfer seien noch in lange, dicke Strümpfe aus Tuch gehüllt gewesen; manche hätten keine Schuhe gehabt. Wenn das stimmen sollte, liegt hier ein weiterer Beweis dafür vor, dass die Eruption erst im Herbst stattfand. Eine der beiden Frauen, die ältere, trug eine üppige Schmuckgarnitur (mit einer smaragdbesetzten Goldkette und zwei Ringen aus Gold mit Gemmen). Bei der Flucht aus ihrer Villa hatte die Dame so viel mitgenommen, wie sie konnte: Im Augenblick des Todes trug sie noch zwei Armbänder und eine lange Goldkette sowie verschiedene Ringe.

Der Fund dieser beiden Frauen ließ die Legende von der »Totenstadt« entstehen, die auch von archäologischen Dokumentarsendungen immer wieder aufgegriffen wird. Besonders suggestiv wirkt dabei der Körper der jungen Frau. Die Archäologen hatten, um wenigstens einen Teil dieser dramatischen Szene zu retten, einen Ascheblock ausgeschnitten und vom Oberkörper der jungen Dame einen Abguss angefertigt. Dieser landete zunächst wie sämtliche »Hardware« des Vulkanausbruchs im Real Gabinetto in Portici und später im Museo Archeologico Nazionale von Neapel. Dort zieht der Abguss heute noch Neugierige aus aller Welt an und entflammt die Inspiration der Dichter.

Man taufte die junge Frau auf den Fantasienamen Arria Marcella und ernannte sie gleichsam zur Symbolfigur heidnischer Sinnlichkeit.

Surge 4: Lebendig begraben von einer Wolke

Stabiae
25. Oktober 79 n. Chr., 7.00 Uhr
18 Stunden nach dem Ausbruch

OMNIA VOTA VALEATIS
Ade, all meine Wünsche!

Nun hat der ununterbrochene Steinhagel endlich aufgehört. Dieses ständige gedämpfte Ticken, das die ganze Nacht an den Nerven der Pompejaner zerrte, ist endlich vorüber. Die Menschen sehen sich an. Der eine oder andere hebt einen Ziegel an und späht vorsichtig nach draußen. Ja, es stimmt. Der Weg ist frei. Vielleicht ist nun endlich der Moment gekommen, um die Stadt zu verlassen.

An allen Ecken tauchen plötzlich wieder menschliche Gestalten auf, die sich in der begrabenen Stadt zurechtzufinden versuchen. Wieder ein Mythos, den es zu entlarven gilt, denn in den meisten Filmen und Romanen sehen wir die Pompejaner ängstlich durch die Straßen hasten. Doch die »Straßen« sind schon seit mehr als zwölf Stunden unter einer Schicht Bimsstein verschwunden, die mittlerweile auf drei Meter Höhe angewachsen ist.

Sicher, die Pompejaner kommen aus den Häusern ... doch sie klettern aus Fenstern und Dachluken! Andere aus dem *compluvium.* Sie erklimmen die Bimssteinpyramiden, die sich unter der Öffnung im *impluvium* gebildet haben, und schieben sich mühsam ins Freie. Wer unter die Säulengänge geflüchtet war, musste mit der Bimssteinflut fertigwerden, die sich im Innenhof gesammelt hatte, fand aber Raum unter der Dachschräge des Peristyls.

Auch die eingedrückten Dächer eröffnen Fluchtwege. Viele Menschen allerdings sitzen in ihren Häusern fest. Von überall her erklingt das dumpfe Pochen, mit dem die Eingeschlossenen sich den Weg in die Freiheit schlagen wollen.

Die »Auferstandenen« sind von einem Schleier hellgrauer Asche bedeckt, ihre Gesichter vom Schrecken gezeichnet. Sie haben schlimme Stunden hinter sich, während deren sie beim schwachen Schein ihrer Lampen die staubige Luft der Innenräume einatmen mussten und von den einstürzenden Dächern immer weiter durchs Haus getrieben wurden. Die starken Erdstöße haben die Einrichtung der Häuser zerstört und an den Nerven der Eingeschlossenen gezerrt. Schließlich hätte jeder neue Erdstoß ihr Tod sein können. Und tatsächlich erlebten viele Menschen solche Tragödien: Sie sahen Angehörige oder Freunde in einer Staubwolke verschwinden, weil das Dach oder eine Mauer einstürzte. Von den alten Menschen erst gar nicht zu reden: Vielfach sind die Großeltern einem Infarkt oder ihren Atemwegsproblemen erlegen.

Die Überlebenden suchen sich, immer noch schockiert, einen Weg durch die unkenntlich gewordene Stadtlandschaft. Pompeji sieht aus, als hätte es die Wüste verschlungen. Aus den Aschedünen ragt nur da und dort ein Dach, eine Säule, eine Statue …

Die Sonne verstärkt das Entsetzen noch. Matt und müde hängt sie über dem Horizont und spendet mit ihrem blassen Orange kaum noch Wärme. Die Sicht ist immer noch eingeschränkt, der Nebel verwandelt die Menschen in fahle Gespenster.

Die Menschen nehmen das Ende des Steinhagels und des Ascheregens als Weckruf. Jetzt gilt es, Nägel mit Köpfen zu machen und die Stadt zu verlassen. Sicher denken viele in diesem Augenblick so. Andere wiederum verbarrikadieren sich lieber weiter in ihren Häusern.

Die Gruppen, die sich draußen durch die Aschewelt tasten, wissen nicht so recht, wohin. Egal, Hauptsache weg vom Vesuvius. Wer sich in der östlichen Stadthälfte befindet, macht sich auf zur Küste und zum Hafen. In den Vierteln, die näher beim Sarno liegen, wählt man sich Nuceria zum Ziel und hält sich an die Wege, die zum Apennin führen.

Wie Schiffbrüchige reihen die Grüppchen sich aneinander, schweigend, mit einigen wenigen Öllampen ausgestattet. Rundherum ist alles wie in Watte gehüllt. Der Staub reizt die Augen. Man spricht nur, um sich gegenseitig anzutreiben. Schnell, schnell – nichts wie weg.

Versuchen wir einen Augenblick lang, uns in die Lage des ersten Menschen zu versetzen, der uns jetzt über den Weg läuft. Der Tod hängt immer noch wie ein Damoklesschwert über den Überlebenden, was sie zur Verzweiflung treibt. Sie scheinen in die Unterwelt abgetaucht oder auf einen anderen Stern katapultiert worden zu sein. Das Gehen ist schwer. Sie husten, Ihre Kinder fallen hin und weinen. Sie laufen auf einem Teppich feinster Asche, der die Bimssteinschicht überdeckt. Diese ist jedoch kein fester Untergrund. Mitunter brechen Sie ein und versinken bis zu den Knien.

Ich kann mich noch gut daran erinnern, wie ich einige Stunden lang an den Hängen des Ätna über solche vulkanischen Auswürfe nach oben geklettert bin. Ich wollte dort Aufnahmen machen. Bei jedem Schritt rutschte man wieder zurück an den Ausgangspunkt und fragte sich unwillkürlich, ob man je vorwärtskommen würde. Und nun stellen Sie sich das vor mit Kindern, alten Menschen und Leuten, die noch unter Schock stehen!

Außerdem ist nicht klar, in welche Richtung man sich jetzt am besten wendet. Unter normalen Umständen hätten die meisten wohl blind durch die Straßen gefunden. Doch nun laufen sie in drei Meter Höhe dahin. Alles, woran sie sich früher orientieren konnten (Brunnen, Kreuzungen, Läden und so weiter), ist verschwunden. Alles, was sich rund um sie herum erhebt (genauer gesagt, was den Einsturz überlebt hat), sind Mauerreste, Fenster, Dächer. Stellen Sie sich vor, Sie müssten in Ihrem Viertel etwas ausliefern und könnten sich nur auf Höhe des ersten Stockwerks bewegen. Alles, was Sie über Straßen und Wege im Gedächtnis haben, ist verschwunden. Sie würden staunen, wie wenig Sie über das erste Stockwerk der Häuser in Ihrer Nachbarschaft wissen. Würden Sie unter solchen Umständen schnell und leicht vorankommen? Sicher nicht. Wenn Menschen, die lange an einem Ort gelebt haben, nach einem Erdbeben in ihren Heimatort zurückkehren, fühlen sie sich häufig genauso orientierungslos. Ohne die Kioske, die Bänke, die Brunnen finden sie sich nicht mehr zurecht.

Man kommt also nur langsam vorwärts. Die Menschen halten sich durchweg ein Tuch vor den Mund, um besser atmen zu können. So manch einer trägt eine Öllampe mit sich. Es ist immer noch recht dunkel, dafür sorgt schon der Aschenebel. Aber trotzdem ist man erleichtert. Die Menschen treibt die Hoffnung, den Einsturz der Häuser und die Erdstöße doch noch zu überleben. Aber ihre Hoffnung ist vergeblich.

Denn die Atempause ist ihnen nur vergönnt, weil sich mit einem Mal die Dynamik der Eruption ändert. Der Bimssteinregen hat aufgehört, weil die Eruptionssäule nun endgültig kollabiert. Wie wir bereits wissen, führt dies zur Ausbildung eines pyroklastischen Stroms, der die Hänge des Vulkans herunterrast. Das bedeutet neue Vulkanlawinen, die diesmal auf Pompeji zuhalten!

Tatsächlich bilden sich drei pyroklastische Ströme aus, die im Abstand von jeweils einer halben Stunde aufeinanderfolgen: Surge 4, 5 und 6.

Die erste Lawine tötet jeden, der sich ihr in den Weg stellt. Die zweite verwüstet das ganze Land, deckt Häuser ab, reißt Mauern um und schleift die Leichen durch die Straßen. Die dritte macht beides zugleich, reicht dabei aber sehr viel weiter als die beiden vorhergehenden. Sie dringt bis nach Misenum und Capri vor. Die Geburt dieser Lawinen verkündet der Vulkan jeweils durch ein lautes Donnern.

Am schlimmsten ist, dass jede Lawine der anderen sozusagen den Weg ebnet, sodass die neue noch weiter rollt als die alte.

Surge 4: Der stille Tod für alle

Diese Surge trifft Pompeji am Morgen gegen sieben Uhr und tötet all seine Bewohner. In Aussehen und Form einer nebligen Springflut gleich, die über das Land hinwegrollt, hüllt sie Dächer, Säulen, Statuen gleichermaßen ein. Diese so gründliche Killerwolke kommt heimlich, still und leise.

Stellen Sie sich wieder die Wolke vor, die sich nach dem Zusammenbruch der Zwillingstürme durch New York ausbreitete. Auch sie war sehr hoch, und doch vernahm man keinen Laut. Surge 4 wirkt fast genauso, nur ist sie sehr viel schneller und dichter. Es handelt sich um eine heiße Wolke aus Gas und Asche (nicht glühend wie in Herculaneum, man rechnet hier »nur« mit etwa zweihundert Grad Celsius). Wie ein starker Wind. Sie kann keine Mauern niederdrücken oder Menschen mitreißen. Aber sie bereitet den Betroffenen einen schrecklichen Tod. Eine nach der anderen werden die Gruppen eingeholt und förmlich aufgesogen. Nachdem die Wolke sich aufgelöst hat, ist alles rundherum ohne Leben. Als hätte sie die Menschen buchstäblich verschlungen.

In Wirklichkeit sind durchaus noch sterbliche Überreste vorhanden, doch diese sind unter einer fünfzig bis sechzig Zentimeter dicken Schicht vulkanischen Schlamms vergraben, welche die Wolke überall zurücklässt. Jeder Pompejaner, der mit ihr in Berührung kommt, stirbt auf der Stelle, weil sich eine feine weiße Ascheschicht auf seine Haut legt wie Talkumpuder und ihm den Atem raubt. Außerdem führt die Wolke Gase mit sich wie Schwefeltrioxid, das beim geringsten Kontakt mit Feuchtigkeit – Tränenflüssigkeit zum Beispiel oder der Feuchtigkeit in den Schleimhäuten – reagiert und zu Schwefelsäure wird.

Diese Wolke senkt sich wie eine dichte Dunstglocke über die fliehenden Pompejaner. Sie fallen, versuchen, Augen und Gesicht zu schützen, aber vor allem Nase und Mund. Offensichtlich hatten sie Schwierigkeiten zu atmen. Es fehlt an Sauerstoff, die Gase in der

Wolke sind extrem aggressiv. Die Augen und den Mund kann man schließen, die Nasenlöcher nicht, und diese sind von empfindlicher Schleimhaut ausgekleidet: Daher versuchte jeder instinktiv, sie zu schützen. Wie schlimm das alles gewesen sein muss, lässt sich allein an der Tatsache erkennen, dass die Leichen fast alle die Zähne zusammenbeißen im bewussten Versuch, nicht zu atmen.

Sobald dieser letzte verzweifelte Versuch misslungen ist, fallen sie zu Boden und werden von der Asche lebendig (beziehungsweise im Todeskampf) begraben. Ein grausamer Tod.

Surge 4 hat die Stadtmauern von Pompeji überrannt und ist bis an den Hafen gekommen. Dort tötete sie alle, die auf ein Schiff warteten. (Das Meer war immer noch stürmisch.) In den nächsten Minuten verstummen die Stimmen in Pompeji, die Stadt wird zum Grabmal. Nur wenige Körperzellen der verschütteten Menschen funktionieren noch, doch auch diese verlässt in Kürze der Lebenshauch.

Erst nach gut achtzehnhundert Jahren finden die Archäologen eine Möglichkeit, die sterblichen Überreste der unter der Asche Begrabenen wieder zum »Leben« zu erwecken.

In Pompeji gibt es zwei Typen von Opfern: Die einen sind beim Einsturz der Häuser gestorben, als der vulkanische Steinhagel auf sie herniederging oder die Erdstöße an ihnen rüttelten. Die anderen hat Surge 4 getötet. In der Bimssteinschicht finden sich nur Skelette wieder. Beim Kontakt mit der Glutwolke aber hinterlässt der Körper einen Abdruck in der Schicht aus vulkanischem Schlamm. Von diesem lässt sich dann ein Abguss herstellen.

Das Opfer wird von einer hauchdünnen Ascheschicht bedeckt, die sofort hart wird. Mit der Zeit lösen sich die weichen Gewebe und Organe auf, sodass nur das Skelett übrig bleibt. Doch die ausgehärtete Asche bewahrt die Körperform ganz exakt. Wir haben also eine Art Hohlform des Körpers, die man mit Gips füllen kann. Der Abguss zeigt dann genauestens, wie dieser Mensch ausgesehen hat.

Professor De Simone hat einige hochinteressante Abgüsse angefertigt und mir bis ins Detail erklärt, wie die Archäologen dabei vorgehen. Wenn in der Ascheschicht (die man versteinert »Cinerit« nennt) gegraben wird, weiß man, dass man unter Umständen auf solche Hohlräume mit Toten stoßen kann. Daher geht man extrem vorsichtig zu Werke. Hat man tatsächlich einen gefunden, wird zunächst ein kleines Loch gebohrt und der Hohlraum augenblicklich ausgefüllt. Früher nahm man dazu flüssigen Gips (eine geniale Technik, die 1863 von Giuseppe Fiorelli entwickelt wurde, dem damaligen Direktor des Museo Archeologico Nazionale von Neapel und Leiter der Ausgrabungen in Pompeji). Doch der Gips gehorcht natürlich eigenen Gesetzen, weshalb es mitunter schwierig ist, den Hohlraum ganz auszufüllen. In letzter Zeit verwendet man dazu eine Pumpe, die mit einem Druck von zwei Atmosphären Flüssigzement in das Loch spritzt. Dann lässt man das Material zwei Tage aushärten und kann hinterher die Asche abschlagen.

Es ist ein unbeschreibliches Gefühl, auf diese Weise nach zweitausend Jahren das Gesicht eines Pompejaners zurück ans Tageslicht zu holen.

Die Abgüsse von den unterschiedlichsten Fundstellen lassen häufig Rückschlüsse auf die Person und ihre letzten Minuten zu. So fand man beispielsweise eine Gruppe von sechs Menschen, die von der Glutwolke unmittelbar außerhalb der Porta di Nola überrascht wurden. Darunter war unter anderem eine junge Frau, deren Abguss sehr gut gelungen ist. Er zeigt uns, welch schönes Gesicht das Mädchen hatte. Dasselbe kann man von drei weiteren Personen sagen (ein Mann, eine Frau, ein Junge, möglicherweise eine Familie), die gleich außerhalb der Porta Nuceria entdeckt wurden (siehe Bildteil II, Seite 15). Der Abguss lässt diese Menschen vor unseren Augen gleichsam wiederauferstehen. Das beeindruckendste Beispiel aber stammt von der Leiche eines Kindes, die im Haus des goldenen Armreifs entdeckt wurde (siehe Bildteil II, Seite 11). Es starb zusammen mit seinen Eltern und einem Brüderchen, scheint aber nur zu schlafen. Man mag kaum glauben, dass es sich nur um Gips handelt, so lebendig scheinen die Züge, die Hände und sogar der Faltenwurf der Tunika.

Mich persönlich hat die Gruppe von Menschen am meisten beeindruckt, die im Haus des Stabianus (Regio I, Insula 22) gefunden wurden. Sieben Menschen, darunter zwei Kinder, die von der Surge getötet wurden, während sie über die Bimssteinschicht flohen. Die von Professor De Simone angefertigten Abgüsse zeigen klar und deutlich Bekleidung, Schuhwerk und die letzten Momente im Leben dieser Menschen. Als sie von der Glutwolke überrollt wurden, ließen die Eltern die Hand der Kleinen los (die man tatsächlich ein paar Schritte weiter weg fand) und sanken zu Boden. Die Erwachsenen streckten sich ganz durch und hielten die geballten Fäuste vors Kinn oder vors Gesicht wie ein Boxer, der die Deckung hebt. Andere knieten sich nieder. Eine schwangere Frau fiel auf den Rücken, ihr Gefährte lag neben ihr auf der Seite und versuchte, ihr Gesicht mit einem Stück seines Umhangs zu schützen (siehe Bildteil II, Seite 12). So starb er, in einem letzten und vergeblichen Versuch, die Frau zu beschützen, die er liebte.

Wie kam es, dass die Menschen in diesen Positionen starben? Wenn man nicht mehr atmen kann, fällt man gewöhnlich um wie ein nasser Sack. Hier aber nehmen die Menschen in ihren letzten Sekunden eine Schutzhaltung ein. Das lässt sich nur so erklären: Die Wolke hat die Menschen begraben, als sie noch lebten. Die Asche, die sich um ihren Körper legte, hat sie gleichsam versiegelt. Danach konnten sie sich keinen Millimeter mehr bewegen. Wer tatsächlich schon einmal im Treibsand versunken ist, kann von dem ungeheuren Druck erzählen, den die Sedimente ausüben. Und ist der ganze Körper in Schlamm gehüllt, wird jede weitere Bewegung unmöglich.

Unter den Opfern, deren Abgüsse die Touristen in Pompeji sehen können, ist auch ein Mann, der sich in letzter Sekunde noch auf den Ellbogen stützte, um aufzustehen. In dieser Position wurde er dann von der Wolke getötet und gleichsam »eingefroren«. Kein Toter nimmt normalerweise solch eine Haltung ein.

Man hat für die ungewöhnliche Position der Toten auch andere

Erklärungen gefunden, zum Beispiel die Hitze, die die Gliedmaßen entsprechend verzerrt haben soll. Doch diese Erklärungen verlieren schnell an Überzeugungskraft, wenn man vor den Abgüssen steht und Menschen vor sich sieht, die die Hände vor dem Gesicht haben, während ein anderes Opfer daneben die Arme neben sich ausgestreckt hat.

Die Menschen, die mithilfe der Abgüsse »rekonstruiert« wurden, erzählen uns auch einiges über die Dynamik der Glutwolke, die sie getötet hat. Surge 4 besaß offensichtlich erhebliche Schnelligkeit und Kraft. Die Kleider der Opfer sind kein bisschen in Unordnung, nur ein klein wenig versetzt vielleicht. Neben den Opfern findet man häufig Mäntel, die im letzten Augenblick fallen gelassen wurden. Das zeigt, dass die Winde von Surge 4 nicht allzu stark waren. Es handelte sich eher um eine immense Dunstglocke, die wanderte. Man nimmt an, dass die Menschen sich auf die Erde warfen und Sekundenbruchteile später von feinsten Aschepartikeln bedeckt waren, die sie erstickt und versiegelt haben. Erst dann lagerte sich der Rest um sie herum ab. So wurden sie im Moment des Todes quasi fixiert.

Wer weiß, was damals geschehen ist, dem fällt es schwer, gedankenlosen Touristen zuzuschauen, die sich um die Schaukästen versammeln und Witze oder abfällige Bemerkungen machen. Die hemmungslos drauflosfotografieren und respektlos von »den Mumien« sprechen. Wir dürfen nicht vergessen, dass in den Schaukästen keine Statuen liegen, sondern Abgüsse von Menschen, deren Würde wir achten sollten. Stellen Sie sich einmal vor, dieselbe Behandlung würde heute Straßenverkehrsopfern zuteilwerden oder den Toten vom 11. September 2001. Haben die Opfer von Pompeji nicht auch ein wenig Respekt verdient?

Doch nun wollen wir unseren Rundgang an diesem verhängnisvollen Morgen wiederaufnehmen. Surge 4 ist jetzt über Pompeji hinweggerollt, vermutlich mit einer Geschwindigkeit von achtzig Stundenkilometern. Mittlerweile ist die Stadt eine Aschewüste, aus der die Winde immer wieder kleine Staubsäulen aufwirbeln. Die Häuser und Mauern, die man noch sieht, sind heil, sehen aber trotzdem gespenstisch aus.

Als die Wolke durch Pompeji raste, fielen vielleicht ein paar Ziegel herunter. Da und dort erdrückte ein Dachbalken die ohnehin schon toten Opfer, die später von den Archäologen so gefunden werden. Die Wolke hat auch all jene getötet, die in ihren Häusern geblieben waren. Sie drang durch alle Öffnungen im Dach und in den Mauern ein. Nichts konnte die feine Asche und die Gase aufhalten. Viele Menschen kamen ums Leben, während sie darauf warteten, dass die Katastrophe vorbeigeht.

Unter ihnen ist auch ein Mann, den wir kennen: Gaius Iulius Polybius, der skrupellose Unternehmer. Vor wenigen Minuten war er noch am Leben, nun liegt er ausgestreckt auf einem Liegebett. Wie auch seine Frau und seine Tochter (siehe Bildteil II, Seite 14). Die Familie saß in ihrem prächtigen Haus in der Via dell'Abbondanza fest, hatte aber den Steinhagel unbeschadet überstanden. Sie waren ins Triklinium geflüchtet und hatten die Türen verrammelt. Außerdem waren sie nicht allein: In ihrer *domus* fanden sich dreizehn Tote, zehn davon in diesem Raum. Neben den Sklaven war auch die schwangere Tochter des Paares zugegen (auf einem anderen Liegebett), die im Augenblick ihres Todes die Hand eines jungen Mannes hielt, vermutlich ihres Gemahls. Höchstwahrscheinlich war es die Schwangerschaft der Tochter, derentwegen man auf jeden Fluchtversuch verzichtete und sich stattdessen im Haus verbarrikadierte. Zwei weitere Kinder, ein Junge und ein Mädchen, wurden neben der Amme gefunden. Iulius Polybius starb mit der rechten Hand auf der Brust. In der linken trug er eine Glasphiole mit anregenden Substanzen, die vermutlich seine Atemwegsprobleme in dieser aschegeschwängerten Luft beheben sollten.

Interessant ist, dass diese Menschen keine Schutzhaltung eingenommen hatten wie so viele andere Opfer. Offensichtlich schliefen sie einfach auf den Betten ein. Das bedeutet, dass sie nicht gelitten haben. Sie wurden nicht von Gasen erstickt oder von herabstürzenden Ziegeln erschlagen, sondern verloren ganz einfach das Bewusstsein. Vielleicht wurde ja der Sauerstoff mehr oder weniger schnell knapp, während die Wolke vorüberglitt. Für den langsamen Verlauf spricht die Phiole in der Hand des Eigentümers.

Iulius Polybius starb zusammen mit seiner ganzen Familie. Und er ist nicht der Einzige von all den Menschen, die wir beim Bankett kennengelernt haben.

Die Malerin ist ein anderes Beispiel. Vor wenigen Minuten hat sie noch versucht, gemeinsam mit dem Mann und den beiden Söhnen durch einen unterirdischen Gang zu fliehen, der die Villa mit der Anlegestelle dieser mächtigen Familie verbindet. Möglicherweise hat sie ja die Wolke kommen sehen. Vielleicht hat auch das Ende des Steinhagels die Hoffnung geweckt, alles sei vorüber und man könne nun die Flucht übers Meer versuchen.

Sie werden in einer Nische des Gangs gefunden. Der Sohn, den die Frau in den Armen hielt, hat versucht, sich von der Mutter loszureißen. In dieser merkwürdigen Haltung ist er dann gestorben. Die Frau, deren Namen wir nicht kennen, trägt immer noch den goldenen Armreif, nach dem die Villa heute benannt ist. Sie hält einige Münzen in der Hand, die unserer Ansicht nach ein recht überzeugender Beweis dafür sind, dass der Ausbruch im Herbst stattgefunden hat. Doch dazu später. Wer weiß, ob sie in ihren letzten Minuten an Caesius Bassus gedacht hat, den Dichter, mit dem sie gestern auf recht keusche Weise »flirtete«. Das Schicksal hat es anders gewollt. Nun sind beide tot.

Auch im Haus nebenan gibt es Opfer zu beklagen. Es gehört zu den luxuriösesten Villen im Pompeji. Hier fand man vier Menschen, die über die Treppe flüchten wollten. Sie wurden von der vulkanischen Wolke niedergestreckt. Möglicherweise hatten sie gemerkt, dass die Türen weiter unten von den Bimssteinen blockiert waren, und wollten nach oben. Eine dieser Personen liegt dort noch heute.

In diesen tragischen Minuten entsteht ein weiterer Mythos um Pompeji, der sich bis heute hartnäckig hält: der der römischen Adligen, die nach einer leidenschaftlichen Nacht in den Armen eines Gladiators stirbt. Abgespielt haben soll sich das im Quadriportikus hinter dem Großen Theater, der als *ludus gladiatorum* genutzt wurde, als Trainingsgelände für die Gladiatoren.

In den zehn Räumen, die auf den Innenraum des Quadriportikus hinausgingen, fanden die Archäologen fünfzehn Helme und vierzehn Beinschienen, sechs Schulterpanzer, drei Wehrgehänge, eine Speerspitze, ein Schwert, zwei Dolche, Schilde, zahlreiche Knochenschuppen, die zu Kettenhemden gehörten, und schließlich Eisenketten, die man für Sklaven, aber auch für Gladiatoren benutzte.

Im Quadriportikus und der Großen Palästra wurden mehr Körper gefunden als anderswo: insgesamt fünfundsechzig Skelette, die während der Ausgrabungen zwischen 1764 und 1793 freigelegt wurden. Dorthin flüchteten sich also die Pompejaner. Ein Grund dafür mag die Nähe der Porta Stabiana gewesen sein.

Achtzehn Körper wurden in einer der südlichen Zellen gefunden, darunter die sterblichen Überreste einer reichen Matrone, die sehr viel Schmuck bei sich trug. Das führte im 18. Jahrhundert unweigerlich zu Spekulationen. Schriftsteller dachten sich eine Liebesgeschichte zwischen ihr und einem der Gladiatoren aus. In Wirklichkeit aber hatten in dem kleinen Raum achtzehn Menschen Zuflucht gesucht (da war also wenig Privatsphäre für leidenschaftliche Umarmungen). Außerdem fand man die Überreste der Dame am Eingang wieder, nicht in der Mitte des Raums. Das verrät uns, dass sie dort wohl nur Schutz vor dem Steinhagel gesucht hatte. Vermutlich hatte sie sich einer der Gruppen angeschlossen, die Pompeji in diesen schrecklichen Stunden zu durchqueren versuchten. Und wir kennen ihr Gesicht: Es ist die Dame, die wir gestern Morgen mit wiegenden Hüften ins Büro des Bankiers Lucius Caecilius Iucundus haben treten sehen.

Zahllose Opfer liegen nun in den verschiedenen Häusern Pompejis, unmöglich, sie alle aufzuzählen. Allein in der Großen Palästra werden fünfundsiebzig gefunden, von denen achtundsechzig sicher in der Glutwolke den Tod fanden. Auch die dreizehn Menschen, deren Leichname man im sogenannten Obstgarten der Flüchtenden (Orto dei Fuggiaschi) fand, prägen sich dem Besucher unwillkürlich ein. Sie versuchten wohl gerade, die Stadt zu verlassen, durch die Porta Nocera oder über einen anderen Weg (möglicherweise war das Stadttor nicht mehr passierbar). Da überraschte sie die Glutwolke.

Am Hafen geschah ein regelrechtes Massaker. Dort fand man einundachtzig Skelette in den Säulengängen vor den *tabernae*. Eines der Skelette dort wurde früher fälschlich als das Plinius' des Älteren identifiziert. Es war ein wunderschön gearbeitetes Schwert dabei, mit einer Muschel verziert. Diese Waffe galt sicher als Paradeschwert. Dazu kam noch, dass das Skelett eine lange Goldkette um den Hals trug und zwei Armspangen mit goldenen Schlangen. Es ist allerdings eher unwahrscheinlich, dass dies die Besitztümer eines Admirals sein sollen. Gerade die Kette und die Armreife waren typischer Frauenschmuck. Vermutlich war das Individuum am Hafen ein Dieb – einer von jenen, die sich im allgemeinen Chaos in eine Villa schlichen, deren Eigentümer umgekommen waren, und sie skrupellos ausplünderten. Vielleicht hatte er die Sachen auch gewaltsam an sich genommen.

Nicht weit davon, im »Flussmotel« von Murecine, tötete Surge 4 die Eigentümer. Die Archäologen aber fanden dort auch einen Korb mit dreihundert Wachstäfelchen – das ist einer der größten Wachstafelfunde aus römischer Zeit.

Doch nun braut sich über dem Vulkan eine weitere tödliche Gefahr zusammen.

Surge 5: Ein weiterer Schlag für Pompeji

Pompeji
25. Oktober 79 n. Chr., 7.30 Uhr
18 ½ Stunden nach dem Ausbruch

ADMIROR TE PARIES NON CECIDISSE
Ich wundere mich über dich, Wand, dass du noch nicht eingestürzt bist.

Die Eruptionssäule über dem Vulkan fällt erneut in sich zusammen. Dieses Mal gebiert sie einen dichten pyroklastischen Strom, der umso zerstörerischer wirkt, als sein Vorgänger ihm ja schon den Weg bereitet hat. Es ist eine Lawine aus Bimsstein, Felsfragmenten, Balken, Ziegeln, Bauschutt, Steinen und ausgerissenen Bäumen – ein tödlicher Schlag gegen die Mauern Pompejis.

Der vorangegangene pyroklastische Strom war zwar Gift für alle Lebewesen, hat die Stadt aber weitgehend unversehrt gelassen. Surge 5 hingegen fällt nun Bäume und deckt Häuser ab. Wenn tatsächlich noch ein Pompejaner am Leben sein sollte, dann wird dieser Strom ihn garantiert töten.

Wie stark er ist, erkennen wir, wenn wir uns in der Nähe der Villa der keuschen Liebenden umsehen. In einer Gasse hinter dem Haus wurden zwei Männer offensichtlich von Surge 4 getötet. Der eine wurde von der Aschelawine ganz, der andere nur halb verschüttet. Er liegt auf der Seite. Nun kommt Surge 5 und rasiert ihn erbarmungslos weg wie ein scharfes Messer. Wenige Meter weiter wird in Sekundenbruchteilen eine Mauer umgerissen, die noch aus der Bimssteinschicht herausragt. Surge 5 dringt durch die Fenster ein und lässt ganze Haushalte »explodieren«.

So still Surge 4 war, so laut ist Surge 5. Obwohl es niemanden gibt, der sie noch hören könnte … Sie fegt über Pompeji hinweg mit der gnadenlosen Faust der Zerstörung. Sie zerrt Leichen mit und zerstückelt sie, reißt ihnen die Kleider vom Leib. Und sie trägt den ersten Stock der Häuser gnadenlos ab. Die Bäume hat sie geschält. Die weißen, geschändeten Äste sind ihr Werk.

Surge 6: Der Mörder des Admirals

Misenum
25. Oktober 79 n. Chr., 8.00 Uhr
19 Stunden nach dem Ausbruch

MARE NEQUAM
Grausames Meer!

Bisher hat das Zerstörungswerk sich auf das Festland konzentriert, nun aber ist die Reihe am Meer. Plinius der Jüngere berichtet von den erschreckenden Ereignissen:

> Bereits war es sechs Uhr morgens, doch wurde es noch immer nicht recht hell, und es herrschte – wenn ich so sagen darf – ein müdes Licht; bereits boten die heftig erschütterten Gebäude ringsum Anlass zu großer und berechtigter Furcht vor einem Zusammensturz, obschon wir unter freiem Himmel waren, freilich auf einem engen Platz. Da endlich beschlossen wir, aus der Stadt hinauszugehen. Es folgte uns eine hilflose Menge, und was in der Angst der Klugheit nahekommt: sie zieht fremden Rat dem eigenen vor und drückt und stößt uns beim Weggehen in einem ungeheuren Zuge. Nachdem wir die Häuser hinter uns gelassen, bleiben wir stehen. Viel Erstaunliches, viel Furchtbares machen wir hier durch. Denn die Wagen, die wir hatten vorausfahren lassen, rollten, obwohl auf topfebenem Boden, nach allen Richtungen und blieben, sogar mit Steinen unterlegt, nicht am gleichen Platze ruhig stehen. Außerdem sahen wir, wie das Meer gleichsam in sich selbst aufgeschluckt und durch das Beben zurückgetrieben wurde. Auf jeden Fall hatte sich der Strand vorgeschoben, und viele Meerestiere lagen auf dem trockenen Sand.[18]

Das Meer zieht sich zurück. In Wirklichkeit ist dies das indirekte Resultat der Leerung der Magmakammer, die zur Folge hat, dass der Meeresboden sich absenkt. Doch der Vesuvius hat noch mehr in Reserve.

In der Magmakammer drücken die Gase nun mit weit weniger Kraft gegen die Wände. Und auch die Magmamenge hat nachgelassen. Daher geben jetzt die Wände nach, und mit einem Mal bricht die gesamte Magmakammer ein. Das ganze geothermische System mit seinen heißen Quellen rund um die Kammer stürzt ein und verursacht erneut schwere Explosionen, die sich mit lautem Getöse und Erdstößen bemerkbar machen, die Plinius der Jüngere registriert. In diesem Moment bilden sich mehrere pyroklastische Ströme von geringer Dichte, aber hoher Energie und rasen die Hänge des Vesuvius hinab. Sie breiten sich nun gleichförmig in alle Richtungen im Umkreis von fünfzehn Kilometern aus: Dies ist die tödliche Surge 6, ein wahrer »Tsunami« aus Gas und Vulkanasche, dem die vorangehenden Surges den Weg frei geräumt haben.

Eine gewaltige Wolke, die nun auch die höchsten Mauern Pompejis umlegt. Diese Surge hatte von allen wohl die größte Zerstörungskraft. Sie hinterlässt eine Sedimentschicht von anderthalb Metern, das Dreifache dessen, was die anderen beiden abgelagert haben.

Dieser schwarze, gewaltige Fluss drängt bis ins Meer hinaus. Er schlittert auf den Wellen dahin, kommt bis nach Capreae (Capri), ja, bis Misenum, was bedeutet, dass er dreißig Kilometer Distanz überwunden hat. So beschreibt Plinius der Jüngere das Phänomen:

> Auf der anderen Seite wurde eine schwarze, schauerliche Wolke aus Rauch und Feuer von Schlangen- und Zickzacklinien zerrissen und barst in lange Flammengarben auseinander, die Blitzen glichen, aber größer waren.
>
> Darauf sagte jener Freund aus Spanien heftiger und eindringlicher: »Wenn dein Bruder, wenn dein Onkel lebt, will er euch heil wiedersehen; wenn er gestorben ist, wollte er, dass ihr ihn über-

lebt. Was zögert ihr also, euch in Sicherheit zu bringen?« – Wir erwiderten, dass wir es nicht verantworten könnten, über seine Rettung im Ungewissen, an unsere zu denken. Er blieb nicht länger, sondern stürzt davon und entrinnt in schnellem Laufe der Gefahr.

Nicht viel später beginnt jene Wolke auf die Erde herabzusinken, das Meer zu bedecken. Sie hatte Capri eingehüllt und den Blicken entzogen, das Vorgebirge von Misenum unsichtbar gemacht. Da begann meine Mutter zu bitten, zu mahnen, zu befehlen. Ich solle um jeden Preis fliehen; ich als junger Mensch könne es nämlich noch, sie werde, betagt und schwerfällig, ruhig dem Tod entgegensehen, wenn sie nur nicht an meinem Tode schuldig sei. Ich antwortete, ich wolle mich nicht retten außer mit ihr zusammen. Darauf fasse ich sie bei der Hand und zwinge sie, schneller zu gehen. Sie gehorcht unwillig und macht sich Vorwürfe, dass sie mich aufhalte.

Schon fällt Asche, doch bis jetzt noch nicht viel. Ich schaue zurück: dicker Qualm drohte in unserem Rücken, der uns wie ein Sturzbach auf der Erde ausgebreitet folgte. »Wir wollen abbiegen«, sage ich, »solange wir noch etwas sehen, damit wir nicht auf der Straße umgeworfen und von der Masse in der Dunkelheit zertreten werden.« Kaum erwägen wir dies, da ist es Nacht, nicht wie bei mondlosem oder wolkigem Himmel, sondern wie in einem geschlossenen Raum, wenn das Licht auslöscht. Man hörte das Geheul der Frauen, der Kinder Gewimmer, das Schreien der Männer; die einen suchten ihre Eltern, die anderen ihre Kinder, wieder andere ihre Gattinnen mit Rufen zu erreichen, am Rufen zu erkennen; diese bejammerten ihr Schicksal, jene das der Ihren; es gab solche, die in ihrer Todesangst den Tod herbeiwünschten; viele erhoben ihre Hände zu den Göttern, noch mehr behaupteten, es gebe jetzt keine Götter mehr und dies sei die ewigdauernde und letzte Nacht für die Welt. Es fehlte auch nicht an Leuten, die mit erfundenen und erlogenen Schauergeschichten die wirklichen Gefahren noch vergrößerten. Es erschienen solche, die fälschlicherweise erzählten, in Misenum sei dieses Gebäude eingestürzt, jenes stehe in Flammen – und es wurde geglaubt. Es wurde wieder ein wenig heller, was uns nicht wie das Tageslicht, sondern wie der Vorbote des herankommenden Feuers vorkam. Doch blieb das Feuer in weiterer Entfernung stehen; es wurde wieder dunkel, es fiel wieder Asche, dicht und schwer. Immer wieder standen wir auf und schüttelten diese von uns ab; sonst wären wir zugedeckt und vom Gewicht auch erdrückt worden. Ich könnte mich rühmen, keinen Seufzer, kein schwächliches Wort in solchen Gefahren von mir gegeben zu haben, wenn ich nicht geglaubt hätte, ich würde mit allem, alles mit mir zugrunde gehen – ein erbärmlicher, doch großer Trost für uns Menschen in Todesfurcht.

Endlich verflüchtigte sich jener Qualm und löste sich wie in Rauch und Nebel auf; bald wurde es richtig Tag, sogar die Sonne schien, doch fahl, wie sie bei einer Sonnenfinsternis zu sein pflegt. Den noch zagenden Blicken zeigte sich alles verändert und hoch mit Asche wie mit Schnee bedeckt. Wir gingen nach Misenum zurück, pflegten uns, so gut es ging, und verbrachten eine unruhige Nacht, hin- und hergerissen zwischen Hoffnung und Furcht. Die Furcht behielt allerdings die Oberhand, denn das Erdbeben dauerte an, und sehr viele Leute, die den Verstand verloren hatten, trieben mit schrecklichen Weissagungen über ihr eigenes und fremdes Unglück ihr Spiel. Doch nicht einmal dann, obgleich wir die Gefahr erlebt hatten und aufs Neue erwarteten, konnten wir uns entschließen wegzugehen, bevor wir vom Onkel Nachricht hätten.[19]

Tatsächlich befindet sich der Admiral am schlimmsten Ort, an dem man in diesem Augenblick sein kann. Plinius der Ältere ist bei Tagesanbruch am Strand, weil er offenkundig versucht, Kontakt zu seinen Schiffen herzustellen. Doch das Meer ist immer noch viel zu aufgewühlt, wie sein Neffe berichtet:

> Schon war es anderswo Tag, hier aber Nacht, schwärzer und dichter als alle Nächte; doch erhellten sie viele Fackeln und verschiedene Lichter. Man beschloss, zum Strand zu gehen und aus der Nähe zu schauen, ob das Meer schon einen Versuch gestatte; es war immer noch stürmisch, und der Wind blies aus der Gegenrichtung. Hier legte sich mein Onkel auf ein ausgebreitetes Leintuch, verlangte mehrmals kaltes Wasser und trank. Dann treiben die Flammen und der Vorbote der Flammen, Schwefelgeruch, die anderen in die Flucht, ihn veranlassen sie zum Aufstehen. Gestützt auf zwei junge Sklaven erhob er sich und brach sogleich wieder zusammen, weil ihm, wie ich vermute, durch die zu dicke Luft das Atmen verunmöglicht und die Luftwege verschlossen wurden, die bei ihm von Natur aus schwach und eng und häufig entzündet waren. Als es wieder Tag wurde – es war nach dem, den er zuletzt erlebt hatte, der dritte –, fand man seine Leiche unversehrt, unverletzt und mit den Kleidern, die er zuletzt getragen; sein Aussehen glich eher einem Schlafenden als einem Toten.[20]

So also starb nach den Worten des Überlebenden der große Admiral. Wir wissen, dass der Neffe diesen Brief geschrieben hat, um Plinius den Älteren zu rehabilitieren, gab es doch nicht wenig Kritik an ihm wegen der fehlgeschlagenen Rettungsmission. Eine Tatsache aber ist an diesem Bericht für uns noch interessant: Es brauchte drei Tage, bis man ihn gefunden hatte.

Plinius der Jüngere sagt uns damit, wenn auch indirekt, man habe drei Tage warten müssen, bis die Verhältnisse wieder so weit stabil waren, dass man die Region nach dem Leichnam des großen Plinius absuchen konnte.

An einem bestimmten Punkt scheint die Eruption also ihre »Killermission« aufgegeben zu haben. Zumindest vorerst.

Der Admiral kehrt heim

Misenum
28. Oktober 79 n. Chr.
Fünf Tage nach dem Ausbruch

ARMA VIRUMQUE
Die Waffen besinge ich und den Mann.

Die Quadriremen legen vorsichtig an. Die Augen am Schiffsbug scheinen glasig geworden, als verstünden sie nicht recht, was sie gesehen haben. An der Mole herrscht ein ungewöhnlich reger Betrieb: Soldaten, Offiziere, Sklaven und Diener aller Art stehen bereit, um die Passagiere in Empfang zu nehmen. Mit geschicktem Schwung wirft einer der Seeleute ein Tau an Land, das an einen Poller gebunden wird. Man schiebt eine Laufplanke vom Schiff ans Ufer. Der Erste, der sie heruntergeht, ist ein älterer Mann mit weißen Haaren, die der Wind zerzaust. Er geht mit kleinen Schritten, man muss ihn dabei stützen. Es handelt sich um den Besitzer einer der Prunkvillen an der Küste. Dann kommen, einer nach dem anderen, alle Überlebenden an Land, die man mit dem Schiff entlang der Küste eingesammelt hat. Eine kleine Schar, ein jeder unter Schock. Der Blick der Menschen ist leer, die Tuniken sind verdreckt, die Asche klebt immer noch in ihren Haaren. Einige haben schwere Verbrennungen an Armen und Rücken, andere Verletzungen, die schon verbunden worden sind. Viele aber sind völlig teilnahmslos und würden am liebsten auf der Stelle sterben. Welchen Sinn hat es schon, überlebt zu haben, wenn man seine Lieben so grausam hat umkommen sehen?

Die Quadriremen gehören zum ersten Hilfskommando, das es geschafft hat, vor der Küste anzulegen, an der die Tragödie geschehen ist. Man hat in den Außenbezirken angefangen zu suchen, rund um Stabiae zum Beispiel. Dort konnte man sogar einen Brückenkopf aufbauen.

Eine Frau geht die Laufplanke herunter, ein Soldat muss sie stützen. Sie atmet nur mühselig. Die Hitze hat ihr sozusagen die Lunge verbrannt. Ein Mädchen hingegen heult jedes Mal laut auf, wenn jemand seine verbrannte Haut berührt.

Das sind die schlimmsten Fälle, die man mitgenommen hat, um sie zur Militärbasis zu bringen. Dort haben sich mittlerweile mehrere kompetente Ärzte eingefunden, ein Militärhospital wurde eingerichtet. Der Notstand wurde ausgerufen. Das würde auch heute so geschehen, wenn Tausende von Menschen innerhalb weniger Stunden in einer der größten Katastrophen der Geschichte ihr Leben lassen müssten. Nun kommen einige Seeleute die Planke herunter und tragen Kinder in den Armen, die schwere Verbrennungen erlitten haben. Sie sind vollkommen erschöpft. Ihre dunklen Augen suchen vergeblich nach einem bekannten Gesicht in der Menge, nach irgendjemandem, in dessen Arme sie flüchten könnten. Ihre Augen haben keine Tränen mehr.

An der Mole haben sich viele Menschen versammelt, die hoffen, dass irgendein Verwandter oder Freund die Planke herunterkommt. Wenn das passiert, dann fließen Freudentränen in der allgemeinen Trauer.

Nachdem alle Lebenden das Schiff verlassen haben, ist die Reihe an den Toten.

Sie sind in Leichentücher gehüllt. Für die Überfahrt hat man auf der Quadrireme eigens Platz für sie geschaffen. Sicher wurden die meisten Opfer an Ort und Stelle verbrannt. (Vermutlich nutzte man zu diesem Zweck das Holz der zertrümmerten Balken oder Möbel.) Diese Toten aber sind »anders«: Unter ihnen befinden sich auch die Seeleute, die auf dem Wachturm in der Nähe von Rectinas Villa auf ihrem Posten geblieben sind. Sie haben bis zuletzt mit Lichtsignalen ihre Lageberichte übermittelt, bevor sie lebendig verbrannt wurden. Nun werden sie heimgebracht, zu ihren Kameraden. Die Leichentücher verhüllen den schrecklichen Anblick.

Aus Rectinas Augen quellen Tränen. Sie kannte sie alle. Auch sie gehört zu den wenigen Überlebenden. Titus Suedius Clemens hat sie in Sicherheit gebracht. Wir hatten sie ja auf der Straße verlassen, die von Herculaneum wegführte. Dann hat eine eingestürzte Brücke jedes Vorankommen unmöglich gemacht. Sie schlugen ein provisorisches Lager auf und spürten noch den Gluthauch der pyroklastischen Ströme, das Leuchten des in der Ferne in Brand geratenen Lastkahns. Sie versuchten zurückzukehren, weil sie wissen wollten, was geschehen war, und wollten vielleicht dem einen oder anderen Überlebenden helfen. Doch schon im nächsten Dorf machten sie eine schreckliche Entdeckung. Sie fanden die Überreste von Geflüchteten, die die Glutwolke mitten auf der Straße überrascht hatte. Nur noch rauchende Skelette. Einige waren auf groteske Weise ineinander verhakt. Andere hatten die Arme weit ausgebreitet und spreizten die verkrümmten Finger ab. Vollkommen unnatürliche Haltungen, die sich nur durch die hohen Temperaturen erklären lassen.

Und dann der Leichnam des alten Mannes, der zwar nicht von der Glutwolke getötet wurde, aber wohl doch von der Hitze. Seine Augen starrten vor sich hin, der Mund klaffte weit offen. Rectina brach in hysterisches Schluchzen aus und konnte sich gar nicht mehr beruhigen. Titus Suedius Clemens aber begriff, dass jedes weitere Vordringen in das betroffene Gebiet glatter Selbstmord gewesen wäre. Und so machten sie sich wieder auf nach Neapolis, gerade noch rechtzeitig, um den Schlammlawinen zu entgehen, die Herculaneum bald begraben würden.

Sie ritten ohne Unterbrechung und kamen bald in Baiae an. Hinter ihnen stürzten Häuser ein und Tempel. Rectina war am Ende ihrer Kräfte. Sie wurde von Verwandten in Empfang genommen, die ihr sogleich jede nur erdenkliche Fürsorge zuteilwerden ließen. Titus Suedius Clemens aber ritt sofort weiter nach Rom, um Kaiser Titus zu informieren. (Der allerdings über das Spiegelsystem schon erste Nachrichten erhalten hatte.) Die Hilfeleistungen für die betroffene Region mussten organisiert werden.

Rectina ist heute an die Mole gekommen, weil sie erfahren hat, dass nun die ersten Quadriremen zumindest an den Randgebieten zur Katastrophe anlegen konnten, die tagelang unerreichbar gewesen waren.

Während sie auf deren Ankunft wartete, fiel ihr plötzlich ein struppiger Haarschopf auf, den sie zu kennen meinte. Sie hielt in der Menge darauf zu, und als sie vor dem Mann stand, schrie sie fast seinen Namen. Und er drehte sich um! Saturninus. Er war müde, hatte eine große Wunde an der Schläfe, doch als er Rectina sah, fing er zu strahlen an. Sie haben sich lange umarmt. All ihre Angst, all der Schrecken der letzten Tag floss in diese Berührung ein.

Saturninus' Geschichte gleicht der Rectinas. Er wurde gerettet, weil er nach Norden ritt, nach Puteoli und Baiae, wo seine Familie Ländereien besaß. Leider hatte er weder seinen Vater noch seine Großmutter überzeugen können, mit ihm zu fliehen. Sie wollten in Herculaneum bleiben. Von einem weiteren Überlebenden, der wie er schon in den ersten Stunden geflohen war, hatte er dann gehört, dass sie mit den anderen zum Strand gewollt hätten, weil sie auf Rettung durch die Flotte hofften. Sein Vater hätte die übrigen Flüchtenden getröstet. Mehr aber weiß er nicht.

Wie Rectina und die anderen hofft er, dass einer seiner Angehörigen auf dem Schiff sein möge. Doch im Herzen hofft Rectina noch auf etwas anderes und ist damit nicht allein. Alle wünschen sich, den Admiral gesund wiederzusehen. Dieser charismatische Mann, dessen Unterstützung in diesen Stunden der Not bitter nötig gewesen wäre. Die angespannten Gesichter der Seeleute und die Trauerbeflaggung auf der Quadrireme ließen aber schon von Weitem nichts Gutes ahnen. Auch dass seine persönliche Leibwache auf beiden Seiten der Laufplanke Aufstellung genommen hat, ist kein gutes Zeichen.

Dann trägt man den leblosen Körper des Admirals über die Planke, gewaschen und in eine saubere Tunika gekleidet. Auf die Brust hat man ihm ein mit Edelsteinen besetztes Prunkschwert gelegt, dessen Scheide eine wunderschön gezeichnete Muschel schmückt. Schließlich ist die Muschel das Symbol der Venus. Wenn er nicht so blass wäre, könnte man beinahe meinen, er schliefe. Sein Mund scheint zu lächeln. Beim Anblick des Toten senkt sich Schweigen über die Mole. Nur da und dort bricht jemand in verzweifeltes Schluchzen aus, das über das mittlerweile ruhige Meer weit zu hören ist. Plinia, die Schwester, und Plinius der Jüngere warten an der Mole auf ihn. Die Frau nähert sich mit verhülltem Haupt der Bahre. Auf ihren Wangen glitzern Tränenspuren. Sie streckt die Hand aus und fährt ihrem Bruder zärtlich über die Wange. Der Neffe aber bricht in heiße Tränen aus. Der Admiral ist heimgekehrt: Er wird mit allen Ehren verbrannt werden.

Auch Rectina weint, so sehr, dass sie die Gestalt nicht erkennt, die nun von einer der Quadriremen an Land geht. Doch dann wischt sie sich die Tränen ab und blickt auf... ein Schrei entfährt ihr. Der Mann mit den schmutzigen Haaren ist Flavius Chrestus. Sein Blick ist leer, sein Gesicht ascheverschmiert, doch als er Rectina sieht, leuchtet es auf. Er hat den Admiral sterben sehen: Er war im Hause des Pomponianus zugegen in jener Nacht, hatte dort Zuflucht gesucht wie viele andere Bekannte des reichen Römers.

Er wurde gerettet, weil er für einen Augenblick ins Innere des Hauses zurückgekehrt war. Er war es dann auch, der den leblosen Körper des Admirals entdeckte, der unter einem Tuch am Ufer ruhte. Zuerst hatte er ja gedacht, Plinius lebe noch und schlafe. Doch als er näher kam, merkte er, dass der Mann zu atmen aufgehört hatte. Flavius ging vor den anderen mit auf die erste Quadrireme, weil er Zeugnis ablegen sollte vom Tod des Admirals. Pomponianus weigerte sich, nach Misenum zu kommen. Er hat all sein Hab und Gut zusammengesammelt und sich mit seiner Familie nach Capreae begeben, wo er ein weiteres Haus hat. Von dort aus will er die Instandsetzungsarbeiten der Prunkvilla in Stabiae leiten und seine Geschäfte. Nun, wo alles in Chaos versunken ist und viele Konkurrenten tot, könnten sich doch ganz neue Geschäftsmöglichkeiten ergeben... Business is business, auch in römischer Zeit.

Flavius Chrestus grüßt Rectina und Saturninus herzlich, dann aber folgt er der Totenbahre des Admirals, den man die Straße hinaufträgt zu seinem Haus. Dieselbe übrigens, auf der wir ihn vor einigen Tagen zum ersten Mal gesehen haben, in einer Sänfte, an seiner Seite den alle Augenblicke stolpernden Sekretär …

Was wir soeben beschrieben haben, ist eine Seite der Tragödie, an die man gewöhnlich nicht denkt: den Tag danach. Es gibt darüber keine Berichte, Texte oder Zeugenaussagen, doch man kann sich unschwer vorstellen, was sich damals zutrug.

Beginnen wir in Misenum, wo wir uns augenblicklich aufhalten. Die Stadt musste sich ja selbst vom Durchzug der »schwarzen Wolke« erholen. Die dortige Militärbasis musste sich auf den Notstand einstellen. (Plinius der Jüngere berichtet, dass es mit der schrecklichen Surge 6 auch in Misenum zu Bränden kam.) Man musste prüfen, ob die Flotte Schaden genommen hatte, die Rettungsmaßnahmen in Gang bringen. Man musste den einfachen Leuten helfen und den Admiral suchen, von dem man schon seit Längerem keine Nachricht mehr hatte.

Der leblose Körper des Admirals wurde, wie Plinius der Jüngere berichtet, ja erst nach drei Tagen an einem Strand gefunden. Das heißt, dass der Vulkan (vielleicht auch das Meer) drei Tage lang jeden Zugang verhinderte. Es war also nicht einmal möglich, ein Gebiet zu betreten, das vergleichsweise weit entfernt vom Epizentrum der Katastrophe lag wie Stabiae. Dabei war der Ort vom Meer her leicht zu erreichen.

Sobald man in Stabiae anlegen konnte, haben Marineangehörige in den verschiedenen Villen, die teils unter Asche begraben, teils eingestürzt waren, nach Überlebenden gesucht. Die Rettungsmaßnahmen galten also als Erstes den Reichen und Adligen. Die erste Etappe war somit Stabiae, weil dort viele große Villen lagen und man den Ort leicht mit Schiffen erreichen konnte. Und dann?

Auch Herculaneum und die prächtigen Villen an der Küste wurden sofort durchsucht. Möglicherweise auch, weil man sie über den

Landweg erreichen konnte, von Norden her. Andererseits war gerade hier besondere Vorsicht geboten, weil die Stadt ja so nahe am Vulkan lag. Stellen Sie sich vor, was die Retter entdeckten, als sie sich der Stadt vom Meer her näherten: verbrannte Schiffe, die dort trieben. Allerdings nicht allzu viele, denn das Meer hatte schon in den Tagen davor Rätsel aufgegeben. Einige waren noch am Meeresgrund verankert, andere trieben frei auf dem Wasser. Nur der Schiffsrumpf war noch übrig, weil diesen das Wasser schützte.

Und Herculaneum? Die Stadt gab es nicht mehr. Sie war verschwunden. Die Seeleute an Bord der Militärschiffe konnten einfach nicht begreifen, was sie da vor sich sahen. Nur eine dunkle, verfestigte Schlammmasse, die die ganze Küste bedeckte.

Auch einige Villen, zum Beispiel die Villa der Papyri, waren vollkommen vom Erdboden verschluckt worden. Und das düstere Bild der Katastrophe wurde noch verstärkt durch den Abhang, der sich hinter der Stadt erstreckte: keine Spur mehr von Wäldern, nur noch eine graue Aschewüste. Und das Meer … Wie viele Körper mögen die Retter wohl geborgen haben, die da im Wasser trieben, teilweise verkohlt? Schon im Näherkommen vernahm man diesen unerträglichen Brandgeruch. Aus dem noch nicht ganz erhärteten Schlamm ragten Knochen und buchstäblich zerplatzte Schädel hervor. An Land dann musste man feststellen, dass niemand auf Rufe antwortete. Alles war still. Und dazwischen die vom Feuer weiß geglühten Knochen. Wo waren nur die viertausend Einwohner hingekommen?

Auch Oplontis war unter der Lava verschwunden.

Und Pompeji? Als man sich der Stadt endlich vom Meer her nähern konnte, sah man eine total veränderte Geografie vor sich. Der Hafen war nicht wiederzuerkennen, Bimssteine schwammen auf dem Wasser, ja, hatten an manchen Stellen sogar kleine Landzungen gebildet. Der Fluss hatte Geröll und Abfälle zuhauf ins Meer geschwemmt. Da und dort ragten aus der Bimssteinwüste Holzbalken, Bäume und Säulenbruchstücke heraus, man fand Ziegel. All das war von den pyroklastischen Strömen einfach mitgerissen worden. Auch wenn fast kein

Entkommen möglich war (wie wir im Falle von Saint-Pierre gesehen haben), so könnte doch die Tatsache, dass die Stadtmauern in Pompeji sehr dick waren und dass es viele Keller gab, an der einen oder anderen Stelle ein Überleben ermöglicht haben. Vielleicht waren Häuser, die von den Bimssteinen schon mehr oder weniger von der Welt abgeschnitten waren, vor den pyroklastischen Strömen sicher.

Sollte dies der Fall gewesen sein, dann mussten die Überlebenden sich erst einen Weg nach draußen graben, nachdem die Glutwolken vorbeigezogen waren. Mit Sicherheit haben einige Menschen versucht, Löcher in Mauern oder Dächer zu schlagen. Viele starben, weil einstürzende Bauteile sie unter sich begruben, doch man weiß ja letztlich nicht, ob dies vor oder nach dem Durchzug der Killerwolken geschah. Wenn jemand in einem provisorischen »Bunker« überlebte (wie dies auch in Saint-Pierre geschehen ist), stellte sich auf jeden Fall die Frage, wie man aus diesem wieder herauskommen, wie man durch die verschiedenen Schichten von Bimsstein und Schlammlawinen wieder ans Tageslicht gelangen konnte. Sicher sind noch einige Menschen gestorben, weil sie in ihrer Zuflucht nicht genug Luft, Wasser oder Nahrung hatten. Lebendig begraben. Sollte es aber tatsächlich jemand geschafft haben, wieder an die Oberfläche zurückzukommen, dann haben ihn die Helfer sicher orientierungslos am Hafen herumirren sehen, wo Hilfe am wahrscheinlichsten war.

Denn die Aschewüste erstreckte sich, so weit das Auge reichte, eine hellgraue Fläche, die auch die ersten Helfer wohl sprachlos gemacht hat. Wenn Sie an die Mondlandschaft denken, in der die ersten Astronauten landeten, dann haben Sie wohl ein realistisches Bild davon, wie Pompeji damals aussah: eine einzige Wüste, nur unterbrochen von ein paar abgedeckten Dächern, umgestürzten Giebelmauern, Balken, weißen, entrindeten Baumstämmen und Schutt jeglicher Art. Die Wehrtürme der Stadt hatten dem Ansturm widerstanden und erhoben sich nutzlos über der Ascheebene.

Die Quadrigen auf der Porta Ercolano standen vielleicht noch, da das Stadttor in Flussrichtung der pyroklastischen Ströme stand. Doch ihre vergoldete Bronze war grün angelaufen. Außerdem fehlten einige Stücke, die doch von der Lawine mitgerissen worden waren. Die Helfer hatten vermutlich auch ein wachsames Auge auf den Vulkan, der immer noch Magma ausspuckte und weitere Erdstöße auslöste.

Von Terzigno hörte man nie wieder. Erst sehr viel später, als man unter viel Mühe einige Ziegelsteine freilegte (tatsächlich nicht mehr), die über ein weitläufiges Gelände verteilt waren, und ein paar Mauern, die aus dem verfestigten Schlamm ragten.

Nuceria hatte durch den Bimssteinhagel massive Schäden erlitten, war jedoch von den pyroklastischen Wolken verschont worden. Dorthin war vermutlich Novella Primigenia mit ihrem neuen Liebhaber unterwegs, als sie am Abend vor der Eruption Pompeji verließ. Dass sie überlebt hat, ist jedoch nicht mehr als eine Hypothese.

Was aber ist mit den anderen Orten geschehen, die wir besucht haben? Murecine ist vom Erdboden verschwunden. Die Landgüter in Boscoreale und Pisanella wurden sehr viel später von den Archäologen wieder freigelegt.

Wie bei jeder Tragödie, so gab es auch hier Menschen, die aus dem Unglück anderer Profit schlagen wollten. Sie fanden Ringe, Ketten, Silberkrüge und nahmen sie an sich. Gelegentlich fledderten sie auch Leichen (wie es vermutlich auch der Dieb tat, den man zunächst fälschlich für Plinius den Älteren hielt).

Manche machten sich nach dem Ausbruch klammheimlich an erste Grabungen: Vermutlich wurden dabei ebenfalls einige Menschen überrascht und getötet. Wir wissen es nicht mit Sicherheit, doch vermutlich verhängten die Behörden in den Monaten nach dem Ausbruch über die betroffene Region eine Art »Kriegsrecht«. Ordnete man gar Truppen ab, um die Gegend um Pompeji und Stabiae zu schützen? Die Annahme drängt sich auf, doch es ist kein Beleg dafür erhalten geblieben. Vielleicht gehörten ja auch Beamte ganz offiziell zu den Plünderern?

Titus wurde sofort von der Tragödie in Kenntnis gesetzt, vermutlich war er bereits nach wenigen Stunden im Bilde, denn Boten und Signaltürme leisteten ganze Arbeit. Rom ist von Pompeji auch nur zweihundertvierzig Kilometer entfernt. Als guter Kaiser begab er sich auch persönlich an den Unglücksort, um die Menschen zu beruhigen und ihnen zu garantieren, dass er (und der Senat) sich umgehend um die Mittel für den Wiederaufbau kümmern würden.

Welche Szenerie er wohl vorfand? In Pompeji waren vor allem die Angehörigen der Toten geblieben, weil sie im ersten Moment ihre Freunde oder Verwandten nicht verlassen konnten, die unter den Steinen und der Asche begraben lagen. Andere waren dort geblieben, um ihre Güter von Schutt und Asche zu befreien oder ihr Eigentum in Sicherheit zu bringen.

Vielleicht aber machte sich der Kaiser auch aus einem anderen Grund sofort nach Pompeji auf. Viele Aristokraten und Senatoren besaßen Villen in dieser Gegend (Cäsar und Cicero beispielsweise). Die ganze Küste des Golfs war seit Jahren ein beliebter Rückzugsort reicher Familien. Baiae galt gar als »Acapulco der römischen ›Schickeria‹«. Der Kaiser wusste, dass seine Anwesenheit vor Ort ihm bei den wichtigen Familien Pluspunkte bringen würde, bei denen also, die die Mitglieder des Senats stellten. In dieser Hinsicht erwies Titus sich als sehr viel klüger denn Nero, der sich nur die Gunst des Volks zu erkaufen wusste.

Titus blieb eine ganze Weile in der Region. Wir wissen, dass er dann eiligst nach Rom zurückmusste, weil dort eine andere Tragödie geschehen war, ein gewaltiger Brand. (In Rom war die Erinnerung an die Brandkatastrophe fünfzehn Jahre zuvor noch höchst lebendig. Diese hatte einen Teil der Stadt quasi ausgelöscht.) Er kehrte erst im Februar nach Rom zurück: ein weiteres Indiz dafür, dass die Eruption im Herbst stattfand und nicht im Sommer: Dass Titus sich fast ein halbes Jahr lang nicht in Rom blicken lässt, ist mehr als unwahrscheinlich.

Doch seine als hilfreich empfundene Anwesenheit mag auch eine weniger erfreuliche Seite gehabt haben. Er ernannte eine »Kommission« von Katasterbevollmächtigten, die aus zwei außerordentlichen Magistraten bestand, den *curatores restituendae Campaniae*. Diese sollte die Schäden einschätzen, den Überlebenden Hilfestellung leisten und herausfinden, wie man Pompeji wieder zum Leben erwecken könne. Denn das forderten damals viele Menschen. Um jeden Verdacht der Begünstigung von vornherein auszuschließen, wurden die Kommissionsmitglieder durch das Los aus den Reihen des Ritterstandes gewählt.

Aber die Kommission meldete dem Kaiser schließlich, dass man Pompeji nicht mehr aus dieser toten »Mondlandschaft« würde herausschälen können. Möglicherweise spielte bei dieser Einschätzung aber auch die Tatsache eine gewisse Rolle, dass die Weingüter um Pompeji mittlerweile tief in der Krise steckten und ein Wiederaufbau sich daher schon aus ökonomischer Sicht nicht lohnen würde. Anders ausgedrückt: Es hatte wenig Sinn, Unsummen auszugeben, um die Stadt von Lapilli und Ascheschichten zu befreien oder neue Häuser auf den Überresten der alten zu errichten, da Pompeji ohnehin schon seit geraumer Zeit wirtschaftliche Probleme hatte.

Im Fall von Herculaneum wusste man nicht einmal, wohin die Stadt verschwunden war, denn sie schien mit allen Einwohnern im Schlund der Hölle versunken zu sein.

An diesem Punkt geschah etwas, was wir heute doch recht befremdlich finden. Denn die Stadt wurde ihrem Schicksal überlassen, allerdings nicht, ohne alles, was darin noch von Wert war, zu bergen und im Namen des Kaisers zu versteigern. Diese Kostbarkeiten wurden von reichen Familien aus der Region, aber auch aus dem gesamten Reich erworben. Der Erlös wanderte in die kaiserlichen Kassen, die zu jener Zeit ohnehin nicht gerade voll waren.

Pompeji erlitt also ein Schicksal, das mehr an eine eroberte als an eine »gerettete« Stadt erinnert. In gewisser Weise wurde die ganze Stadt »Staatseigentum«. Außer natürlich der rechtmäßige Besitzer beziehungsweise Erbe war noch am Leben und konnte die Eigentumsverhältnisse belegen.

Und dieses wenig feinfühlige Vorgehen war keineswegs die Ausnahme: Hatten wir nicht bemerkt, dass ein Marmortisch in einem der Häuser in der Via dell'Abbondanza einmal einem der Cäsarmörder gehört hatte? Und zettelte Trajan nicht wenige Jahre später einen Feldzug gegen Dakien (das heutige Rumänien) an, um sich die dortigen Goldminen zu sichern und auch anderweitig reiche Beute zu machen? (Dadurch ergossen sich Unmengen von Geld in die kaiserlichen Kassen und führten zu einem neuen Goldenen Zeitalter im Imperium, das Kaiser Hadrian lange Jahre getreulich verwaltete.)

Wir wissen jedoch, dass die Römer das Forum in Pompeji ausgraben wollten, das Sie heute mit Ziegelsteinen gepflastert sehen, damals jedoch mit kostbarem Marmor ausgekleidet war.

Professor De Simone hat darauf hingewiesen, dass sich auf dem Forum zahlreiche Statuen aus Bronze und Marmor sowie die Marmorplatten des Bodenbelags befanden, da dieses erst kurz vor der Eruption, nach dem Erdbeben 62 n. Chr., neu gestaltet worden war. Außerdem war es leicht freizulegen, da es sich um eine vergleichsweise weite Fläche handelte und die Gefahr eines provozierten Erdrutschs somit gering war.

Vermutlich wurden bei dieser Gelegenheit auch die Läden der Bankiers ausgegraben mit den »Schatztruhen«, in denen wichtige Verträge und Wertgegenstände aufbewahrt wurden. Denn die Archäologen haben später davon so gut wie nichts gefunden. Wie gesagt: Wir wissen nicht, welches Ende das Archiv des Bankiers Lucius Caecilius Iucundus genommen hat, das die Verträge nach dem Jahr 62 n. Chr. umfasst.

Ob es wohl von den kaiserlichen Behörden konfisziert wurde? Oder konnte der Bankier damit in einer Kutsche noch rechtzeitig fliehen? Leider wissen wir nichts von ihm, doch es ist wahrscheinlich, dass auch er den Tod gefunden hat: Hätte er überlebt (und mit ihm sein Archiv), dann hätte er mit Sicherheit Ausgrabungen in der *villa rustica* in Pisanella anstellen lassen, wo er den Silberschatz versteckt hatte. Oder um seine Frau zu bergen und ihr ein angemessenes Begräbnis zuteilwerden zu lassen.

Vermutlich haben die kaiserlichen Beamten auch das Archiv der »Stadtverwaltung« von Pompeji freilegen lassen, damit sie eine Liste der Einwohner und ihrer Besitztümer in die Hände bekamen. Nur wenn die legitimen Besitzer noch lebten, waren nämlich Grabungen erlaubt. Man darf daher annehmen, dass der Besitzer der *domus pertusa* (des Hauses, in dessen Wand nach der Katastrophe ein Loch geschlagen wurde), nämlich N. Popidius Priscus, überlebt hat.

Nach dieser ersten, von Raubzügen bestimmten Phase fiel Pompeji der Vergessenheit anheim.

Nuceria, das nur teilweise betroffen war, sollte sich erholen. Nach etwa fünf Jahren wurde die Straße eingeweiht, die den Ort mit Stabiae verbindet. Stabiae selbst wird neu erblühen (wenn auch erst nach zwanzig Jahren), während man in Oplontis, zu dem neue Zubringerstraßen gebaut werden, keine Neubauten findet. Auch Murecine wird wiederauferstehen: Das »Motel« am Sarno wird als Ausgangspunkt genutzt, um ein neues Bauwerk zu errichten, das aber bei der Eruption 472 n. Chr. erneut Opfer des Vulkans wird.

Andere Regionen, die weniger betroffen waren, erholen sich schnell. Auch die Weinberge an den Hängen des Berges, den wir von nun an »Vesuv« nennen werden, tragen wieder reiche Frucht.

Pompeji aber versinkt in einem Meer des Vergessens, und mit ihm all seine Bewohner. Lateinische Dichter wie Statius (*Silvae* IV, 4, 78–86) und Martial (*Epigramme* IV, 44) werden über die Tragödie schreiben, deren Geschichte sich im gesamten Imperium verbreitet.

Statius schreibt: »Wenn erst die Früchte der Erde diese Wüste erneut ergrünen lassen, werden künftige Generationen glauben können, dass eine Stadt, ein Volk verschüttet unter ihren Füßen liegt, dass die Ländereien ihrer Vorfahren in einem Feuermeer untergingen?«

Martial (*Epigramme* IV, 44) hingegen äußert sich so:

Hier der Vesuv war eben noch grün vom Schatten der Reben,
und ein edles Gewächs hatte die Kufen gefüllt.
Hier sind die Höhen, die Bacchus vor Nysas Hügeln geliebt hat;
hier ist der Berg, drauf jüngst Satyrn noch Reigen getanzt.
Hier war der Venus Sitz, ihr lieber selbst als Sparta,
hier die Stätte, berühmt, weil sie nach Herkules hieß.
All das liegt nun in Flammen und trauriger Asche versunken.
Ach, dass sie dies vermocht, dauert die Götter nun selbst.[21]

In den folgenden Jahrhunderten geht das Wissen, dass dort einmal eine Stadt war, zunächst einmal verloren. Den Erdhügel nennt man »Civita«, ein Name, der eher an eine Grabinschrift erinnert. Die Berichte und Erzählungen über Pompeji werden immer weniger und reißen im Mittelalter schließlich ganz ab. Das Vergessen senkt sich über die erkaltete Asche, eine Grabstätte, die noch Jahrhunderte verschlossen bleiben sollte.

Ein Eremit oder eine winzige religiöse Gemeinschaft lebt in dieser Gegend, denn die Archäologen werden irgendwann in einem mit Fresken verzierten Raum Öllampen finden, die aus späteren Epochen stammen. Und einen gewissen bilderstürmerischen Eifer dieser Bewohner feststellen, die einige der wunderbaren Fresken mutwillig zerstört haben. Vielleicht waren sie es, die die Wände mit der Aufschrift »Sodom und Gomorrha« verunstalteten.

Denn einige Teile der Stadt sind tatsächlich nicht unter den Steinen begraben. In einem der Wehrtürme lassen sich Spuren eines Nachtlagers feststellen, die ganz sicher aus mittelalterlicher Zeit stammen. Niemand weiß, welch unermesslicher Schatz unter der Tuffsteinschicht liegt. Und welch schreckliche Tragödie sich hier abgespielt hat. Durch einen seltsamen Zufall ist es gerade ein Stein, den Titus Suedius Clemens in seiner Funktion als Neuvermesser der Grundstücksgrenzen hat setzen lassen, der den späteren Entdeckern zeigt, dass hier die antike Stadt Pompeji gelegen haben musste.

»The Day After«

(OMNIA) VINCIT AMOR
Liebe besiegt alles.

In weniger als zwanzig Stunden hat der Vulkan zehn Milliarden Tonnen Magma, Hunderte Millionen Tonnen Gase mit einer Geschwindigkeit von dreihundert Metern pro Sekunde ausgeworfen. An manchen Stellen ist die Schicht aus Tuffstein (gehärtete Asche) und Bimsstein in der Gegend um den Vesuv, zum Beispiel in Herculaneum, über zwanzig Meter hoch. Genaue Daten über die Anzahl der Todesopfer haben wir nicht, doch wir können für Pompeji mit etwa acht- bis zehntausend rechnen, für Herculaneum mit drei- bis viertausend. Wie viele Opfer an anderer Stelle, zum Beispiel auf dem Land, ihr Leben lassen mussten, wissen wir ebenfalls nicht. Eine vorsichtige Schätzung ergibt etwa fünfzehn- bis zwanzigtausend Menschen, wenn man Stabiae, Oplontis und Terzigno mit einbezieht. Doch all das ist reine Theorie.

Das erste Skelett wird in Pompeji am 19. April 1748 gefunden, und zwar an der Ecke zwischen der Via di Nola und der Via Stabiana. Bis heute wurden in Pompeji tausendsiebenundvierzig Leichen geborgen, in Herculaneum dreihundertachtundzwanzig.

Von vielen Menschen, die zu jener Zeit dort gelebt haben, hat man also noch keinerlei Überreste entdeckt, dies aber mag auch daran liegen, dass mögliche Opfer, die in späterer Zeit zum Beispiel auf dem Land gefunden wurden, einfach keine entsprechende Aufmerksamkeit erfuhren. Man hat sie eben schnellstmöglich »entsorgt«. Oder sie sind noch dort begraben, innerhalb oder außerhalb von Pompeji. (Das Land wird mittlerweile wieder bebaut beziehungsweise bewohnt. Ein Drittel der antiken Stadt ist noch nicht freigelegt worden. Man schätzt, dass sich hier noch etwa fünfhundert Vulkanopfer finden könnten.)

In Pompeji wurden achtunddreißig Prozent der Opfer in der Bimssteinschicht gefunden. Sie wurden also von den Erdbeben und den unter der Last der Steine einstürzenden Dächern begraben. Der Vulkanologe Roberto Santacroce schätzt, dass zweiundsechzig Prozent der Opfer von den pyroklastischen Wolken getötet wurden.

Die Suche nach Überlebenden aus fast zweitausend Jahren Distanz erscheint also wenig vielversprechend – aber nicht aussichtslos: Wir haben im Laufe unserer Erzählung sieben kennengelernt. N. Popidius Priscus, dem die *domus pertusa* oder das Marmorhaus gehörte, könnte ebenfalls zu ihnen gehören.

Woher aber wissen wir, dass einige der Personen, die wir auf unserem Weg durch Pompeji und die Vesuviusregion kennengelernt haben, der Tragödie entkommen sind? Nun, bei einem Teil können wir das mit Sicherheit sagen, bei einem anderen besteht immerhin eine hohe Wahrscheinlichkeit.

Plinius der Jüngere hat überlebt, hat er doch die Eruption in seinen berühmt gewordenen Briefen an den Historiker Tacitus beschrieben. Von seiner Mutter Plinia wissen wir, dass sie nur wenige Jahre nachher starb, nämlich 83 n. Chr.

Über den weiteren Verbleib des Pomponianus können wir hingegen nur spekulieren. In seinen Briefen nennt Plinius der Jüngere ihn einfach nur Pomponianus, was dafür spricht, dass man mit ihm bekannt war (zumindest Tacitus). Als Freund von Plinius dem Älteren empfängt er diesen in seiner Villa in Stabiae, als der Naturforscher beschließt, dort vor Einbruch der Nacht vor Anker zu gehen. Der Bericht über die letzten Stunden des Admirals und seinen Tod am Strand von Stabiae kann letztlich nur von ihm stammen, dem Hausherrn, oder von seinen Dienern und Freigelassenen. Das aber lässt vermuten, dass er sich retten konnte.

Was Flavius Chrestus angeht, so taucht sein Name auf einer Marmorstele auf, die bei Castellammare di Stabia während der Erdarbeiten für die Circumvesuviana-Eisenbahnlinie gefunden wurde (und heute im Antiquarium, dem archäologischen Museum der Stadt, aufbewahrt wird). Dort steht: *D(is) M(anibus) Flavi Chresti vix(it) annis L.* Die Inschrift wurde irgendwann zwischen 81 und 130 n. Chr. angebracht und bezieht sich auf einen Freigelassenen griechischer Herkunft mit Namen Chrestus. Da er mit fünfzig Jahren starb und ein Freigelassener der Flavier war, lebte er mit Sicherheit zur Zeit des Vesuviusausbruchs. Vermutlich befand er sich während der Tragödie in Stabiae.

Titus Suedius Clemens, der kaiserliche Tribun, den Vespasian nach Pompeji entsandt hatte, kam einer sehr heiklen Aufgabe nach: Er sollte die Revision des öffentlichen Katasters zu Ende bringen. Während seines Aufenthalts in Pompeji (der sich sehr lang hingezogen haben muss) unterstützte er einige lokale Politiker bei den jährlichen Wahlen. Zum Beispiel den Epidius Sabinus, der 77 n. Chr. für das Amt des Duumvirn kandidierte. Man weiß nicht genau, ob er sich während des Vulkanausbruchs in Pompeji aufhielt, sicher ist aber, dass er die Katastrophe überlebt hat. Nachdem er Pompeji verlassen hatte, wurde er 80 n. Chr. *praefectus castrorum,* verantwortlicher Offizier für die Unterbringung einer Legion, in Ägypten. (Er war also aufgestiegen.) Auf dem Fuß eines Memnonkolosses in Theben fand man ein Graffito mit folgendem Text: *Suedius Clemens Praefectus Castrorum. Vernahm Memnon am 12. November 80 n. Chr.*[22]

Von Aulius Furius Saturninus können wir sagen, dass er in Herculaneum lebte, der Eruption aber entkam. Neun Jahre später taucht sein Name auf einem Militärdiplom vom 7. November 88 n. Chr. auf. Darin wird er als Kommandant *(praefectus)* einer *Ala praetoria singularium* aufgeführt, einer Einheit, die zu jener Zeit in Syrien stationiert war.

Und was wurde aus unserer Protagonistin Rectina? Wir haben aus den Briefen Plinius des Jüngeren erfahren, dass ihr Haus direkt am Fuße des Vesuvius lag und dass die Eruption sie in Angst und Schrecken versetzte. Woher aber wissen wir, dass sie überlebte?

Mitte des 19. Jahrhunderts errichtete man ein großes Holzkreuz in der Nähe einer Kirche in Casalpiano, Morrone del Sannio. Als Fundament verwendete man einen alten Marmorblock, einen antiken Altar, den man in der Gegend gefunden hatte und der hier vermutlich schon seit Jahrhunderten herumlag. (Heute wissen die Archäologen, dass zum Zeitpunkt der Eruption dort eine große *villa rustica* lag, in der Rectina wohl nach dem Vesuviusausbruch lebte.) Man sah zwar, dass der Marmorblock eine Inschrift trug, doch sie war so schlecht erhalten, dass niemand sie lesen konnte. Bis irgendwann jemand den Namen »Rectina« entzifferte und mit dem Brief des Plinius in Verbindung brachte. Ob es sich wohl um »diese« Rectina handelte?

Wie gesagt ist der Name alles andere als häufig. Außerdem stellte man fest, dass der Marmorblock tatsächlich aus dem 1. Jahrhundert n. Chr. stammte. Es könnte also gut sein, dass damit »unsere« Rectina gemeint ist. Und was steht nun auf dem Marmorblock? *C. Salvius Eutychus Laribus casanicis ob reditum Rectinae nostrae votum solvit.* Oder: »C. Salvius Eutychus löste sein Gelübde vor den Laren des Hauses für die glückliche Heimkehr unserer Rectina.« Dieser Marmorblock scheint also einen Schlusspunkt unter das schreckliche Abenteuer Rectinas zu setzen. Ein glückliches Ende ergo, nachdem alle sich gefragt hatten, ob sie denn die Eruption überlebt hatte.

Vielleicht ist es ja diese Villa, in der das Bankett zu Beginn unseres Berichts stattfand? Gut vorstellbar.

Doch Rectina ist nur einer der Fäden in diesem dichten Gewebe aus Schicksalen und Tränen, die sich in jenem Augenblick miteinander verflochten.

Pompeji wurde von einer Reihe von Katastrophen getroffen, wie sie in der Geschichte nur sehr selten vorkommt: Erdbeben, Seebeben, Bimssteinhagel, Steinschlag, Glutwolken, Schlammlawinen, Gaswolken, Ascheregen – eine Verkettung unglücklicher Umstände. Und dennoch: Wenn man heute durch die stillen Straßen geht, beschleicht einen unwillkürlich das Gefühl, dass all das nie geschehen ist, dass die Pompejaner sich vielmehr irgendwo versteckt halten, gleich um die Ecke kommen oder im Raum nebenan warten.

Keine archäologische Grabungsstätte auf der ganzen Welt wird Ihnen je ein ähnliches Gefühl vermitteln. Tatsächlich blieb das Leben in Pompeji einfach stehen wie eine Uhr, als wäre die Stadt schockgefrostet worden. Wir wandern durch die Gassen, blicken in die Häuser und empfinden Frieden, Ruhe, Heiterkeit ob dieser unglaublichen Schönheit. Das Leid zeigt sich nur ansatzweise.

Wir haben das Gefühl, neben Titus Suedius Clemens herzugehen, der sich lebhaft mit dem »Quintilian« Pompejis unterhält, dem klugen Bankier Lucius Caecilius Iucundus, dem zynischen Gaius Iulius Polybius, der frechen Smyrina, dem abgebrühten Zosimus, dem pausbäckigen Pomponianus. Und natürlich mit Rectina, die leichten Schrittes einhertänzelt und uns mit ihrem mediterranen Blick die Sinne verwirrt. Auch dies ist ein Geschenk, das uns die Stadt Pompeji macht. Und das uns noch lange im Herzen nachhallt.

Anhang

Das wirkliche Datum der Eruption

Ein Fehler im Brief des Plinius?

Unter den vielen neuen Erkenntnissen im Zusammenhang mit Pompeji gehört die über das Datum der Eruption zweifelsohne zu den erstaunlichsten. Ob Sie nämlich Ihren Reiseführer aufschlagen, im jüngsten Roman über den Untergang Pompejis nachblättern, immer wird als Datum der 24. August 79 n. Chr. genannt. Mitten im Sommer also. Aber können wir dessen wirklich sicher sein?

Die Wissenschaftler tragen nun schon seit einigen Jahren Indizien zusammen, die auf eine andere Jahreszeit und einen anderen Monat hinweisen. Der Ausbruch soll nicht im Sommer stattgefunden haben, sondern erst im Herbst. Im Oktober, genauer gesagt. Und zwar am 24. Wie aber ist das möglich?

Lassen Sie uns der Reihe nach vorgehen. Die Hauptquelle für die Datierung des tragischen Ereignisses ist natürlich der Brief, den Plinius der Jüngere an Tacitus geschrieben hat. Dieser hatte ihn nämlich um einen genauen Bericht über den Tod seines Onkels gebeten.

Doch unter Historikern nimmt man an, dass das Motiv für diesen Brief ein anderes war: nämlich die Gerüchte verstummen zu lassen, die vor allem Sueton über das Ableben von Plinius dem Älteren verbreitete. Diesem Gerücht zufolge habe Plinius der Ältere, da sein Rettungsversuch so kläglich misslang, einen Sklaven gebeten, ihn mit einem Schwert zu töten. Erst dann sei sein Körper vom Ascheregen bedeckt worden.

Doch in seinem Brief fegte Plinius der Jüngere die These vom unehrenhaften Selbstmord vom Tisch und beschrieb, da er schon einmal dabei war, die Ereignisse des Tages. Natürlich mit Datum. Nur dass das Datum in römischer Manier angegeben war. In Plinius' Brief heißt es folglich: *Non(um) Kal(endas) Septembres.* Unter »Kalende«

verstand man damals den ersten Tag jeden Monats des römischen Kalenders. »Die Kalenden des Septembers« war also der 1. September. Neun Tage davor war der 24. August. (Wenn Sie jetzt ins Spekulieren kommen, sollten Sie wissen, dass die Römer immer den Ausgangs- und den Schlusstag solch einer Periode mitzählten.)

Alles klar also? Nein, leider nicht.

Das Problem liegt vor allem darin, dass uns der Pliniusbrief nicht als Originalmanuskript vorliegt. Wir können uns nur auf Kopien aus den Skriptorien mittelalterlicher Klöster stützen, die in verschiedenen Bibliotheken aufbewahrt wurden, zum Beispiel in der des Vatikans. Dort liest man auf Folio 87 des Codex Laurentianus Mediceus tatsächlich das Datum »24. August«.

Über Jahrhunderte hinweg erstellten die Kopisten in den mittelalterlichen Klöstern getreulich Abschriften der antiken Autoren und retteten so eines der kostbarsten Erbstücke der Menschheitsgeschichte. Doch wo Abschriften erstellt werden, kann es hin und wieder auch zu Schreibfehlern kommen. Wir haben über dieses Problem ja schon gesprochen, als es um den Namen von Rectinas Gatten ging: Kann es sein, dass aus Bassus ein Cascus, Tascus und schließlich ein Tascius wurde? Durchaus möglich. Und dasselbe passierte offensichtlich beim Datum der Eruption.

Ich konnte persönlich die Abschrift des Pliniusbriefs in Augenschein nehmen, die in der Biblioteca dei Girolamini in Neapel aufbewahrt wird. Dort wird unter zahllosen anderen alten Büchern auch der Codex Oratorianus konserviert, der aus dem Jahr 1501 stammt. Dieses Buch aufschlagen zu dürfen ist ein echtes Privileg. Seine Seiten sind mit atemberaubenden Miniaturen geschmückt. Der Name »Plinius der Jüngere« ist ganz ohne Mühe zu lesen. Und siehe da: Dort steht ein anderes Datum vermerkt!

Dort spricht man nämlich nicht von den Kalenden des September, sondern nennt die des November. Auch hier ist kein Irrtum möglich. Dort steht: *Kl. Nove(m)bris.*

Welches Datum ist nun das richtige? Leider werden die Irrtümer der Mönche von den nachfolgenden Kopisten wiederum getreulich übernommen und finden sich also in allen späteren Abschriften. Tatsächlich gibt es sozusagen drei große »Stammbäume«, was die Überlieferungsgeschichte dieses Briefes angeht.

Viele Wissenschaftler meinen, den richtigen Weg zu beschreiten, wenn sie sich auf die älteste Abschrift stützen, die theoretisch am ehesten frei von Fehlern sein müsste. Und da heißt es nun einmal »September«, dann hätte die Eruption tatsächlich im Spätsommer stattgefunden. Doch diese Kopie ist tatsächlich die einzige mit dieser Angabe.

Daher nehmen einige Experten an, dass vermutlich diese Kopie fehlerhaft ist. Der Verdacht wird noch genährt dadurch, dass fast alle anderen Kopien des Briefes den »November« nennen, wodurch die Eruption in den Herbst rückt. Das sieht in antiken Texten zum Beispiel so aus: *Kal. Novembres*, also 1. November. Oder: *III Kal. Novembres*, also 30. Oktober. In unserem Fall aber heißt es immer *non. Kal.…*, also neun Tage vor den Kalenden eines Monats. Schon allein diese Entdeckung lässt die bisherige Datierung fragwürdig erscheinen.

Indizien für die Herbstthese

Aber gibt es denn keine direkten Belege? Wie würde beispielsweise der Erkennungsdienst vorgehen, wenn er sich bei einem Mord auf Spurensuche macht? Wir müssen den Zeitpunkt feststellen, zu dem das Verbrechen begangen wurde. Zu diesem Zweck werden wir die Grabungsstätten in Pompeji, Oplontis, Herculaneum, Stabiae und Boscoreale untersuchen und die Funde in der Soprintendenza Archeologica von Pompeji in Augenschein nehmen.

Mittlerweile sind viele Häuser, die von der Eruption vollkommen verschüttet worden waren, freigelegt worden – wie zum Beispiel das Haus des Menander und das der keuschen Liebenden. Dort fand man etwas höchst Interessantes, nämlich Kohlebecken. Diese dienten einem einfachen Zweck, sie sollten den Raum beheizen. Das aber lässt annehmen, dass die Eruption eher im Herbst stattfand, wo es teils schon empfindlich kühl sein konnte.

Dass es zur Zeit der Eruption bereits kalt war, lässt sich – den Verfechtern der Herbstthese zufolge – auch daran ablesen, dass viele der Opfer, von denen man Abgüsse machen konnte, warme, schwere Umhänge trugen, die schlecht zu sommerlichem Wetter passen. Ein Skelett in Herculaneum trug immer noch Spuren einer Pelzmütze. Diese sterblichen Überreste gehören zu den dreihundert Opfern, die sich in die Bootshäuser geflüchtet hatten. Vermutlich wollten sie sich dort vor der Kälte schützen, jedenfalls nicht vor dem Steinhagel, denn dieser traf Herculaneum nicht. Das ist auch an den Opfern am Strand klar erkennbar. Außerdem fand man in einer Wiege in Herculaneum Reste einer Wolldecke – auch nicht gerade das, was man im August über ein Kind legen würde. Andererseits kann dies bei einem Neugeborenen oder einem Wickelkind in der Kühle der Nacht durchaus nötig sein.

Natürlich handelt es sich dabei um sporadische Funde. Wir wissen nicht, wie die Pompejaner gekleidet waren, deren Überreste man bisher gefunden hat. Vielleicht zogen sich in Pompeji die Leute schwere Mäntel über, um sich vor dem Steinhagel zu schützen, vor dem Wind oder vor einem höchstwahrscheinlichen Fall der Temperaturen. Wenn eine Eruptionssäule sich vor die Sonne schiebt, fällt natürlich auch die Temperatur auf der Stelle ab. Das ist wie bei einer Sonnenfinsternis. Oder, um ein anderes Beispiel zu bemühen, wie beim zweiten Golfkrieg: Dort meldeten die Soldaten einen starken Temperaturabfall, als der Rauch der brennenden Ölquellen sich vor die Sonne schob, und das, obwohl es helllichter Tag war und sie sich mitten in der Wüste befanden. Unter einer Eruptionssäule wird es auf jeden Fall kalt, und das könnte auch die Kohlebecken erklären. Andererseits mögen diese Funde tatsächlich die These von einem herbstlichen Ausbruch stützen.

Auch die Entwicklung der Eruptionswolke liefert Indizien, die

Rückschlüsse auf die Jahreszeit zulassen. Plinius der Jüngere schreibt, sie »erhob« sich »einer Pinie ähnlich…«. Der Bimssteinregen ergoss sich in südöstlicher Richtung. Einige Wissenschaftler glauben nun, dass die Wolke eine Höhe erreichte, in der die alltäglichen meteorologischen Bedingungen keine Rolle mehr spielten, sodass sie nur noch jahreszeitlichen Höheneinflüssen gehorchte. Das Verhalten, das die Wolke zeigte, lässt sich aber nur mit den meteorologischen Charakteristika des Herbstwetters erklären.

Doch fahren wir fort in unserer Spurensuche. Was würde der Erkennungsdienst als Nächstes suchen? Einen deutlichen Hinweis auf jahreszeitliche Einflüsse. Und hier liefert uns die Natur ganz klare Indizien. Was Pflanzen und Früchte angeht, besteht zwischen Sommer und Herbst ein großer Unterschied.

Die Archäologin Grete Stefani (die im Moment die Ausgrabungen in Pompeji leitet) und der Botaniker Michele Borgongino haben diesbezüglich eingehende Untersuchungen angestellt und veröffentlicht. Auch sie stützen die Herbstthese, die der Archäologe Umberto Pappalardo im Übrigen schon 1990 aufgestellt hatte. Vor ihm war es Michele Ruggiero, Ausgrabungsleiter in Pompeji von 1875 bis 1893. Bereits im 18. Jahrhundert hatte der Bischof und Altphilologe Carlo Maria Rosini angesichts der Kohlebecken und Herbstfrüchte angemerkt, dass der Vulkanausbruch in der kalten Jahreszeit stattgefunden haben müsse. Er nannte sogar ein Datum und stützte sich dabei auf einen antiken Schriftsteller, der die Katastrophe ebenfalls auf die kalte Jahreszeit datierte. Der berühmte Historiker Cassius Dio, der der Tragödie zeitlich näher war als wir, verfügte über deutlich mehr schriftliche Zeugnisse. Er schreibt, dass die Eruption im Herbst stattfand, nämlich am 23. November 79 n. Chr. (oder, um es auf römische Art auszudrücken, neun Tage vor den Kalenden des Dezember).

Wie Sie sehen, gibt es viele Wissenschaftler und Schriftsteller, die sich für die Herbstthese entschieden haben. Aber aufgrund welcher Belege? Sehen wir uns die genannten Indizien doch einmal genauer an.

Im Antiquarium von Boscoreale, dem archäologischen Museum, in dem zunächst die landwirtschaftlichen Funde aus der dort freigelegten *villa rustica* aufbewahrt wurden, fand man allerlei interessante Objekte, die heute im Besitz des Museo Archeologico Nazionale in Neapel sind:

- *Lorbeerfrüchte*, die gewöhnlich erst im Herbst reif werden.
- Viele *Kastanien*, die ebenfalls typisch für den Herbst sind: In einem Fall handelt es sich gar um die Reste einer Mahlzeit, zu der auch Brot und Früchte des Spierapfels (Sorbus domestica) gehörten. Diese kleinen rötlichen Birnenfrüchte reifen gewöhnlich zwischen September und Oktober. Man isst sie erst, wenn sie getrocknet und braun geworden sind.
- Viele *Nüsse*, die ebenfalls zwischen September und Oktober geerntet werden.
- Sehr viele *getrocknete Feigen:* Die Feigenernte kann durchaus zwischen Sommer und Herbst erfolgen, doch die zum Trocknen verwendeten Früchte erntet man gewöhnlich im September. Dass sie vom Vorjahr stammen, ist schon deshalb unwahrscheinlich, weil in ganz Pompeji eine große Zahl davon gefunden wurde. Form und Erhaltungszustand lassen annehmen, dass sie im Augenblick der Eruption bereits getrocknet waren, sonst wären sie zerfallen. Sie waren als Nahrungsmittel für den bevorstehenden Winter gedacht.
- *Getrocknete Pflaumen:* Im Sommer verzehrt man Pflaumen frisch, wenn sie noch weich und saftig sind. Im Herbst aber findet man vor allem Trockenfrüchte.
- *Datteln:* Sie kamen aus Afrika und gewöhnlich nicht vor Oktober, da sie erst kurz zuvor reifen. Es wurden aber nicht viele Datteln gefunden, da sie eben erst frisch eingetroffen waren. Nur wenige (wohlhabende) Haushalte konnten sich zu diesem frühen Zeitpunkt den Genuss dieser Importleckerei leisten.
- Viele *Granatäpfel:* In einer Villa in Oplontis fand man zehn Doppelzentner, die zwischen vier Strohmatten getrocknet wurden.

Wir wissen, dass die Ernte Ende September, Anfang Oktober erfolgte, bevor die Regenfälle einsetzten. So konnte die Frucht in geschützter Umgebung trocknen.

All diese Indizien lassen annehmen, dass die Eruption im Herbst stattfand. Aber das ist längst noch nicht alles.

Weinernte bereits abgeschlossen

Im Herbst findet ein Ereignis statt, das die Weinliebhaber in aller Welt gewöhnlich sehnsüchtig erwarten. Die Archäologen haben mittlerweile einige landwirtschaftliche Betriebe freigelegt, unter anderem einen, in dem Wein hergestellt wurde. Es handelt sich um die Villa Regina in Boscoreale, wo man auch einen Silberschatz fand, der heute im Louvre ausgestellt ist.

Wir wissen, dass die Archäologen anderenorts große Mengen Trester gefunden haben, ein Anzeichen dafür, dass die Weinernte bereits vorüber war. In diesem speziellen Landgut aber fand man noch ein wichtiges Indiz. Die Römer in Pompeji benutzten zur Reifung des Weins keine Fässer, sondern große Terrakottakrüge, die bis zum Hals in die Erde eingelassen wurden. Man nennt sie, wie wir bereits wissen, *»dolia«*. Im Innenhof dieser *villa rustica* fand man nun viele *dolia*, die bereits angefüllt und versiegelt waren!

Die Weinernte fand damals wie heute im September statt, allerspätestens in der ersten Oktoberwoche. Der Traubensaft wurde gekeltert und dann in die *dolia* gefüllt, wo man ihn zehn Tage lang fermentieren ließ. In den zwanzig Tagen danach kontrollierte man ihn täglich, damit er nicht sauer wurde, dann setzte man den *dolia* einen Deckel auf und versiegelte sie.

Diese *dolia* können also frühestens Ende Oktober, Anfang November versiegelt worden sein. Da sie unter der Bimssteinschicht waren, fand die Eruption sicher nach dem Versiegeln statt.

Und noch einen Hinweis gibt es, der vielleicht ungewöhnlich erscheinen mag, die Herbstthese aber weiter stützt. In Pompeji gab es in der Marktgegend einen heiligen, dem Kaiser gewidmeten Bezirk, wo regelmäßig Zeremonien, Riten und Opfer zu Ehren der kaiserlichen Familie abgehalten wurden. Dort befanden sich Statuen von Titus, Domitian, dem Bruder des Kaisers, der ebenfalls ein Sohn Vespasians war, dazu Bildnisse der Ehefrauen, Töchter, Schwiegersöhne und so fort. Einige dieser Statuen wurden auch tatsächlich ausgegraben. Jedenfalls war an diesem Ort die kaiserliche Familie sozusagen vollzählig versammelt.

In unmittelbarer Nähe aber entdeckten einige Archäologen im 19. Jahrhundert einen Pferch mit Schafskeletten. Man stellte die Hypothese auf, dass diese Tiere zu Ehren der kaiserlichen Familie geopfert werden sollten. Aber zu welchem Anlass? Solche Opfer wurden vorzugsweise an bestimmten Ehrentagen ausgeführt, zum Beispiel Geburtstagen, die im ganzen Imperium als Feiertag begangen wurden. Und siehe da: Der 24. Oktober war der Geburtstag Domitians.

Waren diese Tiere also für das Opfer bestimmt, wurden aber vorher bei der Eruption getötet? Durchaus möglich, doch einen Beweis dafür gibt es nicht.

Die Sommerthese

Natürlich hat auch die Sommerthese ihre Befürworter, die für all die hier angeführten Indizien eine Erklärung zugunsten ihres Standpunkts finden. Die Kohlebecken zum Beispiel könnten zu Ritualzwecken benutzt worden sein. (Wobei allerdings unverständlich bleibt, wieso die Pompejaner dafür nicht ihre den Laren, den Ahnen, gewidmeten Hausaltäre nutzten, die im Atrium aufgestellt waren. Diese waren eigentlich zu diesem Zweck gedacht.)

Die versiegelten *dolia* und die verschlossenen und für den Handel bereiten Amphoren hätten auch andere Substanzen als Wein enthalten können. Oder Medizinalwein, der nicht für den täglichen Genuss gedacht war. Oder Weine vom letzten Jahr, die länger reifen mussten. Außerdem führt man an, dass in dieser Region die Weinernte auch heute noch teilweise in die Sommermonate vorgezogen wird. Diese These hat zugegebenermaßen ihren Reiz, erklärt aber nicht die großen Mengen an Wein, die man bei den Ausgrabungen gefunden hat. Es klingt ein bisschen weit hergeholt, dass die Archäologen nur Medizinalwein gefunden haben sollen oder Weine aus den Vorjahren, die man in den *dolia* hat weiterreifen lassen.

Die bei vielen Ausgrabungen gefundenen Oliven seien, so die Anhänger der Sommerthese, nicht zahlreich genug, um aus der sommerlichen Ernte zu stammen.

Auch die Trockenfeigen könnten vom Vorjahr stammen. Doch dass die Pompejaner Herbstfrüchte ein Jahr lang in ihren Häusern aufbewahrt haben sollen, ohne sie zu verzehren oder zu verkaufen, ist auch nicht sehr wahrscheinlich. Natürlich ist alles möglich, doch die großen Mengen Herbstfrüchte sprechen dagegen. Es handelte sich dabei ja keineswegs um sporadische Funde.

Die Gegner der Herbstthese meinen außerdem, die vielen Nüsse seien eben frisch verzehrt worden und nicht in getrocknetem Zustand. Und die Granatäpfel hätte man unreif vom Baum geerntet, um den Reifeprozess hinauszuzögern, sodass sie zwischen den Strohmatten leichter trockneten. Schließlich habe man sie in dieser Form als Arzneimittel benutzt.

Zur Unterstützung der Sommerthese werden dann meist eine ganze Reihe von Sommerpflanzen aufgezählt, von denen man Pollen, Stiele und Blätter gefunden hat. Allerdings wirkt es nicht ganz logisch, bei den Unmengen von Feigen anzunehmen, sie seien vom letzten Jahr, bei den Pflanzenteilen aber davon auszugehen, sie müssten von diesem Jahr stammen. Was ja durchaus sein kann, denn auch getrocknete Teile von Sommerpflanzen halten sich bis in den Herbst.

Ein interessantes Detail gibt es noch, das gewöhnlich für die Sommerthese angeführt wird. Die von den Archäologen ausgegrabenen landwirtschaftlich genutzten Felder zeigen angeblich, dass man versucht habe, sie zu bewässern. Dies aber würde auf die Sommerzeit hindeuten, denn im Herbst sei man gewöhnlich bestrebt, das Regenwasser abzuleiten. Doch da wir von der Landwirtschaft rund um Pompeji bisher wenig wissen und noch weniger Daten zur jahreszeitlichen Regenmenge haben, kann man zu diesem Thema nicht wirklich fundierte Aussagen treffen.

Das gilt auch für den Fisch, der in einigen Läden und Wohnhäusern gefunden und gewöhnlich für das berühmte Garum verwendet wurde. Bei dem fraglichen Fisch handelt es sich um die Gelbstriemenbrasse *(Boops boops)*. Allem Anschein nach beißt er am liebsten zwischen Juli und Anfang August an. Gefischt wird er aber das ganze Jahr über. Dass so viele Gelbstriemenbrassen in Pompeji gefunden wurden, mag einfach daran liegen, dass die Garum-Produzenten nun einmal am häufigsten diesen Fisch verwendeten. Und dass er vor zweitausend Jahren vielleicht häufiger vorkam als heute. Es mag ja durchaus gewisse klimatische Unterschiede gegeben haben.

Wie Sie sehen, haben die Verfechter der Sommer- und die der Herbstthese allerlei Argumente für ihren jeweiligen Standpunkt gefunden. Wir respektieren die Begründungen beider Seiten. Vor allem deshalb, weil die Indizienbeweise ja letztlich nur noch mehr Diskussionen ausgelöst haben. Um das Problem zu lösen, braucht es einen Fund, der eine genaue Datumsangabe erlaubt. Ein Schriftstück beispielsweise oder eine Münze. Und tatsächlich hat man so etwas in Pompeji gefunden.

Die Silbermünze in der Hand eines Opfers

Ein wichtiger Hinweis auf die Herbstthese wurde in der Hand eines Opfers gefunden, einer Frau, die der Tod zusammen mit ihrer Familie ereilt hat. Auf der Flucht vor den Auswirkungen der Eruption hatten sie und ihre Verwandten in einem Korridor ihrer *domus* Schutz gesucht, im Haus des goldenen Armreifs. Doch eine der Killerwolken des Vulkans hatte sie alle auf der Stelle getötet. Die Frau trug ihren kleinen Sohn im Arm, der sich in einem letzten Rettungsversuch losreißen wollte. In der Hand hielt die Frau eine Schatulle oder ein Säckchen mit mehreren Schmuckstücken, vierzig Gold- und hundertacht Silbermünzen. Und eine dieser Silbermünzen ist für uns besonders interessant.

Dieser kleine Schatz wird heute im Museo Archeologico Nazionale von Neapel verwahrt. Die Münze, ein Silberdenar mit der Inventarnummer P 14312/176, wurde unter Kaiser Titus geschlagen. Man sieht sein Profil darauf. Am Rand wurden die verschiedenen Titel des Herrschers eingeprägt:

Imperator Titus Caesar Vespasianus Augustus
(Er war am 23. Juni 79 n. Chr. zum Kaiser ausgerufen worden.)
P(ontifex) M(aximus)
(Oberster religiöser Würdenträger)

Auf der Rückseite der Münze ist ein mythisches Tier dargestellt. Außerdem sind andere Titel des Kaisers aufgeführt.

Tr(ibunicia) P(otestate) VIIII
(Er hatte also zum neunten Mal die tribunizische Gewalt inne, die Amtsgewalt des Volkstribuns. Wir wissen, dass er diese am 1. Juli 79 n. Chr. übertragen bekam.)
Co(n)sul VII
(Am 1. Januar 79 n. Chr. war er zum siebten Mal Konsul geworden.)
P P (Pater Patriae)
(Vater des Volkes)

Und dann steht da noch eine winzige, aber wichtige Inschrift, die den Althistorikern zufolge die Antwort auf alle Fragen bezüglich der Datierung des Vulkanausbruchs darstellen könnte. Da steht: *IMP XV.* Was aber bedeutet das? In Kurzform steht da, dass Titus für einen militärischen Erfolg zum fünfzehnten Mal die *salutatio imperatoria* erhalten hat, »die imperatorische Akklamation«. Diese erfolgte durch die Soldaten, die ihren Kommandanten (denn früher war der »Imperator« ein rein militärischer Titel) zum Imperator ausriefen und vom Senat forderten, ihm einen Triumphzug zu genehmigen. Damit haben wir zum ersten Mal ein präzises Datum, mit dem wir arbeiten können, denn aus einem Brief des Titus an die Dekurionen von Munigua (die die Kolonien verwalteten) und einer Entlassungsurkunde, die man in der Gegend des ägyptischen Fayum gefunden hat, wissen wir, dass Titus am 7. September 79 n. Chr. zum vierzehnten Mal zum Imperator ausgerufen wurde. Das fünfzehnte Mal muss also nach dem 8. September erfolgt sein. Daher kann die Eruption nicht im Sommer erfolgt sein, sondern nur im Herbst.

Problem gelöst? Leider nein … Denn die Münze ist stark oxidiert, und andere Lesarten dieser winzigen Inschrift können nicht ausgeschlossen werden. Also schwebt weiterhin ein Rest von Mysterium über Pompeji …

Welches ist nun aber das richtige Datum? Leider gibt es diesbezüglich keine absolute Sicherheit, die man beispielsweise in eine Formel wie $E = mc^2$ gießen könnte. Doch vermutlich haben Sie sich mittlerweile ja eine eigene Meinung bilden können.

Die Indizien sind sehr überzeugend, vor allem, wenn man sie in der Summe nimmt. Sie haben mittlerweile eine kritische Masse erreicht, die ein Umdenken angeraten erscheinen lässt.

Auch wenn noch vieles zu klären ist, denn viele dieser Indizien kamen durch glückliche Zufälle ans Licht und harren noch einer gründlichen wissenschaftlichen Auswertung. Auch gab es zu diesem Thema keine speziellen Ausgrabungen interdisziplinärer Wissenschaftlerteams, die die Gesamtheit der Daten auswerten könnten. Unter Umständen liegt ja der letzte, der schlagende Beweis irgendwo in Pompeji und Umgebung verborgen und wird demnächst entdeckt.

In diesem Buch musste ich mich für eine These entscheiden, um den Fortgang der Erzählung nicht zu behindern, und ich fand die Belege für die Herbstthese sehr viel überzeugender. Daher habe ich als Datum der Eruption den 24. Oktober 79 n.Chr. gewählt. Wenn man den Kalender konsultiert, sieht man, dass dies der Freitag war.

Doch schon aus Gründen wissenschaftlicher Redlichkeit möchte ich hier noch einmal zur Vorsicht mahnen. Es kann durchaus sein, dass ein Fundstück bei den Grabungen auch die Sommerthese ein für alle Mal belegt.

Sicher ist nur eines: das Ausmaß der Katastrophe. Völlig unabhängig von der Jahreszeit wurde eine ganze Stadt mit Vorstädten, Gutshöfen und Villen innerhalb weniger Stunden von der Landkarte gelöscht und dem weiteren Verlauf der Geschichte entrissen. Und mit ihr Abertausende Menschen.

Dank

Ich trug mich seit Jahren mit dem Gedanken, dieses Buch zu schreiben, um alle Informationen und Daten über Pompeji zusammenzufügen, die ich in mehr als zwanzig Jahren in den Archiven und vor Ort bei den Ausgrabungen gesammelt hatte. Es war nicht einfach, alles in eine stringente Ordnung zu bringen und so viele Informationen wie möglich über die betroffenen Menschen, Orte und Gegenstände zu formulieren. Dabei haben mir viele Menschen geholfen. Auch sie haben für dieses Buch Pate gestanden.

Mein erster Dank geht an Professor Antonio De Simone, der mich zwei Jahrzehnte lang immer wieder in die Ausgrabungsstätten der Vesuvregion eingeladen und mich dabei mit seiner Liebe zu Pompeji angesteckt hat. Zusammen mit dem leidenschaftlichen Interesse des Forschers, der allen Details nachgeht, die uns mehr über das Leben in römischer Zeit sagen können. Auch heute noch ist jede Begegnung mit ihm eine Lehrstunde voller interessanter Daten und Begebenheiten.

Auch Emilio Quinto möchte ich danken, denn ohne seine Forschungsarbeiten wären die Menschen auf diesen Seiten nie so lebendig geworden. Unsere langen Diskussionen darüber, was in das Buch unbedingt hineingehört, während wir die Straßen Pompejis durchmaßen, waren für mich eine Zeitreise im wahrsten Sinne des Wortes.

Giovanni Macedonio schulde ich meinen tiefsten Dank, weil er stets bereit war, mich eingehend über die geophysikalischen Gegebenheiten vor dem Ausbruch des Vesuvius zu informieren und über die schrecklichen Konsequenzen, die dieser für Pompeji und Herculaneum hatte.

Die anderen Vulkanologen und Forscher des Istituto Nazionale di Geofisica e Vulcanologia und des Osservatorio Vesuviano in Neapel waren mir ebenfalls eine große Hilfe, als es darum ging, die Aktivitäten des Vesuv(iu)s und die Dynamik der Eruptionen zu verstehen.

Massimo Osanna, dem Leiter der Aufsichtsbehörde für die Beni Archeologici di Pompei, Ercolano e Stabia, danke ich, weil er für unsere Bedürfnisse stets ein offenes Ohr hatte, aber auch weil er mit viel Sensibilität für die Restaurierung und Rettung eines Freskos in Pompeji sorgte, das für unser Buch enorm wichtig war.

Ich danke allen Restauratoren und Kuratoren, deren stille Mitarbeit sicherstellt, dass Pompeji auch jetzt, nach Generationen, vor uns steht und dass wir es auch für die Nachwelt erhalten können.

Den Archäologen und Wissenschaftlern, die ich in den letzten zwanzig Jahren kennengelernt und interviewt habe, möchte ich kollektiv danken, denn es wäre unmöglich, sie alle namentlich zu nennen. Ihre Worte sind in die Geschichten in diesem Buch eingegangen. Das gilt natürlich auch für die Verantwortlichen der Ausgrabungsstätten und Museen in Pompeji, Herculaneum, Oplontis, Stabia, Boscoreale und Neapel. Mein Dank gilt ihrer grenzenlosen Bereitschaft, ihr Wissen über die unglaublichen Schätze an diesen Orten mit allen zu teilen.

Bedanken möchte ich mich auch bei den zahlreichen Experten, die mich bei den Besuchen und Aufnahmen für die Fernsehsendung begleitet und mir auch einige weniger bekannte Dinge gezeigt haben.

Romolo Augusto Staccioli verdanke ich eine gründliche Kenntnis der römischen Welt, die sich auf zahlreichen Seiten dieses Buches wiederfindet.

Und schließlich möchte ich mich noch bei Lydia Salerno bedanken, der Lektorin, die mit unerschütterlicher Beharrlichkeit, Geduld und Ausdauer die Geburt dieses nicht ganz einfachen Werkes Schritt um Schritt begleitet hat. Sie hat dafür gesorgt, dass die Qualität stets gleichbleibend hoch war.

Ganz zum Ende dieses Buches möchte ich der Menschen gedenken, deren Lächeln wir nie kennenlernen werden. Sie haben Pompeji bis zu jenem schicksalsschwangeren Tag im Jahre 79 n. Chr. mit Leben erfüllt.

Literatur

Die folgenden bibliografischen Sammelbände führen alle Titel auf, die mit Pompeji und dem Vesuviusausbruch 79 n. Chr. zu tun haben.

García y García, Laurentino, *Nova Bibliotheca Pompeiana*, Bd. I und II, Rom 1998.

–, *Nova Bibliotheca Pompeiana – I supplemento 1999–2011*, Rom 2012.

McIlwaine, I. C., *Herculaneum – A Guide to Printed Sources*, Bd. I und II, Neapel 1988.

–, *Herculaneum – A Guide to Sources, 1980–2007*, Neapel 2009.

Für dieses Buch wurden folgende Bücher und wissenschaftliche Aufsätze konsultiert:

Antike Quellen

Apicius, *Kochbuch aus der römischen Kaiserzeit*, Euskirchen 2013.

Appianus, *Appians Römische Geschichte, Bd. 1 und 2*, Charleston 2011.

Cassius Dio, *Römische Geschichte*, München/Zürich 1987.

Diodoros, *Griechische Weltgeschichte*, Stuttgart 1992.

Martial, *Epigramme*, Zürich/Stuttgart 1957.

Petronius, *Satyricon*, Stuttgart 1986.

Plinius der Ältere, *Die Naturgeschichte des Caius Plinius Secundus*, Wiesbaden 2007.

Plinius der Jüngere, *Sämtliche Briefe*, Zürich 1969.

Seneca, *Naturwissenschaftliche Untersuchungen*, Darmstadt 1995.

Statius, *Silvae*, Neustadt/Aisch 1990.

Strabo, *Geographica*, Wiesbaden 2005.

Sueton, *Leben der Cäsaren*, Zürich 1955.

Tacitus, *Annalen*, Düsseldorf/Zürich 1997.

Vitruv, *Zehn Bücher über Architektur*, Stuttgart 1865.

Moderne Quellen

Anguissola, Anna, *Intimità a Pompei: riservatezza, condivisione e prestigio negli ambienti ad alcova di Pompei*, Berlin 2010.

Auricchio, Maria Oliva, *La Casa di Giulio Polibio. Giornale di scavo 1966/1978*, Sovrintendenza Archeologica di Pompei, Edizione Centro Studi Arti Figurative, Universität Tokio 2001.

Avvisati, Carlo, *Pompei. Mestieri e botteghe 2000 anni fa*, Rom 2003.

Beard, Mary, *Pompeji: Das Leben in einer römischen Stadt*, Stuttgart 2011.

Bonifacio, Giovanna, und Sodo, Anna Maria (Hrsg.), *Stabiae – Storia e architettura*, Rom 2002.

Borgoncino, Michele, *Archeolobotanica. Reperti vegetali da Pompei e dal territorio vesuviano*, Rom 2006.

Borriello, Maria Rosaria, und D'Ambrosio, Antonio, *Baiae-Misenum. Forma Italiae, Regio I – XIV*, Florenz 1979.

Camodeca, Giuseppe, *L'archivio puteolano dei Sulpicii*, Neapel 1992.

Canali, Luca, und Cavallo, Guglielmo, *Graffiti latini*, Mailand 1998.

Cantarella, Eva, *Pompeji – Liebe und Erotik in einer römischen Stadt*, Stuttgart 1999.

Cantarella, Eva, und Jacobelli, Luciana, *Nascere e vivere a Pompei*, Mailand 2011.

–, *Pompei è viva*, Mailand 2013.

Capasso, Luigi, *I fuggiaschi di Ercolano: paleobiologia delle vittime dell'eruzione vesuviana del 79 d. C.*, Rom 2001.

Carcopino, Jérôme, *Rom – Leben und Kultur in der Kaiserzeit*, Stuttgart 1992.

Catalano, Virgilio, *Case, abitanti e culti di Ercolano*, Rom 2002.

Ciarallo, Annamaria, und De Carolis, Ernesto, *Lungo le mura di Pompei. L'antica città nel suo ambiente naturale*, Mailand 1998.

– (Hrsg.), *Homo Faber. Natura, scienza e tecnica nell'antica Pompei*, Mailand 1998.

Cicirelli, Caterina, *Le ville romane di Terzigno*, Torre del Greco 1989.

Coarelli, Filippo (Hrsg.), *Pompei, la vita ritrovata*, Reggio Emilia 2002.

D'Ambrosio, Antonio, *Gli ori di Oplontis – Gioielli romani del suburbio pompeiano*, Neapel 1987.

D'Ambrosio, Antonio, Guzzo, Pier Giovanni, und Mastroroberto, Marisa (Hrsg.), *Storie da un'eruzione. Pompei, Ercolano, Oplontis*, Mailand 2003.

De Albentiis, Emidio, *La casa dei Romani*, Mailand 1990.

De Caro, Stefano, *La villa rustica in località Villa Regina a Boscoreale*, Rom 1994.

–, *Il gabinetto segreto del Museo Archeologico Nazionale di Napoli*, Mailand 2000.

–, *Das archäologische Nationalmuseum Neapel*, Neapel 1999.

De Carolis, Ernesto, *Il mobile a Pompei ed Ercolano. Letti, tavoli, sedie e armadi. Contributo alla tipologia dei mobili della prima età imperiale*, Rom 2007.

De Carolis, Ernesto, und Patricelli, Giovanni, *Vesuvio 79 d. C.: la distruzione di Pompei ed Ercolano*, Rom 2002.

Della Corte, Matteo, *Case ed abitanti di Pompei*, Florenz 1965.

De Simone, Antonio, »L'indagine archeologica in località Murecine a Pompei«, in: De Simone, Antonio, und Nappo, Salvatore Ciro (Hrsg.), *Mitis Sarni opes*, Neapel 2000.

–, »Rediscovering the Villa of the Papyri«, in: Zarmakoupi, Mantha (Hrsg.), *The Villa of the Papyri at Herculaneum: Archaeology, Reception and Digital Reconstruction*, Berlin/New York 2009.

–, »La cosiddetta Villa di Augusto in Somma Vesuviana«, in: *Meridione: sud e nord del mondo*, A. 12, nn. 2–3 (April bis September), Neapel 2012.

De Simone, Girolamo Ferdinando, »Il territorio nord-vesuviano e un sito dimenticato di Pollena Trocchia«, in: *Cronache Ercolanesi* 38, Neapel 2008.

–, »Con Dioniso fra i vigneti del vaporifero Vesuvio«, in: *Cronache Ercolanesi* 41, Neapel 2011.

Fergola, Lorenzo, Pagano, Mario, *Oplontis: le splendide ville romane di Torre Annunziata. Itinerario archeologico ragionato*, Neapel 1998.

Franklin, James L., *Pompeii: The Electoral Programmata, Campaigns and Politics, A. D. 71 – 79*, Rom 1980.

–, *Pompeis difficile est: Studies in the Political Life of Imperial Pompeii*, Ann Arbor 2001.

Gallo, Pasquale, *Terme e bagni in Pompei antica*, Pompeji 1991.

García y García, Laurentino, *Alunni, maestri e scuole a Pompei*, Rom 2004.

–, *Danni di guerra a Pompei. Una dolorosa vicenda quasi dimenticata*, Rom 2006.

Giardina, Andrea, *Der Mensch der römischen Antike*, Frankfurt 1992.

Gigante, Marcello, »Il racconto pliniano dell'eruzione del Vesuvio dell'anno 79 d. C.«, in: *Parola del passato* 34, Neapel 1979.

Giordano, Carlo, und Casale, Angelandrea, *Profumi, unguenti e acconciature in Pompei antica*, Rom 1992.

Giordano, Carlo, und Kahn, Isidoro, *Testimonianze ebraiche a Pompei, Ercolano, Stabia e nelle città della Campania Felix*, Rom 2001.

Grimaldi Bernardi, Grazia, *Botteghe romane. L'arredamento*, Rom 2005.

Guadagno, Giuseppe, »Il viaggio di Plinio il Vecchio verso la morte«, in: *Rivista di studi pompeiani* VI, Rom 1993/94.

Guidobaldi, Maria Paola, Guzzo, Pier Giovanni, und Borriello, Maria Rosaria, *Ercolano. Tre secoli di scoperte* (Katalog der Ausstellung in Neapel vom 16. Oktober 2008 bis zum 13. April 2009), Mailand 2008.

Guzzo, Pier Giovanni, und Fergola, Lorenzo, *Oplontis. La Villa di Poppea*, Mailand 2000.

Hunink, Vincent (Hrsg.), *Glücklich ist dieser Ort! 1000 Graffiti aus Pompeji*, Stuttgart 2011.

Jacobelli, Luciana, *Le pitture erotiche delle Terme Suburbane di Pompei*, Rom 1995.

–, *Gladiatori a Pompei*, Rom 2003.

Ling, Roger, *The Insula of the Menander at Pompeii. Bd. I: The Structures*, Oxford 1997.

Ling, Roger, und Ling, Lesley A., *The Insula of the Menander at Pompeii. Bd. II: The Decorations*, Oxford 2005.

Maiuri, Amedeo, *La Villa dei Misteri*, Rom 1931.

–, *La Casa del Menandro e il suo tesoro di argenteria*, Rom 1937.

–, *Pompeji, Herculaneum, Stabia*, München 1962.

Mastroroberto, Marisa, »Pompei e la riva destra del Sarno«, in: De Simone, Antonio, und Nappo, Salvatore Ciro (Hrsg.), *Mitis Sarni opes*, Neapel 2000.

McGinn, Thomas, *The Economy of Prostitution in the Roman World: A Study of Social History and the Brothel*, Ann Arbor 2004.

Nappo, Salvatore Ciro, *Pompeji, die versunkene Stadt*, Köln 2004.

Paoli, Ugo Enrico, *Das Leben im Alten Rom*, Tübingen 2001.

Pesando, Fabrizio, und Guidobaldi, Maria Paola, *Gli ozi di Ercole: residenze di lusso a Pompei ed Ercolano*, Rom 2006.

–, *Pompei, Oplontis, Ercolano, Stabiae*, Rom/Bari 2006.

Pescatore, Tullio, und Sigurdsson, Haraldur, »L'eruzione del Vesuvio del 79 d. C.«, in: *Ercolano 1738–1988: 250 anni di ricerca archeologica* (Dokumentation des internationalen Kongresses in Ravello, Herculaneum, Neapel, Pompeji vom 30. Oktober bis zum 5. November 1988), Rom 1993.

Sabbatini Tumolesi, Patrizia, *Gladiatorum Paria. Annunci di spettacoli gladiatori a Pompei*, Rom 1980.

Salles, Catherine, *I bassifondi dell'antichità. Prostitute, ladri, schiavi, gladiatori: dietro lo scenario eroico del mondo classico*, Mailand 2001.

Salza Prina Ricotti, Eugenia, *L'arte del convito nella Roma antica*, Rom 1983.

–, *Ricette della cucina romana a Pompei e come eseguirle*, Rom 1993.

Sampaolo, Valeria, und Bragantini, Irene (Hrsg.), *Pompeji – Götter, Mythen, Menschen*, München 2014.

Sauron, Gilles, *Il grande affresco della Villa dei Misteri a Pompei. Memorie di una devota di Dioniso*, Mailand 2010.

Spinazzola, Vittorio, *Pompei alla luce degli Scavi Nuovi di Via dell'Abbondanza (anni 1910 - 1923)*, Rom 1953.

Squillace, Giuseppe, *Il profumo nel mondo antico*, Florenz 2010.

Stefani, Grete (Hrsg.), *Cibi e sapori a Pompei e dintorni*, Sovrintendenza archeologica di Pompei 2005.

Stefani, Grete, und Borgongino, Michele, »Intorno alla data dell'eruzione del 79 d. C.«, in: *Rivista di studi pompeiani* 12/13, Rom 2001 - 2002.

Stefani, Grete, und Sodo, Anna Maria, *Uomo e ambiente nel territorio vesuviano. Guida all'antiquarium di Boscoreale*, Mailand 2002.

Storoni Mazzolani, Lidia, *Iscrizioni funerarie romane*, Mailand 2007.

Varone, Antonio, *Erotica pompeiana. Iscrizioni d'amore sui muri di Pompei*, Rom 1994.

–, *Pompeji wiederentdeckt*, Rom 1994.

–, *L'erotismo a Pompei*, Rom 2000.

–, *Pompeji*, Frechen 2001.

–, *Pompei. I misteri di una città sepolta. Storia e segreti di un luogo in cui la vita si è fermata duemila anni fa*, Rom 2006.

Veyne, Paul, *Die römische Gesellschaft*, München 1995.

–, *La vita privata nell'Impero romano*, Rom 2000.

–, *Brot und Spiele*, Frankfurt 1988.

Weber, Carl, *Panem et circenses. Massenunterhaltung als Politik im Alten Rom*, Köln 1987.

Zanker, Paul, *Pompeji*, Mainz 1995.

Zevi, Fausto, »Pompei, prima e dopo l'eruzione«, in: Fontana, Maria Vittoria. Gemito, Bruno (Hrsg.), *Studi in onore di Umberto Scerrato: per il suo settantacinquesimo compleanno*, Bd. II, Neapel 2003.

– (Hrsg.), *Pompei 79. Raccolta di studi per il decimonono centenario dell'eruzione vesuviana*, Rom 1979.

–, *Pompei*, 2 Bde., Neapel 1991 - 1992.

Naturwissenschaftliche Untersuchungen

Anderson, Michael, »Disruption or Continuity? The Spatio-Visual Evidence of Post Earthquake Pompeii«, in: Flohr, M., Cole, K., Poehler, E. (Hrsg.), *Pompeii: Art, Industry and Infrastructure*, Oxford 2011.

Barbante, C., et al., »Greenland Ice Core Evidence of the 79 AD Vesuvius Eruption«, in: *Climate of the Past* 9, 2013, S. 1221 – 1232.

Carey, Steven, und Sigurdsson, Haraldur, »Temporal Variations in Column Height and Magma Discharge Rate During the 79 A.D. Eruption of Vesuvius«, in: *Geological Society of America Bulletin* 2/99, 1987, S. 303 – 314.

Cioni, Raffaello, Gurioli, Lucia, Lanza, Roberto, und Zanella, Elena, »Temperatures of the A.D. 79 Pyroclastic Density Current Deposits (Vesuvius, Italy)«, in: *Journal of Geophysical Research* 109, B02207, 2004.

Gurioli, Lucia, Pareschi, Maria Teresa, Zanella, Elena, Lanza, Roberto, Deluca, Enrico, und Bisson, Marina, »Interaction of Pyroclastic Density Currents with Human Settlements: Evidence from Ancient Pompeii«, in: *Geology*, Bd. 33, 2005, S. 441 – 444.

Macedonio, Giovanni, Pareschi, Maria Teresa, und Santacroce, Roberto, »A Numerical Simulation of the Plinian Fall Phase of the 79 A.D. Eruption of Vesuvius«, in: *Journal of Geophysical Research* B12/93, 1988, S. 14817 – 14827.

Rolandi, G., Paone, A., Di Lascio, M., und Stefani, G., »The 79 AD Eruption of Somma: The Relationship Between the Date of the Eruption and the Southeast Tephra Dispersion«, in: *Journal of Volcanology and Geothermal Research* 169, 2007, S. 87 – 98.

Santacroce, Roberto (Hrsg.), »Somma–Vesuvius«, in: *Quaderni de »La Ricerca Scientifica«* 114/8, Rom 1987.

Sigurdsson, Haraldur, Cashdollar, Stanford, und Sparks, R.J. Stephen, »The Eruption of Vesuvius in A.D. 79: Reconstruction from Historical and Volcanological Evidence«, in: *American Journal of Archaeology* 86, 1982, S. 39 – 51.

Anmerkungen

1 Properz, *Elegien II*, 5, V. 9–10. Mit leichten Änderungen entnommen aus Hunink, Vincent, *Glücklich ist dieser Ort! – 1000 Graffiti aus Pompeji*, Stuttgart 2011, S. 157.

2 Alle Zitate am Anfang der Kapitel sind Graffiti von den Häuserwänden in Pompeji und Herculaneum.

3 Plinius der Jüngere, *Sämtliche Briefe*, hrsg. v. Walter Rüegg, eingeleitet und übersetzt von André Lambert, Zürich 1969, VI, 16, S. 231. (Die Schreibweise aller Zitate wurde der neuen Rechtschreibung angepasst.)

4 Cassius Dio, *Römische Geschichte*, LXVI, 21–23, Zürich/München 1987, S. 163f.

5 Plinius der Jüngere, a.a.O., S. 230f. Die Datumsangabe (in Klammern) wurde geändert und hier gemäß der lateinischen Version wiedergegeben.

6 Ebenda, S. 231.

7 Ebenda.

8 Ebenda.

9 Ebenda, S. 232.

10 Ebenda.

11 Ebenda.

12 Ebenda.

13 Ebenda.

14 Ebenda.

15 Ebenda, S. 237.

16 Ebenda.

17 Ebenda, S. 232f.

18 Ebenda, S. 238.

19 Ebenda, S. 238 ff.

20 Ebenda, S. 233 f.

21 Martial, *Epigramme*, Zürich/Stuttgart 1957, S. 173.

22 Einer der Memnonkolosse ließ jeden Morgen geheimnisvolle Geräusche ertönen (siehe https://de.wikipedia.org/wiki/Memnonkolosse).

Register

Q

R

S

T

Bildnachweis

Bildteil 1:
S. 1–4, 6 oben, 10, 12 unten, 13–15, 16 oben:
© Gaetano und Marco Capasso Capware
S. 5, 6 unten, 7–9, 11, 12 oben, 16 unten: Fotos von Alberto Angela

Bildteil 2:
S. 1–2, 4–13, 14 oben, 15–16: Fotos von Alberto Angela
S. 3 oben: © Fondazione C.I.V.E.S., Museo Archeologico Virtuale, Ercolano

Trotz sorgfältiger Nachforschungen konnten leider nicht alle Rechteinhaber ermittelt werden. Bei berechtigten Ansprüchen wenden Sie sich bitte an den Verlag.